文庫

エジプト神話集成

杉勇　屋形禎亮 訳

筑摩書房

目次

エジプト神話集成

凡例

一、本書は筑摩書房刊『筑摩世界文学大系1　古代オリエント集』（一九七八年四月三十日刊行）のうち「エジプト」の章を文庫化したものである。

一、翻訳者は「ホルスとセトの争い」「メンフィスの神学」「オンク・シェションクイの教訓」「後期エジプト選文集」より」が杉勇、それ以外の文書は屋形禎亮である。

一、本文中の記号類は原則として次のように使用する。

〔　〕原文の破損を示す。

〔日本語訳〕推定による補足。

〈　〉原文あるも翻訳困難。

〈日本語訳〉推定による翻訳。

（日本語訳）訳者の補足。

…………　全行破損と思われる部分。

なお、原文の破損の程度を示すために……を必要に応じて用いる。

一、解説および注の中で、刊本名・雑誌名は『　』（欧文は斜体）で、作品名・単論文名は「　」（欧文は立体）で表す。

シヌヘの物語

(R・一)世襲貴族にして伯爵(1)、法官にして、アジア人《びと》の国における君主の御領地の管理官、まことの王の知人、かれ(=王)に愛されたるもの、従者シヌヘは(2)(次のように)語った。私は主君につき従う従者であり、世襲の王女にしてケネムスートにおけるセンウセルト王の寵愛厚き妃、カーネフェルー(3)におけるアメンエムハト王の娘、尊きネフェルーのハレムに仕えるものであった。

治世の三十年、洪水期の第三月七日、神はその地平線にのぼった(4)。上下エジプトの王セヘテプイブラー(5)は、天に上げられ、日輪と一つになった。神の肉体はかれをつくった者の中に吸収された(6)。王都は沈黙の、(人々の)心は悲しみのうちにあり、二つの大門は閉じられたままとなった。廷臣たちは膝に頭をつけ(てうずくまり)、人々は歎き悲しんだ。

さて(その時)陛下は、テメフー(7)の国へ軍隊を送っており、その長子である良き神センウセルトがその指揮者であった。かれは、異国を撃ちテヘヌー人《びと》(8)の中にいた人々を懲らすためにつかわされたのであった。そして今、かれは帰国の途上にあり、テヘヌー人の捕虜と数えきれないほどのあらゆる（種類の）家畜とをつれ帰りつつあった。

宮殿の友人⑨たちは宮廷でおこったできごとを王子に知らせるため（使者を）西の国境へ送った。使者たちは王子に途中でであい、かれらは、夜になってかれのもとに到着した。一瞬たりとも王子はためらいはしなかった。ハヤブサ⑩は、軍隊に知らせることなく、従者⑪とともに飛びたった。さて、かれに従ってこの軍隊にいた王子たち（も）呼びよせられ、（B・1）その中の一人が呼びだされた。私は（そこに）立っていて、かれが話すときその声を聞いた。私はそばにいたのだった。私の心は乱れ、私の腕は広げられ、手足全体に震えが落ちた⑫。私は自分で隠れ場所を探すため、〈ただちに〉離れた。私は（五）道と〈そこを通る人々から離れている〉ために、二つの茂みの間に（自分を）置いた。

私は南へ向かった。（だが）この王都に向かおうとは思わなかった。（なぜなら）私は（そこには）争いが起っており、その後では生きのび（られ）るとは思えなかった（からである）。私は、ネヘト⑬の近くでマーティ湖をわたり、スネフル島⑭にやってきた。私は耕作地の〈縁〉でその日を（一〇）すごし、夜が明けてから〈出発した〉。私は路上に立っている一人の男にであった。かれは私を恐れてうやうやしく挨拶した。夕食の時間になったとき、私はガウ⑮の町に到着した。私は西風の助けをえて、橈《かい》を使わずに船で（河を）渡り、「赤山の女主人⑯」の上手《かみて》で石切場の東を（一五）通りすぎた。私は北へと向かい、「支配者の壁⑰」に達した。それはアジア人《びと》を撃退し、砂漠の住民をうち滅すために築かれたものであった。私は壁の上でその日の勤務についている番兵たちに見（つけら）れないように茂みにうずくまったままでいた。

夜になって私は（二〇）出発し、夜明けにはペテン[18]に到着した。私はケムエル島[19]で休んだ（がその時）のどの渇きがおそってきた。私は息苦しくなり、私ののどは乾ききってしまった。私は言った「これは死の味だ」と。（だが）私は気をとりなおし、体をたてなおした。牛の鳴き声をきいた（からである）。（二五）私はアジア人（の一行）をみつけた。その中にエジプトにいたことのある族長《シャイク》がいて、私を覚えており、私に水をくれ、私のために牛乳をわかしてくれた。かれらのし（てくれ）たことはよいことであった。

一つの国は私に（別の）国を与えてくれた[20]。私はビュブロスへと出発して、ケデム[21]にもどり、（三〇）そこで一年半をすごした。アンミ・エンシ[22]——かれは上レテヌー[23]の支配者だった——は私をよびよせ、こう言った。「そなたは私といっしょ（なら）うまくいくだろう。エジプトの言葉を聞くだろう（から）」と。かれがこう言ったのは、私の気質を知っており、私の知恵について聞いていたからである。かれとともにそこにいたエジプトの人々[24]もまた私のために（このことを）証言してくれた。

それからかれは私にむかって言った。（三五）「なぜそなたはここへやってきたのか。王都で何事か起ったのか」と。私は答えた。「上下エジプトの王セヘテプイブラーが地平線へと出発し、そのために何が起るのか誰も知らないのです」と。しかし私はいつわって（こう）言った。「知らせが私のもとへもたらされた時、私はテメフーの国への遠征から帰ってきたところでした。私の心はひるみ、私の心臓は体をぬけだし、私を（四〇）逃亡の道へとつれだしたのです。（だが）だれも私についてうわさしたことはなかったし、私の顔に唾をはきかけたこともなかった。侮辱の言葉が聞かれたこともなく、私の名前が伝令使の口に聞かれたこともなかったのです。なにが私をこの国につれてきたのか分かりません。まるで神の思召しであるかのようです」と。

するとかれは私にむかって（こう）言った。「ではあの国は、あの力ある神、それに対する畏怖は（四五）疫病の年のセクメト[25]のように外の国々に広がっているかれがなくなっ（た今）、どのようになるであろうか」と。私はかれに（こう）答えた。「もちろん、かれの息子[26]が宮殿にはいり、父の遺産を引きつぎました。しかもかれは肩を並べられる者のない神であり、かれをしのぐものはおりません。知恵の所有主であり、計画にひいで、命令は有効に〈実行され〉、でかけるも戻るもかれの（五〇）命令次第です。父が宮殿に（とどまって）いるあいだ外国を征服したのはかれであり、まかせられたことは（完全に）遂行されたと父王に報告したものでした。

まこと[27]、その強き腕もてわざを行なう強者にして、えびす人《びと》のもとへと突撃するとき
（も）〈敵〉のもとへ赴くときも、（その）活動は他に比肩するものなし。
角《つの》を曲げ、敵どもの（五五）手をなえさせ、戦い（の場）に集うことあたわず、頭をうち砕
くに執念深く、その近くに立つことあたわず。
早がけして逃亡者を滅ぼし、かれに背を向けるものに終り（＝避難所）なし。

撃退の時にはねばり強く、戻って（も）背を向けることなく、多勢の人々を眼にすれば大胆となり、心に怠惰さを与えることなし。

（六〇）〈家族〉を眼にすれば勇気を奮い起し、えびす人のもとへの突撃を楽しむ[28]。

楯を手にとり、（敵を）踏みにじり、殺戮において打撃をくりかえすことなし。

その矢を免れうるものはなく、その弓をひけるものなし。えびす人どもは、大女神の力（の前にある）がごとく、彼の前より逃れ去る。

かれはとどまるところなく戦い、（六五）決して労苦を考えたることなし。

敬愛され、魅力にみち、愛によりて征服す。

その町はみずから以上に彼を愛し、かれらの（町の）神以上に彼に狂喜す。

男も女も、かれに喝采しつつ〈ねり歩く〉。

（今や）かれ[29]が王である（が故に）。

卵のときよりすでに征服（者）にして、その顔は誕生のときよりすでに（王権に）向き、かれとともに生れたるものを増加さす。

（七〇）かれは神の手（よりつくられたる）唯一者なり。

かれ支配者となりたれば、この国の楽しげなることよ。

かれこそは国境を拡げるものに[30]して、南の国々を征服し、北の国々を考慮するこ[31]となし。

アジア人《びと》をうち滅し、砂漠の民を踏みにじるべくつくられたる（ものなればなり）。

かれのもとへ行って、あなたの名前を知らせなさい。陛下に呪いの言葉を吐いてはいけません。まちがいなくかれは、忠実な国に対してはよいことをしてくれましょう」と。

するとかれは私にむかって（こう）言った。「なるほど、エジプトは幸福だ。自分が栄えていることを知っている（から）。ところでそなたは、ここにいる。私のもとにとどまりなさい。そなたにはよいことをしてあげよう」と。

かれは私をその子供たちの先頭におき、長女と結婚させた。その国の中から、他の国との国境にある（土地）のうち選りぬき（の土地）から、私のために（土地を）選ばせた。それはヤーという名の美しい国であった。そこには、イチジクもブドウもあり、ブドウ酒は水よりも豊富であった。蜜は豊かで、オリーブ油にみちていた。あらゆる果実は木にみのり、大麦もエンマー小麦もあった。あらゆる（種類の）家畜には限りがなかった。そのうえ、私への愛によって（私の上に）生じたものは巨大であった。かれは私をその国の選りぬきの一部族の支配者とし（てくれ）た。私のために日々の食物としてパンが、日々の飲物としてブドウ酒がつくられ、肉と焼鳥が料理された。砂漠の野獣も私のために狩られて、前に積み上げられ、（さらに）私の猟犬の獲物も（加わった）。多くのことが私のためになされ、あらゆる料理にミルクが（入れ）られた。

私は多くの年（月）をすごし、子供たちは強い男へと成長した。みんなその部族の指導者であった。王都[32]から北上する使者も（王都へと）南下する（使者）も私のもとに立ち寄った。私が誰でも立ち寄らせた（からである）。私はのどの渇いた者には水を与え、道に迷った者を（正しい）道に戻してやり、奪われたものをとり返してやった。アジア人《びと》が敵意を抱き、異国の支配者たちに抗おうとしたとき、かれらの行動について忠告してやった。このレテヌーの支配者(33)は、（一〇〇）私を長年にわたってその軍隊の指揮官とした。私が進軍したすべての国は、私に攻撃されると、その牧草地と井戸から追い払われた。私はその家畜を掠奪し、その住民を連れ去り、その食物を奪い、そこにいた人びとを切り殺した。（一〇五）私の強い腕により、私の弓により、私の行為により、私のすぐれた計画により、（私はこれらの事に成功したのだった）。私はかれ（アンミ・エンシ）の心をかちえ、かれは私を愛した。かれは私の勇敢さをみとめ、私の腕のすばらしさをみて、子供たちの前に私をおいた。

　レテヌーの強者がやってきて、私のテントで（一一〇）私に挑戦してきた。彼は無比の英雄であり、（レテヌーの）全土を打ち従えていた。かれは、私と戦うと（広）言し、私を打ち殺そうと考え、その部族の忠告に従って、私の家畜を奪おうと計画したのだ。その支配者（アンミ・エンシ）は私と協議した。そこで私は（こう）言った。「私はかれを知りません。なるほど、私はかれの同盟者ではありませんから、（一一五）その宿営地には近づけません。（挑戦の理由は）私がかれの門を開いた（から）でしょうか、それとも囲いを壊した（から）でしょうか。（本当は）私があなたの指図を実行するのを見たねたみ（から）なのです。実際私は別の群れの中に迷いこんだ牡牛のようなものです。（その）群れの牡牛には攻撃され、（一二〇）長い角の牡牛には襲われるのです。頭《かしら》となって、愛されている下層の出の人物がいるでしょうか。下エジプトの人の仲間に加わったよそものはいません。なにがパピルスを山に結びつけることができるでしょうか。牡牛[34]が戦うのが好きだからといって、狂暴な牡牛[35]はかれが自分に対抗できるのを恐れて背中を向けようとするでしょうか。（一二五）もしかれの心が戦いたいと思っているのなら、望むがままにしゃべらせておきなさい。一体神は神の運命を知らないのでしょうか。それとも私がどうなるのかを知っているのでしょうか」と。

一晩中私は弓を張っては矢を射、短剣をうちふり、武器を磨いた。夜が明けると、レテヌー人《びと》たちはやってきた。（一三〇）その諸部族が〈糾合され〉、その（国の）半分の国々が集められた。レテヌーがこの戦いを計画したのだった。それから、かれは待っている私の方へ進んできた。私がすぐそばにいたからである。みんなの心臓は私のために燃え、男も女もうめき声をあげた。みんなの心は私に同情し（こう）言った。「かれと戦えるような強者が他にいるだろうか」と。次いでかれはその楯と戦斧と（一三五）〈一抱えの投げ槍を手にした〉。私はかれの武器を発射させ、その矢を次々とやりすごさした。かれは飛びかかってきた。私はかれを射、矢はその首すじにつきささった。叫び声をあげて、かれはうつぶせに倒れた。（一四〇）私はかれをその戦斧で打ち倒し、その背の上で勝ちどきをあげた。すべてのアジア人はその間中どよめきをあげていた。私はモントゥ[36]をほめたたえ、一方かれの支持者たちは、歎き悲しんでいた。この支配者アンミ・エンシは、私を抱きしめてくれた。ついで私はかれの財物を運び去り、その家畜をわが物とした。かれが私に対してしようとしていたことを、私はかれに対して行なったのだ。私はかれのテントにあったものを奪い、その宿営地を取り払った。こうして私は大いなる者となり、富は広大、家畜の数は豊かになった。

かくして神は怒りを発したもの、別の国へとさ迷いださせたものに慈悲を示したもうたのだ[37]。

今ではかれの心は満ちたりている。
あの時は、逃亡者が逃げだした。
（が、今では）私の名声は王都に（も達して）いる。
落伍兵が飢えのため落伍した。
（が、今では）私はパンを隣人に与えている。
一人の男が赤貧の故にその国を去った。
（が、今では）私は上質の亜麻布の衣服に輝いている。
一人の男が派遣するものもなく（自分で）走った。
（が、今では）私にはたくさんの召使いがいる。
私の家は美しく、地所は広く、
宮殿では私の話がされているのだ。

おお、この逃亡と定めたまいし、すべての神々よ。

寛慈にして、われを王都に連れ戻したまえ。

あなたは、私の心が（常にとどま）るところを（再び）見させてくれましょう。

私の遺骸が私の生れた地に合一することより大事なことがあるだろうか。

（一六〇）私を助けに来てください。

ここによきことが起った（ではないか）。

神は私に慈愛を示されたのだ。

願わくば、神はかれが苦しめたものに幸福な結末を与えようと
このようなことをなしたまうのでありますように。

かれの心が、異国の地に生きるべく追放された者に憐れみをかけられますように。

もし今、寛慈さを示そうと思われておられるのなら、
遠くにある者の祈りを聞き、
つれてきたった土地において放浪の生活を送らせた者に（再び）手をさしのべられんことを。
（一六五）エジプト王が私に慈悲深くあり、
私がその寵愛の下で生きることができますように。

宮殿にいる国土の主人に敬礼することができますように。

その子供たちのことづけを聞くことができますように。

おお、その身体が若返ることができたら。
（というのも）老いがしのびより、
衰弱が私を襲っているのだ（から）。
私の眼は重く、私の腕は弱い。
(一七〇) 足は仕えることをやめ、
心は疲れきっている。
私には出発[38]が近づいている。
（その時）人々は私を永遠の町[39]へと案内するのだ。
私が（もう一度）「すべての女主人[40]」に仕えることができ、
彼女の子供たちに快いことを彼女が私にむかって言うことができますように。
彼女が私の（頭）上で永遠をすごすことができますように。

さて、上下エジプトの王、声正しきケペルカラー[41]陛下が、私のおちいっているこうした情況を知らされたとき、陛下は(一七五)王からの贈り物といっしょに（密）使を私のもとへ送り、どこか異国の支配者（に対する）と同じようにこの僕《しもべ》を喜ばしてくれた。王宮の王子や王女たちも、その伝言を私にもたらしてきた。

この僕を、エジプトへ（呼び）かえす件に関してかれにもたらされた勅命の写し。

ホルス「誕生に生きるもの」、二女神「誕生に生きるもの」、上下エジプトの王「ケペルカラー」、太陽の子（一八〇）「センウセルト」永遠無辺《とことわ》に生けるもの。従者シヌヘに対する王の布告。見よ、この王の勅命が汝のもとへもたらされ、（次の如くに）告げたり。

「汝はケデムより出発してレテヌーまで、異国の国々を通り過ぎてきた。汝（自身）の心の勧めの下に、一つの国はまた別の国を汝に与えた。汝は汝に対してなにかがなされるべきことを何かやっただろうか。汝はその言が罰せられるがごとき呪いの言葉を吐きしことなく、その発言が反対されるがごとき言葉を貴族の勧告に対して吐きしことなし。（一八五）この計画が汝の心を奪った（にすぎず）。そは汝に対する（余の）心にはなかりき。宮殿にあるこの汝の天[42]は、今や堅固にして、ゆるぎなし。その頭は、国土の王権にておおわれてあり。その子供たちは宮廷にあり。

かれらが汝に与うる美味を貯え、その贈り物を食して生きて行かんことを。汝はエジプトに帰（国）し、その育ちし家を見、大いなる双門の地に接吻し、廷臣たちに加われ。たしかに今や（一九〇）汝は年老いはじめ、活力を失いたればなり。埋葬の日（の）尊者への〈転身〉を思い起してみよ。その時、汝のために、香膏とタイト[43]手ずからの包帯とをもって、汝のため、夜が取り除かれん。埋葬の日、汝のため葬列が催されん。黄金のミイラおおい、（その）頭部はラピス・ラズリ（瑠璃）にて、汝の上には天[44]（があり）、汝はそりにすえられ、牛どもがひき、歌い手たちは（その）前にあらん。ムーの踊り[45]（一九五）が墓の入口にてなされ、汝のため供物リストが読み上げられ、供物台のそばにて犠牲が殺され、王の子たちの（墓地の）中に、汝の柱が白い石より切りだされん[46]。汝は異国（の地）に死ぬべきにあらず。アジア人《びと》たちは、（墓場まで）汝につき従うことなく、（たとえ）その壁[47]が築かれようと、汝は羊の皮にくるまれて納められる[48]べきにあらず。（もはや）地を歩き回るは（あまりに）長（すぎ）ん。病気に注意せよ。そして帰国せよ。」

この勅命は私が部族のただなかに立っている時とどき、（二〇〇）読み上げられた。私は腹ばいとなり、地面にふれ、土を私の髪にふりまいた。私は喜びにみち、（こう）言いながら、私の宿営地へともどった。「その心が見知らぬ異国へと道を踏みはずさせた僕に対してどうしてこんなことができるのだろうか。だが、私を死から救ってくれた寛大さこそ本当に良いことだ。あなたの力は、私の身体が故国ではてることを得させてくれるだろう」と。

勅命に対する返書の写し。

王宮の僕シヌへ（二〇五）は、申し上げます。「平安あれ。このしもべが無知の故に行なったこの逃走は、あなたのカーの知るところとなった。おお、良き神にして両国の主、ラーが愛し、テーベの主モントゥが寵愛する者よ。両国の玉座の主アメン、セベク、ラー、ホルス、ハトホル、アトゥムとその九柱神[49]、ソプドゥ[50]、ネフェルバウ、セムセルー、東のホルス[51]、ブトの女主人（あなたの頭にまきつかんことを[52]）、水上にいる顧問たち[53]、砂漠に住むミン・ホルス[54]、プントの女主人ウレルト[55]、（二一〇）ヌート、ホル・ウル・ラー[56]、（その他）エジプトおよび大洋の島の主である神々が、あなたの鼻孔に生命と力を与え、その贈り物をあなたに賦与し、終りなき永遠と限りなき時間とを与えますように。あなたの（起す）

恐怖が平地にも山地にも繰り返し伝えられ、あなたの日輪のめぐる（すべての）場所を征服できますように。これが、このしもべの、その主人にして西方の救い主に対する祈りです。

臣民を知覚する知覚の（所有）主[57]、かれが、（二五）宮殿に（いたまま）このしもべはこのような発言を恐れているのだということを知覚されますように。この言葉は繰り返すには（あまりに）大きすぎることと思える（からです）。ラーの似姿である大いなる神[58]がみずから働くものを賢くしてくれますように。このしもべは、気をつけてくれる者の手中にあります。私はその指示の下におかれているのです。陛下（こそ）は、征服者ホルスであり、その腕はいかなる国（のもの）にもまして力強いのです。

また、陛下[59]が、ケデムからマキを（三〇）ケント・ケシューからケンティ・イアウシュを、フェンクーの国からメヌースを連れてくるよう命令なさいますように。かれらは名高い支配者であり、あなたへの愛の中に成長した若者です。レテヌー（の国）はいうまでもなく、かれら（もまた）あなたの犬と同じようにあなたのものなのです。

ところで、しもべのなした逃亡（についていえ）ば、それは計画されたものではなかったし、私の心の中には存在せず、準備したわけではなかったのです。私には何が私を（その）場所から隔てたのか分かりません。（まるで）（三五）夢を見ているようでした。ちょうど、デルタの男がエレファンティネ[60]にいるのに気がつくとか、（北の）沼沢地の男がヌビアに（いるのに気がつく）とかいうようなものです。私はこわくはなかったのです。誰も後を追ってきませんでしたし、さげすみの言葉を聞くこともなく、伝令使の口から、私の名前が聞かれることもありませんでした。なのに、私の体は震え、私の足はあわてふためき、私の心は指示を与えたのです。この逃亡を定めたもうた神が（二三〇）私をひきずりだしたのです。私はかつて傲慢だったことは一度もありませんでした。その国土を知っている男は畏れを知らなければなりません。（なぜなら）ラーは、あなたへの恐れを国中に、あなたへの恐怖をすべての異国の国々にすえたからです。私が故国にいましょうと、この土地にいましょうと、あなたこそはこの地平線をおおうおかたなのです。（というのも）日輪はあなたの好むがままに昇り、（ナイル）河の水はあなたの望むがままに飲むことができ、空の大気はあなたの命のままに呼吸される（から）です。このしもべは（二三五）この土地で行使している宰相職を譲り渡したいと思います。陛下の好むがままに、あなたの与えてくれる空気によって人間は生きるのです。ラー、ホルス、ハトホルが、テーベの主モントゥが、永遠に生きつづけることを望むあなたの神聖な鼻孔を愛してくれますように。」

それからかれらは私を迎えにやって来た[61]。私の子供たちに財産を譲り渡すために（もう）一日、ヤーですごすことが許された。長男が私の部族を預る（こととなった）。（二四〇）私の部族と財産すべて、私の奴婢、家畜全体、果物、およびすべての果樹がかれに託された。

次いで、このしもべは南へと進んだ。私は「ホルスの道[62]」で休息した。そこでの巡視の責任者である司令官は、（これを）知らせるため王都へ伝令を送った。そこで陛下は有能な王領地の農夫の長《おさ》を派遣してきた。荷物で一杯の船がかれにつづいた。(二四五)（その船には）私に随行して「ホルスの道」まで護衛してきたアジア人《びと》に対する王の贈り物が積まれてあった。私はかれらの各々をその名前で呼ん（で紹介した）[63]。召使いたちはみな、その仕事に（とりかかった）。私（の船）が出帆すると、リシュトの町に到着するまで、私のかたわらで（パンが）こねられ、（ビールが）濾《こ》された[64]。

夜が明けると、早朝から、かれらはやってきて、私を呼びだした。十人が（呼びだしに）やってきて、（もう）十人が、私を王宮へ案内していった。私はスフィンクスの間の地面に顔をこすりつけた。(二五〇)王の子供たちは、私を迎えに門のところにいた。周柱の間[65]へと案内する廷臣たちは、私を謁見の間へと導いていった。私は壁がんの中に（すえられた）純金の大いなる玉座にすわる陛下をみいだした。私が腹ばいになると、この神は親しげに挨拶して下さった。（だが）、陛下を前にして私は自分を忘れてしまった。私は暗闇に捕えられた男のようだった。(二五五)私の魂はとび去り、私の体はなえ、私の心は体の中にはなく、生死の区別ができなかった[66]。

それから陛下はこれらの廷臣の一人にむかって言われた。「かれを起しなさい。私に話しかけなさい」と。次いで陛下は（こう）言われた。「見よ、汝はやって来た。汝は逃れ去ったのち、異国の地を踏み歩んだ。（だが今や）老年が汝を襲い、汝は初老に達した。汝の遺骸が（正しく）埋葬される（や否や）は些細な事柄ではない。汝は弓兵[67]によって埋められてはならない。決して決して再びこんなことをなしてはならない。汝はその名前をよばれても返事をしない（ではないか）[68]。」だが私は答えるのが恐ろしく、恐れる者の（態度）で答えた。「わが主君の申されることは何でございましょうか。私は答えなければならないのです（が）、全く答えることができません。これこそ神の御手なのでございます。私の胸中にあるのは、定められた逃走を生ぜしめた時のような恐怖なのでございます。ごらん下さい。私はあなたの前におります。あなたこそ生命の持ち主でございます、陛下がおすきなようになさって下さいませ。」

そこへ、王の子たちが案内されてはいってきた。ついで王は王妃にむかって（こう）申された。「ここにシヌへがいる。アジア人として、アジア人の恰好をしてやってきたのだ」と。王妃は大声で叫び、王の子供たち（も）皆いっせいに叫び声をあげた。そして陛下へむかって言った。「おお、国王よ。わが主君よ。本当はかれではありません」と。陛下は申されました。「本当にかれなのだ」と。ところでかれらは、メニト首飾りやがらがらやシストルムを持参していて、陛下に捧げ（てこう言った）[69]。

「汝の腕が永遠の主である何か美しきことへ、天の貴婦人の装い[70]へと〈さしのべられます〉ように。

黄金の女神が汝の鼻孔に生命を与え、星辰の貴婦人が汝と合一されますように。

南の王冠が流れを下り、北の王冠が流れを上り、陛下の人格の中に結合し、一つとなりますように。

聖蛇が汝の額の上に置かれ、汝が臣民を悪より守りますように。

両国の主ラーが、汝に好意を示しますように。

汝およびすべての女主人[71]へ喝采。

汝の弓の弦をゆるめ、矢をはずして下さい。

息のつまっているかれに息吹きを与えて下さい。

この族長サメヒト[72]、エジプトに生れた弓（手兵）にわれらのすばらしい贈り物を与えさせて下さい。

かれは汝への恐れから逃げだし、汝への恐怖から（この）国を去った（のでした）。

（だが）、汝の顔をみるかれの顔には不安はなく、汝を見る眼には恐れはない。」

すると陛下は申された。「彼は（もはや）恐れる必要はない。かれには恐れている理由はない。かれは貴族の中の廷臣となり、廷臣たちの地位に置かれよう。汝らは、かれの地位を定めるために『朝の間[73]』に赴け」と。


こうして私は謁見の間からでていった。王の子たちが私の手をとって（つれだしてくれた）。そののち、われわれは大いなる双門へと向かった。私に王子の一人の家があてがわれた。そこにはすばらしいものがあった。涼しい部屋と地平線の像[74]があり、宝庫の貴重品があった。各室に亜麻布製の王の衣服、没薬《もつやく》、王とそのお気に入りの貴族の（ための）最上の油があった。召使いたちはいずれもその仕事に（忙し）かった。歳月

（の跡）が私の体からとり除かれた。私は（歳月の跡を）むしり取られて、その髪をとかされた。（こびりついたほこり）は砂漠に（捨てられ）、衣服は砂漠の住民（に）与えられた。私には上等の亜麻布が着せられ、最上の油が塗られた。私はベッドで眠り、砂はそこに住むものたちに、（二九五）樹油はそれを塗るものたちにまかせた。私には廷臣の一人の持ちものだった庭園づきの家が与えられた。多くの職人が（改）築に従事し、その樹木は新しく植えられた。食事は日に三、四回、宮殿から運ばれたし、その他に王の子供たちも、たえず（食事を）与えてくれた。

（三〇〇）ピラミッド墓地のまん中に、私のために石造りのピラミッドが建造された。ピラミッドを切りだす石工たちが定められた区域を引きうけた。設計家がそこに図をひき、主任彫刻師たちが刻んだ。墓地にいる工事監督たち（も作業に）従事した。（三〇五）墓坑に納められるべきあらゆる仕度に必要な家具類がつくられ、葬祭神官が私に与えられた。私のために、最高の廷臣のためになされるように、町まで（広がる）耕地をもつ墓所の庭園が設けられた。私の彫像は黄金を張りつけられ、そのスカートは純金であった。それをつくらせたものこそ陛下であった。このようなことがなされた貧者は[75]（他には）ない。
（こうして）私は（三一〇）死の日がくるまで、王のお気に入りであった。

ここで（物語の終る時が）来た。最初から最後まで、書き物として発見された通り（である）[76]。

ウェストカー・パピルスの物語

Ⅰジェセル王の御代の奇蹟

（一・一）〔……………………………〕

（一・三）〔すると〕声正しきクフ王〔陛下は申されました。「パン千個〕、ビール百罎《びん》、牛一頭〔および香二山〕を声正しきジェセル王に〔献納するように。また菓子一個〕（一・一五）〔ビール〕一罎、肉一人前、〔および香一山を首席典礼司祭①……に与えよ。なぜなら〕余はそのわざのほどを知ったのだ〔から〕」と。

〔そして陛下の〕命ぜられた通りに〔実行されました〕。

Ⅱネブカ王の御代の奇蹟――裏切られた夫のお話

するとカフラー王子が立ち上がって〔話しはじめました〕。「私は〔陛下〕に〔陛下の〕父王であられる声正しきネブカ王の御代におこった奇蹟〔について〕お聞かせいたしましょう」。〔ある日のこと〕ネブカ王はアンク・タウイ②〔の主、プタハ〕の神殿にでかけていかれました。

(一・二〇) さて、陛下は〔アンク・タウイに……〕つきますと、首席〔典礼司祭〕ウバウネを呼びよせられ〔……。ところが〕ウバウネの妻は〔……平民の男に心を奪われていました。……(二・一) 彼女はかれに〕衣服のつまった箱を〈届け〉〔させ……〕、この者は女中といっしょにやってきました。〔さてそれから〕数日が〔すぎました〕。ウバウネ〔の庭園には〕あずまやがあったので、平民の男は(二・五) ウバウネ〔の妻に〕言いました。『〔ウバウネの庭には〕あずまやがあるじゃないか。え、あそこで一時をすごそう。』〔そこで〕ウバウネ〔の妻〕は〔庭園(の世話)をまかされている〕召使いに、『〔庭にある〕あずまやを準備させるように』と〔言わせました。彼女はそこに行って〕一日中〔平民の男と〕飲んですごしました。(二・一〇)〔……〕そして〔夕方になる〕と〔平民の男は〕泉水〔におりて行き〕、女中は〔……〕。

(二・一五) 夜が明けて、次の〔日になりますと、庭園(の世話)をまかせられている召使いはウバウネに会いに〕行き、このことを〔告げました。……〕そこで〔ウバウネはかれに向かって申しました。〕『黒檀と金でできた〔私の道具入れ〕を持ってきてくれ。』〔そしてウバウネは〕七〔指尺③の長さのろう〕のワニをつくり〔……〕。かれは〔それに、『私の〕泉水〔に〕水を浴び〔に〕くるものはだれでも、〔そのものを捕えよ……〕』という呪文を〔読みとりました〕。(三・一) それから、かれはそれを〔召使い〕に手渡して、こう言いました。『平民の男が毎日の習慣通りに泉に下りていったら、そのうしろに(この)〔ろうの〕ワニを投げ(込め)。』そこで〔召使い〕は(三・五) ろうのワニをたずさえてもどりました。

ウバウネの妻は〔庭園（の世話）〕をまかせられている召使いに、『庭にあるあずまやを準備させなさい。私が休みに行きますから』と言い送りました。そこであずまやにはあらゆるよいものが用意されました。そこで、彼女たち[4]は（でかけて）いって、平民の男と楽しい一日を（すごしました）。〔三・一〇〕そして夕方になると、平民の男は毎日の習慣通りに（泉水におりて）行きました。[5]そこで召使いは、そのうしろの水中にろうのワニを投げ（込み）ました。（すると）七腕尺のワニ〔に姿を変え〕平民の男をつかまえました。

しかし、ウバウネは〔三・一五〕七日のあいだ声正しきネブカ王陛下といっしょにおりました。一方平民の男は息をする〔こともなく、水〕のいちばん底にいたのです。七日がすぎると、声正しきネブカ王陛下は〔アンク・タウイに赴こうと〕出発いたしました。すると（王さまの）前におったウバウネが申し上げました。〔三・二〇〕『陛下よ、陛下の御代におこった奇蹟を見においで下さい。』〔そこで王さまは〕ウバウネ〔といっしょに参りました。〕そこで〔ウバウネは、〕『平民の男をつれ戻せ』と言ってワニを呼びよせました。（すると）〔ワニが水から〕でてきて〔その男をつれ戻しました……〕。そこで声正しきネブカ王陛下は〔四・一〕申されました。『たしかに、このワニは恐ろしげじゃわい。』だがウバウネは腰をかがめてワニをつかまえました。それはかれの手の中ではろうのワニでしかありませんでした。それからウバウネは、声正しきネブカ王陛下に、平民の男が自分の家で自分の妻とやったことを話しました。〔四・五〕すると陛下はワニに向かって申されました。『そなたのもとにあるこのものを連れて行け。』ワニは泉水の底にもぐっていき、平民の男といっしょにどこに行ってしまったか誰にも分かりませんでした。（つづいて、）声正しきネブカ王陛下はウバウネの妻を宮殿の北側の広場にひきださせて、火あぶりにし、（四・一〇）その灰を河に投げすてさせました。

これが、あなたの父ネブカ王（陛下）の御代におこった奇蹟、首席典礼司祭ウバウネが行なった（数ある）奇蹟（の一つ）でございます。」

するとと声正しきクフ王陛下は申されました。「パン千個、ビール百罎、牛一頭、および香二山を声正しきネブカ王に献納するように。また（四・一五）菓子一個、ビール一罎、肉一人前、および香一山を首席典礼司祭ウバウネに与えよ。なぜなら、余はそのわざのほどを知ったのだから」と。

そして陛下の命ぜられたとおりに実行されました。

Ⅲスネフル王の御代の奇蹟——娘漕手たちの話

するとバウフラー（王子）が立ち上がって話を始めました。「私は陛下に陛下の父王、声正しきスネフル王（陛下）の御代におこった奇蹟についてお聞かせいたしましょう。（それは）首席典礼司祭、ジャジャエムアンクの行なった（数ある）奇蹟の（一つ）でございまして、（四・二〇）〔………〕これまで（一度も）起らなかったようなこと〔なのでございます〕」。

〔ある日スネフル王はなにか気晴らし〕はないかと王宮（万才！）[6]の〔部屋部屋をくまなく歩きまわってみましたが、なにもみつからなかったのでございます。そこで王は申されました。〕『首席典礼司祭で〔書記〕長であるジャジャエムアンクを連れてこさせよう。』すぐさまかれが連れてこられました。そこで陛下は申されました。『〔余は〕何か気晴らしはないかと王宮（万才！）の〔部屋部屋をくまなく歩きまわってみたが〕（五・二）何もみつからなかった』と。ジャジャエムアンクは答えました。『陛下よ、王宮（万才！）の池においでになり、宮中の美しい娘たちをみなお舟に乗りこませになって下さい。娘たちが櫂《かい》をとって上り下りするさまは陛下のお心を楽しませることと思います。（五・五）そして池の美しい茂み、池を縁どる野原やその美しい岸をごらんになれば、陛下のお心はきっと楽しまれると思います。』（陛下は申されました。）『よろしい、船遊びをいたそう、金張りの黒檀製の櫂を二十本もってまいれ。柄のところは〈白檀〉製で上質の金で飾ったものだ。また二十人の娘を連れてまいれ。（五・一〇）身体美しく、乳房（ひきしまり）、髪を編み、（まだ）子供を産んだことのない（娘たち）だ。また二十枚のネットをもってまいり、この娘たちが着物を脱いだらこのネットをつけてやれ。』そこで王さまの申された通りにされました。

　すると娘たちは櫂をとって上り下りし、陛下のお心は娘たちの漕《こ》ぐさまをみて満足でした。（五・一五）ところが船尾にいた一人が編んだ髪[7]をもつらせ、新しいトルコ玉の魚形の耳飾りが水中に落ちました。するとこの娘は静かになり、漕ぐのもやめました。そしてその一行（も）静かになり漕ぐのをやめました。そこで陛下は申されました。『どうした、もう漕がないのか。』娘たちは答えました。『私たちの指揮をされるかたが（五・二〇）静かになったのです。そのかたは漕ぐのもやめました。』陛下はその娘にたずねられました。『どうして、そなたはもう漕ごうとしないのじゃ。』娘は答えました。『新しいトルコ玉の魚形の耳飾りが水の中に落ちた〔のです〕。』そこで〔陛下は申されました。『余が〕代りをつかわそうか。』だが〔娘は答えました。『同じようなものよりも〕私のもの〔がすきなのです。〕』そこで〔陛下は〕申されました。〔『行って首席〕典礼司祭〔ジャジャエムアンク〕を連れてこい。』すぐかれは連れてこられました。

そこで陛下は（六・一）申されました。『わが兄弟、ジャジャエムアンクよ。余はそなたの申した通りにやってみた。余の心は娘たちの漕ぐさまをみて楽しんだ。だが指揮をとる娘の新しいトルコ玉の魚形の耳飾りが水の中に落ち、そのため娘は静かになり、漕ぐのをやめてしまった。そこで、みなも〈漕ぐのをやめ〉てしまった。余が娘に（六・五）「どうしてそなたはもう漕ごうとしないのじゃ」とたずねると、娘は「新しいトルコ玉の魚形の耳飾りが水の中に落ちてしまったのです」と申した。余は「ただ（一心に）漕げ、余がその代りをつかわそう」と申したのに、娘は「同じようなものより私のものがすきなのです」と答えるのじゃ』と。

そこで首席典礼司祭ジャジャエムアンクはいくつかの呪文をとなえ、池の水の半分を他の半分の上に重ねました。そして石のかけらの上にのっている魚形の耳飾りをみつけました。（六・一〇）かれはそれをとりに行き、耳飾りはその持ち主に返されました。ところで、その真中で十二腕尺だった水は、重ねあわされた後では二十四腕尺になっておりました。かれはまたいくつかの呪文をとなえ、池の水をもとの状態にかえしました。

陛下は王宮（万才！）全体とともにお祭り気分で（その）日をすごされました。それから首席典礼司祭（六・一五）ジャジャエムアンクにあらゆるよきものをおつかわしになりました。

これがあなたの父、声正しきスネフル王（陛下）におこった奇蹟、首席典礼司祭で書記長であるジャジャエムアンクの行なった（数ある）奇蹟の（一つ）でございます。」

すると声正しきクフ王陛下は申されました。「パン千個、ビール百罎、牛一頭および香二山を声正しきスネフル王（陛下）に献納するように。（六・二〇）また菓子一個、ビール一罎および香一山を首席典礼司祭で書記長であるジャジャエムアンクに与えよ。なぜなら、余はそのわざのほどを知ったのであるから」と。

そして陛下の命ぜられたとおりに実行されました。

Ⅳクフ王の御代の奇蹟――魔法使いのジェディの話

するとデデフホル王子(8)が立ち上がって話しはじめました。「〔これまで陛下は〕（今は）亡き方々の行なった（奇蹟の）例〔をお聞きになりました。（それは）本当か嘘〔か〕分かりません。〔ところが〕陛下〔の下〕、陛下ご自身の御代に（奇蹟を行なう人物）がいるのです。」〔六・二五〕その者は〔陛下の〕お知りにならない〔人物〕であり、〔偉大な魔法使いなのです。」」すると陛下は申されました。「〔わが子〕デデフホルよ、それはいったいだれのことなのか。」デデフホル〔王子は答えました。〕「平民の男で、〔七・二〕名前はジェディという、ジェド・スネフル[9]に住んでおります。百十歳になる平民の男で、今でもまだ〔日に〕五百個のパンと肉、そして牡牛の肩肉〔前半分〕をたいらげ、百本のビールをのみます。この男は、切り落とされた頭をもと通りにつけることができますし、獅子のたづなを地面に引きず〔らせたまま〕後にしたがえて歩かせることもできるのです。〔七・五〕この男はトトの聖所の秘密の部屋の数も知っているのでございます。」

ところで、声正しきクフ王陛下ご自身も、ご自分の地平線[10]に似たような部屋をつくらせようとこのトトの聖所の秘密の部屋をずっと探しつづけてきていたのです。そこで陛下は申されました。「わが子デデフホルよ、そなた自分でその男を連れてきてくれ。」すぐデデフホル王子のために船隊がととのえられ、王子は〔七・一〇〕ナイルをさかのぼってジェド・スネフルへとでかけていきました。これらの船が岸につくと、王子は柄はセスネム樹[11]製金張りで〔本体は〕黒檀製の舁《か》き輿《こし》に坐って進んでいきました。

王子がジェディのもとにつくと、かきこしは地面におろされました。そこで王子はジェディにあいさつするため立ち上がりました。王子はジェディが〔七・一五〕すまいの敷居の上、花ござの上に横になっているのをみつけました。一人の召使いがその頭をかかえて、〔軟膏を〕塗り、もう一人が足をさすっておりました。そこでデデフホル王子は申しました。

「あなたのご様子は、ひじょうな高齢で、死と葬儀と埋葬の〈年齢〉であられる〈にもかかわらず〉まだ老齢に達していないお方のようです。夜明けまで（ぐっすり）眠り、病気にかからず、いかなる咳の発作もないお方のようです。」そして次のように尊者にあいさついたしました。（七・二〇）「私は、父の声正しきクフ王のところから、あなたをお迎えするためここにやってまいりました。あなたの王の与えられるおいしいものを食べられ、王に仕えるもの（だけ）にあてられる食物を（召し上がることに）なるでしょう。そして王はあなたにしあわせな生涯をすごさせ、墓地にいるあなたの父上たちのもとへたどりつかせてくれるでしょう。」するとジェディは答えました。「平安あれ、平安あれ、父上に愛された王子デデフホルよ。あなたの父上の声正しきクフ王の報いがありますように。王さまが長老たちの中でのあなたの地位をあげて下さいますように。あなたのカー[12]が敵と戦い、あなたの魂（バー）がヘベス・バーグ[13]の門にみちびく道を知ることができますように。」このように王子にあいさつがなされました。

（八・一）それからデデフホル王子は両手をさしのべ、ジェディを立ち上がらせました。そして手をかしながら、河岸の方へいっしょにでかけていきました。するとジェディが申しました。「（私の）子供たちと私の本を運んでくれる船を用意して下さい。」そこで二双の船と乗組員がジェディのために用意され、ジェディは（八・五）デデフホル王子の乗っている船に乗ってナイルを下っていきました。王の都につくと、デデフホル王子は声正しきクフ王陛下に知らせるため（宮殿に）はいっていきました。デデフホル王子は申しました。「おお王さま（万才！）、わが君よ、ジェディをつれてまいりました。」陛下は申されました。「行って余のもとに連れてまいれ。」それから陛下は王宮（万才！）の大広間に赴きました。（八・一〇）ジェディは陛下のそばに案内されました。そして陛下は申されました。「ジェディよ、どうして（今まで）そなたに会ったことがなかったのだろうか」と。ジェディは答えました。「おお王さま（万才！）、呼ばれた者がやってまいったのです。私はよばれました。それで私はやってまいったのでございます。」陛下は申されました。「そなたは切り落された頭をもと通りつけることができるという話だが、それは本当なのか。」ジェディは答えました。「はい、できます。おお王さま（万才！）、わが君よ。」（八・一五）そこで陛下は申されました。「牢にはいっている囚人を連れてきて、（死）刑を執行させてみよ。」だが、ジェディは答えました。「いいえ、人間のことではありません。おお王さま（万才！）、わが君よ。なぜなら（神の）聖なる家畜[14]にそのようなことをするのは禁じられていますから。」

そこでジェディのところにガチョウが連れてこられ、その首がはねられました。それから、ガチョウは大広間の西側に、その首は大広間の東側に置かれました。（八・二〇）ジェディは呪文をいくつか唱えました。するとガチョウは立ち上がって、ピョコピョコ動きだし、その首も同じことを（はじめました）。一方がもう一方といっしょになると、ガチョウはガアガア鳴きながら立ち上がりました。それからジェディは別の種類のガチョウをもってこさせ、おなじようにしました。（八・二五）陛下はさらに、頭を地面に投げ倒した牡牛をつれてこさせました。ジェディが呪文をいくつか唱えますと、牡牛は手綱を地面におとした

(まま) 立ち上がってジェディのあと (についてきました)。(九・二) そこで、声正しきクフ (王陛下) は申されました。「では、そなたが〔トト〕の聖所の秘密の部屋の数を知っているという話はどうじゃ。」ジェディは答えました。「もしそのことがあなたのお気に召すといたしましても、おお王さま (万才!) わが君よ、私はその数を知りません。ですが、それが (分かる) 場所は知っております。」陛下は申されました。「一体それはどこなのじゃ。」するとジェディは答えました。(九・五)「ヘリオポリスの『〈記録〉(の間)』とよばれる部屋に燧石の (小) 櫃《ひつ》がございます。この櫃の中に〔あるのです〕。」〔陛下は申されました。「行って、もってまいれ。」〕しかしジェディは答えました。「王さま、わが君よ。いいえ、あなたのところにそれをもってくるのは私ではありません。」陛下は申されました。「では、一体だれがもってくるのだ。」ジェディは答えました。「それをもってくるのはレドジェデトの腹の中にいる三人の子供の中の長男でございます。」そこで陛下は申されました。「たしかに、このことは余を喜ばせるものじゃ。(じゃが) そなたが言おうとしたこと (だが)、このレドジェデトとは何者なのじゃ。」ジェディは答えました。「サケバウの主、[15] ラーの神官の妻で、(九・一〇) サケバウの主ラーの三人の子をはらんでおります。そしてラーはこの子供たちについて、この国全体にこのすぐれた職務[16]を果し、その長子はヘリオポリスの大司祭となるだろうと申しておられます。」陛下の心はこのことのために悲しみに落とされました。だがジェディは申しました。「王さま (万才!)、わが君よ。このご気分はどうしてですか。三人の子供のためですか。私は (こう）言いたかったのです。（あなた）、あなたのお子さま、そのお子さま、そして（ようやく）かれらの中の一人（の順である）と。」そこで陛下は申されました。（九・一五）「では一体いつごろレドジェデトはお産をするのだろうか。」（ジェディは答えました。）「冬第一月の十五日でございます。」陛下は申されました。「（まさしく）『双魚』水路の砂洲があらわれはじめているころじゃ。しもべよ、（さもなくば）余みずからそこを通ってサケバウの主ラーの神殿を見るであろうに。」ジェディは答えました。「よろしゅうございます。『双魚』水路の砂洲の上に四腕尺の水をおきましょう」と。

　そこで陛下は宮殿にはいられ、申されました。「ジェディをデデフホル王子の屋敷に（向かわせるよう）命ぜよ。王子といっしょに住み、（九・二〇）パン千個、ビール百罎、牡牛一頭および野菜五束からなる食糧をかれに割当てよ。」

　そして陛下の命ぜられた通りに実行されました。

第Ⅳ話への付篇——第五王朝の諸王の誕生

　これらの日々のある日、とうとうレドジェデトが陣痛を感じました。そのお産は難（産）でした。そこでサケバウの主ラー陛下は、イシス[17]、ネフテュス、メスケネト[18]、ヘケト[19]、クヌム[20]に向かって申されました。「さあ行って、レドジェデトの胎内にはいっており、（九・二五）この国全体にこのすぐれた職務を果す（ことになっている）三人の子供たちを分娩させてくれ。かれらはそなたたちの神殿をつくり、祭壇をみたし、灌奠《かんてん》台を栄えさせ、供物を増してくるだろう。」これらの女神たちは、踊り手に姿を変えて出発いたしました。(一〇・一) クヌムは（その）荷物をもって従いました。（一行は）ラーウセルの家につきました。するとかれが衣服を乱したまま（呆然と）立っているのをみつけました。（一行は）かれに、メニト首飾りとがらがらをさしだしました。するとかれは申しました。「皆さん、ごらん下さい。家の主婦は（陣）痛の最中で、お産は難（産）なのです。」すると、彼女たちは申しました。(一〇・五)「奥さまを見せていただけま（せん）か。私たちはお産（の手助け）をすることができますから。」かれは申しました。「（どうぞ）おいで下さい。」〈女神たち〉はレドジェデトのそばまではいりこみ、部屋を〈ぴったりと〉閉めきりました。それからイシスはその〈前〉に、ネフテュスは〈後〉につき、ヘケトがお産を促進しました。そしてイシスは言いました。「このそなたの名ウセル〈カ〉フによりて、彼女の胎内にてあまりに元気よく（ウセル）しすぎるな。[21]」するとこの赤ん坊はその両手にとびだしてきました。(一〇・一〇)（身長）一腕尺で、丈夫な骨をもった赤ん坊でした。その手足は黄金でおおわれており、ほんものの瑠璃の（王者の）被りものをつけておりました。（女神たち）はそのへその緒をたち切ってから体を洗ってやり、煉瓦の寝台の上にねかせました。それからメスケネトが赤ん坊の方にやってきて申しました。「この国全体に王権を行使する王（よ）。」そしてクヌムはその身体に健康を与えてやりました。（ふたたび）イシスは（レドジェデト）の(一〇・一五)〈前〉に、ネフテュスは〈後〉につき、ヘケトがお産を促進しました。そしてイシスは言いました。「このそなたの名サフラーによりて、彼女の胎内にてひまどる（サフ）な。」するとこの赤ん坊はその両手にとびだしてきました。（身長）一腕尺で丈夫な骨をもった赤ん坊でした。その手足は黄金でおおわれており、ほんものの瑠璃の（王者の）被り物をつけておりました。（女神たち）は、そのへその緒をたち切ってから体を洗ってやり、煉瓦の寝台の上にねかせました。（一〇・二〇）それからメスケネトが赤ん坊の方にやってきて申しました。「この国全体に王権を行使する王（よ）。」そしてクヌムはその身体に健康を与えてやりました。（もう一度）イシスは（レドジェデト）の〈前〉に、ネフテュスは〈後〉につき、ヘケトがお産を促進しました。そしてイシスは申しました。「このそなたの名ケクウによりて、彼女の胎内にて暗く（ケクウ）あるな。」すると、この赤ん坊はその両手にとびだしてきました。（一〇・二五）（身長）一腕尺で丈夫な骨をもった赤ん坊でした。その手足は黄金でおおわれており、ほんものの瑠璃の（王者の）被り物をつけておりました。（女神たち）は、そのへその緒をたち切ってから、体を洗ってやり、煉瓦の寝台の上にねかせました。それからメスケネトが赤ん坊の方にやって来て（一一・一）申しました。「この国全体に王権を行使する王（よ）。」そしてクヌムはその身体に健康を与えてやりました。

　これらの女神たちは、レドジェデトから三人の赤ん坊を産みださせたのち、（部屋を）出てきました。（一一・五）そして言いました。「ラーウセルよ、喜びなさい。三人の赤ん坊がそなたに産まれました。」かれは答えました。「皆さん、このお礼に何をしたらよろしいでしょうか。どうか、この大麦の袋を荷物運びの方にあげて下さい。そしてビールをつくるためにお受けとり下さい。」そしてクヌムは大麦の袋を背負いました。

それから（一行は）（二・一〇）でかけてきた場所にもどってきました。するとイシスが（他の）女神に向かって申しました。「この赤ん坊たちのために、私たちを送りだしたその父君[22]に報告できるような奇蹟を行なわないで、どうして戻ってきてしまったのでしょう。」そこで（一行は）王さま（万才！）の冠を三個つくり、大麦の袋の中に入れました。それから、天を暴風雨の姿にして来させ、（二・一五）家にもどってきました。そして言いました。「私たちが、北に踊りにもどってくるまで、大麦の袋をここの密閉できる部屋に（しまって）おいていただきたい（のです）。」そこで大麦の袋は密閉できる部屋にしまわれました。

さて、レドジェデトは十四日（間）の清めによって身を清めました。それから召使い（女）にたずねました。「家（の中）は（二・二〇）整っていますか。」彼女は答えました。「（はい）あらゆるよいものがととのっています。甕《かめ》[23]を除いてはです。もってきてくれないからです。」レドジェデトは言いました。「いったいどうして、甕をもってこないのです。」女中は答えました。「ここには、あの踊り手たちのものである大麦の袋の他には、（ビールを）つくる（原料）がないのです。そしてそれはあの人たちが封印した部屋にあるのです。」レドジェデトは言いました。（二・二五）「おりていって、その大麦をもってきなさい。戻ってきたら、ラーウセルがその代りをあげるでしょうから。」女中は行って、（三・一）部屋を開けました。すると、歌、踊り、音楽、喝采、（要するに）王のためになされるようなありとあらゆる物音が部屋の中で聞えました。彼女はレドジェデトのところに行って、自分の聞いたことを話して聞かせました。レドジェデトは部屋（の中）を歩き回ってみましたが、その（物音が）どこから生じるのかみつけだせませんでした。そこで、こめかみを袋におし当ててみますと、物音は袋の中からでていることが分かりました。そこで（袋を）箱の中に入れ、（一二・五）別の櫃《ひつ》の中に入れ、それを革紐でぐるぐる巻きにしました。そして、これを炊事道具をいれた部屋に入れ、封印いたしました。ラーウセルが野原から帰ってきて、（家に）はいってくると、レドジェデトはこの顚末を話して聞かせました。かれはたいへん喜び、〈二人は〉（いっしょに坐って）しあわせな一日を（送りました）。

さて、それから（数）日後のことです。レドジェデトは女中とけんかをし、（一二・一〇）女中を打ちのめしました。すると女中は家のものたちに向かって言いました。「どうして（ご主人は私に）こんなことができるのでしょう。あの方は三人の王さまを産まれたのです。私はこのことを声正しきクフ王陛下に申し上げにまいりましょう。」女中はでかけていって、同腹の（長）兄が脱穀場で亜麻の束を縛っているのをみつけました。兄は言いました。「妹や、いったいどこに（なにを）しに（いく）のだ。」（一二・一五）そこで、女中はこの顚末を話してきかせました。だが兄は言いました。「まるで私がこの密告に加わらなくてはならないかのように、私の前にやってきて、いったいお前は〈なんということ〉をしようとしているのだ。」（そう言って）一束の亜麻をつかみ、（妹を）一発強くたたきました。それから（この）女中は水を汲みに行き、ワニにさらわれてしまいました。

そこで、女中の兄は、このことをレドジェデトに告げに行きました。（一二・二〇）かれはレドジェデトが、頭を膝につけ、ひどくふさぎこんで坐っているのをみつけました。かれは言いました。「奥さま、どうしてそんな（暗い）ご気分をしていらっしゃるのですか。」彼女は答えました。「家のあの小娘（のせい）なのです。なぜなら『密告をしにまいります』と言ってでて行ったからなのです。」そこで兄は頭を下げて言いました。（三・二五）〔この顚末を話して聞かせよところ（あいつは）、私の〈そば〉に立ちどまって、「奥さま、本当のうとやってきました。そこで私は（あいつを）一発なぐりつけてやりました。（あいつは）水を少しすくいに行き、ワニにさらわれてしまいました。[24]」〕……

難破した水夫の物語

(一) 忠実な親衛兵が申しました。「ご安心下さい。とのさま。私たちはこうして故国にたどりつきました。木づちが握られ、杭が打たれ、もやいづなはもう地上に置かれておりま す。(1) (五) 人々は（神に）感謝をささげ、神をほめたたえ、同僚たちと抱きあっております。私たちの艤装は無事なまま帰りつき、軍隊には一人の欠けたものもありませんでした。私たちはワワト(2)の国のはてまで達し、センムート(3)（島）(一〇)を越えました。今私たちは、つつがなく帰ってまいりました。故国にたどりついたのです。お聞き下さい、とのさま。私は大げさに申しあげているのではありません。体をお洗い下さい。人に話しかけられたら、答えられるよう指に水を注ぎなさいませ。(五) あなたの心を保ったまま(4)王さまに話しかけ、口ごもることなくお答えなさい。人の口（というもの）は彼を救うことができますし、その言葉が人を寛大な気持にならせることもあるのです。(二〇)（だから）あなたの望むがままに行動なさい（ませ）。話すことはあなたを疲れさすでしょう（から）。

さて、私は（このことと）いくらか似たできごとについてお話しいたしましょう。このできごとは、私自身にふりかかったものでございます。その時、私は王の鉱山(5)へと出発し、

（二五）長さ百二十腕尺、[6]幅四十腕尺の船に乗って、大洋[7]へと下って行ったのでした。その船にはエジプトでえりぬきの百二十人の水夫たちが乗っておりました。かれらは天を見張り、地を見張り、（三〇）その心は獅子よりも決断にみちていたのでした。かれらは、突風のこないうちに突風を、嵐の起らないうちに嵐を予言できたのでした。
（ところが）私たちが、（まだ）大洋上にいて、陸地に到着しないうちに、疾風《はやて》が襲ってきました。突風が起り（三五）なんどもくりかえされ、八腕尺もの波がたちました。一本の丸太[8]が私の方へ倒れてきました。船は沈み、船に乗っていた人たちはだれ一人として生き残ったものはありませんでした。私はといえば、（四〇）海の波のため、島にうち上げられました。私はたった一人で三日間をすごしました。心だけが私の友達でした。私は木蔭に横になり、日蔭を抱きしめました。（四五）それから、両足をのばし、口に入れられるようなものを探しにでかけました。

　私がそこでみつけたのはイチジクにブドウ、あらゆる種類のみごとな野菜、カウの実やネクートの実[9]、（五〇）まるで栽培されたもののようなキュウリ、魚に鳥（など）でした。結局のところ、そこにはないものは何一つなかったのでした。そこで私はお腹が一杯になり、（食べ物の一部を）地面の上におきました。両手にあまりにたくさん持ちすぎていたからです。火鑽《ひきり》をつくると、（五五）私は火をおこし、神々に（儀礼通りの）完全無欠な燔《はん》祭《さい》を捧げました。

　すると、雷鳴のような音が聞えてきました。私は海の波かと思いました。木々は裂け、地面はふるえました。顔をおおっていた手をどけてみると、やって来るのは大蛇だと分かりました。長さは三十腕尺あり、ひげは二腕尺以上ありました。体は金箔張りで、眉は本物の瑠璃でした。大蛇は私の前で立ちあがりました。

私が大蛇の前で腹ばいになりますと、大蛇は私に向かって口を開き、（こう）申しました。『だれがお前を（ここに）連れてきたのか。誰がお前を連れてきたのか、小さきものよ。誰がお前を連れてきたのか。もしお前が、誰がお前をこの島に連れてきたのかをぐずぐずして言わないのなら、お前に思い知らせてやるぞ。お前は灰になってしまい、もう人の眼につかないものになってしまうぞ。』（私は答えました。）『あなたさまが私にお話しになられても、私には（申される）ことが聞きとれません。私はあなたの前にいて、われを忘れているのです』と。

すると大蛇は私を口にくわえて、その住み家に連れていき、（私に）触れることなく（そこに）おろしました。私は無事で、何も奪われなかったのでした。私がその前で腹ばいにな（ってひれ伏してい）ますと、大蛇は私に向かって口を開き（こう）申しました。『だれがお前を（ここに）連れてきたのか、だれがお前を連れてきたのか、小さきものよ。誰がお前を、両岸を波が洗うこの島へ連れてきたのか』と。

そこで私は、両手を大蛇の方にさしのべながら、彼に答えて、申しました。『私は、国王の使いで、長さ百二十腕尺、幅四十腕尺の船に乗って鉱山へと下っていきました。その船にはエジプトでえりぬきの百二十人の水夫たちが乗っておりました。かれらは天を見張り、地を見張り、その心は獅子よりも決断にみちていたのでした。かれらは突風のこないうちに突風を、嵐の起らないうちに嵐を予言できたのでした。かれらの一人一人の心臓は、ほかのものよりも勇敢で、その腕は（ほかのものよりも）力強く、その中には無能なものはいなかったのでした。（ところが）私たちが（まだ）大洋上にいて陸地に到着しないうちに、疾風《はやて》が襲ってきました。突風が起り、なんどもくりかえされ、八腕尺もの波がたちました。一本の丸太が私の方に倒れてきました。船は沈み、船に乗っていた人たちは私の他にはだれ一人として生き残ったものはありませんでした。こうして私はあなたのそばにいるのです。つまり、私は海の波によってこの島に連れてこられたのです』と。

大蛇は私に向かって申しました。『こわがるな、こわがるな、小さきものよ。私のところにやってきたからにはおびえるな。まことに、神がお前を生きのびさせ、このカーの島に連れてこられたのだ。この島にはないものは何一つなく、あらゆる種類のよいものでみたされている。さて、お前は月に月を重ね、四カ月をこの島で過ごすことになろう。するとお前の知っている水夫を乗せた船が故国《くに》からやってきて、お前はかれらといっしょに故国に帰り、その生れた町で死ぬことになろう。ひとたび辛いできごとがすぎさってしまえば、自分の体験したことを話して聞かせることのできる人はきわめて幸福な人（といえよ）う。

さて私はこのことといささか似たできごとについて話そう。それは私がまだ子供たちを含めた仲間たちといっしょにこの島にいた時に起ったできごとなのだ。私たちは、私の子供や仲間たちを〈含めて〉全部で七十五（匹）だった。だが私はお前に祈りが通じて生れた私の幼い娘のことは話してなかった（はずだ）。ところが星が落ちてきて、そのためにかれらは火につつまれたのだ。このことが起ったとき、私はその場に居合せなかった。みんな、私がその中にいないまま焼けてしまったのだ。私はたった一人で屍骸の山をみたとき、みんなのために死ん（でしまいたかっ）た。

もし、お前に勇気があり、心を抑えるならば、じぶんの子供たちを胸にだきしめ、妻に抱擁し、自分の家をみることになろう。このことは何よりもよいことなのだから。お前は故国に帰り、兄弟たちの中で暮すことができよう。』

私は腹ばいになって、大蛇の前の地面に（顔）をこすりつけました。そして申しました。

『私は、あなたの力を王さまに申しあげ、あなたの偉大さを王[10]さまにお伝えいたしましょう。あなたに、イビやヘケヌー、イウデネブやケサイト、およびどの神々にも喜ばれる神殿（用）の香料を持ってこさせましょう。〈あなたの〉お力によって見ることのできたものに心を置いて、（この島で）起ったことを話しましょう。都で、国中の長官たちの集まる会議の席で、人々はあなたを讃めたたえるでしょう。私はあなたのために燔祭《はんさい》[11]（用）として牡牛を殺し、鳥をしめましょう。人の知らない遠い国にい（ながら）人々を愛する神のためになされる通りに、エジプトのあらゆる貴重な品々を積んだ船をあなたのところにさし向けましょう。』

すると、大蛇は私（というよりは）私の言ったことが馬鹿馬鹿しいと思えた（ため）に笑いながら、（こう）申しました。『（たとえ）香料の主が現われたとしてもお前たちには没薬はたくさんはないのだ。だが、プント[12]の支配者である私にとって、その没薬は私のものなのだ。お前がもって来させようとしているヘケヌーについていえば、この島の主産物なのだ。しかも、お前がこの場所を去ってしまうと、もう二度とこの島を見ることはなくなるだろう。というのは、この島は波になってしまうからだ。』

すると、大蛇が予言したように船がやってきました。私はでかけていき、高い木にのぼって、その船に乗っている人々を見分けることができました。そこで私はこのことを知らせに（大蛇のところへ）でかけ（ていき）ました。しかし大蛇は（すでに）このことを知っておりました。そして（こう）申しました。『達者で。小さきものよ。達者でお前の家に（帰るよう）。私の名声をお前の町で挙げてくれ。私がお前に要求するのはこれだけだ』と。そこで私は腹ばいになり、両手を大蛇の前にさしのべました。そして大蛇は私に（贈物として）船荷を与えてくれました。その中には、没薬、ヘケヌー、イウデネブ、ケサイト、ティシュペスカーセク（などの香料）、黒色顔料、キリンの尻尾《しっぽ》、大量に積み上げられた香、象牙、猟犬、尾長猿、ヒヒ、（その他）あらゆる種類の（立派な）貴重な品々がありました。そこで、私はこれらの品を（すべて）この船に積みこみました。そして大蛇にお礼をいうために、腹ばいになり（ひれ伏し）ますと、大蛇はこう申しました。『お前は二カ月で故国につき、胸に子供たちをだきしめるだろう。お前は故国で若さをとり戻し、(そこに)埋葬されるのだ』と。それから私は海岸におりていって この船のそばに(たち)、この船に乗っている水夫たちに呼びかけました。私は海岸でこの島の主《あるじ》を讃めたたえ、船に乗っている人たちも、同じようにしました。

私たちは、北へ、王さまの都に向かって航海し、まったく大蛇の言った通りに二カ月で故国に着きました。私は王さまのそばに案内され、 この島から運んできたこれらの贈物をお渡しいたしました。王さまは国中の長官たちの集まる会議の席で私にお礼の言葉をのべられました。それから私は親衛兵にとりたてられ、その(地位による)奴隷を与えられました。

私に注目なさいませ。 (なぜなら)、私は上陸し、私の経験したことを見たあとなのだからです。さあ、私の〔言うことに〕耳を傾けなさいませ。なぜなら人々にとって、耳を傾けることはよいことなのだからです。」

しかし、(とのさまは)[13]私に向かって(こう)申されました。「あまり気をつかってくれるな、わが友よ。だれが、朝には喉《のど》を切られる鳥に朝早く水をやろうとするだろうか」[14]と。

(この物語は)ここで〈終る。〉最初から最後まで、有能な手の書記であるアメニの息子アメナー[15](かれが生命長らえ、栄え、健康ならんことを)のパピルスに書き物として発見された通りのままである。

生活に疲れた者の魂との対話

〔わが魂が私に向かって言ったこと〕
「〔……〕〈……〉……」
〈……〉かれらの舌は不公平ではない。
かれらの舌は不公平ではない。」

私はわが魂に向かい口を開き
かれの言ったことに答えた。
㈤「今私にとってことはあまりに重大だ。
わが魂は（もう）私と話そうとしないから。
ほんとうは誇張するにはあまりに大きすぎる（のに）。
それは私を（ここで）破滅させるようなものだ。
だがわが魂よ、立ち去るな。わがもとに止《とど》まっていてくれ。
〔……〕

綱の網もてわが肉体に（止まっていてくれ）。
(一〇) 不幸の日に逃げだすようなことはすべきでない（のだ）。
見よ、わが魂は私を惑わす。
だが私はかれ（の言葉）に耳を傾けることなく、
まだ訪れない死へとわが（身）をひきずり、
私を焼きつくす火に（身を）投げよう。
〔…………〕
(一五) かれが不幸の日に私の近くにいますように。
みずからを創造せしめる創造者たるネヘプー(1)がなさる通りに、
彼岸にて待（ちうけ）ていてくれるように。
　おおわが魂、愚かにして生命の苦しみを蔑《さげす》むものよ。
まだ訪れない死へと私を追いやるものよ。
(二〇) 西方(2)を私にとって気持ちのよいものとして欲しい。
それが悪いことであろうか。
生命は断片だ。
樹々で（すら）倒れる（のだ）。
悪を踏み潰してくれ。さもなければわが不幸は続こう。
神々を鎮めるトト(3)よ。私を裁き給え。

正義（の名）において書き記すコンス[4]よ。私を弁護し給え。
(三五) 太陽舟をつつがなく導くラー[5]よ。わが言葉に耳を傾け給え。
聖なる部屋にましますイスデス[6]よ。私を弁護し給え。

わが魂の背負わす苦悩は〔重荷〕のごとくに重い。

(四〇) 神々がわが肉体の秘密のため弁護し給うならば、なんと快いことであろう。」


　わが魂が私に向かって言ったこと。

「あなたは人間《ひと》ではないのか。しかも（今）生きているのだ。

何が目当てなのですか。

まるで富豪《ものもち》であるかのように死後の生命に気を配っておられる（が）。」


　私は言った。

「このようなこと[7]がまだ地上に残っている限り、私は出発しはしない。
(四五) だがそなたは（この世を）離れても世話されることはない。
盗賊たちはみな言うだろう。

『お前をさらっていこう。

お前は（完全に）死んでおり、名前だけが生きのびているにすぎないのだからな』と。

（だが）彼岸《かなた》こそ（身を）落着けるところであり、

心の安らぎを得るところなのだ。
西方こそ〔……〕航行する住み家なのだ。
まだ過《あやまち》を犯していないわが魂よ。
もし私（の言葉）に耳を傾け、
(四〇) その心が私と一つになるならば、幸運を得るだろう。
ピラミッドにまします方《かた》の如くに、私はかれを西方に到達させよう。
埋葬してくれる遺族のいる（人のように）。
そなたの遺骸の上に（涼しい）覆いをつくり、
(四五) 疲れきった他の魂を羨ませよう。
（あまりに）涼し（すぎる）ことのない覆いをつくり、
熱さ（に苦しむ）他の魂を羨ませよう。
水飲み場で水を飲み、日よけをたて、
飢えた他の魂を羨ませよう。
だがそなたが (五〇) このような死を遅らせるならば、
そなたには、西方に身を落着ける場所はみいだせない。
心に好意を抱け。おおわが魂、わが兄弟よ。
わが跡継《あとつぎ》の現われる（日）まで。
かれは供物を捧げ、埋葬の日には墓のかたわらに立とう。

(五五) 墓地の棺台を差配しよう。」
わが魂は私に向かって口を開き、
私のことばに答えた。
「あなたが埋葬のことを考えているとすれば、それは心の痛み（にすぎない）。
涙をもたらし、人を悲しますことだ。
ひとをその家より奪い去り、
かれは丘に投げすてられるのだ。
あなたが太陽をみるために上ってくることは (六〇) ないのだ。
花崗岩で石（造）の（墓を）つくり、
みごとな工事で美しいピラミッド[8]を築いた人びとも、
それを建てさせた人が神となるや、
遺族のないため、疲れて堤防で死んだ人のようにその供物台は空のまま。
(六五) 水がその（体の）一部を奪い去り、陽光もまた同じ。
水辺の魚がかれに話しかける。
私のことばに耳を傾けよ。
見よ、人びとにとって傾聴するはよいことなのだ。
幸せな日を追い求め、悩みごとを忘れなさい。

ある男が自分の畑を耕し、収穫を（七〇）舟に積みこむ。
かれは（舟を）引っ張っていく。[9] 祝祭《まつり》の夜が近づいているから。
（そのとき）雨まじりの北風で（空が）暗くなるのをみる。
ラーが沈み、[10]〔かれは〕舟を見張る。
〔かれは〕（無事）だった。
だがその妻と子供たちはといえば、
（七五）夜のあいだに、危険な湖《うみ》でワニのもとに落ちてしまった。
そこでかれは腰をおろして話に加わり、
（こう）言って終りにする。
『生れていた者を嘆きはしない。
あの女には、西方からまた地上に現われることなどない[11]（のだから）。
（だが）わしには、卵のうちに割れてしまった子供が可哀そうだ。
（八〇）生命《いのち》をもつ前にワニの顔をみてしまったのだ（から）』[12]と。
　ある男が晩餐を（食べ）たいと言う。
だがその妻は言う。『〔…………〕夕食です[13]』と。
かれは外にでてゆき、しばらくのあいだ〈怒りにふける〉。
それから別人のよう（な顔をして）家に帰ってくる。
だがその妻は男をよく知っている。

〈我を張っている〉限り彼女（のことば）に耳を貸さないことを。
（八五）心には和解の気などないことを。[14]」

私はわが魂に向かい口を開き、
かれの言ったことに答えた。
「見よ、わが名はそなたの故に悪臭を放とう。
夏の日、天の白熱するとき、ハゲタカの臭い以上に。
見よ、わが名はそなたの故に悪臭を放とう。
漁の日、天の白熱するとき、（九〇）魚をうけとる際の〔臭い以上に〕。
見よ、わが名はそなたの故に悪臭を放とう。
鳥の臭い以上に。水鳥の住む葦の茂み以上に。
見よ、わが名はそなたの故に悪臭を放とう。
漁師の臭い以上に。（九五）かれらが漁をする沼地のよどみ以上に。
見よ、わが名はそなたの故に悪臭を放とう。
ワニの臭い以上に。岸辺のワニ（の群）の中に坐るとき以上に。
見よ、わが名はそなたの故に悪臭を放とう。
男のことで誹《そし》られる婦人以上に。
（一〇〇）見よ、わが名はそなたの故に悪臭を放とう。

〈父の恋〉敵の子だといわれる有力者の子供以上に。
見よ、わが名はそなたの故に悪臭を放とう。
その背後を〈覗けば、支配者に〉謀叛を企てている町〔以上に〕。

今は誰に語りかけられよう。
仲間たちは邪悪だ。
今日の友は愛してはくれない。
（一〇五）今は誰に語りかけられよう。
心は貪欲だ。
人みな仲間のもちものを奪いとる。
〔今は誰に語りかけられよう〕。
穏やかさは滅び、
暴虐さが万人に近づいている。
今は誰に語りかけられよう。
悪意の顔は満足し、
善はいたるところで退けられている。
（一一〇）今は誰に語りかけられよう。
人がその悪しき性格を怒っても、

その悪行〔は〕みなの笑いをかきたてる（だけ）だ。
　今は誰に語りかけられよう。
人びとは掠奪している。
みな仲間（のもちもの）を奪いとる。
　今は誰に語りかけられよう。
悪人が腹心の友のようであり、
共に生活した兄弟は（二五）敵となっている。
　今は誰に語りかけられよう。
誰も昨日を顧みはしない。
誰も〔善（行）を〕なしたものに報いはしない。
　今は誰に語りかけられよう。
仲間たちは邪悪だ。
心を正しく保つには見知らぬ者に頼らねばならぬ。
　今は誰に語りかけられよう。
顔は消えてしまった。
みんなは仲間の前で（三〇）顔を伏せる。
　今は誰に語りかけられよう。
心は貪欲だ。

だれも頼れる心をもたない。
　今は誰に語りかけられよう。
心正しい人はもういない。
地は不正をなす者に委ねられている。
　今は誰に語りかけられよう。
信頼できるものはいない。
嘆きを語るには見知らぬ者に（一二五）頼らねばならぬ。
　今は誰に語りかけられよう。
心から満足できる人は（もう）いない。
一緒に歩いた人は（もう）いない。
　今は誰に語りかけられよう。
私は悲惨を背負わされている。
信頼できる友をもたぬがゆえに。
　今は誰に語りかけられよう。
地を歩む悪は、
（一三〇）止まるところがない。

死が今日は眼の前に見える。

病人の回復のように。
捕囚のあとの釈放のように。
　死が今日は眼の前に見える。
没薬の香りのように。
そよ風の吹く日、日よけの下に坐るように。
　死が今日は眼の前に見える。
（三五）蓮《はす》(15)の花の香りのように。
酩酊の場に坐るように。
　死が今日は眼の前に見える。
雨のあがるように。
人びとが遠征から家に戻ってくるように。
　死が今日は眼の前に見える。
空の晴れあがるように。
〈呪文によって〉（四〇）知らなかったことを知る人のように。
　死が今日は眼の前に見える。
捕虜とされて多年を過ごしたのち、
（再び）家を見ようとする人のように。

まこと、あそこ[16]にいる者は生ける神にして、
罪を犯すものの罪を罰するだろう。
まこと、あそこにいる者は太陽舟に立って、
えりぬきの（供）物を（一四五）神殿に供えさせるだろう。
まこと、あそこにいる者は賢者にして、
言葉を発するとき、妨げられることなくラーに訴えることができよう。」

〔わが〕魂が私に向かって言ったこと。

「嘆きは〈木釘〉に吊しなさい。

おおわが身内、わが兄弟よ。

あなたが火鉢に（身を）捧げよう（と）[17]、

（一五〇）あなたの言う通り、永生をつづけることができよう。

あなたが西方を拒んだ（が故に）私がここ[18]に（とどまる）のを望んだ（としても）、
あなたが西方に達し、あなたの身体が地に触れるのを望んだ（としても）、
私はあなたの憩うたのち[19]休息しよう。

その時（も）われらはともに一つ住み家《か》をなすのだ。」
（一五五）始め（から）終りまで書き物に発見された通りに（めでたくこの物語は終）る。

雄弁な農夫の物語

（R・一）あるときクーエンアンプーという名の男がおりました。かれは「塩の原」[1]の農夫でした。かれには〔メ〕リトという名の妻がおりました。さて農夫はこの妻に向かって申しました。「ごらん、わしはエジプトにおりていって、子供たちのために食べものをもってこようと思う。だから行って、倉にある〔去年の〕残りの大麦を計ってきてくれ。」そこで妻は〔二十六〕桝の大麦をかれのために計りました。するとこの農夫はこの妻に向かって申しました。「ごらん、おまえとその子供の食べ物として二十桝の大麦〔がある。〕だから、この六桝から、わしのために〔旅行中の〕毎日のパンとビールをつくってくれ。」

それから、この農夫はロバどもに（荷物を）積んでエジプトに下っていきました。（かれが積んでいったのは）イアー草、レドメト草、天然炭酸ソーダ、塩、〔……〕（産の）木材、アウント材[2]、ヒョウの皮、狼の毛皮、ネシャ草、アヌー石、テネム草、ケペルー草、サフート、サスクート麦、ミスート草、セネト石、アバ石、イブサ草、インビ草、ハト、ナルー鳥、ウゲス鳥、ウベン草、テベス草、ゲンゲント麦、「地の髪」[3]、インセト麦（その他）いっぱいの「塩の原」（産の）あらゆる立派な産物でした。こうしてこの農夫はネン・ネスー[4]へと南に下っていき、メデニトの北のペル・フェフィ地域までやってきました。農夫はそこで一人の男が土手に立っているのに会いました。その男の名前はトゥトナクトでした。イスリという名の男の息子で（四〇）家令頭[5]であるメルーの子レンシの家来でした。

ところで、このトゥトナクトはこの農夫のロバどもを見て、心をそそられて申しました。「ああ、この農夫のもちものを横取りできるような霊験あらたかな偶像をもっていたらなあ。」さてトゥトナクトの家は河沿いの土手道にありました。（四五）道は狭く、腰布の幅を（やっと）こえる（ほどの）広さ（しか）ありませんでした。道の片側は流れに、もう一方の側は大麦の（畑）に（接して）ありました。そこでこのトゥトナクトは従者に向かって申しました。「家にいって布片《ぬのきれ》を一枚もってきてくれ。」布片はすぐとどけられました。するとトゥトナクトは布片を土手道にひろげました。すると、その縁は水の下に、ヘリは大麦（畑）の下にきました。するとこの農夫が公道[6]をやってまいりました。（B1・一）そこでこのトゥトナクトは申しました。「気をつけろ、農夫よ、わしの着物を踏みつけようというのか。」するとこの農夫は言いました。「お前さまの気に入る（よう）にいたしましょう。わしの進んでいく道は正しいのだから。」そして高い方にのぼっていきました。するとこのトゥトナクトは申しました。（五）「お前は私の大麦（畑）を道にしようというのか。」そこでこの農夫は言いました。「わしの進んでいる道は正しい。堤は（急で）（通れる）道は大麦（畑）の下（しかない）。（しかも）お前さまはわしたちの道を着物でふさいでおる（ではないか）。わしたちに道を通らせないというのですかね。」

農夫が［この］言葉をいい終る（か終らないうちに）、ロバのうちの一頭が（一〇）一にぎりの大麦を口にほおばりました。するとこのトゥトナクトは申しました。「見ろ、農夫よ。お前のロバをつれて行くぞ。わしの大麦を食っているからな。見ろ、あいつは、ずぶとさの報いで（麦を）踏む[7]ことになるのだ。」すると、この農夫は申しました。「わしの進んでいる道は正しい。片（側）が通れなかったので、わしはロバを禁じられた（側）に連れていったのだ。お前さまは（一五）一にぎりの麦を口にほおばったからといって、そいつを連れていこうというのですか。だがわしはこの地方の領主さまを知っている。家令頭であられるメルーの子レンシ（さま）だ。しかも、このお方はこの国中で盗っ人をみんな罰しなさるお方だ。わしがその方の領地で強奪されるようなことがおこるだろうか」と。すると、このトゥトナクトは申しました。「人びとの（よく）言っている諺があるではないか。（二〇）『貧乏人の名前はその主人のためにだけ口に出される』と。お前に話しているのは（この）わしなのだ。（ところが）お前が話しているのは家令頭（さまのこと）なのだ。」

それから生の檉柳《タマリスク》の棒をとって、農夫を〈ぶちました〉。農夫は体中をなぐられ、ロバは（みな）奪われ、トゥトナクトの所有地に追いこまれました。そこでこの農夫は（二五）自分に加えられた痛みに大声で泣きわめきました。するとこのトゥトナクトは申しました。「（そんな）大声を出すなよ、農夫よ。見ろ、お前は沈黙の主[8]の住まいにいるのだぞ。」するとこの農夫は申しました。「お前さまはわしをうち、もちものを奪い、その上、わしの口から嘆き声（まで）もっていくのか。おお沈黙の主よ。わしに（三〇）自分の財産を返して下され。そうすればあなたさまが驚かれるような叫び声をあげるようなことはいたしません（から）。」

そこでこの農夫は、このトゥトナクトに訴えながら十日間をすごしました。（しかし）トゥトナクトは全然とりあおうとはしませんでした。そこでこの農夫は家令頭であるメルーの子レンシに訴えようとネン・ネスーにでかけていきました。農夫は家令頭が（三五）公用の船に乗ろうと家の玄関から出てくるのに会いました。

そこでこの農夫は申しました。「あなたさまにこの事柄についてお知らせすることをどうかお許し下さいますように。あなたさまのえりぬきのご家来をわたくしのところにお寄こしになり、わたくしが、そのことにつきましてその方に（お聞かせし、）おかえりいただければよろしいのでございます。」すると家令頭、メルーの子レンシは（四〇）えりぬきの家来を先に行かせ、この農夫はこの事件について、詳しく（伝えて）戻らせました。

そこで家令頭、メルーの子レンシはかたわらにいる役人たちの前にこのトゥトナクトに対する訴えを提出いたしました。するとかれらは申しました。「おそらく（この者は）、トゥトナクトの百姓で、離れてだれか他の者のところに行っていたものでございましょう。（四五）ごらんください。これは、自分の百姓（なのに）離れてだれかほかの者のところに行った百姓に加えられる（処置な）のです（から）。このトゥトナクトについては、少しばかりの天然炭酸ソーダと少しばかりの塩で罰する問題（にすぎません）。この（罰金）

を償うようご命じなさいませ。そうすればあの男は償うでしょう。」しかし家令頭、メルーの子レンシは無言のままでした。かれはこの役人たちに答えず、この農夫にも答えませんでした。

さて、この農夫は家令頭、メルーの子レンシに訴えにやってきて申しました。

「おお、家令頭さま、わたくしのご主人さま、偉大なお方のなかでも最も偉大なおかた。ないものもあるものも引受けられるかた。あなたさまが正義の湖に船出なさいますときは、順風をうけて船を走らせなさいますように。〈はやて〉が帆をひきさかず、船がのろのろ進んだりせず、マストが傷つくこともなく、帆桁もこわれず、（陸）地に〈横づけにな〉っても〈沈没〉せず、流れがあなたさまをおし流さず、あなたさまが河の害を味わったりおびえた顔を見たりすることもないでしょう。臆病な魚（も）あなたさまのもとにやってくるし、一番よく肥えた鳥を手に入れるでしょう。なぜなら、あなたさまはみなしごには父親、未亡人には夫、離婚者には兄弟、母のないものには腰布（にあたるお方）だからです。わたくしにこの国でのあなたさまのお名前をあらゆるよき法律よりも高めさせて下さいませ。おお、貪欲さのない指導者、悪事のない偉大なるお方、偽りを滅ぼし、正義をもたらすお方、声をあげるものの叫びに（答えて）こられるお方。わたくしが話をするとき、お聞き下さいますように。正義をなさいませ。おお、ほめ讃えられたるもの（まで）がほめ讃えられたるお方よ。わたくしの悩みをとり払って下さい。わたくしが（どんなに）苦しんでいる（か）ごらん下さい。わたくしを気にかけて下さい。わたくしは貧窮しておるのでございます。」

さてこの農夫がこの訴えをしたのは、上下エジプトの王、声正しきネブカウラー陛下[9]の御代（のこと）であった。そこで家令頭メルーの子レンシは陛下の前に赴いて申しました。かれの「わが君さま、（七五）わたくしは本当に雄弁なあの農夫たちの一人をみつけました。かれのもちものが奪われて、ごらん下さい、わたくしにそのことを訴えにきております。」

すると陛下はおっしゃいました。「余が健康のままであるのを見たいと本当にそちが望んでいるのなら、その男の言うことには何も答えないで、ここにひきとめておけ。その男を話しつづけさせるために（八〇）そなたは黙った（ままで）おれ。それから男の言葉をわれわれが聞けるように書き記してとどけさせよ。だが、男の妻や子供たちの暮らしは保証してやれ。なぜなら、こうした農民というものは、家が完全にからにから（ない）うちは（エジプトへは）やってこ（ない）ものだからじゃ。さらに、この農夫自身の食料を（も）保証してやれ。そちは食料を与えるのがそちであることを知られぬように、男に食料が与えられるよう（手配）させよ。」

そこで農夫には毎日パン十個とビール二杯が与えられ（ることになり）ました。（八五）家令頭、メルーの子レンシが与え（ることになり）ました（が）、レンシは（まず）友人の一人に渡し、この友人が農夫に与えることにしました。それから家令頭、メルーの子レンシはこの農夫の妻のための食料（として）毎日三十枡の大麦を支給するよう「塩の原」の長官に（使者を）おくりました。

さてこの農夫は再び家令頭に訴えにやってきて、申しました。
「おお家令頭さま、わたくしの御主人さま、偉いお方の中でも一番偉いお方、金持ちの中でも一番金持ちなお方、偉いお方の中でも偉いお方、（九〇）金持ちの中でも金持ちなお方、天の舵、地の柱、分銅を支える下げ振り、舵は流されてはならず、柱は傾いてはならず、下げ振りはそれてはなりません。偉大な領主さまが、主人をもたないものから（何かを）奪ったり、ひとりぼっちの男から掠奪することにふけったりするでしょうか。あなたの暮らしに必要なビール一杯とパン三個は、ご自分の家にございます。どうして、あなたはご家来衆を満足させるのにお使いになら（ない）のですか。（九五）人間は支配している人たちと同じように死ぬものなのです。あなたは不死の人間なのでしょうか。

傾く秤、それる錘り、うそつきとなった公明正大な人より悪いものがあるでしょうか。ごらん下さい。居場所を追われた正義があなたの下を〈はいずっております〉。高官たちが悪をなし、公正さが一方に傾き、裁判官たちが盗みを行なっております。しかも、詐欺を犯した男をつかまえるべき人（一〇〇）みずからがこのことで〈正しい道〉をはずれております。息吹きを与えるべき人が息もせずに地上におります。さわやかな風を送るべき人が人びとの息をあえがせております。（正しく）分配すべき人が泥棒なのです。欲求を遠ざけるべき人が、欲求をつくりだすよう命じ、その町は欲求で沈んでしまっております。悪を罰すべき人が不正をおかしております。」

すると家令頭、メルーの子レンシは申しました。「お前の持ちものの方が、わしの家来たちがお前に加えるかもしれない（危険）よりも大切なのか。」するとこの農夫は申しました。（一〇五）「麦の山の計量官は自分のためにごまかしております。他人のために（穀倉を）みたすべき人が、その分け前を削っております。法の道を示すべき人が盗みを命じております。これではいったいだれが邪悪（な行ない）を罰するのでしょうか。不正を追い払うべき人が脇道にそれるのを許しているのです。曲りくねった道を行きながら、（心）正しい人もいれば、悪の側に味方する人もおります。あなたはご自分のために（次のような教訓でも）お見つけになったのですか。『こらしめは一時のこと、悪は長期のこと』と。よい行ないは昨日の場所にもどってきます。[10] さて（次のことも）教訓です。『行為者には（一一〇）かれをして行なわしめる如くになせ』と。それは（つまり）、かれが行なうであろうことに対して感謝することであり、射られる前に発射をそらすことであり、（すでに）仕事をもっている人に命令を与えることなのです。

ああ、もし一瞬が破壊をもたらし、あなたのブドウ畑に損害を、鳥小屋に減少を、水鳥に絶滅を、ひき起すことができたら（と思います）。みるものがみえなくなり、聞くものが聞こえなくなり、案内するものが（道に）迷っております。（一一五）〔……〕[11]。あなたは強く、力があります。腕は勇敢で、心は強欲です。あわれみはあなたのそばを通りすぎております。あなたに破滅させられた憐れな人たちがどんなに歎いていることでしょう。あなたはワニ神の使いに似ております。（一二〇）疫病の女主人[12]をもしのいでおります。もしあなたに味方するものがなければ、女神に味方するものもありません。もし女神に〔逆らう」ものがなければ、あなたに逆らうものもありません。もしあなたがそれをしないなら、女神もそれをいたしません。

収入のあるものは思いやりがある（はずです）のに、心悪しき人は乱暴なのです。盗むのはなにももたないものにとっては当然のことですし、心悪しき人のところからもちものを盗む（のも当然といえましょう）。（盗みは）必要のないものに（とっては）罪であっても、かれ（のような何ももたないもの）にそれを望むべきではありません。自分みずからのために求めるにすぎないからなのです。（二五）なのにあなたは、満腹できるだけのパンとよっぱらえるだけのビールをもっております。〈何でも〉豊かにもっております。舵とりの顔はへさきの方を向き、船はその思いのまま漂っていきます。王さまは都におられ、舵はあなたの手中にあるのに、悪があなたの近くに広がっております。嘆願（の道）は長く、（悪を）粉砕するのは〈難しい〉ことです。『あそこにいる人は、いったいどうして（もらいたい）のですか』と人びとは申します。避難所があり、（三〇）あなたの河岸が静穏でありますように。あなたの住まわれておられるところはワニがはびこっているからです。あなたの舌が正しく、あなたをまどわせませんように。人の身体の一部がその人の墓穴となることもあるのです。うそをつ[13]きますな。高官たちにお気をつけ下さい。裁判官たちを〈腐敗させる〉のは（果物）かごなのです。うそをつくのはあの人たちにとっては食べものなのです。あの人達の心にとってはちっぽけなことがらなのです。（三五）人の中でもっとも学識豊かなあなたが、わたくしの事件を知らないままでいることがありましょうか。

どんな水不足でもしりぞけて下さるお方、ごらん下さい。わたくしは船なしのまま進んでいるのです。溺れるものをみな岸につれてこられるお方、難破したものをお救いになるお方、わたくしをお助け下さい。〔……〕」

さてこの農夫は、三たび、家令頭に訴えにやってきて、申しました。

（一四〇）「おお家令頭さま、わたくしの御主人さま、あなたは廷臣とともにあられる天の支配者ラーでございます。人みなすべての生活は（ナイルの増）水と同じようにあなたから〈くるのです〉。あなたは牧場を緑にし、荒れた地を肥沃にするハピ[14]でございます。盗人をおいはらわれ、憐れな人びとを保護されます（ように）嘆願者に対して（増）水となら[15]れますな。（一四五）永遠が近づくのにお気をつけ下さい。『正義を行なうことこそ、鼻孔の息吹きである』と言われております。（これを守って）末長く生きられるようお望み下さい。罰せられるべきものには罰を加えて下さい。そうすれば、あなたの公平さに匹敵するものはだれもいないでしょう。さお秤はまちがいをするでしょうか。天秤は一方にかたむくでしょうか。トト[16]は（一五〇）寛大でしょうか[17]。もしそうであるなら、あなたは悪いことをなさってもよろしいでしょう。これらの三人の同僚となりなさい。もし三人（とも）寛大であるならば、あなたも寛大であってもよろしいのです。

善に対するに悪をもってなさいますな。『あるものを別のものの代りとするな』（と言われております）、（わたくしの）話はセニト草[18]よりも大きく（のび、その）匂いを吸いこむ人（が感じる）よりも（臭いものです）。お答えにならなくても結構です。（ですが）そのときは（一五三）〈鋪装工事〉が進むように悪がはびこるでしょう。それを〈動かす〉には〈三倍〉〔……〕なのです。もしあなたが帆をはって舵を扱うなら、流れは（あなたを）正義の〈実現〉へと導くでしょう。航海なさるときは、〈舵の綱〉のゆえにあなたに〈反対〉するものにお気をつけなさいませ。国土に釣合を保つこととは正義を実行することなのです。

うそをついてはなりません、あなたは偉大なお方だからです。軽々しく（ふるまわれ）てはなりません。（一六〇）あなたは重々しいお方だからです。うそをついてはなりません。あなたは秤だからです。落着きを失われてはいけません。あなたは公平なお方だからです。あなたは秤と一心同体なのです。秤がかしげば、あなたもまたかしぎます。舵を扱うときは、脇に流されたりなさらず、舵綱を〈しっかりと〉引っ張っていて下さい。奪ってはいけません。あなたは奪う人に対抗なさるべきお方だからです。（一六五）偉大なお方も、貪欲であるなら、ほんとうに偉大ではありません。あなたの舌は重さを示す針であり、あなたの心は錘りであり、あなたの唇は、錘りの腕木なのです。もしあなたが暴力に対して顔を隠すなら、いったいだれが邪悪な行ないを罰するのでしょうか。

あなたこそは熱心に友だちを傷つけようとする洗濯人のようです。（一七〇）家来のために〈仲間〉を見捨てているのです。（仲間を）連れてやってくるのはその兄弟なのです。あなたこそは渡し賃をもっているもの（だけ）を渡す渡し守（のよう）です。正直な取引きなど皆無になってしまっている正直な商人（のよう）です。あなたこそは貧しい人に心よく

（食料を）ひきわたさない倉庫の長のようです。あなたこそは（一七五）人間にとってのタカ（のよう）であり、一番弱い鳥を（食べて）生きているのです。あなたこそは切り殺しても非難されず、それを楽しんでいる屠者（のよう）です。あなたこそは、〔……〕[19]牧人のようです。あなたは（群の数を）数えることをなさいません。だが（あなたの群の）避難場所は国中の人の住むところから離れてしまい、貪欲なワニ〈による損害をうける〉でしょう。（一八〇）耳を傾けなければならないあなたが、まったく耳を傾けて下さいません。いったいどうしてあなたは耳をかそうとなさらないのですか。今日こそは、わたくしは乱暴者を追いはらい、ワニはひっこむことになるのです。あなたにとって、その結果はいったいどうなるでしょうか。人びとは真実の秘密を見つけだし、うその背中は土をかぶせられることになるでしょう。『明日がやってこないうちから明日の準備をするな。明日にどんな悪いことがあるのか誰もしらないのだ。』」

さて、この農夫がこの演説をいたしましたとき、（一八五）家令頭、メルーの子レンシは役所の入口におりました。そこでレンシはむちをもった二人の護衛を農夫にさし向けました。そして護衛たちは、むちで農夫の全身をたたきました。

するとこの農夫は申しました。「このようにメルーのお子さまは（まだ）まちがいを犯しておられます。その顔は見たものが見えず、聞いたものが聞こえないのです。自分に関係することであるために、心を誤らされております。あなたこそは、市長のいない町、（一九〇）長のいない団体、舵手のいない船、指導者のいない同盟のようです。あなたこそは盗みをする警官、(賄賂を)受けとる市長、盗みを罰すべきなのに、(盗みを)する人びとの手本となっている州長官のようです。」

さてこの農夫は四たび家令頭に訴えにやってまいりました。農夫はレンシが、(一九五)ヘリシェフ[20]神殿の大門からでてくるのをみつけて申しました。

「たたえあれ。あなたのでてこられた神殿のヘリシェフがあなたを讃めたたえますように。善は滅びました。うその背中を地に沈めたと〈自慢〉できる人などおりません。渡し船が帰ってしまったら、どのようにして渡るのでしょうか。ものごとは[21]〈いやいやながら〉(も)行なわれねばならないのです。(二〇〇)サンダルで流れを渡るのはよい渡り(方)でしょうか。いいえ、(そうではありません)。(今では)だれがいったい。夜が明けるまで眠っておれるでしょうか。夜のあいだに歩きまわったり、昼のあいだに往来したり、人をみずから正しい仕事に従事させたりするという(ような)ことは終ってしまったのです。ごらん下さい。あなたにこう言う人がいたとしても何の役にもたたないのです。『憐れみはあなたのそばを通りすぎております。あなたに破滅させられた憐れな人たちがどんなに歎いていることでしょう』と。(二〇五)なぜならあなたは、心を大いに楽しませ、せっせと好きなこと(だけ)にふけり、河馬を銛でしとめ、野牛を刺しつらぬき、魚を攻撃し、鳥を網でつかまえている〈狩人のよう〉(なお方)だからです。せっかちでない人で早口な人はおりませんし、熱情にかられて行動するとき(も)重々しい人に軽薄な心の持ち主はおりません。親切であって(二一〇)真実を知るように努めなさいませ。あなたの〈えらんだ〉ものを支配し、無言のままつれてこられるものを〈満足させて〉おあげなさい。よい行ないをするものに烈しい気性の人はおりません。その腕が（人びとに）追い求められている人に手の早い人はありません。

眼が（なにかを）眺めるとき、心は喜ぶことができます。禍いがあなたを襲わないように。あなたの権力に応じた暴虐さをふるわれますな。（二三）問題をなおざりになさいますな。そうすれば問題は〈二倍に〉なるでしょう。食べる人が（食物を）味わうのです。話しかけられた人が答えるのです。眠る人が夢を見るのです。当然罰せられるべき裁判官こそは、（悪事を）行なう人の手本なのです。ごらん下さい。あなたがすがっているのは狂人なのです。ごらん下さい。（三〇）あなたが尋ねているのは無知な（人たち）なのです。（船から）水を汲みだしているあなたのそばまでしみこむことができているのです。舵手よ、船を脇にそらさないで下さい。生命の分配者よ、人を死なせないで下さい。破壊者よ、破壊されるがままにしておかないで下さい。日蔭よ、太陽のようにふるまわないで下さい。避難所よ、ワニに（いけにえを）さらわせないで下さい。

（わたくしは）四度訴えにやってきました。（三五）わたくしは〈生きている間中〉こうしてすごすことになるのでしょうか。」

さて、この農夫は五たび訴えにやってきて、申しました。

「おお家令頭さま、わたくしのご主人さま、クウドウ漁師は〔……〕をします。〔……〕ユウ漁師はイイ魚をしとめます。ヤス漁師はアウベブ魚をつきさします。ジャブー漁師は

(二三〇) バケル魚に〔……〕します。網漁師は流れを荒らします。ほんとうに、あなたはこの人たちに似ております。

貧しい人から、あなたの知っておられる弱い人から、その持ちものを奪ってはいけません。その人の持ちものは、苦しんでいる人の息（のようなもの）です。それを奪い去るものは、その人の鼻を塞いでしまうことになるのです。あなたは審問し、二人の男のあいだを裁き、(二三五) 盗人を罰するべく任命されたのです。（だが）あなたはといえば、泥棒を支持することしかしてはおられないのです。人びとはあなたを信頼しております。なのにあなたは不正を犯すお方になってしまわれているのです。あなたは苦しんでいる人のダムとなり、溺れることのないように守るべく任命されたのです。（だが）あなたといえば、その人たちを（流してしまう）烈しい流れとなっているのです。」

さてこの農夫は (二四〇) 六たび訴えにやって来て申しました。

「おお家令頭さま、わたくしの御主人さま。〔裁判官が公平になした調査は〕すべて、いつわりの〈効果〉を失わせ、真実を〈よみがえらせ〉、あらゆるよきことをつくりだし、〔悪〕を亡ぼします。（それはちょうど）満腹がやってきて、飢えを終らせるときのようであり、衣服が裸を終らせる（ときのようで）あり、烈しい雷雨ののち（天が晴れあがり）、(二四五) 冷たかった人びとがみな温められるときのようであり、なまものを焼く火のようであり、渇きをいやす水のようであります。

あなたご自身の眼でごらんください。（公平に）分配すべき人が盗人なのです。なだめるべき人が苦しみをひき起しているのです。(二五〇) 困難を取り払うべき人が苦悩をひき起しているのです。騙《かた》りは正義を減らします。(だが、枡を) 正しく満たすとき、正義は不足することもあふれでることもありません。もし (なにかを) もってきたら、隣人にさしあげなさい。(食物をよく) かむ人は〈適当な機会を失うことになるのです〉。

わたくしの苦しみは分離をみちびき、(二五五) わたくしの非難は分裂をひき起すかもしれません。[23] 人は心の中を知ることはできません。ゆっくりとではなく、(わたくしの) 歎願をごらんになって行動なさって下さい。あなたが離れてしまったら、だれが結びなおしてくださるでしょうか。爪竿は水を (さぐる) 必要のあるとき、(道を) 切り開く棒としてあなたの手中にあるのです。(流れに) 押し流されている船が (波止場に) はいろうとするとき、その積荷は、岸 (につきあたる) 〈たびに〉国から失われていくでしょう。(二六〇) あなたは学識豊かで、有能で、完成されたお方です。だが決して盗みをすることによって (そうなられたお方) ではない (はずです)。(だが) あなたはすべての人に似ようと努力され、あなたのものごとはそれていってしまっております。国中で (一番の) ペテン師が正しい (ふりをしております)。悪の園芸師がその地所を灌漑し、その地所をうそ (のはえる地所) に変えようとし、(二六五) 所有地の中の悪のあるところを灌漑しようとしているのです。」

さてこの農夫は七たび訴えにやってきて申しました。

「おお、家令頭さま、わたくしのご主人さま。あなたは国全体の舵です。国はあなたの命令のままに進むのです。あなたは一方に傾くことなく裁かれるトトの似姿です。ご主人さま、（どうか）好意をお示し下さい。ある男が、公正な裁きを求めて訴えたのです。(二七〇)〈強情さ〉をおみせになさいますな。あなたにふさわしくありません。あまりに遠くをみる人は不安（を感じ）るものです。まだ到着していない人のことを気づかいますな。まだやってきていない人を喜ばせなさいますな。寛大さは友情を育て、すぎてしまった人のことは考えないものです。人は心の中を知ることはできないのです。

法をほりくずすものや規則にそむくものから掠奪された貧乏人は(二七五)生きてはいけないのです。正義の女神もまた、（そんな人たち）を高く評価することはありません。わたくしは（いわば）ぎっしりつまった身体をもっておりました。わたくしの心は重かったのです。(24)そのために（心は）わたくしの体から出てまいりました。堤に裂け目がはいり、たまっていた水が流れだしたのです。わたくしの口（もまた）話そうと開かれました。だからわたくしは爪竿をあやつり、水を汲みだし、体の中にあるものを取り除き、汚れた着物を洗っているのです。(二八〇)わたくしの言うことは終りました。わたくしの苦しみはみなあなたの前にひろげられております。あなたは（この上）まだ何を必要とされるのですか。あなたの投げやりな態度があなたを滅し、強欲さがあなたに打撃を与え、貪欲さが敵をつくりだすでしょう。だがいつ（の日）かあなたは、わたくしのような農夫をみつけることがあるでしょうか。（わたくしのような）つつましやかな嘆願者が、その家の門に（現われ）ることがあるでしょうか。(二八五)あなたは無口な男に話をさせたことも、眠っている人を目覚めさせたことも、のろまな人を活気づけたことも、口を閉ざした男に（口を）開かせたことも、無知な男を賢者にしたことも、愚かものに（ものを）教えたこともないのです。（だが）、高官（というもの）は、悪の敵にして、善の支配者であるべきであり、存在するものすべてを創造しうる芸術家（いや）切りおとされた頭をもと通りにつける者㉕でなければならない（はずな）のです。」

さてこの農夫は（二九〇）八たび訴えにやってきて申しました。

「おお家令頭さま、わたくしの御主人さま、人は強欲のゆえに、深みに落ちてしまうのです。貪欲な人は成功することがありません。その成功とは失敗なのです。たとえあなたの心が貪欲であっても、何の役にもたちません。たとえあなたが盗みを行なっても、益するところはありません。やはりみずからの正しい仕事に人を従事させるべきなのです。あなたの必要とするものは家にあります。あなたのお腹は一杯です。穀物枡（から穀物）があふれ（ていても、ならし棒で）〈一突きされ〉れば、（二九五）余分は地面に消えてしまうものなのです。

悪を罰すべく任命されているのに、盗人、強盗、着服者である高官がおります。詐欺を罰するべく任命されているのに、乱暴者の隠れ場となっている高官がおります。あなたに対する畏怖の念からわたくしはあなたに訴えているのではありません。あなたはわたくしの心を知ってはおられません。あなたへの非難にかかわった慎しみ深い男（の心）を。その男は訴えの中で非難している人を恐れてはおりません。（三〇〇）（わたくしの）ようなものが道からあなたのところに連れてこられるようなことはないのです。

あなたは耕地に地所をもっております。領地に収入をもっております。倉庫に食料をもっております。高官たちはあなたに与え、（しかもその上）あなたは取り上げるのです。あなたは泥棒なのでしょうか。そして人びとはあなたが地所の分配のための兵士に伴って（あらわれ）ると（贈り物を）もってやってくるのです。

正義の主のために正義を行ないなさい。その（主の）正義の中に（真の）正義が存するのです。(三〇五) トトの葦ペン、パピルス、書板であるお方よ。悪を行なわぬようお気をつけなさい。あなたが善であれば、善なのです。ほんとうに善なのです。正義は永遠にまでつづくものです。正義はこれを行なうものといっしょに墓場へと下っていくのです。かれが墓に納められ、埋められ（ても）(三一〇) その名前は地上からぬぐい去られることはなく、善のゆえに記憶されるのです。これが神の言葉のさだめなのです。竿秤であるならば、傾きません。台秤であるならば一方にかしぎません。(26)

わたくしがこようと、他のものがこようと、あなたは答えるべきです。(三一五) 話す権利のない人に話しかけられた人のように答えな（いようなことをしない）で下さい。攻撃しない人を攻撃しないで下さい。あなたは寛大であられるようにはみえませんし、思いやりのない（お方）です。なるほどあなたは逃げはいたしません。（だが悪を）抑えること（も）いたしません。(三二〇) そして、ラーご自身の口からでたこの美しい言葉になんの報いもしてくれません。正義を口にし、正義を行ないなさいませ。なぜなら、正義は偉大であり、力であり、長く続くものであり、その人が〈信頼に価すること〉が認められるなら、イマカウの身分[27]に導かれるのです。もし秤が、ものをのせた皿が傾けば、正確な結果を(三五)得ることはできません。不正確な行動をすれば、(たとえ)〈一番おくれたもの〉が陸についたとしても、港につくことはできません。」

(B2・九二)さてこの農夫は九たび訴えにやってきて申しました。

「おお家令頭さま、わたくしの御主人さま。人間の秤はその舌でございます。不足を探しだすのは秤なのです。罰せられるべき人を罰しなさいませ。(そうすれば)だれもあなたの公平さに及ぶものはいないでしょう。(九五)〔……〕うそ〔……〕。真実が〈その面前にもどってまいります。真実はうその食べものなのです。繁栄をもたらし〉、〔……〕ではありません。もしうそが歩きまわったとしても、道に迷います。渡し舟で渡ることもできず、〈進む〉こともできません。(一〇〇)うそによって金持ちになる人についていえば、その人には子供もなく、この世にあとつぎもありません。うそをもって航海する人についていえば、その人は陸につけず、その船を母港につなぐことはできません。

(これ以上)重々しくあられますな。あなたは(もうすでに)軽くはございません。(これ以上)ぐずぐずなさいますな。あなたは(もうすでにそんなに)す早くはないのです。不公平であられますな。心に耳を傾けなさいますな。(一〇五)あなたの知っている人に顔を隠しなさいますな。会ったことのある人に顔をおおいなさいますな。あなたに嘆願するものをはねつけなさいますな。あなたがこの手ぬるいやり方をおやめになって、『汝のためにつくすもののためにつくせ』という判決がくだされますように。全部の人間に耳を傾けようとはなさらず、正当な事情のあるもの（だけ）を召し出されなさいませ。なまけものには昨日はなく、（二一〇）正義に聾者であるものには友人はなく、貪欲なものには祝日はありません。〈尊敬され〉ているものが貧乏人となり、請願者となるかもしれないのです。敵は殺人者となりかねません。ごらん下さい。わたくしはあなたに訴えつづけてきました。（だが）あなたは耳を傾けようとはいたしません。ではおいとまして、（二一五）アヌビス（の神さま）にあなたのことを訴えましょう。[28]」

すると、家令頭、メルーの子レンシは二人の護衛をつかわし、農夫を（呼び）もどしました。この農夫は恐れました。自分の演説を罰するためによびもどされたのだと思ったからでした。そこでこの農夫は申しました。「渇いた人が水に近づき、（二二〇）乳のみ児が乳に口をさしのべるように、これこそ、死の到着が遅れていた人が、やってくるのを待ちこがれていた死なのだ」と。

すると、家令頭、メルーの子レンシは申しました。「恐れるな、農夫よ。お前に対して（こう）したのは、お前を私のもとにとどめるためなのだ。」そこで、この農夫は（二二五）〈誓いをたてました〉。「わたくしは、あなたのパンを食べ、永遠にあなたの〔ビールを〕飲みます」と。家令頭、メルーの子レンシは申しました。「では、そなたの訴えを聞くことができるよう、しばらくここにとどまっておれ。」それから、新しいパピルスの巻物（に記された）すべての訴え[29]を〔その〕内容の通りに（人びとに）読んできかせました。

〔三〇〕そして、家令頭、メルーの子レンシはこの巻物を、上下エジプトの王、声正しきネブカウラー陛下のもとにもってゆかせました。すると、それはこの国中のいかなるものよりも〔陛下〕の御心にかないました。そこで〔陛下〕は申されました。「そなた自らが裁きをつけよ、おおメルーの子よ。」

そこで〔家令頭〕メルーの子レンシは、〔トゥトナクトを連れに〕二人の護衛を派遣いたしました。〔三五〕かれは連行され、その〔財産および召使〕についての報告がなされました。すなわち、六人の男――（ただし）〔かれらの財産〕は除く――、上エジプトの大麦および小麦、およびロバ、〔大家畜〕[30]、豚、および小家畜[31]（などについてでした）。〔そして〕このトゥトナクトはこの農夫に〔奴隷としてひき渡されました〕。〔四〇〕その〔財産〕全体〔も同様でした〕。そして〔家令頭〕は〔この〕トゥトナクトに向かって申しました「〔……〕」

〔最初から最後まで、書き物として発見された通りに〕、（めでたく終りが）やってまいりました。

イプエルの訓戒

(一・二)〔……〕。門〔番たち〕は言う。「さあ、行って掠奪しよう」と。菓子職人たちは〔……〕。洗濯屋は自分の荷物を運ぶことを断わる。〔……〕。鳥〔刺したち〕は戦いの準備を終っている。〔……〕。デルタ〔の人びと〕は楯をもっている。ビールつくりたちは(一・五)〔……〕。人（びと）[1]はその息子を敵とみなし、〔……〕。有徳の人は国土に起った（出来）事のために青服を着て歩く。〔……〕。夷《えびす》どもはいたるところで（エジプト）人[2]となっている。

ほんとうに、顔は蒼ざめている。(一・一〇)〔……〕祖先たちの予言が〔……実〕現したのだ。〔……〕。(二・一)地は徒党にみち、人（びと）は楯をもって耕作にでかけて行く。

ほんとうに、心優しき人〔たち〕は言う。「顔〔…なもの〕が生まれのよいもののようだ」と。

ほんとうに、〔顔〕は蒼ざめている。弓手は準備ができている。悪事はいたるところにあり、昨日の人は（もう）いない。[3]

ほんとうに、掠奪〔者〕はいたるところに〔……〕。召使いは眼にするものを（手あたり次第に）奪う。

ほんとうに、ナイルは氾濫している。（だが）そうだからといって（土地を）耕す者はいない。みんなは言う。「国中に何が起ろうと知ったことか」と。

ほんとうに、女たちは干上がり、孕《はら》むものもない。(4)（このような）国土の状態のゆえに、クヌム(5)はもはや（人間を）創らない。

ほんとうに、貧乏人たちが財宝の所有者となっている。自分のためにサンダル一足つくれなかったものが、(三・五)（今では）富の所有者だ。

ほんとうに、人びとの召使いの心は悲しんでいる。主人たちは〈喜びのとき（も）人びとと〉交わろうとはしない。

ほんとうに、（人びとの）心は狂暴だ。悪疫は国中にあり、血はいたるところにある。死が足りないということはなく、近づかない前からミイラの包帯が（死を）告げている。

ほんとうに、多くの死人が河に埋葬されている。流れが墓となり、ミイラつくりの場所が流れとなってしまっている。

ほんとうに、貴族たちは歎き、貧乏人は喜びにみちている。すべての町は言う。「勢力《ちから》あるものをわれわれの中から追放しよう」と。

ほんとうに、人びとはイビス(6)のようだ。不潔さは国中にあり、今では白い着物を着ているものはいない。

ほんとうに、国土は轆轤《ろくろ》のように回転している。（今では）盗人が富の所有者で、〔金持ち〕は掠奪者となっている。ほんとうに、忠実な召使いは〔……のよう〕だ。貧乏人は〈歎く〉。「なんと恐ろしいことだ。どうしたらよいのか」と。

(三・一〇) ほんとうに、河は血だ。(だが) 人びとはそ(の水)を飲ま(ねばならぬ)。人びとは(死)体にしりごみし、水を求めて渇く。

ほんとうに、門柱も壁も焼きつくされてしまっている。(だが) 王宮の〈広間〉はしっかりとしたままだ。(7)

ほんとうに、〔上エジプト人たち〕の船は壊れてしまっている。都市《まち》は破壊され、上エジプトはからからの〔荒地〕となっている。

ほんとうに、ワニは捕えた魚に〈満腹している〉。人びとがすすんでそのもとへ赴く(からだ)。これ(こそ) 国土の破壊だ。人びとは言う。「ここを歩くな。見よ、網があるぞ」と。みよ、人びとは魚のように〔地上を〕歩く。臆病者は恐怖のため〈地面と網と〉を区別できない。

ほんとうに、人びとは数少なくなっている。兄弟を地面に納めるものがいたるところにいる。(8) (たとえ) 賢者が語(ろうとし)ても、すぐさま〈逃げださ(なければならぬ)〉。(9)

ほんとうに、貴族たちは(その地位を)認めてくれるものがいないため〔………〕。その妻の子は女中の子となっている。

(三・一一) ほんとうに、国中に砂漠が(広がって)いる。州は荒れはて(国)外からきた野蛮人どもが、エジプトに〔とどまって〕いる。

ほんとうに、人びとは〔……〕やってくる。どこにも〔エジプト〕人はいない。

ほんとうに、金も瑠璃も、銀もトルコ石も、紅玉髄も紫水晶も、イブヘト石も〔……も〕女中たちの首に吊されている。美しいものは国内にある。〔だが〕家の女主人たちは言う。「なにか食べ物があれば〔いいのに〕」と。

ほんとうに、〔……〕。〔貴婦人たち〕の身体は、ぼろ〔をまとっている〕がゆえにつらいありさまだ。〔たがいに〕挨拶しあうとき、彼女らの心は〔重く〕沈む。

ほんとうに、(三・五) 黒檀の箱は壊され、〈ベッドの〉貴いアカシア材はばらばらにひき裂かれている。〔……〕

ほんとうに、〔ピラミッドを〕建てたもの[10]が、〔今では〕農夫〔となっている〕。神の舟に〔乗って〕いたものが、軛《くびき》に繋がれている[11]。今では〔ビュブロス〕へと北航するものはいない[12]。われわれのミイラのための杉〔材〕はどうしたらよいのだろうか。神官たちはその製品[13]とともに埋葬され、〔貴族たち〕は、遠くケフティウ[14]にいたるまでその油でミイラとされていたのだ。〔だが〕これらは〔もう〕やってこない。黄金は不足し、すべての手工業の〈原料〉は止まっている。王宮の〈宝庫〉は掠奪されてしまっている。オアシスの住民が祝祭用の香辛料、〈葦の蓆、皮革〉、新鮮なレドメト草、鳥の脂、〔……〔など〕〕を運んでくるのが、〔今では〕なんと大きな事件と〔なって〕いることだろう。

(三・一〇) ほんとうに、エレファンティネもティニス州も上エジプトに〈所属している〉。

（だが）内戦のゆえに租税を納めない。（そのため）穀物、炭、イルティウの実、マアウ材、ヌート材、柴《しば》⑮が欠乏している。工人の仕事と〔……〕は、王宮の収益である。（だが）収入のない宝庫は（いったい）何の役に立つのか。なるほど王の心は、真実（さえ）やってくるなら幸福であろう⑯。だが本当は、すべての夷が〔やってき（て言うのだ）〕。「あれはわれわれの定めだ。あれはわれわれのためのものだ」と。これに対してわれわれには何ができようか。すべては破滅だ。

ほんとうに、笑いは消えてしまっており、〔もはや〕笑いは〔ない〕。国中に広がっているのは、不平とまじりあった呻き（声）だ。

ほんとうに、死んだ者はみな生まれのよい人（となって）いる。（四・二）エジプト人だった人たちは外国人〔となり〕押しのけられている。

ほんとうに、すべての人びとから毛髪が抜け落ちてしまっている。地位ある人の息子が、〈そうした父親をもたない〉子供と区別できない（ありさまだ）。

ほんとうに、〔……………〕。騒乱に終りはない。

ほんとうに、老人も若者も言う。「死んでしまいたい」と。幼い子供たちは言う。「産んでくれなければよかったのに」と。

ほんとうに、貴族の子供たちが壁に叩きつけられている。（かつては）嘆願されていた子供たちが（今では）高地⑰に捨てられている。ほんとうに、ミイラつくりの場にいた人たち⑱が高地に横たえられており、ミイラつくりの秘密が投げ棄てられている。

ほんとうに、(四・五) 昨日みられた人が〈今日は〉消えてしまっている。地は亜麻が刈りとられた〈後〉のように、弱ったまま放置されている。

ほんとうに、デルタ地方にはどこにも隠されたところはない[19]。下エジプトは〈今では〉踏み固められた道に頼っている。なにができようか。どこにも〔……〕はない。人びとは言う。「秘密の場所〈など〉呪いあれ」と。見よ、秘密は〈今では〉それを知っていた人びと同様、知らなかった人びとの手中に〈も〉あるのだ。外国人が〈今では〉デルタの技術に精通している。

ほんとうに、市民たちが石臼のそばに坐らされている。上等の亜麻布を着ていたものが、〈今では〉〈不当に〉叩かれている。陽を見ることのなかったもの[20]が、〈助けもなく〉〈日中を〉さまよい歩く。夫の寝台に寝たものたちが、(四・一〇) いかだに寝させられている。〈かつて〉没薬をいれた〔小瓶〕が「私には重すぎるわ」と言っていたものが、〈今では〉〔……〕の一杯つまった甕を運んでいる。だが〔……〕が〈今では〉輿を知っている。どこでも召使いが足りないが、よく効く処方はある。貴婦人が女奴隷のように働く〈からだ〉。女楽師たちは〈今でも〉〈宮殿の奥の婦人部屋に〉〈坐って〉いる。〈だが〉〈彼女たちの歌うのは、かつて石臼ひきの婢が歌っていたような嘆きの歌なのだ。〉

ほんとうに、女奴隷たちはみな何でもしゃべることができる。〈しかし〉女主人のことばは、召使いたちにはあきあきすることとなっている。

ほんとうに、樹々は〈切り倒され、枝は〉裸にされている。人はその家の奴隷からひき離される。（五・二）人びとはこれを聞いて言うだろう。「子供たちに菓子がない。食べるものもない。〔……〕（今では）その味はどうなのか」と。

ほんとうに、貴顕たちは飢え、苦しんでいる。召使いたちが、不平のゆえに〔……に〕仕えられている。

ほんとうに、心熱きものは言う。(21)「神がどこにおられるかが分かっていたら、お仕えするのに」と。

ほんとうに、〔正義〕の名（だけ）は国中にひろがっている。だがそれに頼る人びとがなすのは、不正である。

ほんとうに、走り手たちが盗人〔の〕〈奪った品物〉をめぐって争っており、（五・五）そのもちものはみな奪いとられている。

ほんとうに、すべての動物の心は嘆いている。国土のありさまのゆえに家畜どもは呻いている。

ほんとうに、貴族の子供たちが壁に叩きつけられている。（かつては）嘆願されていた子供たちが（今では）高地に捨てられている。(22)クヌムは疲れて呻き声をあげる。(23)

ほんとうに、恐怖が殺戮をおかしている。（だが）脅えたものは、(24)あなたの敵に対してなされる〈処置〉に反対する。（しかし）喜んでいるのは少数であり、〈残りのものは悲しんでいるのだ〉。（敵に対してなすべき）ことは、〈ワニ〉を追いかけ、ばらばらに切り裂くことで（はない）のか。獅子を殺し、火焙りにすることで（はない）のか。プタハに(25)水を注ぎ、〔……〕ことで（はない）のか。何故にかれに与えるのか。かれのもとに届くものはない。あなたがかれに与えるのは悲惨《みじめさ》に（すぎない）。

ほんとうに、〈奴隷〉は国中に〔………ており〕、（五・一〇）力ある者は誰にでも使者を送る。(26)人は同腹の兄弟を殴《なぐ》る。なにができようか。〈私〉は破滅した人間に向かって話しているのだ。

ほんとうに、道は〔……〕され、道路は見張られている。人びとは茂みに坐り、行き暮れた旅人がやって来るとその荷物を奪い、その背にある（荷）物をもち去る。旅人は棒で（ひどく）殴られ、無法にも殺される。

ほんとうに、昨日見られた人が（今日は）消えてしまっている。地は亜麻が刈りとられた（後）のように、弱ったまま放置されている。「小人」(27)たちは〈気ままに〉往来して〔………〕。おお、人間（など）孕《はら》むことも（六・一）生まれることもなく、なくなってしまえばよいのに。そうすれば、地には騒がしさも消え、もはや騒動もないだろう（に）。

ほんとうに、〔人びとは〕草を〔食い〕、水といっしょに（のどに）流しこむ。鳥の〈ための〉果物も草も見つからず、ブタの口から〈飼料《かいば》〉が奪いとられる。飢え〈のゆえに〉〔……〕、明るい顔は（どこにもみられ）ない。

ほんとうに、どこにも穀物はない。布地も〈香料〉も油も人びとから奪われている。みんなは言う。「何もない」と。穀倉は空っぽで、その番人は地面に伸びている。（なんと）幸せなありさまなことか。〔……〕（六・五）おお、その時私が声を高めていればよかったのに。そうすれば、今の苦しみから救われていたかもしれないのに。

ほんとうに、気高き部屋[28]の記録はもちだされ、〈その〉秘密はあばかれている。

ほんとうに、呪文は公開され、シェムー呪文もセケヌー呪文も、人びとに記憶されているため、その効果を失っている。[29]

ほんとうに、役所は公開され、その調査記録はもち去られている。奴婢が（奴婢）の所有者となっている。

ほんとうに、〈書記たち〉[30]は殺され、その書類は持ち去られている。今の悲惨な（ありさま）のゆえに、わがもとには悲痛が（住んで）いる。

ほんとうに、〈土地台帳〉[31]書記の書類は破り捨てられ、エジプトの穀物は共有財産となっている。

ほんとうに、法廷の（六・一〇）掟は投げすてられている。人びとは公然とその上を歩き、貧民どもは通りでこれを破りすてている。

ほんとうに、貧民たちが九柱神の地位に達している。あの「三十人委員会[32]」の手続きはあばかれている。

ほんとうに、「大いなる法廷」は人びとの寄り集る場所だ。貧民たちは「大いなる家[33]」々に出入りする。

ほんとうに、貴族の子供たちが通りに追いやられている。賢者は「その通りだ」と言い、愚か者は「いや（そんなことはない）」と言う。このことを知らぬものの眼には（現在のありさまは）美しいのだ。

ほんとうに、ミイラつくりの場にいた人たちが高地に横たえられており、ミイラつくりの秘密が投げ棄てられている。[34]

（七・二）見よ、火は高く上り、その焔は国土の敵に向かっている。

見よ、長らく起らなかったことがなされた。王が民衆によって廃されたのだ。

見よ、ハヤブサとして埋葬されたもの[35]が棺台から〈投げだされており〉、ピラミッドの隠していたもの[36]が空《から》になっている。

見よ、少数のやり方（も）知らないものたちによって、国土から王権が奪われてしまっているのだ。

見よ、両国の安寧を維持する聖蛇[37]、ラーの〔……〕に対して、人びとが叛くようなことが起っているのだ。

見よ、その涯の知られることなかった国の秘密があばかれており、王都は一瞬にして破壊されてしまっている。

見よ、エジプトは（七・五）水の注ぎ[38]に陥っており、地に水を注いだものが力ある者にみじめに連れ去られている。

見よ、聖蛇[39]は穴からひきずりだされており、上下エジプト王の秘密はあばかれている。

見よ、王都は窮乏のゆえに恐れ（おののいて）おり、妨げられることなく争いをひきおこしに〈歩きまわっている〉。

見よ、地は徒党で結び合わされており、臆病者（でさえ）勇者の財産《もちもの》をわがものとしている。

見よ、聖蛇は死者を〔……〕。石棺（も）つくれなかったものが（今では）墓の所有者だ。

見よ、墓の所有者が高地に追放されている。柩《ひつぎ》もつくれなかったものが、（今では）財宝の〔所有者〕だ。

見よ、人びと〈に〉このようなことが起っているのだ。部屋も建てられなかったものが（今では）壁の所有者だ。

見よ、国の裁判官たちが国中で追いたてられている。〔……〕が王宮から追いだされている。

（七・一〇）見よ、貴婦人たちが筏の上に〈住み〉、貴族たちは強制労働収容所にいる。壁の上ですら眠れなかったものが（今では）ベッドの所有者だ。

見よ、宝の所有者が（今では）夜を渇いて過ごしている。（かつては食べ）かすを乞うていたものが（今では）溢れ（んばかり）の鉢の所有者だ。

見よ、（礼）服の所有者が（今では）ぼろにくるまっている。（着物を）織ること（さえ）できなかったものが（今では）極上の亜麻布の所有者だ。

見よ、小舟（も）つくれなかったものが（今では）船隊の所有者だ。かつての所有者がそれを眺めても、（もう）かれのものではない。

見よ、日よけをもてなかったものが（今では）日よけの所有者だ。かつての日よけの所有者は（今では）風雨に〈さらされている〉。

見よ、七弦琴（も）知らなかったものが（今では）竪琴《ハープ》の所有者だ。自分のために歌うことをしなかったものが（今では）楽の女神を称えている。

見よ、銅の容器たてをもっていた人の甕は（今では）一つとして〈容器たてを備えてはいない〉。

見よ、（八・二）貧窮のため妻もなく眠ったものが（今では）富を〈見つけだしている〉。かれが会うことのできなかったものが〈施しをうけながら〉立っている。

見よ、なんの財産もなかったものが（今では）富の所有者だ。貴族たちはかれを讃めたたえている。

見よ、土地をわずかしかもたなかったものが富豪となり、財産〈家〉が無産者となっている。

見よ、下男が執事の主人となっている。使者だったものが、他の者を（使者として）送っている。

見よ、パン一片《ひときれ》（にも）こと欠いたものが（今では）穀倉の所有者だ。その倉は他人のもので一杯である。

見よ、髪は抜け落ち、少しの油もなかったものが（今では）甘い没薬の甕の所有者だ。

（八・五）見よ、手箱一つなかったものが（今では）櫃の所有者だ。水に顔を映していたものが（今では）鏡の所有者だ。

見よ、〔……〕(40)

見よ、男は食物を食べて幸せである。妨げられることなく、喜びのうちにそなたの食事を摂れ。人がその食物を食うのはよいことだからだ。神はその愛するものに（そうする）ことを命じ給うのだ。〔……〕

〔見よ〕、神を〔知らなかったもの〕が、見知らぬ他人の香を神に捧げている。

〔見よ〕、富の所有者だった婦人が、その子供たち(41)を臥所《ふしど》に送っている。

見よ、高貴な女性が男〈の〉妻〈となる〉。娘の父は反対する（が無駄である）。〈……〉なかった男がかれを殺す。

見よ、貴族の子供たちが〔……〕、（八・一〇）〔仔〕牛たちは掠奪者に〔引き渡されている〕。

見よ、〈神官たち〉は貧しいものの家畜を〔……〕犯す。

見よ、自分のために（なにも）殺せなかったものが（今では）牡牛を殺している。〈肉を〉切り分ける〉ことを知らなかったものが（今では）〔……〕を見る。

見よ、〈神官たち〉は、ガチョウを（神に捧げる）罪を犯している。(42)それが牡牛の代りに神〈に〉捧げられているのだ。

見よ、〔……〕女中がアヒルを捧げている。〔……〕貴婦人が〔……〕。

見よ、貴婦人たちは逃れ去っている。〔……〕の長《おさ》とその〈子供たち〉は死の恐怖（の下に）投げだされている。

〔見よ〕、土地の長たちは逃げだしている。かれらは困窮して何の目的も（もた）ない。

〔……〕

〔見よ〕、（九・二）ベッドの所有者だったものが地面に眠っている。〈むさくるしい姿で〉眠ったものが毛皮の敷物を整えさせている。

見よ、貴婦人は飢えている。（だが）〈神官たち〉[43]は準備されたもので腹一杯だ。

見よ、いかなる官職もその正しい場所にない。（それは）牧人《まきびと》もなくやみくもに走りまわる家畜の群のようだ。

見よ、家畜は迷い、これを（呼び）集めるものはいない。だれでもが自分の名をおした家畜を（勝手に）捉《つかま》えてくるのだ。

見よ、その兄弟のそばで人が殺されている。兄弟は走り去り、自分の皮膚を救うためにかれを見捨てるのだ。

見よ、牛の軛をもっていなかったものが、（今では）家畜の群の所有者だ。自分のための耕作牛（一匹）すらみつけられなかったものが（今では）家畜の所有者だ。

見よ、穀物をもたなかったものが（今では）穀倉の所有者だ。（九・五）（種まき用の）穀物を借りなければならなかったものが（今では）それを貸すもの（となって）いる。

見よ、従者（すら）もたなかったものが、（今では）奴隷の所有者だ。〈大立て者〉だったものが（今では）自分で用を足さねばならない。

見よ、国の権力者〈に〉人民の状態が報告されるということはない。すべては破滅してしまっているのだ。

見よ、職人はだれも働かない。国〔家〕の敵がその技術を〈抑えてしまっている〉からだ。

〔見よ〕、〔かつて〕収穫を〈記録した〉ものが〔今では〕収穫について何も知らない。〔かつては〕〔みずから〔の手で〕〕耕したものが〔今では〕〔穀物の所有者だ〕。〈刈り入れ〉がなされても、〔その〕報告がなされることはない。書記は〈役所に坐っている〉が、その手は〈何も書き記すことがない〉。

かつての〔……〕は破壊されてしまっている。人は〈その友人を〉敵とみなす。臆病者が恐怖〔……〕〈熱くなった心情を〉冷《さま》そうとしている。〔九・一〇〕貧民は〔……〕。〔地〕はこの故に明るくはない。

〔……〕は破〔壊〕されてしまっている。かれらの食物は、かれに対する恐怖〔……の故に〕〈奪いとられてしまっている〉。民衆は使者〔を送って……〕を乞い願うが〔……〕はない。かれはそのもちものを背負ったまま捕えられ、〈みな〉奪われる。〔だが〕人びとはかれの門のそばを〔何もせずに〕通りすぎる。〈壁〉の外側も、〈小屋〉も、ハヤブサを入れる部屋も〔…………〕。民衆は警戒を怠らない。〔一〇・一〕〈…………〉。人びとはこめかみ〈を……〉走りまわる。かれらがつくるのは砂漠の民と同じような〈テント〉なのだ。

主人に仕えさせるため家来が人びとを送ろ（うとし）ても、それが遂行されることはない[44]。かれらには全く（行く）気がない。見よ、五人（も）いる（のに）こう言うのだ。「お前さんの御存知の道を行きなさる（がいい）。わしたちはもう（目的地に）着いてるのだ」と。


（こうして）下エジプトは歎いている。王の倉はすべてのものの共有財産であり、宮廷には何の収入もない。小麦も大麦も鳥も魚も（本来）王のものである（はずなのに）。（純）白の布地も上質の亜麻布も銅も油もそうなのだ。（一〇・五）絨毯も蓆も〔……〕花も麦束も（その他）あらゆるよき収入もそうなのだ。（万事は）王の〈命じる（通りに）〉行われるべきである。もし王宮での〔……〕が遅れるならば、人びとは〔……〕を欠くことになるだろう。


廷臣たちで輝く気高き王都の敵を滅ぼせ。〔……〕。まこと市長は護衛もなしに（出かけて）行く。

〔……〕で輝く[45]〔気高き王都の敵を滅ぼ〕せ。〔…………〕。

法さまざまなるかつての気高き王都〔の敵を滅ぼ〕せ。〔………〕。

（一〇・一〇）〔………〕かつての気高き〔王都の敵を滅ぼせ〕。〔………〕。

〔……〕かつての気高き王都の敵を滅〔ぼせ〕。だれも〔……〕できない。

官職多数なる[46]かつての気高き〔王都の敵を滅ぼせ〕。まこと〔……〕。

〈神の〉ことばを守るとき、神〔……〕を尊ぼう。その子供たちは増水の高まりを〈眼にする〉だろう。

思い起こしてもみよ。身体病んで痛むものに〔……〕を浸す（さま）を。〔……〕が思い起こしてもみよ。（二・二）〈神祠〉に〔……する〕（さま）を。朝《あした》に香を焚き、壺の水を捧げる（さま）を。

思い起こしてもみよ。肥えたラーやテレブセト[47]を神への供物として捧げる（さま）を。

思い起こしてもみよ。ソーダを噛み、白いパンを準備する（さま）を。人（びと）は頭を濡らす[48]日に〈こうするのだ〉。

思い起こしてもみよ。旗ざおがたてられ、石碑が刻まれる（さま）を[49]。神官は霊所を清め、神殿はミルクのように〈白く〉漆喰を塗られる（さま）を。地平線の香りを高め、供物のパンを供える（さま）を。

思い起こしてもみよ。（宗）規を遵守し、（祭儀の）日取りを正しく定め、（二・五）不浄な身体の（まま）神官の職務にいるものを排除する（さま）を。なぜなら、これは正しからざることをなす（にほかならない）からだ。それは〈心〉を破壊することなのだ。〈……

…〉。

思い起こしてもみよ。牡牛を屠る（さま）を。〔……〕。

思い起こしてもみよ。そなた[50]に呼びかけるものが〔……〕清められてでて行く（さま）を。ガチョウを火にのせ、〔……〕、壺を開き、〈……〉、（二・一〇）そなたを鎮めるため〔……〕讃える（さま）を。

〈…………〉。

見よ、どうしてかれ[51]は〈人間を〉こしらえ〈ようとす〉るのか。脅えた人間も猛々しき人間も区別されてはいない。かれは心に冷静さをもたらすことはできよう。（三・一）人びとは言う。「かれは人類の牧者だ。その心には悪意の一かけらもない。たとえ家畜（の頭数）は少なくとも、それを集めて日を過ごす」と。（だが）人びとの心は火と燃えているのだ。かれが人間の本性にはじめから気がつけばよかったのに。そうすれば、（人間に）障害を課し、かれらに対して腕をあげ、その群とその遺産とを滅ぼしていたであろうに。人びとは〈誕生〉を切望する。だが（その結果）悲しみが生まれ、いたるところに貧困者がいるのだ。このゆえに、神々がその中にいる限り悲しみの過ぎ去ることはない。子孫は人間の女から出てくる。だが道にはだれもみつからない。戦いが生まれ、（三・五）悪を滅ぼすべきものが悪を犯している（から）だ。人びとは義務を果すべきときでも、案内人として行動することはない。今日かれはどこにおられるのか。眠っているのだろうか。見よ、（どこにも）かれの力は見あたらないのだ。

もしわれわれに〈食物が与えられていた〉ならば、私がそなたに[52]〈会う〉ことも、〈空しく〉召しだされることもなかっただろう。「〈そのことを責める〉のは心を痛めるだけだ」とはみんなの口に（のぼる）言葉だ。「今日《こんにち》〈臆病者〉が何百万人もの人びとを〈支配している〉。〈かれは〉奥の部屋に〈坐ったままで国（家）の〉敵に対して〈なすすべを知ら〉ない。」〈………〉。（三・一〇）地は〔……〕陥らず、像が焼かれ、墓が破壊されることもなかったであろう。〔……〕かれは〔……〕の日をみるだろう。自分のために天地のあいだに〔……でき〕なかったものが、すべての人[53]を恐れるのだ。〈………〉、権威も悟性も正義もそなたとともにある。だがそなたが国中にもたらしたのは混乱であり、騒乱の叫びなのだ。見よ、人は他人に対し暴力を加える。汝の命令に従うからだ。三人の男が道を歩けば、（すぐ）二人になっている。数の多い方が少数者を殺すからだ。牧人が死を望むだろうか。故に私（の言葉）に答え（て私の非難を退け）るよう命じるべきである。（三・一一）なぜなら、それはこういうことだからだ。（すなわち）、ある人が望むことを他の人は憎むものである（が）、〈そんなもの〉はどこへ行っても少数である（ということ）、（したがって）そなたがこうした事態を終らせるよう行動すべきだった（ということである）。そなたは偽りを告げているのだ。地は（今では）人びとを滅ぼす雑草であり、だれも生命をあてにしてはいない。この数年はずっと争いが（続いて）いるのだ。たとえ（自分の土地の）境の家で見張っていても、自分の家の屋根で殺されるのだ。勇敢であれば救われるであろう。（ただし）自分の生命だけはである。

あるものが、民衆のもとへ召使いを送る。かれは道を歩み、〔騒動の〕渦を眼にする。道は〈洗いながされ〉、(三・五) かれは〈困惑して〉立ち(すくむ)。もちものは奪われ、棒でうちのめされ、不当にも殺されてしまう。おお、そなたが(こうした)惨めさの一かけらでも味わっていたら(よかったのに)。そうすれば言うだろう。「〈…………〉」と。

〔ほんとうに〕すばらしい〔ことだ〕。船が流れをさかのぼり、〔………〕。(三・一〇) かれらから盗む〈ことがない〉ならば。

ほんとうにすばらしいことだ。〔………〕ならば。

〔ほんとうに〕すばらしい〔ことだ〕。網がひかれ、〔………〕鳥が縛られるならば。

〔ほんとうに〕すばらしいことだ。かれらの〈ために貴顕たちが〉〔……〕、道が〈安全に〉通れるようになるならば。

ほんとうにすばらしいことだ。人びとの手がピラミッドを建て、池が掘られ、神々のために植樹がなされるならば。(54)

ほんとうにすばらしいことだ。人びとが酔い、ミイト(55)を飲み、幸せであるならば。

ほんとうにすばらしいことだ。人びとの口に喝采があり、州の貴族たちが(四・一)上衣をまとい、〈前は清潔に、体の線はすっきりと〉その住いから(人びとの)喝采を眺めて立っているならば。

ほんとうにすばらしいことだ。ベッドが準備され、貴族の枕がきちんとくくりつけられるならば。すべてのものの要求は日蔭で横になることで満足され、かつて茂みで眠ったものにはドアが閉じられるならば。[56]

ほんとうにすばらしいことだ。新年の日に〈河岸で〉〔……〕ならば。上質の亜麻布が広げられ、上衣が地面に（ぬぎすてられて）あるならば。（四・五）〔……………………〕。（四・一〇）〈………〉、かれらは〈自ら〉目的を達し、だれも立ち上がって抗議するものはいない。[57]〔………〕。みなはその姉妹のために戦い、自分を守る。（敵は）ヌビア人なのか。それならわれわれは自らを守ろう。外国人どもから（国土を）守るため戦士の数を増そう。（敵は）リビア人なのか。それならわれわれが追い払おう。マジョイ[58]たちはエジプトに好意を抱いている。どうしてみながその兄弟を殺す[59]（ような）ことが起るのか。（五・一）われわれのために招集した軍隊は外国人となっており、掠奪を行なっている。そこから生じるのはアジア人に国土の状態を知らせることなのだ。（しかも）すべての異民族はこの（ありさま[60]）を恐れている。〈………〉

〈………〉（五・一〇）〈………〉[61]

イプエルが「万物の主」陛下に答えて申したこと。〔……〕すべての家畜〔を……〕。これを知らない（まま）でいることは、心を楽しませることだろう。そなたはかれらの心に適《かな》うことをなし、〈それによって〉人民を養っている。〈だが〉かれらは（一六・一）明日を恐れて顔をおおい覆しているのだ。

一人の老人がいて、救いを得ようとしていた[62]。その息子は〈まだ〉子供で何も分からなかった。〈丁度乳母の乳を離れ〉はじめるところで、そなたに〈話しかける〉べく口を開くことはできなかった。だがそなたはかれを死の運命に捕えた。涙が〈国中にどっと溢れた〉。〔……〕（一六・一〇）〈……〉墓所におし入り、彫像を焼き、ミイラの身体を〔……〕。〈……〉（一七・一）〈……〉〔……〕。

ネフェルティの予言

さてかつて上下エジプトの王、声正しきスネフル陛下がこの国全体の慈愛深き王だったときのことです。ある日のこと、王都の官僚たちが（毎日の）挨拶をするために王宮（万才！）にはいってきました。それからかれらは毎日の手順にしたがって挨拶をしてから退っていきました。すると陛下（万才！）はおそばにいた御印尚書におっしゃいました。「行って、今〔日〕の挨拶（を終えて）出ていったばかりの王都の官僚団をつれもどせ。」すぐさま迎えがだされ、王のところにつれ戻されました。すると陛下（万才！）はおっしゃいました。㈤そこでかれらは再び陛下の前にひれ伏しました。すると陛下（万才！）はおっしゃいました。「人びとよ。見よ、余がそなたたちを呼びよせたのは、そなたたちの息子のうち賢い者、あるいは、そなたたちの兄弟のうち有能なるもの、あるいはそなたたちの友人のうち完全なる言葉を述べうるものを探しださせ、そのものに余が耳に聞いて楽しめるようないくつかの美しいことばやえりぬきの談話をのべさせたい（と思った）からじゃ。」そこで、彼らはもう一度陛下（万才！）の前にひれ伏しました。

それから、かれらは陛下（万才！）の前で申しのべました。「おお王さま、わが君よ。

バステト[1]の偉大な典礼司祭がおります。名前はネフェルティ[2]といい、腕強き平民の男で、指巧みな書記でございます。仲間のだれよりも財産のある金持でございます。このものを〈お召しなさいませ〉。」そこで陛下（万才！）はおっしゃいました。「行ってそのものを連れてまいれ。」すぐさま、かれが連れてこられました。かれは陛下（万才！）の前にひれ伏しました。すると陛下（万才！）はおっしゃいました。「来たれ、ネフェルティ、わが友よ。余が耳に聞いて楽しめるようないくつかの美しいことばやえりぬきの談話を話してくれ。」そこで典礼司祭ネフェルティは申しました。「（もう）起ったことについてでございますか、（これから）起ることについてでございますか。おお、王さま、わが君よ。」すると陛下（万才！）はおっしゃいました。「（これから）起ることについてじゃ。なんとなれば、今日（という日）はもう過ぎ去ったことになってしまっているからじゃ。」それから筆記用具を入れた箱の方に手をのばして、パピルスの巻物とパレットとをとりだし、東デルタの賢人にして、東方におけるバステトのものであり、ヘリオポリス州の子供である典礼司祭ネフェルティの述べたことを書き記しました。

かれ（ネフェルティ）は国土に起ることについて思い（を凝らし）、東デルタの状態について想いうかべました。アジア人《びと》がその強い腕でやってきて、取り入れの（最中の）人びとの心を騒がせ、耕作のための牛を奪い去っておりました。かれは申しました。

「さわげ、わが心よ。そなたの生れいでしこの国に涙を流せ。沈黙（こそ）は犯罪の庇護

（者）だ。見よ、注意せよと言われていたことが（起って）いるのだ。しかも見よ、大人《たいじん》たちは今や国内にうち倒されている。

倦むな。なぜなら、見よ、それはそなたの顔前にあるからだ。そなたは前にあるものに対し立ち上がるべきだ。見よ、国事をはたす官吏はもはやなく、なされることはなされないことのようである。ラーは創造を新たに始めなければならない。国土は完全に滅ぼされ、一かけらも残っていない。指の爪の黒（い垢）でさえも、定められた（運命）から生き残りえない。

国土はうちこわされ、そのことを考えるものもなく、語るものもなく、涙をそそぐものもない。この国はなんということだろうか。日輪はおおい隠され（三五）光を放たず、人びとは見ること（も）できない。雲が（それを）かくすなら、人は生きては行けないのだ。だれもが日輪がなく聾者である。私は顔前にあることについてのべよう。起らないことを告げはしない。

エジプトの河は干上がり、徒歩で水を渡ることができる。人びとは航行のため船の水をさがす。なぜならその（水）路は砂州となっており、砂州は大水となっているからだ。水は砂と（なっている）。南風が北風と争い、天は唯一つの風でなくなる。[3]臆病な鳥が[4]下エジプトの沼沢地に巣くう。（他の）鳥のすぐそばに巣をつくり、（三〇）必要から人間でさえ近よらせる。

だが魚（の腹）を裂くための、魚や鳥で一杯の養魚池のあのしあわせな時は過ぎさってしまった。すべてのよきことは消え去り、この世は国中に満ちたアジア人を養うため悲惨である。人びとは国境の防柵《とりで》をおし破る。たとえ、それと並んで別の防柵があるとしても。なぜなら、哨兵は（なにも）聞くことができないのだから。人びとは夜、（攻撃用の）ハシゴを手にして防柵にはいりこみ、眼より眠りを追い払うだろう。だが眠っていたものは言う。『私はおきていました』と。

砂漠の野獣はエジプトの河で水を飲み、追い払うもののないまま砂州を歩きまわる。この国は奪いさられ、もちさられ、起るであろう結果は知られず、『見よ、聞くべきものは聾者のため、黙っているものが先頭をきる』のことわざ通りに隠されたままである。私はあなたにさまざまな国（の状態）を示そう。起るはずのないことが起ったのだ。人びとは武器をとり、国土は騒乱のうちにすごしている。

人びとは銅で武器をつくり、血をもってパンを要求する。病気を（あざ）笑い、死に涙を流すこともない。死のゆえに夜を空腹のまますごす[5]こともない。みんなの心は自分自分のことに没頭しているから。今日では喪服を着ることもない。心はまったくそれを見放しているから、ある人が他の人を殺すとき、各々は、たがいに防ぎ合いながら、（じっと）坐っている（だけな）のだ。私はあなたに、かたきである息子、敵である兄弟、父を殺した男を示そう。

すべての口は『私を愛せ』で一杯だ。だがすべてのよいことは消え失せてしまい、世界は、そのために法が定められているにもかかわらず、破滅する。つくられたものの中にすでに崩壊が、発見されたものの中に破壊が、つくられるべきでないものの中に創造がある。ある人の財産はその人から奪われ、よそものに与えられる。私はあなたに所有者が歎き悲しみ、よそものが満足している（さまを）示そう。今では自分のために充たさないものは、すっからかんになる。人びとが何かを与えるのは、語るものを黙らせるために、いやいやながらでしかない。呼びかけに答えるのは、杖をもった手をつきだしながらであり、殺人を通して話すのだ。

言葉を発すればそれは心に火のように（はたらき）、（五〇）人びとは発言を我慢できない。国土はわずかなのに、統治者の数は多い。国土は荒れはてているのに、税は重い。穀物は少ししかないのに、枡は大きく、いっぱいにあふれさせて計られる。ラーは人類から離れてしまった。かれがのぼれば、時を計算できる（はずな）のだ。（だが）、だれも正午がいつなのかわからない。その影を算定できないのだから。[6]（かれを）みても眼がくらむことはない。眼が涙でしめされることもない。〈ラー〉は、夜間を〈しっかりと確保している〉月のように（しか）天に存在しないから。しかもその光は、先祖たちの下でと同じように顔に〈あたる〉のだ。

私はあなたに混乱の国土を示そう。無力だったものが（今では）力あるものであり、（五一）（もともと）挨拶をするはずのものが挨拶されている。私はあなたに、私の体が逆転して、一番の下が最上位（にいるの）を示そう。人びとは今では墓地に住んでいるのだから。[7]貧者は富を得、〔激動が〕生じる。無産者がパンを食べ、召使いが上にいる。あらゆる神の誕生の地へリオポリスはもはや地にはない。

（そのとき）一人の南部の王があらわれる。名前はアメニ[8]、声正しきもの（といい）、上エジプト第一州の女の子供にして、上エジプトの子である。白冠をえ、赤冠をかぶり[9]、（六〇）かくして、二人の力強き（女神）[10]を一つにし、二人の君[11]をその望むことをもって和らげる。畑をめぐるものはその手中にあり、橈はその動きの中にある。


喜べ、王の御代の人びとよ。なぜなら、一人の男の息子がその名を永久無辺にするであろうから。悪事に（心を）向け、叛乱をくわだてるもの、その口はかれへの恐れから閉じられよう。アジア人はその虐殺によって倒れ、リビア人はその焔によって倒れよう。敵対するものは、その激怒により、謀叛人は（六五）かれへの畏敬によって（倒れよう）。その額の聖蛇はかれのため謀叛人を鎮めてくれよう。

『支配者（万才！）の壁』が建てられ、アジア人はエジプトへ下るのを許されず、家畜に水を飲ませるためには、慣例通りに、水を請い求めねばならなくなろう。正義はもとの場に復し、無秩序は（国外に）追いやられる。この（さま）を見て、（七〇）王に仕えるものは喜ぼう。だが、識者は、私の言ったことが起ったのをみるならば、私に（灌奠《かんてん》の）水を注いでくれよう。」

〔めでたく〕（結びと）なった。書記〔……がこれを書き記した。〕

ホルスとセトの争い

第一部　万物の主の広間での審議

〔一・一―四〕シューがホルスのためにやってきて、トトはウジャトの眼をもってくる。

ホルスとセト、姿神秘なる者、かつて存在した最も偉大な君主で力強き者の裁き〔がこのようにして行なわれた〕。さて神の子が万物の主の前に坐り給いて、トトはヘリオポリスにまします偉大なる主（に）（ウジャト）眼[1]を捧げた。その光線をもって〔下界を〕照らすプタハの息子で、光彩の美しい彼の父オシリスの役職を要求した。

するとラーの息子、シューがヘリオポリスにまします偉大なる君主、〔アトゥム〕の前で言う、「正義は権力の主である。それを行使し給え。（ホルス）に役職を与えよ。」すると、トトが〔九柱の神《エンネアド》[2]（神々）〕に向かって（言った）、「百万度びも（正し）！」

〔一・五―六〕イシスは夫のオシリスに、北風によって吉報をもたらす。

するとイシスが大声で叫び、非常に、〔非常に〕喜んで万能の主の前に〔立った〕。「北風よ、西(3)へ行く〔がよい〕。生命、繁栄、健康のウェン・エン・ネフェル(4)の心を喜ばせよ。」

〔一・七―八〕万物の主は苦しめられたと感ずる。

すると（ラーの）息子、シューが言った。「〝眼《ウジャト》〟を与えること、すなわち九柱の神の正義の道を意味する。」

万能の主ののたまいしことは、「そは汝らの忠告、汝らの唯一のものであるか。」すると九柱の神（神々）が言うには、「彼はホルスの王の指輪を奪い、そして〔白い〕冠(5)は彼の頭にのせられるべし。」すると万能の主は長い間沈黙した、九柱の神に対して腹を立てたからである。

〔一・九―一二〕トトはセトの干渉を防ぐ。

するとヌネト（天の女神(6)）の息子のセトが言った。「彼を私と二人きりでこの場から去らせてくれ。九柱の神の面前で、いかに私の手が彼の手にうち勝つかを示せるように。（私の手から）剥奪する方法（判決）は他に誰も知らないのだから。」するとトトが彼に言った。「（この方法では）有罪者が誰かを知らぬだろう。どうだ、（オシリスの）息子のホルスが（この判定の場所に）立っているのにオシリスの職務がセトに与えられてよいものだろうか。」

〔一・一三―二・二〕万物の主、セトに職務を与う。

するとラー・ハルアクティは非常に、非常に怒った。というのは、力の強いヌネトの息子のセトにその役目を与えるというのがラーの望むところであったからである。するとオヌリス（アンヘレト）[7]は九柱の神の前で大声で叫んで言った。「われわれは一体何をしようとしているのか。」

[三・二六] 万物の主、メンデス市の山羊の忠告を求める。

すると、ヘリオポリスにいます偉大な君主アトゥムは言った。「ジェデト（メンデス）の主で偉大な生ける神バ（山羊または霊）[8]を呼びよせたい。そこで彼は最後の判定を二人の若者に下すことになろう。」ジェデトの主、偉大な神バは、セテト（第一急湍にあるセヘール島）に住まっているのを、プタハ・タネンといっしょにアトゥムの所に連れてきた。彼（アトゥム）は彼らに言った。「二人の若者を裁け。あなたは、今のままそこに居て、毎日争うことをやめさせるべきだ。」

メンデスの山羊はサイスのネイトの書いた判決を望む。

そこでジェデトの主、偉大な生ける神バは、彼に言われたことを答えた。「われらが（事件を）知らないのに、忠告を下そうとは思わない。偉大なる者、（太陽）神の母であるネイトに一通の手紙を送るように。ネイトが言うことを、われわれはしたい。」

そこで九柱の神々は、ジェデトの主、偉大な生ける神に言った。「彼女の判決は原初時代の昔にとっくに『真理の（うちの）唯一者』という広間で下されている。」

[三・七] トト、ネイトに宛て紹介状を書く。

すると九柱の神は万能の主の面前でトトに言い渡した。「万能の神、ヘリオポリスにいます牡牛の神の名において、偉大なる人、神の母ネイトに手紙を書いて下さい。」するとトトは言った。「そうしましょう、ええ、もちろん私はそうしますとも。」それから彼は坐って手紙を書いた。曰く、

「上エジプトの王および下エジプトの王なるラー。アトゥム、トトの敬愛する者、両邦の主、ヘリオポリスの両邦の主。両邦を彼の光線でもって照らす（太陽円盤の）アテン。養うことに偉大なハピ（神ナイル）、万物の主にして、タ・メリ（エジプト）の良き王としてオン（ヘリオポリス）にいます牡牛の生ける霊であるラー・ハルアクティが、――偉大な者、神の母、まず第一に人類を光被する者、ネイトに宛て（たる書）。あなたが、生き長らえ、健やかに若々しくありますように！　さて（以下の趣旨のことを申し上げたい。）シェベクは永遠に生きながらえていますが、ここなるあなたのしもべ（私）は、オシリスのことを気にかけ、毎日両邦のことを顧慮しつつ夜を過ごしております。今日にいたるまで八十年間法廷ですごしてきたにもかかわらず、二人の男に対していまだ誰も判決を下すことができないのに、私達は一体どう処したらよろしいのでしょうか。なすべきことを手紙に書いてお送り下さい。」

〔三・一―四〕ネイト、ホルスに役職のため紹介する。

すると偉大なる人、神の母のネイトは九柱の神々に対し以下のような言葉で手紙をよこした。「オシリスの役目は息子のホルスに与えよ。このようなあるべからざる悪行の大きな例を重ねてはならない。さもなければ私は怒り、天が地にくずれ落ちることになろう。

そして万能の神ヘリオポリスに住む牡牛の神がこう言いなさい。セトの財産を倍増せよ。彼に汝の二人の娘アナトとアスタルテを与えよ。そして、ホルスをその父オシリスの位置につけよ。」

〔三・五―六〕　九柱の神々はネイトの決定をみとめる。

それから偉大なる人（太陽）神の母ネイトの手紙が、一同が「角《つの》(9)の第一人者、ホルス」と呼ばれる広い部屋に坐っている時に九柱の神々に届いた。そして手紙はトトの手に渡された。トトはそれを万能の神および全九柱の神々の前で読み上げた。すると一同こぞって「この女神は正しい」と叫んだ。

〔三・七―〕　怒った万能の神はあざけられる。

すると万能の神はホルスに腹を立てて言った。「お前の身体は虚弱だ。だからこの職務はお前には重すぎる。お前のようなまだ口の生臭い小憎っ子には！」するとオヌリスは百万回（この上なく）怒り、三十人会の裁判者達――生命、繁栄、健康――の面々も全九柱の神々も同じように怒った。そして神ババイ（狒々）(10)は（胸を張って）立ち上がり、彼はラー・ハルアクティに向かって言った。「お前の神殿は空っぽだ」（神像は持ち去られ、お前は無力となるだろう）と。するとラー・ハルアクティは彼に向かってなされた（あざけりの）返答に大いに傷つけられ、非常にみじめな気持になって仰向けに横たわった。それから九柱の神は解散し、ラー・ハルアクティは神ババイに向かってまっこうから大声で叫んで言った。「消えうせてしまえ！　お前が犯した罪は（特に）極悪なものだぞ！」そして彼等は自分達の住家《テント》に帰っていった。それからこの偉大な神は、一日中彼のあずまや（広間）で仰向けに横たわって過ごした。彼の心は全くみじめで孤独だった。

〔四・一―三〕 ハトホル、万物の主を元気づける。

さてずいぶんのちになって、南方のイチジクの樹の女主人ハトホルがやって来て、彼女の父万能の神の前に立ち、陰部を彼の前にひろげてみせた。すると偉大なる神は彼女を笑った。それから彼は立ち上がり、大九柱の神々といっしょに坐って、ホルスとセトに向かって言った。「お前たちの（こと）言い分を言うがよい！」と。

〔四・四―五〕 九柱の神々はセトの要求をみとめる。

そこで、力づよくヌネトの子セトは言った。「私としては、九柱の神々のうちでは力つよきセトである。私が（太陽神の）船百万隻(11)の先頭に立っている間は、毎日ラーの敵を殺してやる。どんな神でもそんなことはできないのだ。私は、オシリスの職務をひきうけよう。」そこで神々は言った。「ヌネトの子セトの言い分は正しい。」

〔四・六―七〕 神々の意見がわかれる。

そこでオヌリスとトトは大声で叫んで言う。「職務が母の兄弟に与えられてよいものか？　実子が在るというのに。」ジェデトの主で生ける大神であるバは言った。「役職はこの若僧に与えられてよいものかしら。年上の兄弟セトがいるというのに？」

〔四・八―九〕 ホルスは冷遇に不平を言う。

九柱の神々は、万物の主に大声で叫び、彼（ホルス）に言う、「お前の言った言葉は何か？ 聞かれたことは価値がないというのか？」イシスの子ホルスは言った。「神々の前で私の名誉を傷つけ、しかも私の父オシリスの役職を私から奪うのは、たしかに公明正大なことではない。」

［四・一〇−］ イシスは、より高い決定をおこすことを誓う。

そのときイシスは九柱の神に対して怒り、その面前で神々に誓いをたてて言う。「女神である私の母であるネイトは、ほんとうに正しく生きているし、神々にとって羽の高き、角の強きプタハ・タネンもまことに正しく暮らしている。これらの言葉は、ヘリオポリスにいます偉大な君主であられるアトゥムの前に置かれるべきである。彼の（太陽の）船に住まえるケプル[12]の前にも同じく（置かれるべきである）。」そこで九柱の神は彼女に言った。「怒りなさるな！ 正しい者に正義は与えられるものですよ。」

［五・一−三］ セト、神々に戦闘で脅かす。

そこでヌネトの子セトは神々に対し、偉大なるもの、神の母イシスに神々がこのことばを話したときに怒った。そこでセトは、「私は四千五百ネムセト[13]の私の棍棒を握って、毎日あなたたちのうちの一人を殺してやる」と言った。そこで、「イシスがその中にいる間は、法廷にとどまるまい[14]」と言って、万物の主に対する誓いをセトは立てた。

第二部 イシス、セトから判決をだましとる

〔五・三―五〕 万物の主、神々を中の島に招集す。

そこでラー・ハルアクティは彼らに言った。「中の島に渡れ。(15) そこで彼らの審判をしよう。彼らは、渡し守のアンティ(16)に言うべきだ。『イシスに似ている女は一人も渡すな。』」それから神々は中の島に渡った。彼らは、坐ってパンを食べた。

〔五・六―六・二〕 イシス、渡し守を咎うつ。

それからイシスがやってきて、渡し船の近くに坐っている渡し守のアンティのところについた。彼女は老女のような姿をして、腰を曲げて行った。手には、小さな金の指環をしていた。彼女（イシス）は彼（渡し守）に言った。「私はお前のところにやってきた。だからお前は私を中の島に渡すべきだ。私は今日まで五日間一群の小さな家畜(17)を番してきた。一皿の麦粉を若者のためにもってきた。彼は飢えている。」彼は彼女に言った。「私は、婦人は何人といえども渡すな、と言われています。」彼女が彼に言うには、「お前が言われているのはむしろイシスのことだ。（お前はそのことを言われていたはずだ。）」彼は彼女に言った。「私があなたを中の島に渡したならば、何を私に下さいますか？」そこでイシスは彼に言った。「私はこの菓子をお前さんにあげましょう。」それから彼は彼女に言った。「この菓子は私にとって何ですか？　一人の婦人も渡すなと言われているのに、私はあなたを中の島に渡すべきなのでしょうか、それはたったこの菓子のためなのでしょうか？」それから彼女は彼に言った。「私は私の手にはめている黄金の印つきの指環をお前さんにやろう。」彼は彼女に言った。「私に黄金の指輪を下さい。」彼女は彼に黄金の指環を与えた。そこで彼は彼女を中の島に渡した。

〔六・二―六〕 イシス、美人に化ける。

それから彼女が木々のまわりを歩いてから、まわりを眺めると、九柱の神々が広間で坐って万物の主の前でパンを食べているのを見た。セトがまわりを眺めて、彼女がどうして遠方からやってきたかをみつけた。それから彼女の呪文で魔法をかけ、自分の姿をその体の美しい、若い女に装い、全国で比べもののないものになった。そこで彼（万物の主）は、彼女に全くぞっこん惚れこんでしまった。それから、坐って偉大な九柱の神々といっしょにパンを食べてから、セトは立ち上がった。彼は彼女の前を通りすぎたが、誰も彼以外に彼女を見たものはいなかった。

〔六・七―三〕 イシス、セトをして判決させる。

それから彼は一本のイチジクのうしろに立って、彼女に呼びかけて、彼女に言った。「美しいお嬢さん、私はここであなたといっしょにいてよろしいか。」彼女は彼に言った。「よろしゅうございますとも、あなた。私のことを申しますと、私は牛飼いの妻でして、彼との間に一人の男児をもうけました。私の夫は亡くなりました。若者は父の小家畜の番をしております。(18) ところが見知らない男がやってきて、私の家畜小屋に住みつき、こんなことを申します。『若者よ、私はお前を（棍棒で）殴打して、お前の父の小家畜（地位、役職）を持ち去り、お前を追い出すぞ。』そうかれは若者に言いました。私のお願いは、あなたが彼に力を貸して下さることです。」セトはそこで彼女に言った。「生みの若者がそこに居ても、小家畜は見知らぬ男に与えてよいものか？」

〔六・三〕 イシス、小女鷹に化けてセトを嘲ける。

そこでイシスは姿を鷹に変え、飛び去って、アカシアの梢（またはいただき）にとまった、彼女はセトに呼びかけて、言った。「さあお泣きなさい！ お前が自ら言ったのは、お前さんの口ですからね。それにお前が自ら判断したのは、お前の思慮（の末なの）だからね。それでもまだお前には何かおのぞみがおありかね？」

〔七・一〕 万物の主、セトに彼の判断をとがめる。

彼はそこに泣いて立ち、ついでラー・ハルアクティのいますところに赴いて、泣いた。そこでラー・ハルアクティは彼に言った。「いまだに何をお前は私にのぞむのか？」セトは彼に言った。「この悪女は再び私のところに私を再び困らせるために、やってきた。彼女は、私の眼前で美しい若い女の（彼女の）姿に変えて、私に言った。『私に関していえば、私は牛飼いといっしょにいる女であり、彼は死んでしまったし、私は彼との間に一人の男児を産み、そして彼は父の若干の小家畜を守りつづけ、それから一人の見知らぬ男が私の厩《うまや》に私の若者といっしょに闖入《ちんにゅう》してき、私は彼にパンを与えた。しかしそれから、このちいく日も経ってから、闖入者は私の若者に言った。「私はあなたを（棒で）なぐって、私の財産《もちもの》となるあなたの父の小家畜をうばうだろう。」このように彼は私の若者に言った。』彼女が私にこのことを語った。」

それからラー・ハルアクティは彼に言った。「お前は彼女に何と言ったのか。」

それからセトは彼に言った。「私は彼女に言った。『たとえ産んだ者の子がそこにいても、牛を他人に与えるというようなことがおこるだろうか？』このように私は彼女に言った。『侵入者の顔を杖で打ち、彼を追い出し、そうすれば汝の若者は彼の父の代りに就くだろう。』そのように私は彼女に言った。」

そこで、ラー・ハルアクティは彼に言った。「しかし見よ、あなたの周りを眺めてみなさい。あなたは自分自身を有罪と判決したのです。それならば一体あなたはどうなるのでしょうか。」

〔七・四〕迷いからさめたセト、渡し守に怒りをむける。

そこでセトは彼に言う。「渡し守アンティはつれてこられるべきであり、彼には重い（刑罰）が科せられるべきである。なぜあなたは渡させたのかと言いながら。このように彼に言われるべきである。」

そこで渡し守のアンティは、九柱の神の前に連れられ、彼の足の先をとり去らさせた。(19)

第三部　セト、ホルスの即位に抗議する

〔八・一〕万物の主、ホルスを王位に就かせる。

アンティがそれから今日まで偉大な九柱の神々の面前で黄金を誓って断った。「黄金は(20)私にも私の市にも忌まわしいものとされた」と言いながら。

それから九柱の神々は、ナイル川の西岸に渡り、彼らは山の上に坐った。夕方になると、ラー・ハルアクティとヘリオポリスにおける両《ふた》つの邦の主であるアトゥムは九柱の神々に(書き)送っていうには、「まだそんなところに坐っていて、あなた方は何をしようとしているのですか? あなたは法廷で二人の青年の生命を終らせようとしているのですか。あなたの手紙がお手許に届いたとき、イシスの子ホルスの頭に白い王冠を戴かすべきでしょう。そして彼の父オシリスに代って彼を任命すべきである。」

そこでセトは実にひどく怒った。そのとき九柱の神々はセトに言った。「あなたは何を怒っているのですか? ヘリオポリスの両つの邦の主アトゥムとラー・ハルアクティが言っているようにしないのでしょうか?」

そこで彼ら(九柱の神々)は、イシスの子ホルスの頭に白い王冠を定めた。

[八・六―八] セト、戴冠に抗議する。

そのときセトは九柱の神々の面前で大きな叫び声をたて、(次のように)言って怒り狂った。「兄である私が生きているのに、私の弟に役職が与えられるべきであろうか。」そして彼は誓いをたてて言った。「白い王冠はイシスの子ホルスの頭から除《の》けらるべきで、私が支配者の役を彼と争わんがために、彼は水の中に投げこまれるべきだ。」そこでラー・ハルアクティは、それに従って行なった。

第四部　セトとホルス、河馬として互に闘う

〔八・九〕セト、ホルスに河馬として試合を挑む。

そしてセトはホルスに言った。「来たれ。われわれは二頭の河馬に変身して、大きな緑(海のこと)の水の中に身を投じよう。(日の)三カ月のうち現われてくる者(21)、彼には役職は与えらるべきではない。」

〔八・一一—九・三〕イシス、ホルスを救うように求める。

それからイシスは涙を流して言った。「セトは私の子ホルスを殺した。」そこで彼女はたくさんの糸(の毬?)を求めて、綱をつくった。ついで彼女は銅一デベン(22)(九十一グラム)をもってきて、それを水の武器(銛)に混ぜ(溶かし)、綱をそれに結びつけ、ホルスとセトを投げこんだ水の中に投げ入れた。ところが鐖《あぐ》が彼女の子ホルスの体に喰いこんだ。そこでホルスは大声で叫んで言った。「私のところに来て下さい、私の母イシスよ、私の母よ、私から放れさせるように、鐖に求めて下さい。私はイシスの子ホルスなのです。」

それからイシスは大声を出して、鐖に言った。「彼を放してやりなさい。ほら彼は私の子のホルス、私の子供です。」そこで彼女の鐖は彼からはずれた。

〔九・三—六〕イシス、セトを弟としていたわる。

それから再び彼女は、銛を水中に投げこむと、それはセトの体に喰いこんだ。そこでセトは大声を叫んで言った。「あなたは私に何をしようとしているのですか、私の妹のイシスよ。私から放れるように鑱に求めて下さい。私はあなた自身の母の出であるあなたの兄ですよ、おおイシスよ！」

そのとき彼女の心は大いに彼に同情を感じた。セトは彼女に呼びかけて言った。「あなたの母方の兄のセトに対して邪悪を希うのですか(23)？」

そのときイシスは、彼女の銛に向かって叫んで言うには、「彼から放してやりなさい。注意してみなさい、お前が喰いこんだのは、彼女自身の母の出であるイシスの兄であるのだ。」それで銛は彼から放たれた。

第五部　ホルスの盲目と治癒

〔九・七―一一〕　ホルス、イシスの頭を刎ねる。

そこでイシスの子ホルスは、彼の母イシスに対して怒り狂った。彼は水から出た。彼の面相は狂気じみて野蛮で、上エジプトの豹のようであって、手には十六デベン(24)の戦斧をもっていた。彼は母のイシスの頭を刎《は》ね、それを両腕でかかえて、山へと登っていった。そこでイシスは、頭のないフリントの像に身が変ってしまったのである。

そのときラー・ハルアクティはトトに言った。「頭をなくしてやってきたこの女は何者ですか?」

トトはラー・ハルアクティに言った。「おお私の御主人、これは偉大なイシス、神の母です！　彼女の子ホルスが彼女の頭を刎ねたのです。」

〔九・三―一〇・二〕万物の主、ホルスの処罰をのぞむ。

それからラー・ハルアクティは大声をあげて、九柱の神々に言った。「われわれは出かけていって、彼に大刑罰を加えてやろうではないか。」

そこで九柱の神々は、これらの山々を登ってゆき、イシスの子ホルスを求めた、今やホルスについていえば、彼はオアシスの国のシェヌシャ[25]の木の下に横たわっていた。

〔一〇・三―四〕セト、砂漠でホルスを盲目にする。

そしてセトは彼を見つけて、とらえ、彼をあおむけに山の上に投げた。彼は彼の両眼をそれらの（あるべき）所（眼窩）からとり出して、両眼が大地をてらすように山に埋めた。それで彼の眼球は球根となって、ロータスに成育したのである。

〔一〇・五〕セト、万物の主に嘘をつく。

そのときセトが帰ってきて、ラー・ハルアクティにいつわって言った。彼は彼を見たけれども、「私はホルスを見つけなかった。」

〔一〇・六―一〇〕ハトホル、ホルスの眼を治す。

そこで「南方のイチジクの女主人」ハトホルは出かけてゆき、ホルスを発見した。彼は砂漠の山に横たわり泣いていた。彼女は羚羊《ガゼル》をつかまえ、その乳をしぼり、ホルスに言った。「おまえの両眼を開け、その中にミルクを私が入れるために。」

そして彼は両眼を開き、彼女はミルクをその中に入れた。彼女はそれを右の眼の中に入れ、それから彼の左眼にそれを入れて、彼女は彼に言った。「さあ両眼を開けてごらん！」それから彼は自分の両眼を開き、彼女は彼ら（両眼）を見、治ったのを見た。それから彼女はラー・ハルアクティの所へ行き、（言った。）「私はホルスを見た。セトが彼から彼の両眼をうばったのを。しかし私は再び彼をもと通りに治した。彼が帰ってきたのをこの眼で見た。」

第六部　セト、ホルスに汚名を着せようとする

［一〇・一一―一三］万物の主、ホルスとセトに和解をすすめる。

そこで九柱の神々は言った。「ホルスとセトを招集しようではないか、そして彼らを裁こうではないか。」そこで彼ら（両人）は九柱の神々の前に連れられてきた。

そして万物の主は九柱の神々の面前でホルスとセトに言った。「前に出ろ、そして私がおまえたちに言うことを聞け！　食べ、飲みかつ平和であらしめよ、毎日この争いだけはやめよ！」

［一一・一―三］ホルス、セトによる汚名を水泡に帰せしめる。

セトがホルスに言うには、「さあ来なさい、私の家でよい時(26)を過しましょう！」

ホルスが彼に言うには、「私もそうしましょう、そうしましょう、そうしましょうとも。」

そこで夕方になると、ベッドが彼らのために広げられて、彼らのうち二人はいっしょに寝た。それから夜になってセトは彼のペニスを硬くしホルスの両腿の間にそれを押し込んだ。しかしホルスは彼の両腿の間に自分の両手をおき、セトの精液をつかんだ。

〔一一・四—一二〕 イシス、セトを精液でだます。

それからホルスは出てゆき、母のイシスに言った。「ここにおいでなさい、私の母のイシスよ！ セトが私に何をしたかをごらんなさい。」

そして彼は手をひらいて、母にセトの精液を見せた。彼女は大声を出して、彼女のナイフをとって、彼の両手を切断して、水の中に投げこんだ。それから彼女は彼に均しい両手を作った。それから彼女は小量の佳き膏薬を取って、それをホルスのペニスの上においた。そして彼女はそれを硬くして、壺の中にさしこんで、彼の精液をその中に注いだ。

朝になって、イシスはホルスの精液を持ってセトの庭園に行き、セトの園丁に言った。「おまえはセトが食うためにここでどんな種類の野菜を生えさせているのか。」

園丁は答えた。「セトはここからのものは何も食べないでレタスを食べる。」[27] そこでイシスはホルスの精液を（レタスの上に）おいた。

〔一一・一二—一三・五〕 ホルス、セトに嘘の罪を負わす。

それからセトが、毎日の習慣であったようにやってきて、いつもするようにレタスを食べた。そしてホルスの精液で妊んだ。そしてセトはホルスに言った。「さあ行こう、そして私は法廷であなたと争う。」

ホルスは答えた、「私はそうしましょう。もちろんそうすることは私の最も喜ぶところです。」

だから彼ら両人は法廷に行って、偉大なる九柱の神々の前に立った。(九柱の神々は)彼らに言った。「あなたたちの言わねばならないことを言え。」

そこでセトは言った。「支配権(生き、繁栄、健康のように)を私に与えて下さい!ここにいるホルスについて、私は戦争のならわしに彼を従わせます。[28]」

そこで、九柱の神々は声高く叫び声をあげ、彼らはホルスの前で唾をはき嘔吐した。しかしホルスは彼らをあざわらった。ホルスは神に誓って言う。「セトが言ったことは皆嘘だ! セトの精液を呼ばらせよ、そうすれば、どこから答えるかが私にはわかる。」

[一二・六]

文字の主で九柱の神々の真の書記であるトトは、ホルスの腕に彼の手をのせて言った。「出てこい、おおセトの精液よ!」するとそれは沼の中の水から彼に答えた。

それからトトはセトの腕に手をのせて言った。「出てこい、ホルスの精液よ。」そして彼(精液)は彼に言った。「どこから私は出てくるべきでしょうか?」そこでトトはそれに言った。「耳から出てこい。」

するとそれ(精液)は答えた。「私は彼の耳から出てくることになるでしょうか、神の種である私が?」

それからトトはそれに言った。「かれの頭のてっぺんから出てこい!」そこでそれは、セトの頭上の金の太陽円盤の形をして出てきた。セトは実に大いに大いに怒り狂って、金の太陽円盤をつかもうとして手を差し出した。しかしトトは彼をとり去って、彼自身の頭上の王冠としてそれを置いた。

[三・二] 九柱の神々はホルスの正しさをみとめる。

その時九柱の神々は言った。「ホルスは正しく、セトはまちがっている!」セトは実に大いに怒って、九柱の神々が、「ホルスは正しく、セトはまちがっている!」と言ったときに、大声で怒号した。

第七部 九柱の神々、セトを競漕のとき救う

[三・三] セト、ホルスに競漕することを求める。

セトは神々の生命にかけて大きな宣誓をして言った。「彼が私とともに戸外につれ去られるまでは、役職は彼に与えられるべきではない! われらは自分たちのために石の舟をつくり、(29) われわれ両人は競漕をしよう。そのとき勝利者が誰であれ、彼に統治権(生、繁栄、健康)の役を与えることにしよう。」

[三・六] ホルス、造船でセトを欺く。

そこでホルスは自分で杉の木の舟をつくり、石膏でそれを塗り固め、夕方になってそれを水上に投げた。全国で誰もそれを見たものはなかったのに。セトはホルスの舟を見て、それが石であると思った。そこで彼は山に行き岩の頂きを切って、自ら百三十八キュビト(30)の石舟をつくった。

〔三・八〕セト石船を造る。

それから彼らは九柱の神々の目の前で彼らの舟に乗りこんだ。セトの舟は水に沈んだ。セトは河馬に変身し、ホルスの舟を沈没させた。そこでホルスは銛をとって、それをセトの体に投げつけた。そこで九柱の神々は彼に言った。「彼に向けてそれを投げるな。」

第八部　ホルス、サイスでネイトに不平を訴える

〔三・一三〕ホルス、サイスに赴き、ネイトに談る。

そこで彼は銛をとり、セトの舟の中にそれら（銛）をおき、下ってサイスに赴いた。そして彼はネイトに、偉大な女神で神母、に話した。「私とセトの間で裁判をさせよ、その故はわれわれは八十年も法廷の前におって（おったから）、誰もわれわれを裁くことはできないように見える！　彼は私に反対して正当とされたと宣言されたことは決してなかったが、しかし私は毎日（今まで千回も）彼に対して正しいとされてきた。九柱の神々が言うことは何も彼は認めようとはしなかった。私は彼と『真理（正義）の道』という広間で

争論して、彼に対して正しいとされた。私は『角のあるホルスの広間』で彼と争論し、彼に対して正しいとされた。私は彼と『葦の原(31)の広間』で争論し、彼に対して正しいとされた。私は『畑の中の池の広間』で彼と争論して、彼に対して正しいとされた。」

第九部　万物の主とオシリスとの文通

〔四・四―五〕九柱の神々、万物の主がオシリスに宛てた手紙を望む。

九柱の神々は、ラーの子シューに言った。「彼が言ってきたことすべてにおいて、イシスの子ホルスこそは正しいとされた！」

それからトトは万物の主に言った。「オシリスに手紙を送って下さい、二人の若者の間を彼をして裁かせよ。」

ラーの子シューは言った。「トトが九柱の神々に言ったことは、百万回も正しい。」

万物の主はトトに言った。「坐って、オシリスに手紙を書け、彼が言わねばならないことをわれわれに見せて下さい。」

〔四・六―八〕トト、万物の主のオシリスに宛てた手紙を書く。

そこでトトは坐って、次のようにオシリスに手紙を書いた。(32)「牡牛、自らのために狩するところのライオン。二人の女神、神々を保護し、両《ふた》つの邦を従えるもの。両つの黄金のホルス、原初時代における人類の発明者、上下エジプトの王、ヘリオポリスに居ます牡牛

（生き、繁栄し、健康であるように）。プタハの子、両つの岸の栄誉あるもの、彼の九柱神の父として起れる者、黄金やあらゆる種類の貴石を食う者、（生き長らえ、繁栄し、健康であるように）。さて来たれ、ホルスとセトについてなされるべきところのものについてわれわれに忠告せよ、さればわれわれはわれわれの無知である行ないをするまい。」

［一四・九―一一］

しかし適当な時がたってから手紙[33]は、神たる王ラーの子、あふれ出る豊かさ[34]において偉大なる、食料の主のところに届いた。彼は手紙が彼の前で読み上げられると大きな叫び声をあげた。そして速やかに万物の主が九柱の神々といっしょにいた所に返答を送って言う。「実にや、何故わが子ホルスはだまされたろうか？　おまえを強くしたのは私なのに。大麦小麦を産して、神々ののちの生きもの[35]と同じく神々を養いしは私であり、他のいかなる神も自らそれをなすことができる自分を見出せないのに！」

［一四・一一―一五・三］　万物の主、トトにオシリス宛ての第二の手紙を書かせる。

オシリスの手紙はラー・ハルアクティのいた場所に届いた。彼は真夜中に[36]白き畑[37]で九柱の神々と坐っていた。だからそれは彼と九柱の神々の前で読み上げられた。ラー・ハルアクティは言った。「さあ、速やかにオシリスに宛てたこの手紙を私に答えよ。そして彼に言え、もしおまえが決して生成してなかったならば、もしおまえが決して生まれなかったならば、大麦も小麦もいまだに存在しなかったろうに。」

［一五・三―七］　オシリス、万物の主の第二の手紙に答える。

万物の主の手紙はオシリスのところに届き、彼の前で読まれた。それから彼はラー・ハルアクティのところに再び送って言う。「おまえがなしたことと九柱の神々の発明したものとは、何でも実に佳いかな。とかくするうちに正義は下界に沈潜させられた！ しかしおまえ自身このことを注意せよ、私のいるこの国は、いかなる神も女神も怖れない顔立ちの劇しい使者で充ちている。私は彼らを赴かせれば彼らは悪事をなすすべての人の心をもってこさせることができる。そして彼らは私といっしょにここに止まるであろう[38]。あなたたちすべてが外にいるのに、あなたたちのうちだれも、実に西方のここに私が休らっていることの意味は何であるか？ いったいあなたたちのうちで私より強いものは何人か？ しかしそこに彼らが不正をなす方法を見出したという事実にかかわらず、それはこうである。『彼の城壁の南方』の偉大なるものであり、両つの邦の生命であるメンフィスの主であるプタハが天をつくりしとき、その中にある諸星に彼は言わなかった、『おまえたちは、主なるオシリスがいますところの西方で毎夜休らうために赴くべきである。そうすれば神々に従って、貴族たちも民衆もあなたがいるところに休みに行くだろう！』このように彼は私に言った。」

[一五・八―九] 九柱の神々、オシリスの判決をみとめる。

やがて多くの時ののちオシリスの手紙は、万物の主が九柱の神々といっしょにいたところに届いた。トトは手紙を受けとり、ラー・ハルアクティや九柱の神々の前で、声高く読んだ。彼らは言った、「ほんとうに、全くほんとうに、あふれ出づる豊饒の偉大なる、食料の主である（生き、繁栄し、健康であるように）王によって言われてきたところのすべては正しい、実に正しい。」

〔一五・一〇〕セト、再審さる。

そこでセトは言う。「私が彼と争うために『中の島』にわれわれを連れていってくれ。」彼は中の島に赴いて、そこでホルスはまたもや勝利を得た。

〔一五・一二〕セト、神々の前でホルスをみつける。

それからヘリオポリスの両国の主アトゥムはイシスに送って言う、「セトを連れてこい！　枷でしっかりしばりつけて。」

イシスはセトを連れてきた、囚人のように枷をしばりつけて。そのときアトゥムは彼に言った。「ホルスの役職をおまえ自身のためにつかむ代りに、おまえたちの間で判決がなぜ宣言させられたのか？」

そしてセトは彼に言った、「否、反対です、私のよき主よ！　イシスの子ホルスを呼んできましょう、彼の父オシリスの役職を彼に与えましょう！」

〔一六・一―〕ホルス、エジプトの王冠をいただく。

そこで彼らはイシスの子ホルスを連れてきて、彼らは彼の頭上に白い王冠をのせて、彼を父のオシリスの座にすわらせて、彼らが彼に言う、「汝は愛されたる国、エジプトのよき王となる。汝は各国の良き主（生き、繁栄し、健康であるように）である、永遠にかつどこまでも末長く。」

イシスは彼女の子ホルスに叫んで言う、「おまえさんは美しき王である！　私の心は喜びにみちている、おまえは汝の光輝をもって大地をてらす。」

〔一六・三〕プタハ、セトに新しい任務を与える。

ついで「彼の城壁の偉大なる南」のもの、メンフィスの主、両国の生命であるメンフィスの主であるプタハは言った、「セトのために今や何かなさるべきか？　ホルスが彼の父オシリスの座にすわってしまった今となっては？」

ラー・ハルアクティは言った。「ヌトの子セトをして住むべく私のところに与えよ、そしてわが子たらしめよ、彼の声は空中にとどろくし、彼は怖れられるであろう。」

第十部　イシス、ホルスを王として歌う

〔一六・四―五〕ホルスの即位が神々に告げられる。

そこで彼らはラー・ハルアクティのところに行って言う、「イシスの子ホルスは支配者として起ち上がった、生き栄え健康であるように！」

ラーはまことに大変よろこんで九柱の神々に言った、「彼を国中に心から迎え歓声をあげよ、イシスの子ホルスのために国をあげて歓べ。」

〔一六・六―七〕イシス、ホルスに讃美の歌をうたう。

イシスは言う、「ホルスは支配者として起ち上がった、生き栄え健やかであれ！

九柱の神はお祭を行ない天は喜んでいるではないか！
彼らエジプトの偉大な支配者（生き繁栄し健康であるように）として起ち上がれる
イシスの子ホルスを見たときに花冠をとった。
九柱の神々の心は満ち足り、
彼らブシリスの主、
彼の父オシリスの役職を授けられたときのイシスの子ホルスを見たとき
全国は欣喜雀躍した。」

〔一六・八〕

――奥付――以上は真理の場テーベにおいてまずはめでたしめでたしとなった。

メンフィスの神学

(一欄) 生けるホルス——二つの邦《くに》を栄えさすもの。二人の婦人——二つの邦を栄えさすもの。黄金のホルス——二つの邦を栄えさすもの。上下エジプトの王、ネフェル・カ・ラー、太陽の子。シャ・〔バ・カ〕(王)、「彼の城壁の南なるプタハ」に愛されたる、永遠にラーのように生くもの。

この文は、陛下によって父君「彼[1]の城壁の南なるプタハ」の王宮において、新たに写されしもの。そは陛下が虫に喰われし祖先の作なりと発見されしが故にして、したがってそは初めから終りまで解《げ》しがたかりしなり。陛下はそれを新たに写させ給いしかば、以前に増して良くなり、彼の名は永く耐え、彼の記念物は父君「彼の城壁の南なるプタハ」の宮居において、ラーの子〔シャ・バ・カ〕によりて彼の父君プタハ・タ・チェネンのためになされたる仕事として永遠に続けらるるなり、されば彼は永遠に生を与えらるることとなるべし[2]。

(三)〔……〕〔上下エジプトの王は〕偉大なる名によって呼ばるるこのプタハなり、〔彼

の城壁の南なる〕〔タ・チェ〕ネン、〔永遠の主〕〔……〕

(四)〔……〕上下エジプトの〔結び人〕こそは彼なり、上エジプトの王として起り、下エジプトの王として起り給いしこの統一者。

(五)〔………………………………〕

(六)〔……〕「自己を忘れたる」アトゥム神はかくのたまう。「九柱の神々を創り給いしもの。」

(七)〔神々の主なるゲブは、〕九柱の神々[3]は彼(ゲブ)の許につどえと〔命じ給い〕、彼、ホルスとセトを裁けり。(八)彼、かれら(さらに)相争うことなからしめ、セトをして、上エジプトの国の、彼の生まれしところス[4]で、上エジプトの王たらしめたり。それよりゲブはホルスをして下エジプトの彼の父[5]が溺死せし地(九)ペデト・タウイ[6]で下エジプトの王たらしめたり。かくてホルスは(一の)領分に立ち、セトは(他の)領分に立てり、かれらアセンにて両邦について和解せり。そは両邦の境界線なりき。

(一〇a)ゲブのセトに語りし言葉、「汝の生れし地に赴け。」(一〇b)セト——すなわち上エジプト。

(一一a)ゲブのホルスに語りし言葉、「汝の父の溺死せし地に赴け。」(一一b)ホルス——すなわち下エジプト。

(一二a)ゲブのホルスとセトに語りし言葉、「われ汝らを分けたり。」(一二b)〔……〕下と上のエジプト。(一二c)(されどそのとき)ホルスの持分がセトの持分と等しかりしこと、ゲブ

の心のうちに病みとなりぬ。さればゲブはその（全）遺産をホルスに与えたり。彼の長子の子なればなり。〔……〕

（一三c）（かくて）ホルスは（全）土の上に立てり。かくてこの国は一となり（＝統一され）、「タ・チェネン[7]、彼の城壁の南、永遠の主」なる大いなる御名をもて宣布さる。（一四c）この「大いなる女魔法使い[8]」その頭上に生れたり。さればホルスは「城壁のノモス[9]」において両国を一となせし「上下エジプトの王」として、両国が統一されるところにあらわれしこととなりしなり。

（一五c）たまたま蘆とパピルスが[10]「プタハの家」の大いなる双扉のところで植えられる（＝接がれる）ことになれり、そは和解し一となれるホルスとセトのことを意味す。さればかれら交歓して、かれらのいさかいは、（一六c）かれら「プタハの家」のいかなるところなりとも、上下エジプトが（軽重を）量られたる「両邦の均衡」といえるところで止みたり。

〔……〕

（四八）プタハとしてなりませる神々は、すなわち、——

（四九）偉大なる玉座にいます〔……〕プタハ

（五〇a）アトゥム（を生める）父、プタハ・ヌン、（五一a）アトゥムを生める母、プタハ・ナウネト、[11]（五二a）プタハ大神、すなわち、九柱の神々の心と舌なる神。

（四九b）〔……〕（五〇b）神々を生める〔プタハ……〕

（五一b）〔……〕

（五三b）日々ラーの鼻（のところにいます）ネフェル・テム[12]

（五三）アトゥムのすがたをなして、心として成りまし、舌として成りませり。

プタハこそは力ある偉大なるものなれ。彼（＝プタハ）は〔すべての神々に〕は言うに及ばず、かれらの力[13]にも生をあたえしものなり。（五四）ホルス、プタハとなりしはこの心によりてなり、トト、プタハとなりしはこの舌によりてなり。

（かくて）たまたま心と舌とが身体各部の支配力を得しは、それ（心）がすべての身体の中にあり、それ（舌としてのプタハ）が一切の神々、すべての人々、（すべての）家畜、すべての爬《は》うもの、かつは生きとし生けるもののいずれの身体、いずれの口の中にありとの教えによりてなり、彼（＝プタハ）の欲するものを何物にまれ考え、かつ指揮することによるなり。

（五五）彼（＝プタハ）の九柱の神々は彼の前では歯と唇（の形をなして）あり。そはアトゥム[14]の精子と両手（に等しきもの）なり。アトゥムの九柱の神々は彼の精子と彼の指とによりて成りませしものなるも、（プタハの）九柱の神々は、万物の名を発音するこの口中の歯なり唇なり、その口よりまずシュウとテフヌトの出で来り、（五六）さらにその口は九柱の神々の形を造りしものとなれり。

両の眼で視、両耳で聴き、鼻で息すること、これらは心に知らすなり。なべて完き（理解力）を発せさすものはこれ（＝心）にして、心の思うところのものを知らすものは舌なり。神のすべての言葉は心が案出し、舌が命ぜしものを通じて現われるものなればなり。

(五七) かくて一切の神々はつくられ、彼（プタハ）の九柱の神々は完成さ（仕上げら）れたり。げにや神の一切の御言葉（＝神の秩序）も心が考え舌が命じたるものによりて成りしなり。かくの如くしてカ精霊はつくられ、ヘムセト精霊⑮は定められ、彼ら一切の食糧と一切の滋養物をつくりしが、そはこの言葉（を発する）に依りてなり。かくて好かれることをなすものに（正義は与えられ）、好かれざることをなすものに（罰は与えられたり）。かくて生は平和をもてる者に与えられ、死は罪をもてる者に与えられたり。かくて一切の動きと一切の技巧、両手の働き、両足の動き、(五八) 身体各部の活動は、心が考え、舌を通して出で、よろずの行ないを創るこの指揮に従いてなされしなり。

（かくて）たまたま「万物を創りかつ神々を創りし者」プタハにつきて言われしことあり。彼はげに神々を生みしタ・チェネンなり。そは滋養物と食糧、神々の供物、その他一切の良きものなどよろずのもの彼より出でたればなり。かくて彼の膂力は（他の）神々（のそれ）よりも大なることがみとめられ、わかりしなり。さればプタハは、万物と一切の神の御言葉（＝神の秩序）とをつくりし後に、みちたり給えり。(五九) 彼、神々を形つくり、市々をつくり、各ノモス（州）を設け、神々をそれぞれの祀堂におき、(六〇) 彼らの供物を定め、彼らの祀堂を建て、かれらの心が満足するものの如くにかれらの身体をつくれり。されば神々は各種の木や各種の石や各種の土の体内に入り給い、(六一) あるいはかれら（＝神々）が成りませる彼（＝プタハ）の上に生長なすいかなるものの内にも入り込めり。されば一切の神々は「両国の主」に満足しかつ交歓してかれらの力とともに彼の許につどえり。
「プタハの家」にありて神々の心を喜ばせる「偉大なる玉座」はあらゆる生あるものの女王なる「神（プタハ・タ・チェネン）の穀倉」[16]にして、それによりて「両邦」の糊口はすすがるるなり、（六二）そはイシスとネプテュスが見守りてありしにオシリス彼の水に溺れし事実の故なり。かれら（＝イシスとネプテュス）彼（＝オシリス）を見、彼ら彼（のさま）に苦しめられたり。ホルスはイシスとネプテュスに速やかに指揮し、かれらオシリスをつかまえてかれの溺れるを防がんとせり。（六三）かれらやがて気をつけて彼を陸にあげたり。彼は永遠の主たちの栄光のさまして、水平線上に耀き出す彼の足どりして、「偉大なる玉座」におけるラーのゆく道を通りて、神秘の門[17]を入るなり。（六四）彼は王宮に入りて年々歳々の主、タ・チェネン・プタハの朝臣（の仲間）に加わり、（その）神々と交歓するなり。

かくてオシリスは、彼の到達せしこの国（エジプト）の北方にある「王の砦」にてこの大地に来れり。彼の子ホルスは父のオシリスの抱擁のうちに、彼の前面にありかつ、彼の背後にありし神々とともに、上エジプトの王として現われ、また下エジプトの王として現われ出でぬ。

二人兄弟の物語

（一・一）むかし、同じ母親と同じ父親とから生まれた二人の兄弟がいたということです。兄の名はアンプー（アヌビス）、弟の名はバータと申しました。アンプーは家をもっており、妻もありました（が）、弟はまるで（兄の）子供であるかのようにいっしょに暮らしておりました。そして兄のために着物をつくり、兄の家畜（牛）を追って畑へ行き、兄のために畑を耕しては取り入れをしておりました。弟は、兄のために全部の畑仕事をしていたのでした。まったくのところ、弟は（たいへん）よい人だったのです。国中を（探しても）、この弟のような人はいませんでした。弟には神の力があったのでした。

〔さて〕それから、何日もたちました。弟は（一・五）〈あいもかわらず〉牛の〈世話をして〉おりました。そして毎日夕方になると、いろんな（種類の）畑の作物や牛乳や薪や（その他）いろんな畑（でとれる）よいものを積んで家に〔帰ってくる〕のでした。〈それから〉それを妻といっしょに坐っている〔兄の〕前に積み上げ、飲んで食事をし、そして〔外に出ていって〕牛小屋の牛のあいだで〔一人で眠るのでした〕。

さて夜が明けて、次の日になりますと、〔弟は〕料理した〔食べ物をととのえ〕、兄の前におきました。〔兄は〕弟に畑で食べる食べ物をやり、弟は畑で草を食わせに牡牛たちをつれてでかけました。弟が牛のあとを歩いていきますと、牛たちは弟に向かって「これこれの場所〔の〕草がよい」と申します。弟は牛たちのいうことが分かり、牛たちが行きたがっているよい草の〈ある〉場所につれて行くのでした。(二・一) だから、弟の〈世話をする〉牛はたいへん、たいへん立派になり、〈普通の牛の〉何倍も仔牛を産むのでした。

さて畑を犂く時期になると、兄は弟に向かって申します。「畑を耕すから〔牛に〕犂をつないでくれ。畑も顔を出し、(1)耕すにはとてもよいからな。ついでに種子ももって畑に来てくれ。朝〔は〕耕すのに忙しいだろうからな。」兄がこう申しますと、(二・五) 弟はいわれたことを全部〈準備するのでした〉。

さて夜が明けて〔次の〕日になりますと、二人は〔種子〕をもって畑に行き、一所懸命耕しました。そして〔二人の心は〕仕事を始める〔とともに〕仕事に大きな大きな喜びをみつけるのでした。

さてそれから何〔日もたちました〕。二人が畑におりますと、種子が足りなくなりました。そこで兄は弟に「村に行って種子を取ってきてくれ」といって〈とりに〉ゆかせました。弟は嫂《あによめ》が坐って髪をとかしているのをみつけました。そこで弟は申しました。「立って、私に種子を下さい。(三・一) 兄さんが(2)私を待っていますから、急いで下さい。」すると嫂は申しました。「(自分で) 行って倉を開けて欲しいだけ持って行ってちょうだい。〈髪を〉すき終らないのにやめさせないでよ。」そこで若者は牛小屋に行って、大きなかめをとりました。なぜなら、たくさんの種子をもって行こうと思ったからでした。そうして大麦とエンマー小麦を背負って、〈でてきました〉。

すると、嫂は弟に向かって申しました。「（一体）どれだけ、肩にかついでいるの。」〔弟は〕答えました。（三・五）「エンマー小麦三袋、大麦二袋、全部で五袋かついでおります。」そう弟が申しますと、嫂は〔こう〕言いました。「あなたは力持ちだわね。毎日あなたの力をみてます（けど）。」そして〈女が〉男を知るように弟を知りたいと思いました。

そこで、嫂は立ち上がって、弟をつかまえ、申しました。「いらっしゃい。（いっしょに）寝て、一〔時間〕を過ごしましょう。（そうすれば）いいことがありますよ。あなたにきれいな着物を作ってあげましょう。」すると、若者は、嫂の邪《よこしま》なほのめかしに〔たいへん〕怒って、ヒョウのように〔なりました〕。嫂は、ひどくおびえました。それから弟は嫂に話しかけ、こう申しました。「何ですって。あなたは私にとっては母のような（かた）だし、あなたのだんなさんは父のような（かた）なので（はありませんか）。それというのも、兄さんは私より年上だったから、私を育ててくださったかたなのですから。何ということですか。（四・一）あなたのおっしゃったこんな罪（深い言葉）は。こんなことは二度とおっしゃらないで下さい。私はこのことを誰一人だって言いませんし、どんな人に（向かって）も私の口からこんなこと（ば）をだそうとは思いません。」そして、弟は荷物をもち上げ、畑へ向かいました。それから、兄のところに着き二人は一所懸命仕事を〈つづけました〉。

さて、夕方になると、兄は（仕事を）やめ、家に（向かいました）。弟は牛の世話をし、畑（でとれる）いろんなものを背負い、それから、牛を前にして、(四・五) 村にある牛小屋に眠らせに（つれて帰ってきました）。

だが、嫂は、自分がやったほのめかし（の結果）を恐れました。そこで、（牛肉の）あぶら身とあぶらをとってきて、罪を犯して打たれた人のように〈体になすりつけました〉。それは夫に「あなたの弟が打ったのです」と言おうと思ったからなのでした。さて、毎日の習慣の通りに、夫が夕方帰ってきて、家につくと、妻は病気になったかのように横になっておりました。妻は、いつものように、手に水をかけてくれませんでしたし、夫の前に灯もつけず、家はまっくらでした。そして吐いた（ものといっしょに）横になっておりました。そこで、夫は申しました。「だれがお前に（こんな）悪い話をしたのか。」すると、妻は〈答えました〉。「あなたの弟の他にはだれともお話しておりませんわ。(五・一) だけど弟さんがあなたのために種子をとり〔に〕（帰って）来たとき、私が一人で坐っているのをみると、こう申しました。『おいで（いっしょに）寝て一時間を過ごそうよ。巻き毛[3]をつけなさいよ。』あの人はこういいましたが、私は〈いろんなことを〉聞きたくなかった（ので）、『わたしはあなたの母親じゃありませんか。だってあなたの兄さんはあなたには父親のような（かた）でしょう』と申しました。だけど弟さんは心配して、私があなたに〈告げ口〉しないように（私を）ぶったのです。だから、もしあなたがあの人を生かしておくのなら、私は自殺いたします。それに、もしあの人が来ても、〔話をさせては〕いけませんわ。だって、もし私がこんないけないほのめかしを（したとあの人を）非難したりなんかすると、あの人は明日に（でもまた）私をぶとうとするでしょうから。」

するとと兄は（五・五）ヒョウのようになり、槍をとがらして手にいたしました。それから夕方になって弟が牛を小屋に入れに帰ってきたら殺してしまおうと牛小屋の扉のうしろに立ちました。

さて、日が沈むと、弟は毎日の習慣の通りにいろんな畑の作物を背負って、帰ってきました。最初の牝牛は小屋にはいると、（外にいる）牝牛飼いに知らせました。「気をつけて、あなたの兄さんが、あなたを殺そうと槍をもって、前で待ってますよ。走って逃げなさい。」すると弟は最初の牝牛の言ったことがわかりました。（六・一）別の牝牛もはいっていくと、（最初）の牝牛と同じことを言いました。そこで弟は牛小屋の扉の下をみますと、扉の後で槍を手にして待っている兄の足がみえました。そこで荷物を地面におき、走って逃げだしました。兄は槍をもってその後を追いかけました。

そこで、弟はラー・ホルアクティ[4]に祈って（六・五）こう申しました。「おお、私のよき主よ。あなたは正邪を裁くお方です。」すると、ラーは、弟の願いをみんな聞き、弟と兄の間に広い水をおき、ワニで一杯にしました。そこで、一人は一方の側にもう一人は他方の側にといることになりました。すると兄は、弟を殺せなかったので、手を二度うって（口惜しがりました）。そこで、弟は（向こう）側から兄に呼びかけて、こう申しました。「ここで夜明けまで待ってて下さい。お日様がのぼれば（七・一）その前であなたと裁きをつけましょう。お日様が悪を正義に引き渡してくれるでしょう。だって私は、もう決して〔二度と〕あなたのそばで暮らすつもりはありませんから。私はあなたのいらっしゃるところにはいたくありません。私は『杉の谷』[5]にまいります」と。

さて、夜が明けて、次の日になりますと、ラー・ホルアクティが昇り、〈二人は〉お互いに相手を認めました。そこで若者は兄に話しかけて、こう申しました。「私の言い分を聞きもしないで、不正にも殺そうと追いかけてくるのはどういうことですか。しかも、私はやっぱりあなたの弟ですし、(七・五)あなたは私にとって父親のようなかたで、あなたの奥さんは母親のようなかたじゃありませんか。私が種子をとりにやらされた時、あなたの奥さんが『いらっしゃい、(いっしょに)寝て一時間を過ごしましょう』と話しかけたのです。何とまあ、ねえさんは、本当のことは反対のことをあなたには言っているのです(ね)。」そして弟は葦《あし》のナイフをとってきて性器を切り落とし、河に投げこみました。ナマズが(それを)飲みこみました。すると弟は(八・一)力が萎え、弱々しくなりました[6]。兄の心はひどく悲しみ、弟のために大声で泣きながら立ちつくしておりました。ワニがいるため、弟のところへ渡れなかったのです。

すると弟は兄に話しかけてこう申しました。「このように、あなたは悪い行ないのこと(しか)考えず、よい行ないのことだとか、私があなたにしてあげたことの一つでも考えたりしては下さらなかったのです。もう家にお帰りになって、あなたの牛の世話をなさって下さい。だって、私は(もう)あなたのいらっしゃるところにとどまるつもりはありませんから。私は『杉の谷』にまいります。もしあなたが私のため（何か）して下さるお積りでしたら、私に何事か起ったのをお知りになったら、私の世話をしに来て下さい。私は心臓をえぐりだして糸杉の花のてっぺんに置きます。もし、杉が切り倒されて、（私の心臓が）地面に落ちたなら、（八・五）そしてもしあなたがそれを探しに来られたなら、七年間探しつづけて下さらなければなりません。（決して）気を落されてはいけません。そして、あなたが、それを見つけだしてきれいな水の壺に入れて下さるなら、私は生き返って、（私にこんな）悪いことをした人に復讐をいたします。ところで、だれかがあなたの手にビールの（はいった）壺を渡し、それがあふれでたなら、私に何事かが起ったことが分かります。その時は〈すぐ出発して下さい〉。」

　こうして弟は「杉の谷」に向かい、兄は手を頭の上に置き、ほこりをなすりつけながら[7]、家に戻りました。家に帰りつくと、妻を殺し、犬にくれてやりました。そして坐って弟（のこと）を想って歎きました。

　さてそれから何日もたちました。弟は「杉の谷」に〈着きました〉。誰一人、いっしょにはいませんでした。弟は砂漠の動物を狩って日を過ごし、夕方になると、花のてっぺんに心臓を（おいて）ある杉の木の下で眠るために戻ってきました。

　さて（九・一）それから何日もたちました。弟は家を準備しようと思って、自分の手で、あらゆるよいもので一杯の屋敷を「杉の谷」につくりました。（ある日）弟が館をでますと、国中の事柄に気を配りながら旅をしている九柱神の一行に出会いました。すると、神々はお互いに言葉をまじえてから、弟にこう申しました。「これ、神々の牡牛であるバータよ、兄のアンプーの妻から（逃れるために）町をすてて、たった一人でここにいるのか。（九・五）ところで、汝の兄はその妻を殺し、こうして、汝に悪事をなしたるものすべてに復讐がなしとげられたのじゃ。」神々の心は、弟を大いに憐れみ、ラー・ホルアクティはクヌム(8)に向かって申しました。「バータのために女を一人つくってやり、（もう）一人のままでいることのないように（してやれ）。」そこでクヌムは弟につれ合いをつくってやりました。女の身体は国中のどんな女よりも美しく、すべての神々の種子が、この女に〈はいっておりました〉。七人のハトホル(9)が見にきて、口をそろえてこう申しました。「この女は剣で死ぬでしょう。」

弟は女をたいへん〈愛し〉ました。女は家に残り、弟は砂漠の動物を狩って日を過ごし、（一〇・二）獲物をもって帰って、女の前におきました。「外に出てはいけない。海の神(10)にさらわれるから、お前はなんてったって女なんだから、海の神から身を守ることなんてできやしない。私の心臓は糸杉の花のてっぺんに置かれているから、もしだれかにみつかったら、そいつに負けてしまうんだよ。」そして弟は心臓について何もかも話してやりました。

さて、それから何日もたちました。バータはいつものように狩りにでかけました。（一〇・五）すると若い女は外に出て、家のそばにある糸杉の下を歩きまわりました。すると、うしろで海の神が波をゆすっているのに気がつきました。女は走って逃げだし、家の中に〈隠れ〉ました。だが海の神は、糸杉に話しかけて、こう申しました。「あの娘《こ》をつかまえ

（てくれ）」と。すると、糸杉は（一房の）女の編んだ髪の毛をもってきました。海の神は、それをエジプトにもっていき、ファラオ（万才！）[11]の洗濯人たちの（働いている）場所におきました。すると髪の毛の匂いがファラオ（万才！）の衣服《きもの》に（しみ）通り、[12]人はファラオ（万才！）の洗濯人たちと（口げんかをして）こう申しました。「ファラオ（万才！）の衣服にはあぶらの匂いがする」と。こうして毎日口論がつづき、（二・二）どうしたらよいのか分かりませんでした。さてファラオ（万才！）の洗濯人の長《おさ》が洗濯場にでかけました。その心はこの毎日のあらそいでたいへん悩んでおりました。（長）は足を止め、水の中にある一房の髪の毛を眼にして砂の中に立ちどまりました。それから（人を中に）降ろして、それをもってこさせました。髪の毛の匂いがたいへんいい匂いだったので、洗濯人の長は、それをファラオ（万才！）のところにもっていきました。ファラオ（万才！）の書記や学者たちが呼びにやられますと、この人たちはファラオ（万才！）に申しました。「この髪の毛（二・五）こそは、神々みんなの種子がはいっているラー・ホルアクティの娘のものでございます。これこそは、ほかの国からあなたさまに（送られてきた）贈り物でございます。だから、あらゆる国々にこの女を探す使いの者をお送りなさいませ。（とくに）『杉の谷』に送られる使いの者には、女を連れてこさせるため、たくさんの人をごいっしょにお送りなさいませ。」すると陛下（万才！）は申されました。「（お前たちの）申したことはきわめて（余の意に）かなうことじゃ。」そして使いの者たちを出発させました。

さて、それから何日もたちました。（さまざまな）国々に送られた使いの者たちは、陛下（万才！）に報告に帰ってきました。だが「杉の谷」に送られた人びとは帰ってきませんでした。なぜならバータが殺してしまったからでした。しかし（バータは）一人だけ殺さずにおき、陛下（万才！）に報告に行かせました。そこで陛下（万才！）は女を連れてこさせるためにたくさんの兵隊と共にたくさんの戦車兵を送りました。（三・二）それといっしょに、一人の婦人（も）あらゆる女性用の（衣装）、装身具をもたせて（やりました）。この女性はバータの妻といっしょに帰ってきました。そこで、国中は大喜びをいたしました。陛下（万才！）は女をたいへんたいへん可愛がりましたので、女は「寵愛大いなるもの」とよばれました。

それから、女に向かって、その夫について聞いてみますと、女は陛下（万才！）に向かって（こう）申しました。「糸杉を切り倒して、ばらばらにさせて下さい」と。そこで（一二・五）兵隊たちが銅の道具をもって杉を切りに送られました。かれらは糸杉のところにやってきて、バータの心臓がのっている花を切り（落とし）ました。するとバータはすぐさまばったりと息が絶えました。

さて夜が明けて次の日になりました。糸杉は倒れた（まま）でした。バータの兄アンプーは家に戻って手を洗おうと腰をおろしました。ビールの（はいった）壺が渡されますと、（ビールが）あふれてきました。ブドウ酒の（はいった）壺が渡されますと（ブドウ酒は）腐っておりました。そこで兄は杖と（三・二）サンダルをとり、衣服と武器を身につけて「杉の谷」へ向かってでかけていきました。弟の屋敷にはいってみますと、弟がベッドに横になったまま死んでいるのがみつかりました。兄は弟が死体となって横たわっているのを見て涙を流し歎き悲しみました。それから兄は（あの時）弟がその下で夜を過ごした糸杉の下にある弟の心臓を探しにでかけました。〔三・五〕兄は三年のあいだ心臓を探しつづけましたが、みつかりませんでした。四年目がはじまりますと、兄の心はエジプトに帰りたくなりました。そこで（こう）申しました。「明日になったらあそこ（＝エジプト）に帰ってしまおう。」このように兄は心の中でひとりつぶやいたのでした。

さて夜が明けて次の日になりますと、兄は（あの）糸杉の下にやってきました。そして一日中（弟の心臓を）探しまわり、夕方になってもまだ〈探しておりました〉。すると、杉の種子が一つみつかり、もって帰ってきました。さてこれこそ弟の心臓だったのです。兄はきれいな水のはいった鉢をとりに行き、その中に心臓を投げ入れ、毎日の〈習慣〉の通りに腰をおろして（待っておりました）。

さて夜になって〔四・一〕、心臓が水を吸いとると、バータは、心臓はまだ鉢の中にあるにもかかわらず、手足をぴくぴくさせ、兄をみつめはじめました。そこで兄のアンプーは弟の心臓のはいっているきれいな水の鉢をとり、弟に飲ませました。心臓が（もとの）場所におさまると、バータは元通りになりました。二人はお互いにだき合い、〈話し合いました〉。

するとバータは〔四・五〕兄に向かって申しました。「ごらんなさい、私は大きな牡牛になります。美しい（＝神聖な）色をみんなもっており、しかも誰も見たことがない種類（の牡牛です）。あなたは太陽が昇るまで私の背中に坐っていて下さい。私たちが、妻のいるところに来たなら、私は仕返しをします。それからあなたは私を王さまのいらっしゃる場所に連れて行って下さい。人びとは（きっと）あなたにあらゆるよいことをしてくれ、私をファラオ（万才！）のところに連れて行ったことに対して（私と）同じ重さの金銀を支払ってくれるでしょう。なぜなら、私は奇蹟とされ、国中が大喜びをすることになるからです。そうしたら、村にお帰りになって下さい。」

さて、夜が明けて（五・二）次の日になりますと、バータは兄にいった（通りの）姿に変っておりました。そこで兄のアンプーは夜の明けるまで、その背中に坐り、牡牛は王さまのおられるところにつきました。陛下（万才！）は牡牛のことを知らされ、見においでになりました。陛下はこのことでたいへんお喜びになり、それを祝って盛大な供犠を催され、「これこそ大いなる奇蹟が起ったのじゃ」と申されました。そして、国中は牡牛のために大喜びをいたしました。（五・五）（牡牛と同じ）重さの金銀が兄に支払われ、兄は村に帰りました。たくさんの召使いとたくさんの財産が与えられ、ファラオ（万才！）は、国中のだれよりも兄を寵愛いたしました。

さてそれから何日もたちました。牡牛は料理場にはいっていきました。愛妾のいる所にきますと、女と話を始めて、申しました。「ごらん、私はまだ生きているよ。」女は申しました。「あなたはだれなのです。」牡牛は答えました。「私はバータだよ。お前がファラオ（万才！）のために糸杉を切り倒させたのは、私を生きておれないようにするためだったことは分かっている。ところがどうして（六・二）私はまだ生きているよ。私は牡牛なのだよ。」すると愛妾は夫の言ったことをたいへん恐ろしく思いました。そこで、料理場からでていきました。陛下（万才！）は女と坐って楽しい一日を過ごされました。女は陛下（万才！）に飲物をつぎ、王さまはいっしょにいて大いに上機嫌でした。そこで女は陛下（万才！）に向かって申しました。「『（そなたの）申すことは、〈そなたを〉喜ばせるため聞きとどけよう』と神にかけてわたしに誓って下さい。」すると王さまは、女のいうことをみな聞きとどけられました。「この牡牛の肝臓を食べさせて下さい。（六・五）なぜなら、この牡牛は何にもしない（ではありませんか）。」このように女はいいました。王は女のいったことにたいへん悲しみました。ファラオ（万才！）の心も牡牛への憐れみで一杯になりました。

さて夜が明けて次の日になりますと、牡牛を犠牲に捧げるため、大がかりな供犠の祭（を行なうこと）が布告されました。牡牛（の喉《のど》）を（切って）殺すため陛下（万才！）の王室屠者の長《おさ》が送られてきました。そのあとで牡牛は喉を切られました。

牡牛が（もう）人々の肩にかつがれているとき、屠者は（もう一度）首を斬りつけました。すると陛下（万才！）の門の二つのかまちのそばに二滴の血がとびだしました。一滴目はファラオ（万才！）の大門の一方の側に、二滴目はもう一方の側でした。そして二本の大きな（七・二）ペルセア樹になりました。いずれもえりぬき（の樹）でした。（さっそく）陛下（万才！）のもとに「夜のあいだに、陛下（万才！）のための大いなる奇蹟として、陛下（万才！）の大門のそばに二本の大きなペルセア樹が生えました」と報告がされました。人びとはこのことを国中あげて喜び、王さまは、犠牲を捧げさせました。

さて、それから何日もたちました。陛下（万才！）は、あらゆる種類の花からつくった花飾りを首にかけ、瑠璃の御座席にあらわれました。陛下（万才！）は黄金の戦車に〔お乗りになり〕（一七・五）ペルセア樹をごらんになるため王宮（万才！）をご出発になりました。愛妾もファラオ（万才！）のあとを車ででかけました。それから陛下（万才！）は一本のペルセア樹の下に坐られ〔愛妾はもう一本のペルセア樹の下に坐りました。するとバータは〕妻に話しかけました。「おい裏切者め。私はバータだ。お前（の努力）にもかかわらず、私はまだ生きているよ。お前がファラオ（万才！）のため、〔糸杉を〕切り倒させたのは、私が理由なのだってことは分かっている。私は牡牛に姿をかえた。するとお前は（また）私を殺させたな。」

さて、それから何日もたちました。愛妾は起きて、陛下（万才！）に飲物をつぎました。王さまは女といっしょで上機嫌でした。すると女は陛下（万才！）に向かって申しました。『（余の）お気に入りの申すことは、その者を喜ばせるため聞きとどけよう』と神にかけて私に誓って下さい。」すると王さまは（一八・一）女のいうことをみな聞きとどけられました。すると女は申しました。「この二本のペルセア樹を切り倒して、すばらしい家具をつくらせて下さい。」王さまは女の言ったことをみな聞きとどけられました。そしてすぐさま陛下はすぐれた職人を送り、ファラオ（万才！）のペルセア樹を切り倒させました。王の妻である愛妾も仕事をみておりました。すると切り屑が一つ飛んできて、（愛妾）の口にはいりました。（一八・五）女がそれを呑みこみますとすぐその場で、妊娠いたしました。一方王さまは女の望み通りに樹から〈家具をつくらせたのでした〉。

さてそれから何日もたちました。女は男の子を産みました。陛下（万才！）のところに「男のお子さまがお生まれになりました」と知らされました。国中は大喜びでした。王さまはお坐りになり、しあわせな一日をすごされました。王さまも大喜びでした。陛下（万才！）はすぐに王子をたいへんたいへん可愛がりになり、それから、男の子を連れて来て、乳母と護衛とをつけました。（一九・二）「クシュの王子」[13]に任命されました。そしてそれから何日もたちました。陛下（万才！）は王子を国全体の皇太子としていたしました。

さてそれから何日もたち、王子が国全体の皇太子として多くの年月を送りますと、陛下（万才！）は天に向かって飛びたたれました。[14]すると王子は申されました。「陛下（万才！）の大官たちを連れて来させよ。余の身に起ったことをすべて教えてやりたいから。」（一九・五）そこで妻が連れてこられ、みなの前で裁かれました。みな（の意見は）一致いたしました。[15]それから兄が連れてこられ、国全体の皇太子とされました。〈バータ〉は三十年エジプトの王として（統治し）、生命から離れました。そして兄が、（弟の）死の日に弟に代って（王の地位に）つきました。めでたし、めでたし。[16]

ファラオ（万才！）の宝庫の書記であるカーガブー、および書記ホリ、書記メルエムオペトの命により、この書の主である書記イネナが〈これを書き記した。〉この書とちがう(ことを記す)者には、トト[17]がその敵となろう。[18]

ウェンアメン旅行記

〔一・一〕第五年(1)夏季第四月十六日、この日、両国の〔玉座の主〕アメンの家の前庭の長《おさ》(2)ウェンアメンは、神々の王アメン・ラーの尊き大船のための木材を求めに出発した。〔御座船は〕〔ナイル〕に浮べるもので、〔その名は〕ウセルハトアメンであった。

私が、〔ネスーバネブ〕ジェド(3)とティネトアメンのいるタニスに着いた日に、私は二人に神々の王アメン・ラーの命令書をわたし、二人は〔一・五〕それをその場で読んだ。そして申された。「よろしい。われらの〔主〕である神々の王アメン・ラーの申される通りにいたそう」と。私は夏の第四月までタニスですごした。それからネスーバネブジェドとティネトアメンは船長メンゲベト(4)といっしょに私を送りだしてくれた。私は夏の第一月第一日に大シリア海に船出した。

私はチェケル人の町ドル(5)につき、その領主ベデルはパン五十、ブドウ酒一瓶《かめ》、〔一・一〇〕牛肉一股《もも》を私のもとに送ってきた。私の船の〔乗組員の〕一人が五デベン(6)の重さの金の〔壺〕と二十デベンの重さの四つの銀の壺、それに十一デベンの銀の〔入った〕袋(7)を盗んで逃げてしまった。男が〔盗んだ額は全部で〕金五デベンと銀三十一デベンだった。

私は朝起きると領主のいるところに行き、（こう）言った。「私はあなたの港で盗難にあいました。ところであなたはこの国の領主であり、私の銀を探しだしてくれるべき人です。この銀はといえば、それは〔一・一五〕神々の王であり、国々の主君であるアメン・ラーのものです。ネスーバネブジェドのものです。私の主人であるヘリホルおよびその他のエジプトの大人《たいじん》たちのものです。それは（また）あなたのものです。ウェレトのものです。メクメルのものです。ビュブロス侯チェケルバールのもので（もありま）す。[8]」

領主は私に答えました。「たとえあなたが重要な人物であり、身分の高い者であるとしても、あなたが私に向かって行なったこの非難を認めるわけにはいきません。もしあなたの船にいって銀を盗んだのが私の国の者であるのなら、〔一・二〇〕この泥棒がみつかるまで、それがどんな人物であろうとも、私の宝庫から償いをするでしょう。ところが、あなたのものを盗んだ盗人はといえば、その者はあなたの（家来）ではありませんか。あなたの船の（乗組員）ではありませんか。数日のあいだ、ここに留まっていなさい。その者を探してあげますから。」

私は九日のあいだその港に船をとどめてすごした。それから私は領主を訪ねていき、こう言った。「それごらんなさい。あなたは、私の銀をみつけだせなかったではありませんか。〔今すぐ〕船長たちや海にでかけるものたちといっしょに私を〔出発させなさい〕。」するとと領主は答えました。「静かに。〔もし、あなたが銀を〕〈みつけだし〉〔たいのなら、……私の言葉に〕耳を傾け、私の〔言うことを実行しなさい………あなたは船長たちと出発し、〕あなたの乗った（船）から、（一・二五）その〔……〕を奪いとり、また〈同じように〉〔その銀も奪い、それを〕船長たちが、あなたから盗んだ盗人をさがしにいく〔まであずかっておきなさい。だが〕（そうするのは）港を〔出てしまってからにしなさい。〕さあ〔こうしてごらんなさい。〕そこでわれわれは〕ティル〔に到着した〕。

私は、ビュブロス侯チェケルバール〔のもとに赴こうと〕夜明けとともにティルを出発した。〔その途中私は〕（一・三〇）（たまたま出会った一隻のチェケル人の）船の〔櫃を調べた〕。そこに三十デベンの銀がみつかったので、私はそれを没収した。〔そして私はチェケル人たちに向かって言った。〕「あなたがたの銀を〔没収しました〕。あなたがたが〔私の銀か〕私のものを盗んだ〔泥棒〕かをみつけだす〔まで〕私の手元においておきます。たとえあなたがたが盗んではいないとしても、私はこの銀をいただきます。だがあなたがたは、〔でかけていって、私の言った通りにして下さい〕。」そこで、かれらはでかけていき、私はビュブロスの港（の）〔海〕辺（の）テント〔で〕勝利の味をかみしめた。それから〔私は〕「道のアメン」（の像）[9]を〔隠し〕、そのもちものをテントの中においた。

するとビュブロス〔侯〕が私に使いを送って言った。（一・三五）「〔私の〕港〔から〕出ていきなさい。」そこで私はこう返事をした。「〔私を〕どこに〔行けというのか……〕もし〔あなたが〕私を運んでくれる〔船をもっている〕なら、もう一度エジプトへつれ帰っていただきたい」と。こうして、私はビュブロス侯の〔港〕で二十九日をすごした。〔そのあいだ中〕かれは毎日私のもとに（使いを）送って「私の港からでていきなさい」と言い

〔つづけた〕。

さて、かれが神々に供犠をささげていると、神がその神官の一人をつかまえて、とりついた。そしてビュブロス侯へ向かって言った。「神をつれてきなさい。〈われ〉を運んでいる使者をつれてきなさい。かれをつかわしたものなるぞ。かれを来さしめたものなるぞ。」（一・四〇）アメンこそは、かれをつかわしたものなるぞ。かれを来さしめたものなるぞ。」そしてとりつかれた（神官）が夜のあいだ中狂乱状態をつづけていたとき、私は（もう）エジプトに向かう船をみつけ、私のもちものをすべて、その船に積みこんでいた。私が暗闇をみつめながら、闇が落ちたら、ほかの誰の眼にもふれないように神（の像も）積みこもうと考えていると、港の長がやって来て、「朝まで待つようにと、領主が申しております」と言った。そこで私は答えた。「あなたは毎日私のところにやって来ては『私の港から出て行きなさい』と言いつづけてきた人ではありませんか。『今晩は待つように』と言いながら（一・四五）私の見つけた船を出て行かせておいて、またやって来て『立ち去りなさい』と言うのではありませんか」と。すると港の長は領主のもとに赴いてこの話をしました。そこで領主は船長に（使いを）送って「朝まで待つようにとの領主の言葉じゃ」と言わせました。

朝になると、領主は（使いを）送って、私を連れてこさせた。だが神は海辺のそのおられるテントにとどまっておられた。私が領主を（はじめて）みたとき（かれは）上階の執務室（に）坐っていた。背中を窓に向けており、大シリア海の波がその頭の後でくだけていた。

（一・五〇）そこで私はかれに申しました。「あなたにアメンの恵みがありますように。」しかし、かれは私に（向かって）言いました。「そなたがアメンのおられるところを出発してから今までどのくらいになるか」と。そこで私は答えました。「今までにまるまる五カ月です」と。するとかれは言いました。「よろしい、そなたは正直だ。（ところで）そなたの手中にある（べき）アメンの命令書はどこなのか。そなたの手中にある（べき）アメンの大司祭の書簡はどこなのか。」私は答えました。「それはネスーバネブジェドとティネトアメンにさしあげました」と。するとかれはひどく怒りくるって申しました。「それみたことか、勅書も書簡もそなたの手元にはない。どこにネスーバネブジェドがそなたに与えた杉船があるか。どこに（一・五三）シリア人の乗組員がいるか。かれはそなたをこの異国の船の船長に引き渡して殺させ、海に投げこませようとしたのではなかったのか。（そうだとしたら）誰のそばに神をみつけたらよいのか。そなたについても、誰のそばにそなたをみつけたらよいのか。」こうかれは私に向かって言いました。

私は答えました。「あれはエジプトの船ではありませんか。ネスーバネブジェドのために航海するのはエジプト人の船乗りです。シリア人の船乗りはもっておりません。」するとかれは言いました。「この私の港には、ネスーバネブジェドと交易関係にある二十隻の船があるではないか。（二・二）そなたが通ってきた別の（港である）あのシドンについていえば、そこにもウェルケトエル[11]と交易関係にあり、その住居まで航海できる五十隻もの船があるではないか。」そこで私は長いあいだ黙ってしまいました。

すると、領主はまた続けて言いました。「どんな用でやってきたのか。」私は答えました。「私は神々の王アメン・ラーの堂々たる大船のための木材を求めにきたのです。あなたの父上も（そう）してくれました。（二・五）あなたの祖父も（そう）してくれました。あなたも（そう）して下さい。」こう私は申しました。だがかれは言いました。「たしかに、父上も祖父もそうした。そしてもしそなたがそうすることに対し（何かを）くれるのであれば、そうしてあげよう。じっさい、私の臣民がこの仕事を果したときには、ファラオ（万才！）はエジプトの財物を積んだ六隻の船を送ってよこし、かれらの倉庫に荷物を積み上げたものだ。だが、そなたは、そなたは私に何をもってきているのか。」そしてかれは父親の日記（を記した）巻物をもってこさせ、私の眼の前でそれを読み上げさせた。その巻物には、千デベンの銀およびあらゆる種類の品物が（記されて）あった。

（二・一〇）すると、かれは私に向かって言いました。「もしエジプト王が私のものの所有者であり、私もその召使《しもべ》であるなら、銀や金を送って『アメンの命（令）を実行せよ』という必要はなかろう。かれらが私の父に対してやってきたような王の贈り物（の必要）はなかろう。私はといえば、私もまた、そなたたちの召使ではないし、そなたを送ってよこしたものの召使でもない。もし私がレバノンに向かって叫べば、天は開き、材木はこの海辺にころがっているのだ。（二・一五）木材を積んで帰るそなたの船をあやつるため、もってきた帆を私に与え、私が切り倒してそなたに提供する〔杉〕材を〔縛るため〕、もってきたロープを私に与えてごらん。〔（そうなったら）どのようにして〕私の提供する〔木材を運んでいくのか」。そなたの船の帆は〈足らず〉、船材は重（すぎ）て、こわれ、そなたは、海のまん中で死んでしまうだろう。ごらん、アメンはセトをそばにおいて、空に雷をつくられた[12]。さて、アメンが（二・二〇）すべての国々を築かれたとき、その創設のさい、まず第一に、そなたのやってきた（国）エジプトの地をたてられた。技術はそこから出て、私のいるところに達したのだし、学芸（も）そこから出て、私のいるところに達したのだ。かれらがそなたにさせたこのばかげた小旅行はいったいどういう訳なのか。」

　そこで私は答えました。「（それは）本当ではありません。私のやっているのは決して『ばかげた小旅行』ではないのです。河にはアメンのものでない船はありません。海はアメンのものですし、あなたが『私のものだ』といっているレバノン（も）アメンのものなのです。レバノンは（二・二五）〔あらゆる〕船の女王であるウセルハトアメンのための御料地なのです。事実、神々の王アメン・ラーこそが、私の主君ヘリホルに『われを送りだせ』と申されたのです。だからかれは、この大神を私にもたせて出発させたのです。だがどうですか、あなたは、（それを）知らないままこの大神をあなたの港に留めて、この二十九日間をすごさせたのです。神はここにいらっしゃらないのでしょうか。神は以前の（通り）ではないのでしょうか。あなたは、レバノンがその主君アメンと交易を行なうため（ここに）置かれているのです。あなたが先王たちは銀や金を送ってきたと申されたことについていえば、もし先王たちが生命と健康をもっていたなら、こうした（金銀を）送らせはしなかったでしょう。（二・三〇）（しかし）かれらは生命と健康の代りにこうしたものをあなたの父王たちに送ってきたのです。さて神々の王アメン・ラーはといえば、この生命と健康の支配者であり、あなたの父王たちの支配者でもありました。かれらはアメンに供物を捧げながら生涯を送ったのです。そしてあなたもまた、アメンの召使なのです。もしあなたがアメンに『はい、（そう）いたしましょう』と言って、その命令を実行するならば、あなたは生命を与えられ、栄え、健康で、その全領土と臣民の心にかなうでしょう。（だが）神々の王アメン・ラーのものをあなた自身のために望んではいけません。実際、獅子は自分の財産を欲しがるものです。あなたの書記を私のところによこしなさい。そうすれば、（二・三五）アメンがその国土の北においた摂政であるネスーバネブジェドとティネトアメンのもとへ送ってあげましょう。かれらはあらゆるものを送ってよこすでしょう。私はかれにこう言って、かれらのもとに送りましょう。『私が南に帰りつくまで、これを貸しておいて下さい。（帰ったら）残った借りはみなお返しいたします』。」こう私は申しました。

すると、かれは私の手紙を使者にあずけ、竜骨材、船首材、船尾材、その他四本の角材、全部で七本を積んで、エジプトにもって行かせました。冬季第一月に、エジプトにおもむいたかれの使者が、シリアの私のところに帰ってきました。ネスーバネブジェドとティネトアメンは、（二・四〇）黄金の壺四（個）およびカクメン[13]一（個）、銀の壺五（個）、王の亜麻布製の衣服十着、上質の上エジプト産亜麻布十包み、りっぱなパピルス五百（巻）、牛皮五百（枚）、綱五百（本）、レンズマメ二十袋、魚三十籠を送ってきた。ティネトアメンは

（また）上質の上エジプト産亜麻布の衣服十着、上質の上エジプト産亜麻布十包み、レンズマメ一袋、魚五籠を私に送ってくれた。

領主は大いに気を好くして、三百人の（労働）者と三百頭の牛をえりぬいて、監督官の（指揮の）下に、木を切り倒させた。かれらは木を切り倒し、（切り倒された）木は冬の（四カ月の）あいだ、そこに横たえられていた。

夏季第三月に、かれらは（切り倒した）木（材）を海辺（まで）ひっぱってきた。領主はでかけていき、そのそばに立った。それから私のもとに（使いを）[14]送って（二・四五）「来るように」と言った。さて私が領主のそばにおもむくと、その蓮華の影が私の上におちた。領主の家来の屠者であるペンアメンが「あなたの主君であるファラオ（万才！）の影がかかってます」と言いながら、私をひきはなした。しかし領主はペンアメンを怒って言った。「ほうっておけ」と。

そこで私はかれのそばに近づいた。すると、領主は答えて言った。「見よ、かつて私の父上たちが実行した仕事（任務）を私（も）果たしたぞ。そなたの父上たちが私のためにしてくれ、そなた（もまたしてくれるべきだった）ことをやってくれなかったにもかかわらずだ。見よ、そなたの材木の最後のものが到着し、（ここに）横たわっている。私の望み通りに、材木を積みこみに行け。（もう）そなたに引き渡す準備ができているではないか。（二・五〇）だが、海のこわさを考えたりするな。もし海のこわさを考えたりすれば、私自身（のこわさも）しることになろう。[15]じっさい、私はカーエムワセト[16]の使者になされた

(ような)ことをそなたにはしなかった。かれらはこの地で十七年をすごし、そこで死んだのだ」と。それから領主は屠者に向かって言った。「かれを連れていって、かれらの眠っている墓をみせてやれ」と。

だが私はかれに向かって言った。「見せていただく必要はありません。かれらを使者としてあなたのもとに送ったカーエムワセトはといえば、かれ(もただの)人間(にすぎません)。(たとえ)あなたが『行って、そなたの仲間をみるように』と言われ(ても)、(私は)かれの使者と〈はちがいます〉。ところで、あなたはどうして喜ばれ、(二・五五)あなたのために石碑をたてさせ、そこに(こう)記させないのですか。『神々の王アメン・ラーが「道のアメン」(の像)(万才!)をその使者(として)、人間の使者(としての)ウェンアメンとともに、神々の王アメンの尊き大船のための木材を求めに私のもとに送ってきた。私は天命の定めた(寿命)に加えて五十年の生命をアメンに求めようと、かれらをエジプトに到着させた』と。すると、いつの日か、エジプトから文字を知っている使者がやって来て、石碑の上にあなたの名を読むことになるでしょう。そしてあなたは、西方において、そこに住む神々と同じように水[17]を受けとるでしょう。」(二・六〇)領主は答えた。「そなたの申したこの(言葉)は、言葉というものの(力の)みごとな証拠じゃ。」そこで私は言った。「あなたの申されたいろいろなことにつきましては、もし私がアメンの大司祭のおられるところに(帰り)つき、あなたが任務を(遂行した)さまを大司祭が知られるならば、(この)任務(の遂行)があなたのために何かをひきだしてくれるでしょう」と。
それから、私は木材が積み上げられている海辺にいきました。するとチェケル人の船十一隻が「かれを捕えろ、その船をエジプトの地に行かせるな」と言うために海からやってくるのをみつけた。私は坐りこんで歎き悲しんだ。領主の秘書官がやってきて（三・六五）たずねた。「いったいどうされたのですか」と。私は答えた。「鳥たちがふたたびエジプトに下っていくのを見ていないのですか。鳥たちをごらんなさい。涼しげな水たまりへと旅をしているのです。（それなのに）なんとまあ長いこと私はここにとりのこされていることでしょう。ところで、あなたは、また私をつかまえにやってくる人びとがみえないのですか」と。

そこで、秘書官は領主のもとへこのことを告げに行きました。すると領主はつげられた言葉のゆえに涙を流しはじめた。このことを痛ましく思ったからである。それから領主は私のもとに秘書官を送ってよこした。かれは二杯のブドウ酒と一（頭）の牡羊とをもってきた。それから領主は、そばにはべらしていたエジプト人の歌い女ティネトニウトを「かれのために歌え、かれの心から心配ごとを忘れさせよ」と言って私のもとに送ってきた。それから（また使いを）送ってきて（三・七〇）（こう）言った。「食べて飲みなさい。心から心配ごとを忘れなさい。明日になれば、私が言わねばならぬことをみな聞くことになるでしょうから。」

朝になると、領主は集会を招集して、その真中に立ち、チェケル人に向かって言った。

「何（の用）でやってきたのか。」かれらは答えた。「われわれの敵といっしょにあなたがエジプトに送ろうとしている呪われた船を追いかけてきたのです。」しかし領主はかれらに向かって言った。「私には、自分の領土内で、アメンの使者を捕えることはできない。私に、かれを送りださせてくれ。そなたたちは、かれを捕えるため後を追え（ばいいではないか）」と。

そこで領主は私を乗船させ、海の港から送りだした。風は私をアラシア[18]の国に連れていった。(三・七五) 町の人びとは私を殺そうと出てきた。だが私はそのあいだをすりぬけて、やっと町の領主の娘へテブのいるところまでやってきた。私が彼女に会った時、その家の一つからでて、もう一つの家にはいろうとしていた（ところであった）。

そこで、私は彼女に挨拶し、その近くに立っていた人びとに向かって言った。「あなたたちの中にエジプト語の分かる方はいらっしゃいませんか」と。すると、中の一人が「私は分かります」と言ったので、私はかれに向かって言った。「『不正はどんな町でもなされるが、正義はアラシアの国でなされるということを、私はアメンのおられる遠いテーベでも聞きました。それなのに、ここでも毎日不正が行なわれているのです』と私の王女さまに申し上げて下さい」と。すると領主の娘は言った。「何ですって、それはどういう（意味）なのですか」と。(三・八〇) そこで私は答えた。「もし海が荒れ、風が私をあなたのいらっしゃる国に吹きつけたのなら、あなたはかれらが私を殺そうとしてつかまえるのを許してはならないはずです。なぜなら、私はアメンの使者だからなのです。ごらんなさい。私はといえば、かれらはずっと四六時中私を探し（つづける）でしょう。かれらが殺そうとしているビュブロス侯の船乗りたちについていえば、その主君があなたの船乗りを十人みつけ（ても）、やはり殺そうとするでしょうか。」

そこで領主の娘は人びとを集めさせ、人びとは（そこに）集まった。すると彼女はみなに向かって言った。「夜を〔……〕すごしなさい。[19]……………

宰相プタハヘテプの教訓

まえがき

永遠に生きながらえ給う上下エジプトの王イセシ[1]陛下の御代に[2]、
世襲貴族にして高官、神父にして神に愛されたる者、
六つの大法廷の法官、
首都長官兼宰相プタハヘテプ
の教訓[3]。
首都長官兼宰相プタハヘテプは奏上す。
「おお陛下、わが君よ。
老いは来り、老齢は下りたり。
衰弱は到来し、耄碌《もうろく》は更新し、
子供にもどりし者、このゆえに日々横たわりしままなり。
視力は弱り、耳は遠くなり、
心臓の疲れのゆえに力は消えうせつつあり。

口は沈黙して語ること能わず、
視力は弱り、耳は遠くなり、
心臓は日々疲れて眠る。
心は忘れがちにて、昨日（のこと）を思いだせず、
骨は老年のゆえに痛み、
善きことは悪しきこととなり、
すべての味覚はなくなれり。
老年が人になすは
すべて悪しきことなり。
鼻はふさがれて呼吸すること能わず、
立上がることも坐ることも大儀となれり。
（一四―二七行省略）[4]
この僕《しもべ》に、老年の杖となるよう、
わが息子を（代りに）わが地位に就かせるよう（御下）命あらんことを。
さすれば、耳傾ける（べき）かれらの言葉と、
神々（の言葉）を傾聴せし
かれら先祖たちの考えとを、われはかれに聞かせん。
ついで、人民より争いが放逐され、

両岸(5)が汝に仕えんがために、
同様なことが汝のためなされん」と。
さればこの神の君(6)は仰せられたり。
「汝、退くに先だち
まずかれに話（術）について教えよ。
さすれば、かれは官吏の子弟たちの模範とならん。
従順さとあらゆる心の平静さとをかれ（の心）にはいらしめよ。かれに語れ。
生れつき賢きものなければなり」と。

（これより）よき言葉の掟はじまる。
語るは世襲貴族にして高官、神父にして神(7)に愛されたるもの、
王の実の長子、
六つの大法廷の法官、
首都長官兼宰相プタハヘテプ。
（これは）智慧とよき言葉の規則《おきて》とについて
無知なるものに教えるものにして、
耳を傾けるものには利益、
無視するものには不利益あらん。

かくてかれは息子に向かい語りたり。

一

汝の知識のゆえに傲慢であるな。
学あるものとみずからを頼むな。
学ある者と同じく学なきものにも相談せよ。
技[8]の限界は達成されることはなく、
（完《まった》き）技術を獲得せる工人（も）なし。

（五七行省略）[9]

よき会話はエメラルドにもまして隠されてあり、
碾臼《ひきうす》のそばの下女とともにみいだされる（こともあらん）。

二

汝、心を統御する（すべ）を知る上司が
論争しかけるをみいだすならば、
腕を折り、腰をかがめよ。
汝の心をかれに逆わすな。（さすれば）かれは汝に立ちうちできぬであろう。
悪しき言葉をはくものを挫くには、

反対を行動にださぬという事実によるべし。
かくて人びとは、汝の犠牲がかれの地位に等しきとき、かれは学なきものといおう。

三

汝と（地位）等しきものが
論争しかけるをみいだすならば、
かれが悪しき言葉をはくとき、
沈黙によりて汝の優越を際立たせよ。
（さすれば）よく耳傾ける人びとの中にて（かれの）悪名は高く、
貴族の心の中にて汝の名声よからん。

四

汝と（地位）等しからざる邪《よこしま》な弁士が
論争しかけるをみいだすならば、
かれ弱ければ、激しく攻撃するな。
かれに（あまり）心を遣うな。（さすれば）かれ自《おのず》と罰されよう。
汝の心をぶちまける（が如き）言葉を向けるな。
汝の前におるものの心を嘲笑するな。

かれに（あまり）心を遣うな。（さすれば）かれ自と罰されよう。
弱きものの心を挫くはよからず。
かれの望むがままにしておけ。
（さすれば）汝は高官の罰にてかれをうとう。

五

汝、大衆の行動を指令する
指導者とならば、
汝の行ないに誤りなきよう
あらゆるよき行ないを探し求めよ。
正義は偉大にして、永遠かつ有能、
オシリスの時代より乱されたることなし。
その掟を犯すものは罰せらるるも、
貪欲なるものはそを知らず。
欺瞞は富を得る（ことある）も、
悪行はその積荷を（港に）到着させることなし。[10]
かれは「たしかにわれみずから（の力にて）獲得せり」といい、
「わが職務によりて獲得せり」とは言うまい。

（されど）終りの来たるとき、正義（こそ）は永遠なり。
人びとは言わん。「そはわが父の所領なり」と。

六

民衆に対して策謀するな。
神はこのような（振舞い）を罰し給う。
あるものは「われは策謀によりて生きん」というが、
（この）言葉の故にパンを得ることなし。
あるものは「われは金持ちなり」と言うが、
「わが策謀の罠にはまれり」ということになろう。
あるものは「われは主人〈なり〉」といわずして、
「他人より奪わん」と言うが、
「われみずから（の力によりて）所有す」と言わずして、
「職務によりて獲得せり」と言うことになろう。
あるものは「策謀にはあきあきせり」と言うが、
貴族よりのパンに飢えよう。
あるものは「われ、他人より奪わん」と言うが、
見知らぬ人にそれを与えることになろう。

あるものは「われは金持ちなり」と言うが、
見知らぬ他人にそれを与えることになろう。
人間の意図は決して達せられることなく、
実現されるは神の命じ給うことなり。
されば、充ち足りて生活を送れ。
かれらはおのずからそうなることに到達しよう。

七

汝より偉き人の食卓に
坐るものの一人とならば、
なにが前に置かれようと、かれ[11]の出すものを受けとれ。
汝の前にあるものをよく眺めよ。
じろじろとかれ[12]をみつめるな。
(このようにして)かれを苦しめるは、カーの忌み嫌うところなり。
かれにうながされぬのに話しかけるな。
心に快からざることを知らざればなり。
かれが話しかけるまで顔を伏せておけ。
かれが話しかけるとき(だけ)話せ。

(さすれば)汝のことば心に快かるべし。
かれが笑ってから笑え。
そはかれ(の心)に快かるべし。
汝の振舞いはかれの心を楽しまそう。
何人も心の中にあることを知ることはできぬ。
食卓に坐る大官についていえば、
その意向はかれのカーの命じるところに従うものなり。
かれはその眼につくものに与えよう。
(このように)成就されるは一夜の考えにして、
腕をのばすはカーなり。
大官はその手の届くところにいる者に(のみ)与える(が)、
腕をのばすはカーなり。
パンを食するは神[13]の計画したまうことによるものにして、
(このように)成就されるは一夜の考えなり。
これに抗弁するは学なきものなり。

八

汝、信任厚き者にして、

ある大官より別の大官に（使者として）遣わされるならば
かれが汝を遣わすときは完全な信頼に価するもの（として振舞え）。
命じられた通りに用件を伝えよ。
ことばにより大官同士を仲たがいさせるような
悪しきことをひき起さぬよう心せよ。
真実を（しっかりと）つかみ、それを越えるな。
（単なる）心（情）の吐露をくりかえしてはならぬ。
申しつけられたことを隠しておくことなく、
忘却の行ないに心せよ。
真実を（しっかりと）つかみ、それを越えるな。
（単なる）心（情）の吐露をくりかえしてはならぬ。
言葉をゆがめ、
大官同士を仲違いさすことのないよう心せよ。
（決して）だれも中傷してはならぬ。
大官も小人も。そはカーの忌み嫌うことなり。

九

汝が（地を）耕し、畑に（作物が）成長し、

神が大いなる（収穫《みのり》を）与え給うたからとて、
それを誇るなかれ。
何も所有せぬものに要求するな。
隣人たちの前では口を抑えよ。
沈黙を守る（すべ）を知るものは尊敬を受けよう。
有能なものは、
正義の法廷にて（も）ワニの如くに盗んで金持ちとなることもあろう。
（されど）汝は、子供（も）もたぬ（貧しき）ものの信頼をかちえよ。
汝の財産を自慢して嘲笑されるな。
悲しみを抱く父親は多し。
子をもつ母親はおれど、他の母親は彼女にまさりて幸せなり。
これこそ神の栄えさせ給う唯一の人物にして、
子多き〈女〉も彼女に倣いたいと思おう。

一〇

汝、神[14]とよい関係にある
貴顕のものにつき従う貧しき者であるならば、
そのかつての卑しい身分を知っていても、

汝の知るかれの過去の故に
軽蔑することなかれ。
かれが得たものにふさわしい尊敬を示すべし。
富はひとりでにやってくるものにあらず。
これこそ、富を望む者への掟なり。
かれはその豊かさの故に尊ばれる。
人をして貴顕ならしめるは神にして、
神は人の眠るあいだもかれを守り給う。

一一

汝の生ける限り、汝のカーに仕えよ。
そなたの口にする以上のものを与えることなく、
心の要求の故に定められたる時[15]を浪費するな。
（楽しみの）時を浪費するはカーの嫌うところなり。
汝の生計に必要な（時間）以上に（働いて）
日中の時を失うな。
富は欲望を追求しようともやって来よう。
欲望が無視されるならば、富（ありて）も何の益もなかろう。

汝が家計に（心を）配ることを止めるならば、
〈二人の祖〉父は悲しみを抱き、
子をもつ母親よりも、ほかの母親の顔、幸福さにまさろう。

一二

もし汝が地位高きものにして、家計を起し、
神にとり好ましき息子を産みだすならば、
もしかれが（行ない）正しくして汝の道に従い、
汝の教訓《おしえ》に耳を傾け、
その家での振舞いふさわしいならば、
もしかれが汝の財産をあるべき通りに管理するならば、
かれのためあらゆる有益な行動を探し求めよ。
かれこそは、汝のカーが汝のため産みだせし汝の子なり。
汝の心をかれより切り離してはならぬ。
（されど人間の）種子は（往々にして）対立を生む。
もしかれが惑いて汝の指示に背き、
汝の教訓を果さず、
家での振舞いふさわしからずして、

汝の言葉にことごとく逆らい、
かれに何の財産もないことを〈理解せずして〉、
その口に邪なる言葉を溢れさせるならば、
かれを放逐すべし。かれは汝の息子にあらず。
まこと汝より生れたものにあらず。
その言葉のゆえに完全なる奴隷とすべし。
かれこそは神々が憎悪を向け給う人びとの一人にして、
（母の）胎内より（すでに）神が有罪を宣告せしものなり。
神々の導き給うものは道に迷うことなし。
神々が小舟を奪いしものは道をみいだすこと不可能なり。

一三

もし汝、控えの間[16]に坐るならば、
最初の日（より）、あてられた
地位にふさわしく振舞え。
このことを（常に）心に留め、拒まれることなきよう心せよ。
〈（入室者を）告げる〉腹心の視線は鋭し。
自由な入（室）は伝令使の先導するものに（限られ）、

〈（入室者を）告げる〉腹心の視線は鋭し。
控えの間は厳格な規則に従っており、
すべての振舞いはこれによる。
人を貴顕ならしめるは（ひとり）神なり。
〈慎重なる〉者の地位は高められよう。
（されど）助けを与えるものに頼ることはかなわず。

一四

汝民衆のあいだにいるならば、
支持者のうちより信頼できる人物を選びだせ。
汝の名声[17]にとりて良きものは、
腹中の言葉に耳傾けることなき腹心の人物なり。
かれはみずからが命令を下す人物となるまで
「われを教え（導き）給え」と言うがゆえに金持ち〈となろう〉。
〈かれが惹き起す尊敬の念に応じて尊ばれ、
その資産のゆえに富もう〉。
（かくして）汝の名声（も）、みずから語ることなくして高（まり）、
身体はよく世話され、汝の顔は側近のものどもへと傾けられ、

みずから知らずして（人びとの）称讃をうけよう。
されど貪欲に耳傾ける者の心は惑い、
（敬）愛にあらずして軽蔑（の念）をかきたてられ、
心の及ぼしたる（影響）の下に、
心荒涼にして顔は後悔にみちよう。
心は神の与え給いしことのゆえに熱せられることあろう。
されどその心に耳傾けるは敵（の陣営）に属するものなり。

一五

沈黙することなく汝の使命を果せ。
主人の相談をうけるならば、汝の〈意見〉を表明せよ。
まこと主人がむやみに「否」というとき、
「それを知っているのは誰でありましょうか」と答えずしては、
使者が報告をなすは困難なり。
ことに反対する貴人が、
この故にかれを罰しようとするならば、過ちを犯すべし。
（その時は）「もう報告し終りました」と申して沈黙すべし。

一六

汝指導者にして、
命令によりてみずからの意志を変えうる権力をもつならば、
崇高なる命令を与えよ。
（命令の）結果として来れる日に心せよ。
栄光のただ中に悪しきことの現われぬと〈誰が言えよう〉。
ワニが水中より現われようとする（が如くに）、失寵（も）現われたい（と念じて
いる）。
されば義務に心を向けるべし。

一七

汝、請願をうける人であるならば、
請願者の言葉に穏やかに耳を傾けよ。
かれがその体をきれいにするまで[18]、
あるいは赴いた用件を話してしまうまで、追い出してはならぬ。
請願者は、用向きの件が成就するよりは、
自分の言葉が傾聴されることを好むものなり。
（たとえ）聞かれたことが実現する前（であっても）、

いかなる請願者にもましてこのことを喜ぶものなり。
（なんとなれば）話すことは心のよき慰めな（ればな）り。
請願者をはねつけるものについては、
「一体なぜかれはそんなことをするのか」と人びとはいおう。
かれの請願が完全に実現される（必要は）ない。
よく耳を傾けてやるは、心慰めることなり。

一八

もし汝が主人として、兄弟として、あるいは友人として、
出入りしている家にて、
汝の入りこみうるいかなるところにても
親交を続けたいと欲するならば、
婦人に近づかぬよう心せよ。
これがなされる場所に〈よき場所はなし〉。
〈彼女らを見つめる視線に慎重さは失われる〉。
数知れぬ男たちが、（こうして）利益を〈失っている〉。
かれは婦人のファイアンスの（如く輝く）肢体によりて痴呆とされ、
紅玉髄[19]となろう。

夢にも似た一瞬の時（なれど）、
男はこれを知りて死に達しよう。
〈………〉、
〈………〉。
（これを）実行しても男には何の益もなし。
競争者の悪しき振舞いによりてかれ罪を犯そう。
かれと〈話そうとて人が来ようと〉、心はかれを拒もう。
かくの（如き）ことなすべからず。それはまこと忌わしきことにして、
（もし汝この教訓を守るならば）日々心の病いを免れよう。
これを貪ることより逃れる者は、
万事かれと共に栄えよう。

一九

汝の状態良好なるを望むならば、
すべての邪なることより逃れよ。
貪欲より身を守れ。
（貪欲こそは）不治の業病にして、
その下に腹心の友生れることかなわず。

父母を不和ならしめ、
同腹の兄弟たちをも（仲違いさせ）、
甘い友人を苦くする。
腹心を主人より遠ざけ、
父母を不和ならしめ、
妻を夫より離婚せしめる。
（貪欲の）悪を〈まとむれば〉（かくの如し）。
貪欲こそ忌むべきことすべて（を入れる）袋なり。
〔…………〕
人間は、正義に正しく仕えるならば、生きながらえ、
正義の道に従うものは、
至福に達しよう。
されど貪欲なる者は墓所をもつこと（も）なかろう。

二〇
分配[20]において貪欲であるな。
汝の分け前でないものをむやみに要求するな。
汝の一族に対して強欲であるな。

穏やかな人物への尊敬は乱暴な人物（への尊敬）にまさる。
乱暴なものはその一族〈により誇られる〉卑しきものにして
〈談話の果実〉を奪われたるものなり。[21]
人わずか（にしても）貪欲を覚えれば、
穏やかな人も論争の人となろう。
〔…………〕〈…………〉

二一

汝、知名の士となるならば、家庭をつくり、
家にあっては妻をふさわしい（やり方で）愛せ。
彼女の腹をみたし、背に衣服を着せよ。
香膏こそ彼女の体の処方薬なり。
生ける限り彼女の心を喜ばしめよ。
妻はその夫にとりて収穫量豊かな畑なり。
法律によりて彼女と争うべきではなく、
彼女が（汝への）支配権を握ることのないようにせよ。
彼女がみつめるとき、眼は暴風なり。
汝の獲得せしものによりて妻の心を鎮めよ。

これこそ、汝の家に妻を（長く）とどめること（を意味する）。
汝、彼女をおしのくれば、彼女は〈水の如くに〉して、
〈仇し女に手を与えしことなり。〉
彼女が〈怒り狂うならば、水路を掘ってやれ。〉

二二

汝の側近を、汝にもたらされたもの、
神の寵愛し給う者にもたらされたものによりて満足させよ。
側近者たちを満足させるを避け（ようとす）るものについては、
人びとは言おう。「かれ（のカー）は〈盗人〉のカーなり。
正しきカーは人を満足させるカーなればなり」と。
人、明日を理解しようとしても、何が起こるかを知らず。[22]
（たとえ）寵愛された人びとのあいだにて不幸の来ろうとも、
側近たちは（なお）「ようこそ」と言おう。
人、見知らぬ者より支えをえることなし。
苦難のあるとき人の頼れるは側近なり。

二三

中傷（の言葉）を吐いてはならぬ。

それを聞いてもならぬ。

中傷の言葉は心熱き者[23]より出るものなり。

（汝の）見たこと（のみ）を語り、聞いたことを〈語っては〉ならぬ。

これを顧慮されることなきが故に、絶対に語ってはならぬ。

みよ、汝の対話者は美徳を知る者（のみ）なり。

故に、中傷の言葉を止めるよう命じられよう。

（されば）中傷の言葉を〈吐く〉べく定められた者は、法の如くに〈不人気であろう〉。

中傷は夢の如し。

これこそ、（かれに加えられる）罰なり。中傷は夢にして、
その故に包み隠されよう。

〔…………〕

二四

汝、知名の士となりて、
主君の会議に列席するものとなるならば、
善きことのため汝の心を集中せよ。

汝沈黙を守るならば、テフテフ草[24]にまさろう。
発言は汝の説明できるを知る（ときに限れ）。
会議にて発言するものはまこと（名）士たるべし。
話すことはいかなる技《わざ》にもまして困難なることにして、
〈完全に話し方を知りたる者にのみ益をもたらすものなり〉。

二五

汝有力者となるならば、
学識とことばの穏やかさとによりて尊敬をかちえよ。
状況に適した（場合を）除き、（決して）気ままに命令を下してはならぬ。
軽率なものは不幸に陥ろう。
恥をかくを恐れて気持ちを高ぶらせてはならぬ。
（もちろん）沈黙して（も）ならぬ。
されど激情もてことばに答えるとき躓かぬよう心せよ。
（ただちに）顔をそむけ自制せよ。
心熱きものの激情は（すみやかに）消えよう。
されど良き人の進むとき、その道は踏み固められてある。
一日中〈気力なき〉者は、

快き一瞬を（も）過ごすこと能わず。
（されど）一日中軽はずみな者は
家庭をつくること能わず。
橈にて進む如くに地上でのものごとを
実現しようとするものは、
限界〈新たに来らん〉。
心に耳傾ける者は、「ああ、せめてこうだったら」と言おう。

二六
大官のなすことに逆うな。
重荷を負うた者を怒らせるな。
〔……………〕
かれの不興は攻撃するものを襲い、
カーはその愛するものより隔てられよう。
神[25]とともに厚意を与えるはかれなり。
かれを愛し、かれに対し良きことをなすならば、
（かれの面《おもて》）怒り（終りて）ののち、汝に向けられよう。
〔……………〕

寵愛は汝のカーに（与えられ）、不興は汝の敵に（加えられよう）。
愛を与えるものこそカーなり。

二七

大官にとりて有用なことを知り、
人びとの中にてかれを手引きするようにせよ。
汝の賢さが主人に影響を及ぼすよう努めよ。
さすれば〈（その）姿〉は温和に命令を下すものとなり、
こうして申し分なく、〔それにより〕生き、
かれのカーの下にて糧を得よう。
〈…………〉
寵臣の胃は充たされ、
背は衣服にておおわれよう。
〈かれの腕導かれるならば〉、汝はその愛する名士の下にて、
汝の家の生計に従事できよう。
かれはこれによりて生き、
汝に良き助けをなそう。
これは、汝を愛する人びとの心に

汝への愛が永続すること（を意味する）。
見よ、これこそ従順さを愛する者の気質なり。

二八

汝裁判官の子にして
大衆を鎮めるべき使命を委ねられたるものならば、
裁判の〈公平さ〉を守れ。
発言するとき一方に偏することなかれ。
「裁判官さまの発言は一方に偏《かたよ》っておられる」と
人びとが考えを口にだすことのないよう心せよ。
されば判決には（充分）心せよ。

二九

もし汝、起った事件に寛大〈となり〉、
正しいが故に一（方の）男に傾くとしても、
かれを乗り越え、
かれが（正義をえて）沈黙したその日より（もはや）その男のことを考えるな。
罪を犯さ「なかっ」た者を罰することは

不平をのべる者を反抗者とすることになる。

三〇

もし汝、（かつては）とるに足らぬ人物であったが（今や）重要人物となり、
かつての貧窮ののち
以前の運命とは対照的に、
汝を知る町にて
ことをなす（身分となる）ならば、
神（より）の贈り物として汝のもとに生れた
富に吝嗇《りんしょく》であるな。
汝は同（様）なことの起った
いかなる人びとにも〈勝れるところはない〉が故である。
［…………］。
不公平さの生ぜぬよう心せよ。
高官たちの前にて語らぬうちより、
かれらの中にての汝の名声を貶《おと》すことなかれ。

三一

王宮より（遣わされた）汝の監督者である
上司に対して腰を屈めよ。
汝の家は財産にて固められ、
汝への報いはそのあるべき場にあろう。
挨拶すべきと定められたる腕を曲げずして
上司に逆らう者によきことなし。
かれの寛慈なるをもって人は生を送るものなるが故なり。
〈…………〉(26)
隣人の家より盗むなかれ。
（手）近かにあるものを（勝手に）わがものとするなかれ。
これ〔をなす者〕に何の益もなし。
汝がこの（忠言）に従わぬうちに隣人に訴えられることのないように。
〈強情と同じく〉（隣人に訴えられる）は心の〈疵《きず》〉なり。
もし隣人が（盗みを働きし）ことを知るならば、（汝の）敵となろう。
隣人を攻撃するものに善きことはなし。

三二

汝、（まだ）子供である娘と臥所《ふしど》を共にするなかれ。

禁じられたることは心臓のうちにて種子となり、
その腹中にあることを鎮めることは絶対に不可能であるが故なり。
娘が禁じられたことをなして夜を過ごすことなく、
〔…………〕
その欲望を抑えて平静となるように（すべし）。

三三

汝、疑わしき友人の性質《さが》を探りおるときは、
かれに問いただすことなく近づき、
その態度に悩まされることのなくなるまで、
かれとのみ交際《つきあ》え。
しばらくはかれと論じ、
〔…………〕
〔…………〕
会談によりてその考えを試せ。
もしかれが見たことに口をすべらしたとしても、
あるいは汝の気にさわるようなことをやったとしても、
まことなお友人なり。

顔をそむけるな。
（ただ）控え目にして、汝の心を開かない（でおけ）。
（とはいえ）尊大さもてかれに答えるな。
汝とかれとのあいだに境をおくな。かれを踏みつけにするな。
〔かれを〕非難することのないよう心せよ。
かれの時[27]（の終り）は必ずややってくるものなり。
人はこれを定め給いしかたより逃れることはできぬ。

三四

汝の生ある限り、惜しみなく施せ。
穀倉より（一度）出たものは（穀倉に）もどるべからず。
人の要求するは、分配されるべきパンなり。
空の胃袋をもつ者は告発者となり、
攻撃する者は憎悪をかきたてる者となろう。
汝の親友をこのような者とするな。
親切こそは、権標[28]の後に来る年（月）において
汝の（よき）記念となろう。

三五
汝の隣人たちを認めよ。汝の財産は栄えよう。
友人たちに対し不機嫌であるな。
これこそ〈汝の〉種まく河岸地(29)にして、富にもまして大切なり。
一人のもちものは他のものにも（属すべきものなり）。
（名ある）者の子の（善き）性質は、かれにとり有用なものにして、
よき性《さが》は（良き）記憶となろう。

三六
〈苛酷な罪を加え〉、手ひどく懲らしめよ。
悪しき行ないを妨げるは（先）例となろう。
偶然によるものを除き、（悪しき）行ないとは、
不平を訴える者を敵対者とする（ような）行ないをいう。

三七
汝、その町の住民に（よく）知られた
気立てよく明るい女を妻とし、
歳経ても、

（なおこの）二つの性格を失わないならば、
彼女を離婚してはならぬ。彼女に食物を与えよ。
〈…………〉
〔…………〕
明るい妻は喜びをもたらそう。

結び

一
もし汝がわれの語りしこと（ば）に耳傾けるならば、
汝の企て先祖たちすべて（の企て）に（まさ）ろう。
かれらの（語りし）真理より（今に）伝えられたるもの、
（たとえ）かれらの思い出が人びとの口より（忘れ）去られ（ようとも）、
その言葉の美しさの故に、かれら（にとりては）財宝なり。
〔その〕言葉の美しさの故に、
すべての言葉は広められ、
この国にて永遠に消え去ることなし。
それは考えをみごとに表現するを助け、
貴顕の話し方（を教えてくれ）、

子孫に（傾聴されるよう）話しかける術《すべ》を人に教え、
（よきことを）聞いて子孫を傾聴させる（ことのできる名）工をつくりだす。
子孫に語ることよければ、かれらは耳傾けよう。
もし権勢ある者によりて
よき行ないがなされるならば、
その名は永遠にとどめられよう。
その賢い教訓はすべて永久に残ろう。
賢者はその魂《こころ》を重んじ、
かくて魂の美しさが地上に確立される。
賢者はその知りたるところにより、
貴族はその行為により（人びとに）認められる。
心臓は舌と釣り合いて、
言葉発するときその唇は正しく、
その両眼は見つめ、
その両耳は息子にとり有益なることを聞く。
（かくて）息子は偽りより免かれ、正義を行なおう。
〔…………〕

二
耳傾けるは従順なる息子にとりて有益なり。
聞きしこと、傾聴者にはいりこまば、
聞きし（ことに従う）者となろう。
聞くことのできる者は、話すこと（もまた）できよう。
聞きし（ことに従う）者、有益なことをえよう。
聞くことを愛する者は〔…………〕。
耳傾けるは、聞きし（ことに従う）者に益となろう。
耳傾けるはなにものにもまさり、
美しき愛を生ぜしめる。
息子が父のことばに従うはなんと美しいことか。
かれはこれによりて成年に達し（う）るが故なり。
神の愛し給うは耳傾けるものにして、
神の憎み給うは耳傾けざるものなり。
〔…………〈……〉〕
これこそ、その（意中の）人にとり生命にして繁栄にして力なり。
言われしことすべて〔…………〕
心臓こそは、その所有者を

耳傾ける者にも耳傾けざる者にも育てる。
人の心臓こそ、かれの生命にして繁栄にして健康なり。
傾聴者とは言われしことに耳傾ける者なり。
（しかも）耳傾けるを好む者こそ、言われしことを行なう者なり。
かれは〔…………〕を憎む。
息子が父のことばに従うはなんと美しいことか。
「御子息は御立派だ。聞いた（ことに従う）を知ってなさる」
と言われる者はなんと喜ばしいことか。
〔…………〕
こういわれる傾聴者は胎内より（すでに）完き者にして、
その父にふさわしき者となろう。
今地上にある人びとの口にも、来るべき人びと（の口）にも、
その記憶は生き続けよう。

三

もし息子が父のことばに従うならば、
その企ては失敗することなし。
汝が従順なる息子として教えし者は、

官吏たちの心に高く評価され、
かれに言われしことに従いて発言をなす者は、
従順なる者とみなされよう。
息子は、その行ないすべてが優れるとき繁栄する。
〔……〈……〉……〕
（されど）聞きし（ことに従わ）ざる者の〈企て〉は失敗する。
賢者はみずからを固めんがために早起きするが、
愚者は独りいらだたんがために早起きする。

四

（聞きしことに）従わざる愚か者は、
なにごともなすことあたわず。
かれは知識を無知と、
利益を損失とみなす。
あらゆる厭《いと》わしきことをなし、
日々非難される。
死（に価）するものによりて生き、
その食物は罪なり。

〔…………〈……〉〕
その性質は役人たちの知るところにして、
日々生きながら（にして）死につつある。
頭上に日々積み上げらるる多くの禍《わざわい》の故に、
人（びと）はかれを（顧ることなく）通り過ぎる。

五

従順なる息子はホルス[30]の従者なり。
かれが耳傾けるとき（万事）順調なり。
老年となり、尊敬さるべき者となるならば、
同様に父の教訓をくりかえし、
子供らに語ろう。
すべての人、〈行動すると同じく教えさとされうる〉。
もしかれが子供らと語れば、
子供らは（また）その子供らに語ろう。
（故に）模範に仕え、非難の種を播かぬ（よう心せよ）。
汝の長子が
偽り（の言葉）もて来るならば

（ただちに）真実の言葉もて生活を固めよ。
よく見（通しう）る者は
「全くその通りだ」と言い、
耳傾けるもの（も）
「全くその通りだ」と言おう。
いかなる人といえども、
大衆を鎮めるは
〈真実の言葉によりて〉であり、
これなくしては富をかちえることかなわざるを知れ。
時に応じて〈あれこれ〉言い、
ものごとを混乱させるな。
〈真実の言葉の正しき〉場所は（ただ）汝の腹中に（のみ）あればなり。
汝の〈まわりにめぐらされたる網に捕えられぬ〉よう心し、
「耳傾ける人びとの口（の端）にとどまらんと欲せば、（ひたすら）耳を傾け、
まこと名工の性に浸されし時（のみ）語れ」
という賢者の言葉を心にとめよ。
汝もし完璧なる（技もて）語るならば、
企てみな成就されよう。

六

汝の考えを隠せ。汝の口を慎め。
貴族の中にて知られる（ようになろう）。
主人に対し完全に良心的であれ。主人が「こ（の者）はあれの息子だ」と言い、
それを聞く人びとが
「かれが生まれたとはあの男は幸せ者だ」と言おう。
（ことばを）口にする時、辛抱強くあれ。
なにか優れたることを語れ。
（それを）聞く貴族は
「あの男の口より出ること（ば）の何と美しいことよ」と言おう。

七

汝の主人が（次のように）言うように行動せよ。
「あの男の父の教えの何と美しいことか。
かれは（あの）父の体より生まれた。
母の胎内にありしとき（よりすでに）父親は（教訓を）語りしが、
かれのなしたることは（父より）教えられしことより大きい」と。

見よ、神の授け給いし良き息子は、
主人が正義をなすとき、
命じられたることより以上をなすものなり。
（されば）主人の赴くところ、その望みに従いて行動せよ。

八

汝が（五）体健全にして、
王が起りしことすべてに満足し給い（しうちに）、わがもとに到達せんことを。
（わが）生命の歳月に達せんことを。
われが地上にてなしたること、取るに足らざることにあらず。
われは至福の座に（いたる）まで王のため正義を行ないたるが故に、
先祖たちにもまさる寵愛をえて、
王の与え給い[31]し
百十年の生命を達成せり。
（終りは）来れり。最初《はじめ》より最後《おわり》まで、
書き物に発見されしがままなり。

メリカラー王への教訓

〔上下エジプトの王ワハカラーが〕[1] その子メリカラー（王）のために〔語った教訓のはじまり。〕

〈…………〉[2]

(三)〔もし〕汝が、〈……〉その支持者全体は多数（にのぼり）、〈……〉一味に対し寛慈であり、〔……〕〈激し易く〉多弁である（ような）〔人物をみいだすならば〕、かれを取り除き、殺し、その名を抹殺し、その徒党を〔滅ぼし〕、かれとかれを愛する支持者との記憶を一掃すべし。

　騒乱を好む人物は(二五)市民にとって邪魔（者）だ。若者のあいだに二つの党派をつくりだす（からだ）。もし市民たちがかれを支持しており、その行為が汝を越えているなら[3]ば、法廷に召喚し、とり除くべし。かれ（もまた）反逆者である（からだ）。多弁は都市の〈扇動者〉である。大衆（の気）をそらせ、その熱情をとり除くべし。〈…………〉〈………〉(三〇)〈……〉、神々の前にて義とされるべし。（さすれば）汝がおら〔ず〕（とも）、「かれは〔……〕に従いて罰し給う」と言われよう。よき振舞いは人間にとって天である。〈激しい〉心は〈呪うべき悪である〉。
力あるために話（術）に巧みであれ。〔人〕にとって舌は剣であり、言葉は、いかなる戦闘にもまして勇敢である。心聡きものを誰もだしぬくことはできぬ。〔……〕。賢（王）は廷臣にとって〈校舎のようなもの〉だ。その知識を知る者はかれを攻撃せず、いかなる〔禍《わざわい》〕もかれに近づくことはない。真実は、先祖たちのことばの通りに、（完全に）醸《かも》されて（王）のもとに来る。

（三五）汝の父（王）たちと先祖たちとを手本とせよ。〔……〕は知識によって完成される。見よ、かれらの言葉は書物に残されているのだ。（これらの書物を）開いて（かれらの）智慧を読み、（これに）倣え。（かくして技[4]）巧みな者が知識ある者となるのだ。

邪悪であるな。忍耐はよいことだ。汝に対する愛によって、自分のための永遠の記念碑を築け。〔……〕を増やし、都市《まち》に〈好意を示せ〉。神は（その）報いとして汝を讃めたたえ、〔……〕は、そなたの善良さに対し、称讃と健康のための祈願を〔授けてくれよう〕。

汝（の下の）貴族を重んじ、人民を栄えさせよ。国境と〈その守備隊〉とを固めよ。将来のために行動するのはよいことだ。思慮に富んだ生活を重んぜよ。〈独善《ひとりよがり》〉は不幸を（もたらす）。汝のよき行ないによって（四〇）人びとを〔……〕させよ。他人の所有物《もちもの》に貪欲な者は愚か者である。地上での〔生活〕はすぎさり、束の間に（すぎぬ）。その（間）に罪〔を犯さぬ〕者は幸せである。（たとえ）百万人と（いえども）両国の主に役立たぬこともあろう。〈よき人物〉は永遠に生き（ながらえ）ることができるのだ。〈………〉。

そなたの大官たちが法を執行できるよう昇進させてやれ。(その家) 富める者は不公平さを示さぬものだ。かれは財産をもち、何一つ欠けるところがない。(だが) 貧しい者は正義に従って語ることをしない。「(財産が) あったら」と言って (みて) もむだなことだ。かれは報酬を与えてくれる人の味方をする。大官たちが大なるとき、大いなる者は偉大なのだ。廷臣をもつ王は (四五) 強力である。廷臣を数多《あまた》もつ王は気高い。汝の家にて正義を語るべし。地上の大人《たいじん》たちは汝を畏れよう。心正しく保つは支配者にふさわしいことだ。(家の) 奥での尊敬をもたらすのは、家の前部である。[5]

地上におる限り正義を遂行すべし。涙流すものを宥め、未亡人を虐げず、誰もその父の財産から押しのけず、いかなる役人もその地位から退けるな。不正に罰することのないよう心せよ。殺してはならぬ。汝に何も益するところがないからだ。鞭打と拘禁とで罰せよ。かくしてこの国は固まろう。(ただし) 陰謀の発覚した謀叛人は別である。神は心邪《よこしま》なる者を知っており、(五〇) その罪を血で報い給うからだ。生涯を [……] する者は慈悲深い人物である。汝がその良き性質を知っている者、かつて共に書物を唱和した[6]者を殺してはならぬ。「シプーの書」[7] を読む者、神 [を……する] 者、困難な場所を自由に歩きまわる者の魂は、自分の (よく) 知っている場所にやってくる。かれは昨日の道を見失うことはない。いかなる呪術もそれを抑えることはできず、かれは水を与え (てくれ) る人びとのもとへ到達する。[8]

罪人を裁く法廷[9] (についていえば)、哀れな人びととの審判の日、かれら[10]が義務の遂行に際して慈悲深くはないのだということは（よく）知っておろう。告発者が智慧ある人であるのは禍である。歳月の長さに頼ってはならぬ。（五五）かれらは（人の）一生を一瞬と（しか）みないからだ。人は死後も生き続け、その行為はかたわらに山と積み上げられる。彼岸《かなた》での存在は永遠のもの、これを〈軽くみる〉者は愚か者である。悪事を犯さずしてそこに到るものは、神のごとくにそこで（生き）つづけ、永遠の主のごとくに自由に歩めよう。

　王都が汝を愛するよう、若者たちを育成すべし。また〈新兵たち〉によって汝の支持者を増やせ。見よ、そなたの都市《まち》は新たに成長してくる者で一杯だ。若者たちがその心のままに（振舞って）幸福であるのは二十年（間）だ。（二十年たてば）〈かれらを招集することができる〉。（かくして）〈家長（もまた）〉子供ともども〈（汝の支持者に）加わるであろう〉。〔……〕。（六〇）余は（王として）現われたとき、（このようにして）軍隊を集めたのだ。古人はわれわれのために戦ってくれる。汝の官吏たちを大ならしめ、〔兵士たちを〕昇進させるべし。汝に〔つき従う〕若者たちに〈財産〉を与え、土地を授け、家畜を報いて（かれらの数を）増やすべし。

　貴族の子弟と素姓卑しき者とを分け隔てするな。能力によって人をとりたててやれ。すべての業は腕強き主の〔……〕に従ってなされるべきである。汝の国境を守り、〈要塞〉を築け。軍隊はその主君にとって有益である。

　神のため〔美しい〕記念碑をたてよ。つくった者の名を生き（ながらえ）させてくれる。

人はその魂に役立つこと、（すなわち）神官の月々の勤めをすべきだ。白いサンダルを履き、神殿を訪れ、神秘を明らかにし、(11)（六五）至聖所にはいり、神殿にてパンを食べるべし。(12)供物卓を一杯にせよ。パン（の数）を増やせ。日々の供物（も）増加させよ。こうすることは益をもたらすからだ。可能な限り記念碑をしっかりとうちたてよ。（わずか）一日（といえども）永遠を開き、一時間（といえども）未来のために（何かを）成就できるのだ。神は自分のために働くものを知り給う。汝の像を〈数限りなく〉遠国に運ばしめよ。〈敵意より免れうる〉は病人（のみ）にして、エジプト（国）内の敵は決して鎮まることはないからだ。

人びとが人びとを圧迫しあう。先祖の予言の通りである。エジプトは（七〇）墓地において（も）戦う（と）。（だが）〈衝動の赴くままに〉墓を破壊してはならぬ。余（も）同じ〈蛮〉行を犯したが故に、神の〈掟〉を踏みにじった者と同じことが起ったのだ。

南部(13)との関係を悪化させるな。これについての王都での予言は知っておろう。その通りのことが起るであろう。かれらはみずから述べた通りに（われわれの国境を）越えない。〔……〕余は〈タウトにおかれている〉南の国境〈の故に〉ティニス(14)（侯）を（も）讃える。余は夕立ちの如くにこの地を占領した。故王メリ〔イブ〕ラー（も）このことは（でき）なかったのだ。その故に寛容であれ。〔……〕（七五）隠されるべき〔……〕は何もない。未来のために行動することはよいことだ。

汝は南部と友好を保ちえよう。荷物担ぎたちは贈物を携えて汝のもとにやってくる。余は先祖たちと同じように振舞った。(この故に、たとえ汝に)与えるべき穀物がな(かろうとも)、かれらは汝に忠順である。[15](なんと)すばらしいこと(か)。(故に)汝のパンとビール(だけ)で満足しておけ。[17]花崗岩は妨害されることなく汝のもとにやってくる。他人の記念碑を傷つけるな。[16]トゥラの石材を切りだすべし。廃墟(の石材を用いて)汝の墓を築いてはならぬ。かつてつくられていたものを、つくられるべきものに(流用してはならぬ)。見よ、汝王にして喜びの主(たるもの)よ。(一〇)汝は、余のなしとげたることによりて、望みのまま、何もせずにおれるし、力に(みちて)眠ることができるのだ。汝の国境の内側にはいかなる敵もない。

都市の支配者となりたる者は[18]、下エジプトの故に、心に懸念を抱いてたち上がった。(下エジプトとは)ハトシェヌー[19]からセバカ[20]まで、その南境は「双魚」水路[21]までである。余は海岸[22]に至るまで(その)西部全体を平定した。かれらは貢納に(同意し)、メルー材[23]を与え、[24]杜松材も(再び)見ることができる。かれらがわれわれに与えるからだ。(だが)東部は弓兵どもで一杯だ。その産物は〔……〕、(デルタの)真中の島々もその住民も、そっぽを向きあっている。[25]〈各行政区〉はそれぞれ言う。「あなたは(一五)私より偉大です[26]」と。

見よ、かれらが破壊した〔地〕は(今や)行政区および大都市に〈分けられている〉。(かつての)一人の所領が(今では)十人の手中にある。〔……は〕すべての税のリスト[27]〔を……〕。神官には土地が与えられ、汝のため、一(労働部)隊のように働いている。かれらが反逆することはなかろう。下エジプトの貢租は（今や）汝の手中にある。見よ、余が東部において得た〈地域〉、[28]〈ブヌーの境界から「ホルスの道」[29]まで、係留杭が打ちこまれ、都市が建設され、人びとでみたされた。（九〇）〈かれらの攻撃を〉撃退するため全国から選びぬかれた人びとによってである。これをまねることのできる勇者、余のなしとげたること以上のことをやれる者をみ（たい）ものだ。臆病な後継《あとつぎ》から〔……〕。

これに関して「弓兵」についてはもっと述べておかねばならぬ。惨めなアジア人《びと》、そのおる土地は難儀な（場所）だ。水で悩まされ、多くの樹木で難渋し、その道は山のため苦しい。一つところに住まず、その足は〈さまようべくつくられている〉。ホルスの時代より[30]戦ってきたが、征服することも、征服されることもない。〈隊を組んで攻撃する盗賊〉のように戦さの日を宣言することもしない。

だが余の生ある限り、（九五）余はかくの如し[31]。夷《えびす》びとどもは（城）壁で閉じこめられ、〔……は〕開かれている。余は下エジプトをしてかれらを破らせ、その住民を捕虜とし、その家畜を奪った。エジプト人の前にアジア人を厭《いと》わしめたのだ。アジア人といざこざを起すなかれ。かれはアジア人（にすぎず）、海岸を〈奪われた者〉なのだ。（たとえ）一人の〈人間〉から奪うことはできて（も）、多数の市民をもつ町を攻撃はしないだろう。

下エジプトの〔半分〕には水路を掘り、[32]塩湖にいたるまで水を満たせ。見よ、そこは夷びとどものへその緒なのだ。（一〇〇）その城壁は好戦的で、兵士たちの数は多い。臣民たちは、〈家にいる神官にいたるまで〉武器を扱うことができる。ジェドスート[33]地域は、自由で税を払わない市民が全部で一万人を数える。王都の時代[34]からずっとそこには役人たちがいる。国境は確定しており、その守備隊は勇敢である。多くの下エジプト住民は、デルタにいたるまで、灌漑し、貢納を免除された穀物を（自発的に）納入する。〔……〕することは、こうする者にとって〔……だ〕。見よ、それは下エジプトの轅《ながえ》なのだ。かれらはヘラクレオポリスに至るまで堤をなしている。多数の市民は心の支えである。敵の支持者にとりかこ（まれ）ぬよう心せよ。みずからを守るもの[35]（のみ）が歳月を更新できるのだ。

　上エジプトとの国境に紛争が生じるとき、帯をつけるのは〔北の〕夷どもなのだ。（故に）下エジプトに要塞《とりで》を設けよ。人の名前はそのなしたることによりて小さくなることはなく、（固く）すえられた都市は破壊を蒙ることはない。〔汝の〕像〔のための〕神殿を建てよ。敵はその性邪悪にして心の病いを喜ぶものだ。故王ケティ[36]は〔その〕教訓に（こう）定めている。「厚顔さに対し沈黙する者は供物を減らす。（されど）神は神殿に対する反逆者を攻撃されよう。かれはそのなしたることに圧倒され、獲得しようとしたことに満足する（かもしれないが）、禍いの日になんの好意もみいだせない」と。

　供物卓を一杯にせよ。神を敬え。（神は）心弱き者（など）といってはならぬ。汝の腕を怠けさせることなく、〈みずからの喜びをつくりだせ〉。〈満足〉こそは天に仇なすものであり、敵を知りて〈監禁〉することこそ記念碑である。自分のつくったものが後からくる誰かによって維持されるのを望むならば、それを損うことはできぬ。敵をもたぬ者はいない。両岸（の主）は賢者である。王にして廷臣の主君（である者）は愚か者ではありえない。〔母の〕胎内を出てくる時（からしてすでに）賢く、〔神が〕百万の地にぬきんでさせているのだ。

王権こそはすぐれた公職である。記念碑に残る（ような）息子も兄弟ももたぬ（が、王）こそが他人を昇進させるのだ。人が先人のために働くのは、自分のつくったものが、後から来る誰かによって維持されるのを望んでのことである。

見よ、わが御代に禍《わざわい》が生じた。（一二〇）ティニス地方が掘りかえされたのだ。[37] このことはまったく〔前に〕余のなしたることによって起ったのであり、余が知ったのは、それがなされた後のことであった。見よ、わが報いは余の所業により（生まれたのだ）。哀れな（なんのとりえもない）人間は、うち壊されたものを再建し、自分の建てたものを破壊し、〈傷つけた〉ものを修復する（だけ）なのだ。汝はかようなことをなさぬよう心すべし。一撃にはそれと同じ（一撃）で報われる。これがあらゆる行為の〈帰結〉なのだ。

人間のあいだに世代は（交代して）いき、〔人〕性を知り給う神は隠れたままでまします。（だが）「腕の主」に逆うことのできる者はいない。（一二五）眼にされることを攻撃し給うお方なのだ。貴石でつくられ、金属〔で〕こしらえられ、その道を歩み給う神を（年年）くりかえされる（ナイルの）増水の如くに敬うべし。隠されたままでいることを許す河はない。自分を隠していた〔堤〕を破るからだ。魂もまた、その知っている場所に赴き、昨日の道からはずれることはない。汝の西方の家を富ませ、墓地での場所を飾りたてよ。正しき者の如くに、また〔人の〕心の拠りどころたる正義を行なう者の如くに。心正しきものの性《さが》は悪をなす者の牡牛にまして（神の）意に適うものだ。神のために行動せよ。神もまた同じように汝のために行動し給うだろう。（一三〇）供物卓をみたす供物や刻まれた碑文――それは汝の名を証するものだ――によって（神のために）行動せよ。神は自分のために行動する人物を知り給うのだ。

神の家畜である人間はよく管理されている。神は人間の望みに応じて天地を創造され、水に沈む怪物(38)を追い払われた。かれらの鼻孔に生命の息吹きをつくり給うた。神の体より現われた人間はその似姿なのだ。神はかれらの望みに応じて天に昇り給い、かれらのために、その食物として草木、獣・鳥・魚をつくり給うた。敵を殺し、叛心を抱いたが故に、自らの子供らを（も）滅ぼし給うた(39)。人間の望みに応じて、陽の光をつくり給い、かれらを見ようとて（天を）〈航行し給う〉。かれらの近くに（一三五）聖所を設け給い、その歎きに耳を傾け給う。かれらのために、卵の時(40)（より）の支配者にして、弱き者の背を支える柱(41)をつくり給うた。かれらのために、起りうることを避けるための武器として、呪術や昼夜の夢をつくり給うた。人がその兄弟のために自分の息子を鞭うつように、かれらの中の不実な者どもを殺し給うた。何となれば、神はすべての（者の）名前を知っておられるからだ。

余を傷つけるが如きことをなしてはならぬ。（余は汝に）王についてのあらゆる掟を〈与えてやったのだ〉。人として高められるがために、汝の顔を〈開け〉。汝は告発者(42)（の現われること）なく、わが（もと）に達することができよう。（一四〇）好意を示し、近づいてくる者は一人として殺してはならぬ。神はかれを知り給うておられるのだ[43]。地上で栄えるのはかれらの中の一人であり、王につき従う者たちは神である[44]。汝の愛を世界全体に与えよ。よき性質は記憶される（ものだ）。〔……〕ケティ王の邸の背部におる者達は、現在の[45]〈状況〉と比べて、「苦しむ者の時代が滅ぼされますように」と汝に（対して）言っている。

見よ、余は汝にわが腹（中）の有益なことがらを語っ（て聞かせ）た。（この）汝の面前に据えられていることに従って行動す（べきである）。

めでたく（終りと）なった。書き物に発見された（一四五）通りに書記〔カ〕エムウアセトが、かれみずから、（すなわち）まことの寡黙者にして性善良なる者、情深くして人を愛し、他人の見える所に立つことのない者、主人の傍で召使を誹《そし》ることのない者、計算を行ない、呪文を唱え、トトの技に巧みな書記（である）書記カエムウアセトのため、およびかれの最愛の兄弟、まことの寡黙者にして性善良なる者、（一五〇）トトの技に巧みな者、〔……〕の子（である）書記メフのために書き記した通りに（である）。

アメンエムハト一世の教訓

（一・一）上下エジプトの王セヘテプイブラー、ラーの子（なる）故[1]アメンエムハトが、真理[2]の啓示として、その子たる万物の主[3]に語った教訓のはじまり。

かれは語った。

神として現われたるものよ。地に王として君臨し、国々を支配せんがために、多くのよきことを成就せんがために、余が汝に述べることに耳を傾けよ。

（なかでも）臣下の前では注意せよ。（かれらは）無（にひとしいもの）であり、その尊敬など心にかける必要はない。唯一人でかれらに近づいてはならぬ。

兄弟を信頼するな。友人を知るな。腹心をつくるな。（一・五）なんにもならぬからだ。

眠るとき（も）、みずからその心臓を守れ。禍いの日には誰にも味方はいないのだからだ。余は貧しき者に（施しを）し、孤児を養った。何ももたぬ者を（も）何かをもっている者と同じように取りたててやった。

だが余の食物を食べたものが、軍をおこした。余が腕を与えたものが、それによって恐怖をつくりだした。余の亜麻布をまとったものが、余を草（であるかのよう）にみなした。

余の没薬を塗ったものが、余の前に唾した。

わが生ける似姿たち[4]、人びとの内なるわが後継者たちよ。未だ聞かれたことなき叫び[5]を余のためにあげよ。（一・一〇）（かくのごとき）大いなる闘いはかつて眼にされたことはないのだからだ。たとえ戦場にて昨日を忘れて戦ったとしても、知るべきことを知らぬ者には幸運はかなわぬのだ。

あれは夕食後のことであった。夕方になっていて、余は一時間の休養をとった後であった。余は疲れて寝台に横になっており、（二・一）心は眠りを追いはじめていた。そのとき余の衛兵に向かって武器がひらめいた。だが余は砂漠の蛇のごとくであった。

余は戦いに目覚め、（ただちに）われをとりもどした。余はそれが衛兵（と）の戦いであるのを認めた。余がすみやかに武器を手にしていたならば、卑怯者を〈あたふたと〉退却させたであろう。だが夜間に勝利を収めることはできないし、唯一人では戦いはできぬ。英雄的行為（も）助太刀なくしては生まれない。

（二・五）見よ、殺人がおこったのだ。余が汝とともにおらぬ時に、余が汝に委ねた廷臣たちが聞きつけるよりもはやく（おこったのだ）。（ああ）余はその準備（も）なさず、そのことを考えてもみなかっただけに、（今）汝のことが気がかりだ。だが余には僕《しもべ》たちの怠慢と考えることはできぬ。

いったい女どもが軍を敷いたことがあったであろうか。王宮に叛乱者が養われたことがあったであろうか。水を〈自由に流れさせて〉畑をひき裂かせ、貧しい人びとを仕事に失望させるようなことがあったであろうか。余の誕生（の日）より禍《わざわい》が余を襲ったことはなく、勇敢な行為をなしたる者として余に匹敵する者はいなかったのだ。

（二・一〇）余はエレファンティネまで進軍し、デルタにもどってきた。地の涯に立ち、そのなかをみた。余の力と奇蹟を起す力とをもって、「大熊」[6]の涯に達した。

余は穀物をつくりだすもの、穀物神に愛されたものであった。ナイルは毎（年）の水源開きに余を敬った。余の治世に飢えるものはなく、（三・一）渇きに苦しむものもなかった。人びとは余のつくりだしたものに（満足して）坐り、余について語った。余の命じたことはすべてその正しい場所にあった。

余は獅子を馴らし、ワニを捕えた。ワワト[7]の人びとを征服し、マジョイ[8]を捕え去った。アジア人《びと》に犬の歩みをさせた[9]。

余は黄金で飾った館を余のために建てた。天井は瑠璃、壁は銀、床はアカシア材、（三・五）扉は銅、門は青銅、これら（の材料）によって永遠のためにつくられ、無限のために準備された（家であった）。余はこのことを知っていた。（家）全体の主人だったからである。

にもかかわらず、路上には憎悪が〈はびこっている〉。知識ある者はこのことを肯定し、無知なる者は否定する。かれは、見ることができず、このことを知りえないからである。

わが子センウセルトよ。余の足は立ち去ろうとも、汝を讃めたたえる天人たちの面前で幸運の時（刻）に生まれた汝を余の眼がみた時より、わが心はただただ汝だけのものなのだ。

見よ、余は汝のためにへさき綱をつくり、とも綱を結びつけた。[10] 余の心にあるものを汝に譲りわたした。(三・一〇) 今や汝は神の種子《たね》の白冠をかぶり、国璽は、余が汝にあてがいしものとしてその場所にあり、ラーの舟には歓呼の声がある。かくして王権は原初の状態で(再び)成立した。

よきことも悪しきこともせず、汝の砦を築き、堅固なる建物を再建し、人間と知り合うことに用心せよ。余はかれらが汝(万才!)のまわりにおるを望まぬのだからである。めでたく終りとなった。[11]

ドゥアケティの教訓

(三・九) ドゥアケティという名のイアルト[1]出身の男が、王都の最も気高きところ(である)官吏の子供たちの(行く)学校に息子ペピを入れるため、王都をめざして(四・一)南に航行したとき、ペピのために行なった教訓のはじまり。

そこで、ドゥアケティは息子ペピに向かって言った。

私は笞うたれたものを見たことがある。おまえは心を書物に向けるべきだ。労働者として連れ去られた者を見るがいい。ごらん、書物にまさるものはなにもない。それは水上の舟だ、ケミイト[2]の終りを読んでみよ。そこにこの(ような)文句をみつけるだろう。「都でなんらかの地位にある書記は、そこで困窮することはない」と。

書記は他人の願いを実現してやる。たとえ(その)ものが満足して立ち去ることができなかったとしてもである。私はそれに匹敵するような言葉が述べられる職を知らない。(四・五) 私はおまえに、おまえの母親よりも書くことを好きにさせ、その美しさを眼の前に浮かび上がらせよう。しかもそれはいかなる職業よりも偉大であり、この世にそれに匹敵するものはないのだ。かれが大きくなりはじめたら、まだ子供であるのにもう人びとは挨撈をする。かれは用務をはたすためにつかわされ、戻ってこないうちからもう〈ガラビーヤ(3)〉を着ている。

私は（官命を）委ねられている彫刻師とか、派遣された場所にいる金細工師とかを見たことがない。だが、炉口で働いている金属細工師は見たことがある。その指はワニの爪のようであり、魚くずのように悪臭を放っている。

手斧をふるう木樵はみんな、農夫よりももっとくたびれる。その畑は木であり、その鍬は斧である。その手仕事には終ることがない。（五・二）精一杯力をふりしぼって働かねばならず、夜は灯をともして（働く）。

宝石細工師はさまざまの硬い宝石に鑿《のみ》で孔を開ける。護符玉の象眼をおえたときには、疲れのため力は消えうせてしまっている。膝と背中とが曲がってしまったまま、日の暮れるまで坐っている。

床屋は夕方遅くなって（も）ひげを剃る。しかも早くから起きて、水盤を小脇にかかえて、呼びかける。ひげを剃る人をさがして通りから通りへ歩きまわるのだ。その腹をみたすために、力を弱めている。（五・五）その労働しただけ食べているミツバチのように。

葦細工師は、自分で矢をとりにデルタへ航行する。活動のさい力以上に働く。蚊が刺し、砂のみが襲えば、挫けてしまう。

陶工は、たとえその生涯は生者の中で〈送る〉とはいえ、地面の下に（住んで）いる。壺を焼くため、ブタよりも（深く）地面に（穴を）掘りこむ。その着物は粘土でつっぱり、頭布はボロボロ、窯から直接くる（熱気）が鼻孔にはいりこんでくる。自分の足で突進し、〈自分自身が突き棒である〉。どんな家の中庭にも突き入り、公けの土地に（所有地の杭を）うちこむ。

（六・二）私はおまえに左官も挙げておこう。外の風に吹きさらされていなければならないため、その腰は病気だ。腰巻き（をつけただけ）で壁をつくる。だがその背中のバンドは紐であり、お尻（のバンド）は綱である。腕はいろんな汚物をこねまわし、疲れこわばってそこなわれている。一日に一度しか洗えない指でパンを食べる。

大工が〔……〕にあるものをつくるとき、かれは苦しい。それは十腕尺に六腕尺の広さの家の屋根だ。梁桁が置かれ、蓆《むしろ》が広げられ、仕事が全部終るまで、一カ月かかる。（六・五）かれの家庭に与えられる食料を子供たちに分けてやるものはいないのだ。

庭師は天秤をかつぐ。その両肩は老年のしるしを示し、その項《うなじ》にははれものがあり、〈膿を出す〉。朝は野菜に水を注ぎ、昼は果樹園で働き、夕方はコエンドロ（の手入れ）に時を費す。だから、かれは他のいかなる職業にもまして、貢納物の（重き）ため死んで倒れることになるのだ。

農夫はホロホロ鳥より以上に歎き悲しみ、その声はカラスよりも大きい。指はいっぱいのおできで膿み爛《ただ》れてしまっているからだ。もしデルタに登録され、追いはらわれたら、（もう）お終いだ。島に行って[4]から苦しむ。（七・二）そこでの賦役は三倍とされているため、病気がかれに対する報酬であるからだ。そこから出てくれば、疲れ切って家にたどりつく。

税がかれを砕いてしまっているからだ。

（蓆《むしろ》）編み師は、織物工房にいる。その状態は婦人よりもはるかに良くない。膝は胃につきあたり、そのため呼吸ができない（ほどだ）からだ。もし織らないで一日をすごすと、五十回笞打たれる。日中に外出させてもらえるよう、門番に食料を与えなければならない。

矢じりつくり――かれは、きわめてみじめだ――は、砂漠にでかけていく。(5)（七・五）その牝ロバに与えなければならないものは、後の仕事（の報酬）よりももっと大きい。道を教えてくれる百姓に与えなければならないものも大きい。夕方家に帰るとき、道がかれをうちくだく。

隊商が外国に行くときは、獅子やアジア人《びと》をおそれて、財産を子供たちに（譲る）遺言をする。エジプトに（もどって）はじめて、自分をとりもどす。〔……〕その家は煉瓦〈の代りの〉材料でできており、(6)心を喜ばせる控えの間がない。

火夫の指は腐り、死骸のような臭いをしている。眼はたくさんの煙で燃えている。（八・二）たとえ、葦の池で日をすごしても、その汚れは落とせない。その着物はかれには厭《いと》うべきものだ。

履物つくりは、ゴマ油桶の下で困りはてている。しかもその倉は（動物の）死骸が一杯つまっており、かれがかむのは革なのだ。

洗濯屋は河岸で、ワニの近くにいて洗いものをする。「私は流れる水から出ていきます、お父さん」と、息子と娘は言う。「私がほかのどんな職業よりもしあわせを（感じる）職業に」と。食べものには汚物がまじっており、その体にはきれいなところはない。（八・五）しかも月のもののある婦人の着物も濯《すす》ぐのだ。タタキ棒をもち、石のそばで日を過ごしては涙を流す。「汚れものを洗って、持ってきてくれ」と人びとはかれに向かって言う。「縁からもうあふれだしているぞ(7)」と。

鳥刺しは鳥への期待（がある）に（もかかわらず）、非常に弱いものだ。群が上を通りすぎれば、網をもっていたらなあと言う。だが神はかれがうまくいくことをお許しにならない。その仕事に敵意をもっておられるからだ。

私はまたおまえに、他のどんな職業よりも弱い漁師について話そう。かれはワニで一杯の河で働いている。清算の期日がくれば、歎き悲しむだろう。「ワニが（住んで）おります」と言ってくれることはないからだ。（九・二）だから恐怖がかれの目を見えなくしている。だが、かれが流れから逃れるならば、神のお力（による）かのように〔死んでしまうだろう〕。

ごらん、書記の他には、主人のいない職業はない。それというのも書記は主人であるからだ。

もしお前が書くことができるなら、それは私が教えてやった（どの）職業よりもおまえにとってすばらしいことなのだ。物持ちである保護者とかれに所属する小人《しょうじん》と（を見よ）。作男は（その主人）に向かって「監視しないで下さい」とは言えないのだ。

私が（王）都をめざして南へ航行するのは、見よ、おまえへの愛のためなのだ。なぜなら、おまえにとって学校での日（々）が役に立つからだ。その活動を朝早くから探し求めなさい。(九・五)私がお前に（その有様を）教えてやった（これらの）労働者たちは急がねばならず、従順でないもの（もまた）急がせねばならないのだ。

私はおまえに、戦場ではどうふるまうべきかを教えるため別の話をしよう。[8]争いのあるところに近よるな。もしおまえにつきあたったものがせっかちにとがめ、人の聞いているところで立腹を防ぐ（すべ）を知らないとしても、返事はためらいがちに行なえ。

もしおまえが官吏たちの後をいくときは、最下位者の後から、離れて近づきなさい。もし家の主人が在宅しており、その腕がおまえより前の他の者に（さしだされて）いるとき、おまえが（その家に）はいっていくならば、手を口にあてた（まま）坐っていなさい。かれの前ではなにも乞い求めず、かれが言いつけること（だけ）やり、食卓ではでしゃばらぬよう気をつけなさい。

まじめであれ。品位をなくしてはいけない。(一〇・一)秘密の言葉を決して言ってはならない。口を閉じているものは自分のために楯をつくるのだ。悪意のあるものといっしょにいるときは〈無思慮なことばをはいて〉はならない。

もし、正午が告げられて、学校から出てくるときは、（公共の）建物の控えの間に行って「汝にとっての気高さ」（という本）の最後（の部分）について討論しなさい。

もし、官吏がお前を使者として送るときは、かれの言ったこと（だけ）をのべなさい。なにもとり除いたり、つけ加えたりしてはいけない。（本）箱をすてるものの名は残らない。だがその性すべてが賢明であるものには、なにも隠されているものはない。かれはいかなる地位からもやめさせられることはない。

母親に対してうそをつくな。（一〇・五）それは役人にとって厭うべきことであるからだ。だが有用なことを行なう子供は、祖先に匹敵するものだ。

従順でないものといっしょになって楽しむな。なぜなら、お前について（そんなことが）聞かれたら、困ったことなのだからだ。

もし三個のパンを食べ、二杯のビールを飲んで（も）身体が（もっと欲しがるのを）やめなかったら、それとたたかうように。もし他のものが腹一杯食べても、それに従わず、食卓ででしゃばらぬよう気をつけなさい。

ごらん、おまえが多数の人々を送りだし、役人の言葉を聞くことができますように(9)。（知識）人の子供の性《さが》をわがものとし、その跡を歩みますように。書記は理解力(10)によって評価される。理解力が活動力を生みだすからだ。歓迎の言葉を（きいてから）立ち上がれ。歩くとき足を急がせてはならない。（一一・一）信頼しきって近寄ってはならない。おまえよりも優れている人の仲間になれ。だがおまえの敵はおまえの年長者の集団で（も）ある。

ごらん、私はおまえを神の道の上においたのだ。書記の運命はその生まれた日からその肩にのっている。かれは役所におもむき、人びとは服従する。ごらん、王（万才！）の家の財産から食料を（うけとら）ない書記はいない。（誕生の女神）メスケネトが書記にあてがわれており、かれを官吏会の上位にしてくれるのだ。

おまえに人生の道を与えてくれた父母をうやまいなさい。私がおまえとその子々孫々に〈教えてやる〉このことを（よく）見ておきなさい。

めでたく幸福な結びとなった。

アニの教訓

（王妃）ネフェルトイリの神殿の書記アニが(1)（著わ）した教訓と教えのはじまり。〔………〕(三・二) 汝の心臓にとって有益な優れた〔智慧を………〕、（その）〈智慧〉を実行せよ。（されば）〔………〕とあらゆる悪しきことが汝より遠ざけられ、汝のため〔………〕よきことが讃めたたえられよう。（汝に）よき性質が教えられ、〔……を〕語って妬み深くなく、怠け（心）が追い払われるためである。おお、物事に通じたる賢者よ、(三・五) 職務において取るに足らぬ者とならず、〔……〕富を〔獲得する〕ため、あらゆる悪しきことを遠ざけ、〔……を〕みたせ。職務と言葉とにおいて心を重くせよ。一呼吸おくことなく汝の口が要求されたことに答え、その言葉が優れたものであるように。使者として送られる（ならば）、〈書記に近づけ〉。慎重な答えをなす者の舌は傷つけられることがない。

一

役人を裏切る罪を〔犯すな〕、(三・一〇) 汝が告訴を取り次ぐとき〔…………〕

二
汝の家にて話されることは隠しておけ。耳を塞ぎ、聞くな。人が汝の言葉に耳傾けぬならば、(この教えの)有益さが分かろう。そうせぬよう心せよ。汝は〔……〕しよう。

三
栄養となる食物を腹から遠ざけるな。(されど)汝の家にて〈嘔吐〉に(まで)進むは神の忌み嫌い給うところ、これをやってはならぬ。

四
汝の上司にも神にも命令してはならぬ。心で知りながら上司よりもならず者に耳を傾けるの〔はよくないことだ〕。(三・五)汝が地位の低い者である限り、上司に頼れ。汝に肉を与えてくれよう。

五
〔……〕つねに掟を実行し、労働の季節に(畑を)耕すことを考えよ。(かくて)汝の家は満ちよう。仕事が全く〔行なわれぬときは〕(三・二)畑の耕されること(も)ない。

六

（まだ）青年であるときに妻を娶れ。汝のため息子を産んでくれよう。（まだ）若いうちに〔息子を〕儲けよ。かれが（一人前の）男となるよう教育せよ。多くの子供をもつ者は幸せだ。その子供らの故に、尊敬をうけようから。

七

汝の神のために祝祭《まつり》を祝い、季節（毎）にくりかえせ。神はかれを顧みない者に怒り給うのだ。（三・五）はじめて供物を捧げるときは証人たちを列席させよ。証拠を求めにくるものがあるならば、パピルスに記録させよ。[2] 神の御力が産みだし給うことを称えるために、汝の〈確認〉を求めてやってくるのだ。歌と踊りと香（煙）とは神の食物であり、平伏されることは神の財産である。神はこれを行なう者の名を酔っぱらい（の名）よりも高めてくれよう。

八

（三・一〇）見知らぬ者に紹介され（ても）、汝に敬意を表するまでは、その家にはいりこんではならぬ。その家でじろじろと眺めまわして（も）ならぬ。（たとえ）眼は観察して（も）、沈黙を守るべし。そこに居合わせぬ他人のことをしゃべらせてはならぬ。（本人の）聞いていないとき（その人のことを話すの）は、きわめて重い罪である。

九　その都市《まち》で知られていない他者《よそもの》の婦人に気をつけよ。女が通りすぎるとき、じっと見つめてはならぬ。肉体の上で女を知ってはならぬ。深淵の水であって、その流れは（誰にも）分からず、夫から（三・一五）遠く離れた婦人である（からだ）。「私は〈ひとりものです〉」と毎日（でも）汝に言うだろう。汝を罠にかけようとするとき、彼女には証人はいない。このことが人に知れ、その早い口を呑みこめなかったとき、[3]それは死（に価する）重罪なのだ。人間は唯一度の立腹ですべてを損うことができるのだ。

一〇　汝の名が悪臭を放たぬよう法廷に出入りするな。〈…………〉（四・一）多くを語ってはならぬ。沈黙しておれ。（されば）汝は幸福であろう。

一一　神の住居において騒々しくしゃべるな。そこで忌み嫌われるのは騒がしい声である。愛の心をもって、言葉はみな隠して祈れ。神は汝の必要とすることをなし給い、汝の言葉を聞き給い、供物を嘉納されよう。

一二

谷⑷に憩う汝の父母に水を供えよ。この行為は汝が神々のかたわらに（坐るための）証拠である。（四・五）そのとき神々は「うけ入れた」といおう。外におられる方々⑸を等閑にしてはならぬ。汝の息子（もまた）同じことを汝にしてくれよう。

一三

ビールを飲みすぎてはならぬ。その時には、汝の知らないうちに、意味の分からぬ言葉が口からでてくる。倒れ、体がばらばらになっても、誰も手を貸す者はいない。（飲み）友達は立ち（上がり）、「大酒飲みはあっちへ行け」といおう。話をしに（四・一〇）人びとがやってくると、汝が幼児のように地上に転がっているのをみつけるだろう。

一四

汝の家からどこか知らぬ場所に出ていくな。このような場所に憧れるな。汝の好きなものを食べ、知っている場所を覚えておけ。目標を老年にすえ、谷にある汝の場所、（すなわち）汝の遺骸を隠すことになる坑を飾りたてよ。（四・一五）墓に憩える故老たちに対すると同じように、汝の眼が数えあげる仕事として、これを汝の前に置け。これをなすものを非難してはならぬ。汝も同じように準備せよ。（五・一）使者⑹が汝を連れにくるとき、汝が憩うべき場所に赴く仕度を整えており、「ごらん下さい。あなたの前には仕度のできた者が来ております」というのを見いだすことができよう。「あなたが連れて行くには若（すぎ）

ます」などというな。自分の死(ぬ時)は分からない(ものだからだ)。死がやってくるときは、老年に達した者も、母親の膝の上にいる幼児も同じように連れ去るのだ。

見よ、わたしは汝の心に留めるべき優れた忠言を語ろう。これらを実行せよ。(五・五)されば汝は幸福にして、すべての悪しきことは汝より遠ざけられよう。

一五　言葉を偽る罪に心せよ。これは心の中で欺瞞と戦うことではない。

一六　絶えず争っている者は、明日は(汝の)敵対者となろう。汝の(信)念に反して行動するのを見たならば、正しいまことの親友として扱ってはならぬ。かれの騒ぎを好む性質の故に、汝はその仲間にひきこまれ(ることになろ)う。

一七　汝の家にいる者には寛大であれ。それが気楽さを生みだすならば、(長く)続こう。窮乏して汝のもとにやってきた見知らぬ者に(五・一〇)手を(さしのべるのを)拒んではならぬ。

一八

ものはそれをつくった者のところに置け。返礼として戻ってこよう。汝自身のもちものから穀倉をつくれ。(家)人たちは、汝の道にそれを見つけよう。

一九

わずかしか与えることのできぬ者(も)、贈り物がもち来られ、運ばれ、多くの(もの)を得ることができよう。

二〇

智慧は愚か者の家に(も)住む。

二一

汝のもののために尽くせば、それを見いだそう。(困った者に)腕をさしのべれば窮乏に追いこまれることもなかろう。

二二

多く休むものは栄えることなし。汝が機会(を逃さぬ)男であるなら、尊敬されよう。

二三

（五・一五）その名が悪臭を放っている他人の奴隷と親交を結んではならぬ。

二四

悪しき教育をうけた者は、地位ある者となって（も）、答える際の振舞いを知らぬ。王のものを盗み、贈り物を受け取る。人びとはかれを捕え、その家にあるものを差押えようと、かれを追いかける。汝は困りはて、（六・一）「どうしたらよかろう」というだろう。

二五

わたしは、地上において家計をうちたてようとする者について汝に教えよう。庭園の敷地をつくれ。耕地の前をキュウリ（畑で）囲め。内部に樹を植えよ。家のどの部分でも（これらの）樹々が日蔭となろう。汝の手もて、眼を（楽しませる）あらゆる花（で）みたせ。人みなこれを必要とし、これを失わぬ（者）は好運である。

二六

無視せぬ者への良き忠言は（次の通り）。

（六・五）他人の財産をあてにするな。汝の相続したものを守れ。他人のもちものに頼るな。汝の家に積み上げられることはない（のだから）。家を建てよ。憎しみと仲違いを遠ざける（ものである）ことに気がつこう。毎日の住居となる母（方）の（祖）父所有の家がある（など）といってはならぬ。神の与え給うた汝の財産や穀倉は、汝の兄弟と分配すべし。

二七

もし汝が〔……〕父として子供らを得たならば、かれらを認めよ。人は飢える時もあれば、その家で満腹し、(六・一〇) 壁が庇護してくれる時もある（ものだ）。

二八

汝の神がつくり給いし心を失くした（ような）ことをするべからず。

二九

汝より年上の者や地位が上である者が立っているとき、坐ってはならぬ。

三〇

非難（されること）のないのは良き教育（を受けたもの）、なにかことがあるのは悪しき教育（を受けたもの）。職務を行なうにあたり、日々定められた道を歩め。「誰がそこにいるのか」と日々人びとは言う。その行動を隠す役人は、夫のものを盗む婦人と疑われよう。(六・一五) 勤務中の人物が疑うのだ。

三一　汝を攻撃する人を悪く言ってはならぬ。争論においては怒号は心の底に休ませておけ。苦しみに耐える時がきたとき、（七・二）それが財産だと知れよう。汝はそれを見いだし、敵を罰し、遠ざけよう。敵の情けは（きわめて）大きな損失を仲間に招く（ものだからだ）。

三二　（家）人たちが、心に応じて陽気に、あるいは悲しげに喝采してくれるとき、汝は勢力あるをみて幸福であろう。汝が唯一人であるとき（も）家族を見いだすだろう。

三三　汝が書物に通じているならば、汝の述べることみな人びとにより行なわれよう。書物にわけ入り、それらを汝の心にすえよ。（七・五）汝の言すべて優れたものとなろう。書記がいかなる地位にすえられようと、書物と相談すべきである。宝庫長官（となるべき）息子はなく、司法長官（を継ぐべき）継嗣もない。役人とは腕と職務とに巧みな書記（に与えられるもの）であり、子供に与えられるものではない。役人たちが貧乏である（としても）、（書記は生計をたてるに十分な）職業であり、かれらが力あるならば、書記を保護してくれよう。

三四
見知らぬ者に汝の心を開き、自分に〈不利な〉発言を見つけださせてはならぬ。汝の口より出た偶然の言葉が軽率なものであり、（しかも）繰返されるならば、敵をつくることになるのだ。一人の男が、その舌の故に破滅する（かも知れぬ）。うとんじられることのないよう心せよ。

三五
人の腹は倉よりも広く、あらゆる答えで一杯である。(七・一〇) 悪い（答え）は腹中に閉じこめ、よい（答え）を選びだして語れ。答えが無礼であるなら、杖が振り上げられよう。穏やかで愛されることを語れ。自分に関することは（むしろ）答えるな。

三六
正しくことが判定されているのに、神の御意志に反して嘘をつく罪を犯す者は、その運命がかれを連れ去りにやってくる。

三七
汝の神に供物を捧げ、神を冒瀆することなきよう心せよ。神の（顕現の）御姿を問うてはならぬ。神の行幸[7]のあいだ（あまりに）馴れ馴れしくするべからず。神を運ぶため近づき（すぎても）ならぬ。〈覆いを乱〉すべからず。〈覆いが隠しているものを発《あば》か〉ぬよう心せよ。[8] 汝の眼をして（七・一五）神の怒りのいかなるものかを見さしめ、神の名においてひれ伏せ。神は百万もの御姿にて力を示し給う。神の大ならしめ給う者（のみ）が大いなるものとなる。この国の神は地平線にあらせられ給う太陽にして、その像（のみ）が地上にある（にすぎぬ）。毎日の食物として香が供せられるならば、臨御の主は栄え給おう。

三八

汝が母親に与える食べ物を二倍にし、彼女が運んでくれていたように運んで行け。母は汝という重荷をもったが、わたしに委ねたことはなかったのだ。[9] 幾月の後汝が生まれた（が）、なお（汝に）縛りつけられ、〈ひきつづく〉三年の間、その胸は汝の口中にあった。[10]（たとえ）汝の便が〈むかつくようなもの〉であろうとも、母は〈嫌がって〉「どうしようか」とは言わず、（七・二〇）書くことを学ぶ（年齢になる）と、学校へやり、〈汝のために〉毎日（八・一）家からパンとビールとを運びつづけたのだ。

三九

汝が青年となって妻を娶り、家を設けたときは、母がいかにして汝を産んだか、（いかに）汝を育てあげたかをすべて眼に据えて[11]（おけ）。母に非難されることのないようにせよ。母が神に向かって手をさし上げることのないように、神がその叫びを聞き給うことのないようにせよ。

四〇　他人が窮乏しているとき、〈その〉パンを食べてはならぬ。〈かれのための〉食物に手を出してはならぬ。〈食物は〉いつでも〈この世にあるのだから〉。

四一　人は〈もともと〉(八・五)なにも〈自分の〉ものをもってはいない。ある人は富み、ある人は貧しいが、パンはいつでもある。〈パンのなくなることがあるだろうか〉。去年は富める者〈も〉今年は浮浪人となる。

四二　腹をみたすに貪欲であるな。汝の歩みは不確実なもの〈にすぎぬから〉だ。汝の〈食物〉がそのもとに来ようとも、遠ざかるのはよいことだ。

四三　去年の水路は去り、今年は別のところ〈を流れ〉る。大海が乾燥地となり、砂洲が深淵となる。

四四　その習慣が全く生命（の本能）に対する答えである（にすぎぬような）（八・一〇）人[12]は、（全く）向上することなかろう。

四五　青年であると成年であると（を問わず）、汝の〔息子〕に心を配れ。職務を果す時の長官のように振舞うのはよくないことだ。

四六　家にいる人には無遠慮に近づいてはならぬ。取り次がれたときだけ入れ。（さもないと）口では「どうぞ」といいながら、態度では拒絶される（ことになるのだ）。

四七　憎むべき人間と接触があるとき、（急いで）かれを呼びよせることなく、また逃亡者を急いで打ち懲らすことなく、待て。かれを神にひき渡し、毎日かれを神のためにとっておけ。（八・一五）明日（も）今日汝の行なった如くであろう。神の行為を見よ。神は汝を汚《けが》す者を汚し給うのだ。

四八

なぐり合いを（始め）ようとしている群衆をみたならば、その中にはいってはならぬ。決して近くを通って（も）ならぬ。汝はかれらの暴力を免がれ、訊問がなされて（も）、法廷の裁判官の前にひきだされることなかろう。下層民どもを避け、兵士の下で（も）従順にしておれ。（八・二〇）知らない者は、法廷にひきだされることも、鎖につながれることもなく、何も知らぬ者は罪に問われることもない。

四九

（九・一）魂の嫌悪するものから免がれ、また多くの魂の嫌うことから汝が身を守るならば、魂はその愛するもののために行動する。（魂を）後ずさりさせるようなことはすべて避けるべし。群の先頭の獣こそ、（群を）牧場へ率いていく獣である。魂についてもまた同じ。もし麦打ち場が畑から離れている（といえる）ならば、魂もまた離れているといえよう。

五〇

心臓[13]に逃げだされた者、心臓が脇（腹）に縛りつけられている者の家には不和がもたらされる。汝の妻が優れていることを知ったならば、家で（あまりに）監督し（すぎ）てはならぬ。彼女が（それを最も）便利な場所に置いたのに「どこにあるのか。われわれのところに持って来い」と言ってはならぬ。口を噤んで眼を注いでおき、彼女の能力を認め

(てやれ)。(九・五) 汝の手が彼女と共にあるならば、なんと幸せなことであろう。その家の不和を終らせ、不和をつくりだす者に出会わぬため男がなにをなすべきかを知らぬものは多い。家に落ちつく者はみな、軽率な心を(堅固な心に)かためるべし。

五一　婦人の後を追いかけるな。心を婦人に奪わせてはならぬ。

五二　上司が怒りに燃えているときは答えるな。かれに譲れ。上司が苦いこと(ば)を(吐く)ならば甘いこと(ば)で(答え)よ。かれの心を鎮める良薬となろう。〈けんか腰で〉答えるならば、杖をもたらし、汝の確信(も)崩れ落ちてしまおう。汝のよき教育が、窮境よりも怒りを失くしてくれよう。自分(の手)で、その心を滅ぼすな。自分を抑えよ。(されば)上司の恐ろしい時(があっても)、すぐ汝を讃め(てくれ)よう。汝の言葉が心を鎮めるものであるならば、(九・一〇) 心はそれを受け入れようとするものだ。沈黙を追い求めよ。汝はその結果をわがものとできよう。

五三　汝の街区の伝令官(14)と親交を結べ。かれを怒らせるな。家にある食物をかれに与え、その頼みを拒んではならぬ。「称えあれ。地上にて称えあれ」といえ。「かれにはパンがない。食べるものもない。セド祭[15]で生きているのだ」（などと）かれの行為を非難してはならぬ。徴発のとき、かれは汝の大麦を〈徴発しないでおき〉、富裕であっても、汝を見過ごし（てくれよ）う。汝は〈……〉村に入って（も）、かれのお蔭で無事に出てこれよう。

付篇[16]

書記クヌムヘテプはその父（である）書記アニに答えた。

「ああ、私もあなたと同じように知識があったら（と思います）。そうすれば、あなたの教えに従って行動し、息子が父親を継ぐこと（も）できましょう。（だが）人はみな（九・一五）その性に従って進むものです。あなたは、その望み気高く、その言葉みな選びぬかれたお方です。しかし、息子は、書物の言葉を読ん（でもほんの）少し（しか）理解できません。

あなたの言葉がふさわしいものであれば、私の心は喜んで受け入れるでしょう。（だが）あなたの徳の教えをあまりにたくさんにしないで下さい。子供（というもの）は、書物がその舌の上にのせられているとしても、証人のようには教えを実行するものではありません（から）」

書記アニは息子（である）書記クヌムヘテプに答えた。

「この（ような）邪《よこしま》な考えに頼ってはならぬ。それが汝にもたらすことに心せよ。わたしの考えでは、汝の苦情は逆である。だから、汝を正そう（と思う）。わが（教訓の数々）は決して間違ったことではない。わが言葉も汝の言葉も読んで欲しい（ものだ）。（一〇・一）厩舎（の仲間）を殺した勇敢な牡牛（も）（もう）地面に倒されることはない。自分の天性を克服し、習い覚えたことを失わずにもち続ける（から）だ。（今では）全く肥らされた（去勢）牛のようである。怒り狂う獅子（も）その憤激を脱ぎ捨て、ロバを恐れて通りすぎる。馬は軛《くびき》に（繋がれて）温和しく（畑に）出かけていく。犬は命令に従い、主人の後を歩む。サルは、母（猿も）もてなかった曲杖[17]をもつ。（一〇・五）ガチョウは、（家に）連れ帰られるとき、〈従順に〉涼しい池から戻ってくる。黒人にもシリア人にも（他の）どんな外国人にもエジプト語を教えることができる。（この）わたしが、わが地位にあってなしたことをことごとく知れ。汝が聞き（従う）ならば、なにをなすべきかを知ることができよう。」

書記クヌムヘテプは父（である）書記アニに答えた。

[18]「あなたの力をそんなに強められて、わたしを力ずくで扱おう（など）と考えないで下さい。自分の手をおろし、その代りに答えに耳を傾けるのは人間に特有のことではないでしょうか。返答のある人に耳を傾けるという習慣において、人間は神の似姿なのです。賢者だけでなく、大衆も群のすべても神の似姿なのです。（一〇・一〇）（たとえ）賢者だけが分別に

富み、大衆はみな愚かである（としても）、賢者だけが神の教え子ではないのです。あなたの語られることはすべて優れたこと（ばかり）です。しかし（それが）実行（できるかどうか）は〈徳〉によって決定されます。あなたに賢さを与え給うた神に『かれをあなたの道に置き給わんことを』とおっしゃって下さい。」

書記アニは息子（である）書記クヌムヘテプに答えた。

「この（ような）多弁より頭をそらせ。聞き（従う）ことからは程遠いことだ。畑に落ちている曲がった枝は、太陽の乾きと暑熱にうちすえられる。職人がこれをもって来てまっすぐにし、大官の杖をつくる。まっすぐな枝（も）かれは〈杖〉にする。おお、悟ることのできぬ汝の心よ。（10・15）（今では）われわれの教えを受けたいと思っているのか。それとも（なお）道に迷っているのか。」

「ですが」とクヌムヘテプは言った。「神の似姿にして、強き腕をもつ賢者よ。母親の膝の上にいる子供の願望は、（母乳に）満足した後でしか存在しないものです。」

「だが」とアニは言った。「子供が『パンが欲しい』と言うためには、すでに自分の口を見つけだしている（ではないか）。」

アメンエムオペトの教訓

一・一 いかに生きるべきかの教え、
繁栄のための手引き、
年長者との交際のためのあらゆる掟、
廷臣のための規則、
発言者にいかに答えを返すべきか、
（使者として）送りだした人に（いかに）報告すべきか（についての知識）、
生活の道を指示し、
地上において繁栄させ、
その心を神祠に下らせ、
悪よりそらし、
弥次馬連の口より救い、
人びとの口に尊敬されるための（教訓の）はじまり[1]。
（この教訓は）職務の経験豊かな耕地長官にして、

エジプトの書記の後裔、
計量を司る穀倉長官、（すなわち）主君のため（穀物の）収穫を命じ、
陛下の大いなる名の下に
（河の）島々と新たに（出現する）土地とを登記し、[2]
耕地の境界標をたて、
二・一 その記録によって王を守り、
エジプトの土地台帳をつくる（者）、
すべての神々のための供物を確保し、
民衆に土地の（使用）権を授ける書記、
穀物長官にして食料を〔支給し〕、
〈穀倉に〉穀物を〈輸送する〉（者）。
アビュドス州のティニスにてまこと沈黙せる者、[3]
アプー[4]にて義とされたる者、
センウト[5]の西に墓所をもち、
アビュドスに（空《から》）墓《ばか》をもつ者、
カーナクトの子、
アビュドスにて義とされたるアメンエムオペトによって、
その最年少の子、

一族中の最[6]（年）少者、
ミンカムテフの枢密顧問官にして 一五
ウェンネフェル[7]に水注ぐもの、
オシリスをその父の玉座に坐らせ、
その気高き聖祠にて〈守り〉、
大いなる〈イシスの衣服をつくりあげる〉者、 三・一
神母の検査官、
ミンの高台の黒き牡牛の監督官にして、
その聖祠にてミンを保護するもの、
正式の名はホルエムマーケルー、 五
アクミムの名士の子、
シューとテフヌトのシストルム振りにして
ホルスの合唱隊長タウセルト[8]の子のために（語ら）れた（ものである）。

かれは言う。

第一章[9]

汝の耳を傾け、述べられること（ば）を聞け。

それらを理解するため、汝の心を与えよ。
心にとどめておくのはよいことだ。
等閑にするものには禍があろう。
汝の心にて〈鍵〉となるために、
それらを腹の小箱にしまっておけ。[10]
言葉の疾風《はやて》まき起るとき、
そなたの舌〈の〉もやい杭となろう。
これを心に留めて時を過ごすならば、
汝、時に成功をみいだそう。
わがことばに人生の宝をみいだし、
汝の肉体《からだ》、地上にて栄えよう。

第二章

虐げられた者から奪うことのないよう心せよ。
腕折れたる者[11]を抑圧すること（のないようにも）[12]。
近づいてくる老人に腕を突きだすな。
〈年老いたる者〉の話を〈横取り〉するな。
不法な使いに送りだされることなく、

これを行なう者を愛してもならぬ。
汝の攻撃している者に叫びたてず、
みずからのためにかれに答えることをするな。
悪をなす者、河岸はかれを見捨て、
〈増水〉がかれを連れ去る。
北風はかれの時を終らせようと（吹き）下り、
嵐と合体する。
雷鳴は響き、ワニは悪意を抱く。
汝心熱き者[13]よ、（今）汝はいかに。
かれは叫び、その声は天に（達す）。
おお月[14]よ、かれの罪（の証拠）を提出せよ。
五・一 われらが邪なる者を越えるため舵をとれ。
われらはかれの如くに振舞う（を欲せ）ざるがゆえに。
かれを取り上げ、汝の手を与えよ。
神々の腕に委ねよ。
その腹を汝のパンもて満せ。
かくてかれは満足し、〈恥じる〉であろう[15]。
神の心にましますもう一つの善きことは、

語ろうとする前に一息つくことである。

第三章

口熱きものとの口論に加わるな。
言葉もてかれを刺激するな。
押しこんで来る者の前では一息入れ、
　攻撃して来る者には道を譲れ。
語ろうとする前に一夜眠れ。
嵐はワニの焔の如くに突発しよう。
みずからの時において心熱き者、
その前より身を退けよ。
　かれの勝手にさせておけ。
神はかれに答えるすべを知り給う。
汝、これらに心して生涯を送るならば、
汝の子ら、それらを見よう。

第四章[16]

六・一 神殿において心熱き者は、

荒野に生える樹のごとし。
一瞬にしてその葉は失われ、
その涯は造船所にて終ろう。
（あるいは）その場所を遥かに離れて流され、
焔がその屍衣となろう。
（されど）まこと寡黙なる者は、
　みずからを別にしておく。
かれは〈庭園〉[17]に生える樹のごとし。
生い茂り、収穫を倍増し、
その主人の前（に立つ）。
その果実は甘く、蔭は快く、
その涯は庭園にて終ろう。

第五章

神殿での割り当てを〈誤魔化す〉な。
貪欲であるな。（さすれば）剰余をみいだそう。
他の者のために、
（神殿より）神の僕《しもべ》を奪うな。

「今日は明日の如し」と言うべからず。
これらのことども、いかに終るであろうか。
朝《あした》は来りて今日は過ぎ行く。
深淵は水際となる。
ワニは狩りだされ、カバは乾いた土地に（おり）、
魚たちは〈あえぐ〉。
ジャッカルは満腹し、猟鳥は饗宴を祝い、
網は〈空《から》となろう〉。
（されど）神殿にて静かなる者はみな、
「ラーのよき楽しみは偉大なり」と言おう。
寡黙なる者にしっかりとつかまれ。
（されば）汝は生命をみいだし、
その身体、地上にて栄えよう。

第六章

耕地の境界標を取り去るな。
測量縄の位置を乱すな。
一腕尺の土地を（も）貪るな。

寡婦の境界《じざかい》を犯すな。[18]
〈踏みにじった跡は時の着古し〉、
これを畑にて不法にわがものとする者が、
[19]偽りの誓いによって罠にかけ（ようとす）るならば、
月の御力により投げ縄にて捕えられよう。
八・一 地上にてこれをなしたる者に目を注げ。
かれは弱き者の圧迫者だからだ。
汝の内部《うち》に破壊をはたらく敵であり、
眼にて生命《いのち》を奪うものだ。
その家は都市《まち》の敵であり、
その納屋は破壊され、
その財産は子供らの手より取り上げられ、
他の者に与えられる。
耕地の境界を犯さぬよう心せよ。
恐怖が汝を運びさることのないように。
人は耕地の境界を定め給う
主の御力によって神を和らげる。[20]
されば万物の主に心して、

みずからを栄えさせよう（と努めよ）。
他人の溝を踏みにじるな。
これらについて分別をもつのはよいことだ。
汝の必要とするものを見つけるために畑を耕せ。
汝自身の打穀場のパンを受け取れ。
神が与え給う一イペト[21]は、
不法に（えた）五千イペトにまさる。
九・一 かれらは一日たりとも穀倉や納屋にて過ごさず、
ビール容器の原料をつくることなし。
倉庫におけるその生涯は一瞬にして、
夜明けには、（視界より）消えて失くなろう。
神の御手の貧困は、
倉庫にある富にまさる。
心満ちたりたるときのパン[22]は、
悲しみを伴う富にまさる。

第七章

汝の心を富の追求に向けるな。

シャイとレネヌート[23]の知らぬことはなし。
汝の心を外面（のもの）に置くな。
すべての人、（定められた）時に従うが故に。
過剰を求めて働くな。
汝の必要が確保されているときは。
強奪によって富がもたらされようとも、
汝のもとにて（一）夜を過ごすことなし。
夜明けには（もはや）汝の家になく、
その場所はみつかっても、（そこには）もうない。
地はその口を開いて〈清算し〉呑み込み、
冥界に沈めよう。
（あるいは）富の量に大いなる裂け目生まれ、
冥界に沈もう。
（あるいは）ガチョウのような翼をつくり、
天に飛び去ろう[24]。
強奪による富を喜ぶことなく、
貧困の故に嘆くことなかれ。
〈先鋒の〉弓兵（あまりに）前進するならば、

その部族、かれを見捨てる。
貪欲なる者の舟、泥（に）うち捨てられ、
寡黙なる者の舟、順風（をえる）。
汝、日輪の昇り給うとき、これに祈り、
「われに繁栄と健康を恵み給え」と（願）うなら、
かれ、汝の生活に必要なものどもを給わり、
汝、恐怖より安全であろう。

第八章

汝の善良さを人びとの（心の）中に置け。
みなが汝に挨拶してくれよう。
人は聖蛇に喝采し、
アポピ[25]には唾するものである。
汝の舌を悪口より守れ。
一一・一 他の人びとの寵児となろう。
神殿の内部にその場所を、
汝の主の供物パンにその食べ物をみいだすだろう。[26]
老年には尊敬され、柩《ひつぎ》（に）隠され、

神の御力によりて安全であろう。
（他）人の罪を叫びたてるな。
逃亡のやり方を隠してやれ。
良きことか悪しきことか（分からぬ）こと聞くならば、
このことの（人に）聞かれぬ外部にてこれをなせ。
汝の舌に良き報告をのせ、
悪しき（報告）は腹中に隠しておけ。

第九章

心熱き者と仲間になるな。
会話しようとてかれを訪れるな。[27]
上司に（口）答え（せ）ぬよう汝の舌を守り、
かれを誹らぬよう心せよ。
かれをして、汝を捕えよとの言葉を発せしめることなく、
汝の返答を自由にさせることなかれ。
（同じ）立場の者と（のみ）返答を論じ（あい）、
軽率に返答に走らぬよう心せよ。
心傷つけられたるときの言葉は、

〈上流の〉風よりも早し。
かれは舌によりて破壊され、(再)建されるも、
その言葉は〈醜し〉。
かれは鞭うたれるに価する答えをなす。
その〈積荷〉が悪質だからだ。
全世界(の人びと)と同じく航行するが、
偽りの言葉もて積み(荷)されている。
言葉〈織る渡し守〉を演じるが、
口論もて往き来する。
かれ、内にて飲食するが、
その返答、外にて(聞か)れる。
まことその罪を告発する日は、
その子らにとって苦しみとなろう。
まことクヌム[28]が
口熱きもののためロクロをもちこみ、
心を型づくり、焼き(上げ)給えばよいが。
かれは農家の庭の狼の子の如し。
(両)眼をたがいに逆の方向に向け、

三・一 兄弟姉妹を口論させる。
雲の如くにすべてのそよ風に先んじ、
陽の色を減じる。
若ワニの如くに尾を〈曲げ〉、
〈うずくまって〉、身を縮める。
その唇は甘く、舌は〈冷い〉が、
身体には焔が燃えている。
このような者の仲間になろうと飛びつくな。
恐怖が汝を連れ去ることのないためだ[29]。

第一〇章

激した敵に荒々しく挨拶するな[30]。
（こうして）みずからの心を傷つけるな。
腹中に恐怖のあるとき、
偽ってかれに「ようこそ」というな。
偽り（をもっ）て人に話しかけるな。
神の忌み嫌い給うことだ。
汝の道すべてが成功するために、

心を舌より切り離すな。
人びとの前では誠実であれ。
四・一 神は言葉を偽るものを憎み給い、
心に争いを好む者をひどく忌み嫌い給うのだ。

第一一章

貧しき者の財産を貪るな。
かれのパンを欲しがるな。
貧しき者の財産は、咽喉《のど》を塞ぐものにして、
食道には嘔吐となろう。
ある人が偽りの誓いによりてそれを手に入れても、
かれの心は腹によりて歪められよう。
〈成功失われる〉は不実〈によるもの〉にして、
悪も善も失敗しよう。
汝、上司の前にて失敗を犯し、
その言葉〈弱き〉ときは、
汝の懇願は呪詛によりて、

汝のお辞儀は鞭うちによりて答えられよう。
口一杯の大き（すぎる）パンを呑みこんで吐きだすならば、
汝の善（も）空《から》となろう[31]。
貧しき者〈による審判〉をよく心に留めておけ。
一五・一 その時かれのもとに（審判の）棒がとどくのだ。
人びとみな鎖につながれ、
（かっての）執行者は〈どこにいってしまったのか〉。
上司の前では解き放たれ（ても）、
部下によりて〈辱めをうけ〉よう。
路上にては貧しき者を避けて歩み、
かれを見ても、そのもちものを避けよう。

第一二章

貴族の財産を貪るな。
濫費によりて多量のパンをひき渡すな。
汝にその事務の運営が委ねられたのであるから、
かれのものを遠ざけよ。（さすれば）汝のもの（も）栄えよう。
心熱き者の仲間となるな。

〈不実なる〉者と交わるな。
ワニを輸送するため派遣されたのであれば、
穀物の計量からは遠ざかれ。
不正なる務めの〈露見〉した者は、
再び雇用されることなし。

第一三章

パピルスの上のペンによりて人を誤らすな。
神の忌み嫌い給うことである。
偽の言葉もて証明することなかれ。
（こうして）汝の舌もて他者を支持することなかれ。
何も持たない者に〈勘定をつける〉な。
汝のペンを偽るな。
貧しき者、汝に多額の債務あるをみいだすならば、
これを三等分し、
二つは免除し、一つ（だけ）残しておけ。
このことを生活の道として見いだせ。
汝は横になって眠り、朝には、

よき知らせとしてこれを（聞け）。
人を愛する者という称讃は、
倉庫にある富にまさる。
心満ちたりたるときのパンは、
悲しみを伴う富にまさる[32]。

第一四章

人を〈無闇に尊敬する〉な。
その手を求め（てあくせくす）るな。
かれが「贈り物を受け取られよ」と汝に向かって言おうと、
（贈り物を）受け取るのは貧しい人ではないのだ。
かれに対し〈恥じる〉ことも、身を屈めることも、
視線を伏せることもするな。
汝の口もてかれに挨拶し「ようこそ」というべし。
かれが終る（ならば）、（贈り物も結局は）汝〈のもとに来るのだ〉。 一七・一
（されど）最初からかれをはねつけるな。
別の機会がかれを連れ去る（からだ）。

第一五章

〈われの〉おるところに達するため善をなせ。
害をなそうとてペンに墨をつけるな。
イビス[33]の嘴は書記の指にして、
指乱すものを知っている。
クヌムの家に住み給うヒヒ（も）
眼は両国（全体）を見渡し給う。
その指もて道を誤らす者を見いだすならば、
かれの食物を深淵に奪い去る。
その指もて道を誤らす書記、
その息子は（書記として）登録されることなし。
汝、これらに心して生涯を送るならば、
汝の子ら、それらを見よう。

第一六章

秤に〈手を加える〉な。重さを偽るな。
計量の端数を減らすな。
畑の計量[34]（物）を欲しがらず、

宝庫のものは打ち捨てておけ。
㉟ヒヒは天秤のかたわらに坐し給い、
一八・一 その心は下げ鉛である。
これらのことどもを発見し給うたはトト、
これらをなすに、トトの如くに大いなる神はいずこにあろうか。
自分のために欠陥のある錘をつくるな。
その者は神の御意志により〈悲しみにみちよう〉。
他の者が道過つを見るならば、
遠くよりかれを避けて歩め。
銅に貪欲であるな。
美しい亜麻布を避けよ。
祭りの上衣（も）なにがよかろう。
神の前にて道過つならば。
たとえ〈黄金の台座が純金（の如く）に鍍金されよう〉とも、
夜明けには鉛となろう。

第一七章

端数部分を誤魔化そうと、

計画を〈覆い隠さ〉ぬよう心せよ。
〈ウェベンナクト(36)に不正をなさず〉、
その腹を空っぽとするな。
その型に従って〈正確に〉計量させ、
汝の手を正しく清めよ。 二〇
みずからのため（ちがう）容量の枡《ます》をつくるな。
深淵に呑みこまれる（だけのことだ）。
イペト(37)はラーの眼にして、
（穀物の一部を）取り去る者を忌み嫌い給う(38)。 一九・一
誤魔化しを二倍にする計量官に、
ラーの眼は（告発書を）封印し給う。
農夫より収穫税を受け取るな。
かれに害をなす文書は〈縛って〉しまえ。 五
計量官とことを計らず、
「双六遊び」をするな。
大麦を打穀する場の床は、
大いなる玉座のかたわらの誓言よりも、力にまさる。

一〇 第一八章

明日を恐れて夜を過ごすな。
夜明けには、明日はいかなるものに似るか。
明日がいかなるものかは人びとには分からず。
（明日は神の御手のままにある。）
神は（常に）成功し給い、
一五 人は（常に）失敗する。
人びとの語ることばと、
神のなし給うこととは別である。[39]
「われに悪しきことなし」と言ってはならぬ。
争いを追い求めてはならぬ。
二〇 悪しきこと（も）神に属するものにして、
神の指もて封印される。
神の御手に成功はなし。
されど神の前に失敗もなし。
二〇・一 人、成功を求めて神に向く（が）、
瞬時にして成功も失われる。
心を不動にして、胸を固めよ。

舌（のみ）にて舵取るなかれ。
人の舌は舟の舵にして、
万物の主（こそ）その舵取りなり。

第一九章

貴族に先んじて法廷に入るな。
汝の言葉を偽るな。
（ひとたび）証言をしたならば、
汝の答えを上下させてはならぬ。
審問の場での発言（を）、
汝の主人による誓いもてやってはならぬ。
貴族の前では真実を述べよ。
かれが汝の身体に支配力をもつことのないために。
翌日かれの前に赴けば、
汝の言葉みな認めよう。
かれは「三十人委員会」[40]の前にて汝の陳述を披露し、
他の機会にも〈好意を示そう〉。

第二〇章 二〇

法廷で人を困惑させてはならぬ。
廉潔なる人を乱してはならぬ。
白衣を着る者[41]（のみ）に注意を向けるな。 三・一
〈梳《くしけず》りたる〉者（のみ）を考慮するな。
力ある者の贈り物を受けとるな。
かれのために弱き者を圧迫するな。
正義は神の大いなる報酬にして、
神は欲し給う者に正義を与え給う。
まこと（神と）同じく正義を与える者の力は、
貧しき者を殴打より救う。
汝自身のため偽造文書をつくるな。
死に（価する）〈大反逆罪〉だからだ。
それは〈セセフテル〉の大いなる誓いにして、
告発者による審問（の対象）である。
記録の〈収入〉を偽り、
神の計画を傷うな。
シャイとレネヌート[42]（に関係）なく、

神の御意志をみずからのため（勝手に）みつけだしてはならぬ。
財産はそのもち主に与え、
みずから（の手）で生（計の途）を探せ。
かれらの家に汝の心の（場を）つくらせるな。
（さもなければ）汝の骨は処刑場のものとなろう。

第二二章

「力ある上司がみつかれば（よいのに）。
お前の都市の男が私に害を与えたから」といってはならぬ。
「身請け人がみつかれば（よいのに）。
私を憎む男が私に害を与えたから」といってはならぬ。
まこと、汝は神の計画を知らず、
明日を〈悟る〉ことはできぬからだ。
神の御手（のまま）に腰をおろしていよ。
汝の沈黙がかれらをくつがえすのだ[43]。
まこと、叫ぶことのないワニ、
かれへの恐怖は根深い（ではないか）。
汝の腹を誰に向かっても空《から》にするな。

（こうして）汝への尊敬を傷うな。[44]
民衆に汝の言葉を広げるな。
心を（あまりに）外に出す者と交るな。[45]
その言葉、腹中に（とどま）れる者は、
（人を）傷つける言葉を語る者にまさる。[46]
成功に達しようと焦らぬ者、
自分を傷つけることをせぬ者（もまた同じ）。

第二二章

口論に際して汝の敵に〈挑戦〉するな。
かれに心の中を語（らせ）るな。
急ぎ加わってかれに立ち向かってはならぬ。
（まだ）かれのなすことを見ていない（からだ）。
まず、かれの答え（の意味）をつかみ、
黙しておるならば、汝のこと成就されよう。
かれが魂を空《から》にするがままにしておき、
いかに眠るべきかを知るならば、かれを理解できよう。
かれの足をつかめ。〈軽くみる〉な。

汝の沈黙がかれらをくつがえすのだ[47]。
神の御手（のまま）に腰をおろしていよ。
明日を〈悟る〉ことはできぬからだ。
まこと、汝は神の計画を知らず、
かれを恐れよ。無視するな。

第二三章

貴族の前にてパンを食べるな。
最初に汝の口にのせるな。
たとえ噛むふり（だけ）で満足したとしても、
汝の唾液を慰めてはくれよう。
汝の前にある盃をみて、
汝に必要な（だけの量を飲むに）用いよ[48]。
貴族は役所にて高い（地位にある）が故に、
井戸が多量（の水）を出すような（立場にあるのだ）。

第二四章

貴族の返答を家の中で聞き、

二四・一 外にいる他の者に報告してはならぬ。
汝の心が〈苦しみ多い〉ことのないために、
汝の言葉が外に運ばれることのないよう心せよ。
人の心は神の鼻である。
これを疎かにすることのないよう心せよ。
貴族のかたわらに立つ者、
まことその（者の）名前は知られてはならぬのだ。

第二五章

目の見えない男を嘲笑するな。小人をからかうな。
体の不自由な者の仕事㊾を妨げるな。
神の御手の中にある者をからかってはならぬ。
たとえ過ちを犯しても、険しい顔をするな。
まこと人間は粘土と藁㊿にして、
神がその製造者である。
神々は毎日ひき倒しては（再）建し給い、
望みのままに千人の貧しき人をつくり給う。
（また）生の時間にましますとき、

神は〈監督者として〉千人の人をつくり給う。
西方[51]に到達した人はなんと幸せなことか。
神の御手の中に安らかである（から）。

第二六章

ビール店に坐るならば、
目上の者〈の座に加わる〉な。
若くとも、役所の地位が上であれば、
あるいは生まれが上であるならば。
同じ地位の者と交われ。
ラーは遠くより助け給うだろう。
（屋）外において地位の上の者と
その従者をみたときは、（かれらを）敬え。
ビールに満喫した老人には手を貸し、
その子供〈の如くに〉（かれを）〈敬え〉。
強き腕はむきだしにされても〈弱められる〉ことはなく、
背骨は曲げても折れることなし。
快きこと（ば）語る者に貧困がつくられることはなく、

その言葉〈藁〉なるとき富が（つくられること）なし。
遠くを見渡す舵取りは、
船を難破させることなし。

第二七章

汝より年老いたる者を呪うな。
汝に先んじてラーを見た（者だ）からだ。
かれが昇る日輪[52]に汝を告発することのないようにせよ。
「（あの）若者は老人を呪っている」といいながら。
ラーの前にて苦痛激しきは、
老人を呪う若者である。
汝の手を胸におき、老人の打つ（がままに）しておけ。
沈黙を守り、呪う（がままに）しておけ。
（さすれば）次の日、かれの前に赴けば、
惜しみなくパンを与えてくれよう。
犬に食べさせるは主人（の務め）、
（だが）犬は食べ物を与えてくれる主人に吠えかかる。

第二八章

畑にて寡婦を捕えてもその〈身元〉を確認してはならぬ。
その返事には〈寛大〉であれ。
汝の油壺（をもった）見知らぬ者を疎略にするな。
汝の兄弟の前で二倍とされよう（から）。
神は貧しき者への敬意を
高貴な者の名誉よりも望み給うのだ。

第二九章

渡し舟に（余）地があるとき、
貧しき者の渡河を〈妨げては〉ならぬ。
深みのただ中にて舵取り用の橈をもたされたときは、
手を〈曲げて〉それを取れ。
神より（受ける）嫌忌ほかになし。
水夫《かこ》に歓迎されぬならば。 二七・一
みずからのため河に渡し舟をつくり、
（渡し）賃をあくせく求めることをするな。
富める者より（渡し）賃をとり、

何ももたぬ者を歓迎せよ。

第三〇章

汝、これらの三十章を見よ。[53]
心を楽しませ、教えを授けるものだ。
万（巻）の書の第一位なるものにして、
無知なる者に（も）知識を与える。
無知なる者の前にて読まれるならば、
これによって清められよう。
みずからをこれら（の教え）でみたし、汝の心にすえ、
これらを解釈する者、
教師として説明する者となれ。
その職務にて経験豊かな書記は、
みずからが廷臣に価する（人物である）ことを見いだそう。[54]
終りとなった。
神父[55]パミウの子セヌー（これを）記す。 二八・一

オンク・シェションクイの教訓

第一欄（初め欠文）

……………………………………
名
彼らは彼に言った〔……〕
〔……?……〕
〔……〕書く（?）（にあたって?）彼らに（?）〔………〕ない。
医師（?）〔オンク・シェ〕ションクイに（?）〔……〕起こった（?）
ラーメスの息子〔………〕彼は治療が巧みで〔……〕主治医
〔………〕主治医に対するそれらすべてに関する答え〔………〕。
〔……〕彼を知っていた（?）という事実（?）〔……〕ファラオ〔……〕。ファラ
オは多くの〔ことを（?）〕尋ねた。
彼は彼にすべてに対する答えを言った。ファラオ〔………〕たまたま（彼は）主治
医（の）地所を〔要求（?）〕していた。

しかし主治医は彼に義務として負うている（?）こと以外にはなにもしなかった。
ハルシエス
ラーメスの息子は考え込んだ。二、三日（後）たまたま主治医が出かけた
彼の父のところへ。ラーメスの息子ハルシエスは主治医に任命され、彼は主治医に
所属していたものすべてを与えられた
ことごとく、そして彼の兄弟たちは貢金なしで神官となった。しかしファラオは彼
に義務として負うていること以上には何もしなかった。
（そこで）主治医、ラーメスの息子ハルシエスは考え込んだ。こののち、たまたま
ある日、
チネフルの息子オンク・シェションクイ、〔……〕家の〔……〕が大きな問題に
逢着した。彼は思った
ひとり心の中で。「私がしたいことは、メン〔フィス〕に行って、ラーメスの息子
ハルシエスのところに逗留することだ。
（なぜなら）聞くところによると、彼は主治医に任命されて、主治医に属していた
もの〔すべてを与えられた〕ということだから
ことごとく。そしてまた彼の兄弟達は貢金なしで神官の位を与えられたということ
だから。恐らくそれは神（?）のためによいことだろう。〔つまり〕、正しいこと
を私のためにするようにと〔彼に言うこと（?）〕だと。」そして

この世のいかなる者にも彼の計略（について）（言わ）ずにヘリオポリスからはるばるやってきて、就航せんとしていた船をみつけた。

第二欄（初め欠文）

〔……〕オンク・〔シェションク〕イ〔……〕

「私とともに、ここメンフィス（で）あなたに起こった（?）〔……〕

〔……〕一と月に三回、あなたの民（のために）ヘリオポリスで（?）〔……〕に（?）〔……〕

〔……〕ラーメスの息子ハルシエス〔……〕。たまたま彼は〔……〕

〔……〕一と月に三回彼の民（のために）〔ヘリオ〕ポリス〔へ（?）〕〔……〕

〔彼は〕邪な悪行（?）を考えて〔いた〕ので彼に（?）〔……〕

〔……〕主治医ラーメスの息子ハルシエス、は考え込んだ（?）〔……〕

チネフルの息子オンク・シェションクイはこのことについて考え込んだ（?）。それから言った、

チネフルの息子オンク・シェションクイが彼に。「あなたは偉大なるひと（?）です。彼、〈すなわち〉ファラオ、ペラー[1]のお姿を存続せしめてください。

〔……〕ファラオに対する邪《よこしま》な計略〔に〕同意した〔……〕。ファラオはあなたのために

多くのことをしておあげになった。宮殿〔の偉大なる人びと（?）〕の誰〔に対してよりも〕。あなたが宮殿に連れてこられたのはあなたが無一文のときだった。彼はあなたを主治医になるようにしてくださった。彼は主治医に属していたものがことごとくあなたに与えられるようにしてくださった。そして彼はあなたの兄弟が貢金なしで神官となるようにしてくださった。あなたがお返しにしようとしていることは、あの方を殺させることですか?」彼の言うには「放っておいてくれ。

チネフルの息子オンク・シェションクイよ。それは何ら取るに足らぬことだ。あなたが言うことは。護衛官や司令官たち、

宮殿内の主要な人物たちは、ひとり残らずそれを行なうことに同意しているのだ。」

たまたま

ラーメスの息子ハルシエスがチネフルの息子オンク・シェションクイに言っていたこと、そして、オンク・シェションクイが応答として彼に言っていたことすべて

——家内[2]のひとりの男が、これら二人の男がまるで（?）彼に話しかけているようにその声をよく聴くことができるような場所（?）の近くにいた。ワハイブラーマヒ

プタハエルティエスの息子、というのがこの男の名であった。その夜は彼はファラオがいた礼拝堂の門衛所で寝る番に当っていた。

一五

そして〔その夜（?）〕彼はファラオが居た礼拝堂の門衛所で寝た。
そしてたまたま夜の八時の刻に（?） 二〇
ファラオは目覚めて顔の覆いをとり、「そこにいるのは誰だ?」と叫んだ。ワハイブラーマヒ、
プタハエルティエスの息子は彼に答えた。ファラオは彼に言った。「禍〔……〕ペラーおよび〔……〕である神々の手になる禍 三

第三欄（初め欠文）

「〔……〕土地（?）〔……〕私はそれを〔ファラオ（?）〕の前でいたしましょう
〔……〕彼のために仲に入り〔……〕 一
〔……〕時間〔……〕彼がする（した?）〔……〕彼〔……〕ハルオペヘト〔……〕」
彼は言った、「私は
救われるだろうか、私は救われるだろうか、プタハエルティエスの息子、ワハイブラーマヒよ、私は救われるだろうか?」彼は言った、「あなたは救われるでしょう、ペラーおよび
彼と共にいる神々の手によって。そして母、ネイト・ウリ、偉大なる女神が
全土の墓地をことごとくファラオの足元に据えましょう。」彼は立ち聴きしたこと
をことごとくファラオに語った、 五

〔ラー〕メスの息子ハルシエスがチネフルの息子オンク・シェションクイに向かって言っていたこと、およびオンク・シェションクイが答えて彼に言ったことなどを、
一と言も違えずに。ファラオは（これ以上）朝まで眠ることができなかった。
次の日の朝がやってきた。そこでファラオはメンフィスの王宮〔の〕大広間に座をとった。
衛兵たちは部署につき、司令官たちは順位についた。ファラオはラーメスの息子、ハルシエスの
いつもの場所の方を見やった。ファラオは彼に言った、「ラーメスの息子ハルシエスよ、お前が王宮に連れて来られたときには
お前はこの世に無一文であった。私がお前を主治医に任命させてやり、主治医ののすべてがお前に与えられるようにしてやった
ことごとくな、そして私がお前の兄弟たちが貢金なしで神官になるようにしてやった。なんということをしたのだ、私を殺させるべく陰謀をたくらむとは？」
彼はファラオに向かって言った、「我が偉大なる主君よ！　ご制覇の日に、もしペラーが私にとってよいことをしてくださっていたなら、ペラーは私の心にファラオのお幸せを入れてくださったのです。
ご制覇の日に、もしペラーが私にとって悲しむべきことをしてくださっていたな

ら、ペラーは私の心にファラオのご不幸を入れてくださったのです。」
ファラオは彼に言った。「お前に対して言われたこと——それをお前は誰かに言っ
たのか？」彼は言った、「私はそれを 一五
チネフルの息子、ここメンフィスで私のところにおりますペラーの神官オンク・シ
ェションクイに語りました。」ファラオは彼に言った。「オンク・
シェションクイ、チネフルの息子——それはお前にとってどんな（関係の）男
か？」彼は言った、「彼の父は私の父の友人でございました〔……〕
彼の心の〔……〕はまさしく、彼と共にありました。」（ファラオは〈彼に〉言っ
た）、「オンク・シェションクイ、チネフルの息子——それはお前にとってどんな
（関係の）男か？」彼は言った、「彼の父は
（私の父の友人でした。彼の心の〔……〕はまさしく彼とともにありました）。」フ
ァラオは言った。
「チネフルの息子、オンク・シェションクイを連れてこさせよ。」彼らは走ってチネ
フル〈の息子オンク・シェションクイ〉をむかえにゆき、彼を連れて 二〇
瞬く間にファラオの御前に戻った。ファラオは彼に言った、「チネフルの息子、オ
ンク・シェションクイよ、お前は私の
パンを食し、かつ私に関して邪な事柄を耳にしながら（それでも）、『彼らはあなた
を殺そうと計らっております』と言って私に告げに来なかったのか？」 二一

第四欄（初め欠文）

「〔……〕『私を〔……〕その（？）〔……〕そして私の家来（？）のすべて、ことごとくのところに届くようにさせ〔……〕あなたが報いとしてしようとしていることは、

あの方を殺害せしめることですか？』あなたさまの眼にかけて、ご主君さま、私は彼に逆うべく、能う限りあらゆることをいたしました。しかしながら彼は私に応えてはくれませんでした。もし私があることを告げることができましたなら、それがファラオ（に）隠されるようなことはございませんでしたでしょう。」彼がこう言うや否や、ファラオは

宮殿の扉のところに土の祭壇を作らせた。彼はラーメスの息子ハルシエスをその家族家臣およびファラオに対する陰謀に参加した者すべてとともに銅の竈の中に入れさせた。ファラオはオンク・シェションクイ、

チネフルの息子をナアアムペネヘス（と呼ばれる？）「猶予の館《やかた》(3)」に連行させた。身のまわりの世話をする召使、

笏持ち、ファラオの家来の一人が彼に当てがわれた。そして彼の食事は日々王宮から持ち込まれることになっていた。

これよりのち、ファラオの即位（の記念日）があった。ファラオはチネフルの息子オンク・シェションクイ以外のナアアムペネヘス（と呼ばれる？）

一　　五

牢（に）いたものをことごとく釈放した。このために彼の気持は沈んだ。彼は彼に当てがわれた従者に向かって言った。「ひとつ私のために好意ある行ないをしてくれまいか。

筆具とパピルスを一と巻私に届けさせてはくれまいか。というのは、私には男の子がひとりいるが、私はまだその子を教育することができないでいた。

その子のために教本を書いてやり、その子がそれで教育を受けるべくヘリオポリスにもっていってもらおうと思っているのだが。」従者は言った、「まずファラオに報告申しあげましょう。」従者はそれを

まずファラオの前に報告した。ファラオはこう言って命令を下した、「筆具をやるがよい、だがパピルス一と巻は

やるな。」彼等は彼に筆具をもってきたがパピルス一と巻はもってこなかった。彼は壺のかけら《オストラコン》に彼が

息子に教えることのできることを書いた。それはこう書かれている。

見よ！　母なる人サト〔……〕プタハ（?）、チネフルの息子、聖なる教父オンク・シェションクイが

その息子（のために）、ナアアムペネヘス（とよばれる?）「猶予の館」に拘禁されていた間に混合酒を入れて彼のところに運ばれてきた壺の破片に書いた教えを。

いわく、「暴虐と逆境、わが偉大なる主ペラーよ！　拘禁と暴虐が、私がひとりの

男を殺さなかった報いとして経験したものでした。それは、わが偉大なる神ペラーよ、あなたに対する罪です。これがペラーが一国に対して怒りを示される方法なのでしょうか？　おおあなた方、これらの壺の破片を見出される人びとよ。ペラーがその怒りを一国に対して示される方法に関して私の言うことをよく聴くがよい！」

第五欄（初め欠文）

一国に対して〔ペラーが怒るとき〕、彼は〔……〕させ、そこ〔に？〕〔……〕しない。

一国に対してペラーが怒る〔とき〕、その支配者は法を顧みぬ。

一国に対してペラーが怒るとき、彼は法をそこで絶やせしめられる。

一国に対してペラーが怒るとき、彼は神聖をそこで絶やしめられる。

一国に対してペラーが怒るとき、彼は公正をそこで絶やしめられる。

一国に対してペラーが怒るとき、彼はそこで価値を下落せしめられる。

一国に対してペラーが怒るとき、彼は信頼がそこに置かれることを許されない。

一国に対してペラーが怒るとき、彼は学者（書記？）がそこで身の贖を受けることを許されない。

一国に対してペラーが怒るとき、彼は賤しき人びとを増長せしめ、力ある人びとを賤められる。

一〇 一国に対してペラーが怒るとき、彼は賢者の上に愚者を置かれる。

一国に対してペラーが怒るとき、彼はその支配者に、その民〈に〉害悪をおよぼすよう命じられる。

一国に対してペラーが怒るとき、彼はその学者（書記？）にその代理の役をするよう任命される。

一国に対しペラーが怒るとき、彼はその洗濯女に〔…………〕するよう任命される。

この後、チネフルの息子オンク・シェションクイが書いた言葉。

彼の息子への教えとして与えられるべく混合酒を入れて彼のところに運ばれてきた

一五 壺の破片に書いた言葉。

それらはファラオおよび彼の重臣たちに日毎報告された。

（というのは）チネフルの息子オンク・シェションクイは

彼らが釈放してくれないから自分は牢獄に長く留まるべく（運命づけられている）のだと悟ったからである。

（そこで）彼は彼が息子に教えることが出来る範囲のことを壺の破片に書いたので

一九 ある。それはいまでも書かれている。

第六欄（初め欠文）
神がお守り下さるよう、神に仕えよ。
よい評判を得るよう、同胞に仕えよ。
賢者に仕えよ、彼が仕えてくれるように。
仕えてくれるものに仕えよ。
利益を見出すためにいかなる者にも仕えよ。
首尾よくゆき栄えるよう、父母に仕えよ[4]。
いかなるものについても、それを理解するべく探究せよ。
温和かつ寛大であれ、お前の性格が魅力的であるように。
すべての教えは人格の向上のあとに（はじめて）くるものだ。
他人の財産に心を留めて「これによって生きよう」などと言うな。（お前の財産）
　はお前が獲得せよ。
幸運に恵まれている時には不運を心配するな。
お前の仕事（?）から（?）〔……〕送るな。それは自ら導いた成り行きを辿ろう
　（?）。
大事を手がけねばならぬ時に些事について賢者に相談するな。
相談相手となる賢者がいるときに大事について愚者に相談するな。
町で（?）働く（?）な。そこには面倒なことが待っていよう。

働いている時には家庭に憧れの気持をもつな。
日中にそこでビールを飲むための家庭に憧れるな。
締りがなくなってはいけないから、肉体を飽食させるな。
若い時には飽食するな。成長して締りがなくなってはいけないから。
相手について何も知らないなら、見かけだけで嫌ってはならぬ。 二〇
（何かを）もっている限り失望してはならぬ。
（何かを）もっている限り、くよくよ思い悩んではならぬ。
何事によっても困惑させられるな。
お前の職業に不満を抱いてはならぬ。 二四

第七欄（初め欠文）

……………………

〔お前の息子（?）は〕（お前自身の）強制のもとにおくがよい。息子をお前の召使 一
への（?）強制のもとにおくな。
彼（召使）にさせることのできるものなら召使の仕事をお前の息子に委ねるな。
憎しみを抱いてはいけないから、愚者を教えるな。
お前の言うことに耳を傾けぬ者を教えるな。 五
愚者のことに気を遣うな。

白痴の財産についてくよくよ考えるな。
騙して発覚するようなことはするな。
食べ物がないなら、(その事実を)隠すな。
あまり他人に依存するのに(その事実を)隠す者はないままでいなければならぬ。
打たれたあとで逃げようとするまいとするな[5]。
お前の目上の者に対し我儘に振舞うな。刑罰が倍加されるといけないから。
お前の神に仕えることを怠るな。
お前の主人に仕えることを怠るな。
お前に仕える者に仕えることを怠るな。
下僕、下女を雇う余裕のあるときにはそれらを雇い入れることを怠るな。
打たれることのない召使は侮りに満ちている。
傲慢に振舞う小人は非常に厭われる。
謙虚に振舞う大人は厚く尊敬される。
成人した者に対して「若い者」などと言うな。
成人した者を軽蔑するな。
相手の気を損うといけないから、無闇に急いで話すな。
頭に浮んだことをすぐ口にするな。

第八欄（初め欠文）

〔…………〕するな。

阿呆を教えることが、〔お前の近隣？〕の人びととの仕事となって（？）いる。だから、お前の近隣の人びとを高く評価せよ。

「私は学がある」などと言うな。まずお前自身学ぶことに留意せよ。

前もって調査してみなかったことはするな。

調べることがお前の務めだ。

一つの事柄について、三人の賢者（に）尋ねたならば、それは必ず「大なる神」の宮に到達しよう。

若さを楽しむがよい。祭日は短いぞ。[6]

死なぬ者はない。

書記が牢に引かれてゆくときにそのあとを追うな。

彼が墓に運ばれてゆくときにあとに従え。

勝目がはっきりしているのでなければ、目上の者に対して訴訟を起こすな。

敵を作ることになるといけないから、夫が生存している女を娶るな。

天候が良かろうと悪かろうと、富というものは最大限に利用して（こそ）増すものだ。

（幸）運がお前に降ってくることはなかろう。（幸）運はそれを求める者にのみ与えられるのだ。

土地の上で働く時には、お前の肉体を飽食させてはならぬ。

「見よ、わが兄弟の畑地を」などと言うな。自分の畑地に意を注ぐがよい。

一地区の恵沢は司法権を執行する領主なり。

神殿の恵沢は僧侶なり。

畑地の恵沢はそこにある実際の労働（の総計）だ。

貯蔵庫の価値はそこに仕込むことにある。

金庫の価値は手元にある現金ということだ。

財産の恵沢は分別ある女だ。

賢い男の恵沢は彼の言葉だ。

第九欄（初め欠文）

［……の］恵沢は［失なわれた休息］……］
軍隊（？）の恵沢は指令官なり。
村落の恵沢は中立[7]なり。
職人の恵沢はその道具なり。
お前を支持している文書を（訴訟のときには）軽蔑するな。

常用している療法を軽蔑するな。

ファラオの仕事を怠るな。

牝牛に関する事柄なら怠るな。

屢々業務を怠る者は、結果として亡びることになろう。

お前が迷っているような事柄に関しては論じるな。

「私の土地は繁茂している」などと言うな。それを検べる（?）ことを怠るな。

義理の家族（?）と共に生活するな。

お前の主人に対して近隣者の如く振舞うな。

畑が〔……〕された（?）のでなければ、「畑を耕した」と言うな。もう一度耕すがよい。耕すことはよいことだ。

（作物を）もってきた者の方が、終日村で過ごした者よりも、土地の主《ぬし》により喜んで迎えられるものだ。

「夏だ」などと言うな。次には冬がやってくる。

夏の間に薪を集めなかった者は冬には煖をとることはできまい。

地所（?）の所有者達がお前[8]を見出さないような家には住まうな。

利潤のためにお前の財産を家に託し[9]たりするな。

お前の財産を家のみ（?）に投じるな。

お前の財産を村におき去りにするな。それをもってこさせよ。

財産はその所有者が預り世話をする。
牝牛の所有者は、（それを）追って走る（?）のに適した（?）者だ。
倉庫を立てるまでは出費を企てるな。
お前の資力に応じて出費を企てよ。

第一〇欄（初め欠文）

〔………〕と言うな。
「私は書が堪能だ」などと言うな。また〔………〕であってはならぬ（?）。
仕事場の事務官、波止場の職人。[10]
ワニが水表に浮き上がった時にその体長を測ることができる。
ワニはパピルスの茂みの中では死なない。空腹から死ぬものだ。
愚者は、教えられると、「連中がすることにはうんざりだ」などと言う。
金持の家で足で蹴けば、舌で蹴くことはあるまい。
主人の家から追い出されたら、彼の門番になるがいい。
主人が川に面して坐ったなら、つつしむがよい、
彼の前で手をすすぐことを。
ああ、私の信望を高めてくれるために、私の兄弟が宮内官となってくれますように！

ああ、私の仲間が「ごらん、神トトはご存知だ[11]」と言いますように！

ああ、私が心を打ち開けた人が死にませんように！

ああ、村の「兄」が、村を代表して召喚される者でありますように！

ああ、家族にとっての親切な兄弟が、家族のために「兄」として振舞う者でありますように！

ああ、他と争うことなく自分のものを食べることができるよう、私も（豊作）に恵まれ、私の兄弟も（豊作）に恵まれますように！

ああ、洪水が必ずやってこないことのないように！

ああ、畑地が必ず青々とならないことのないように！

ああ、畑地のやせた部分が、飼料を豊富に産む土地でありますように！

ああ、牝牛が牡牛を迎えますように！

ああ、息子が父と同じ位長生きしますように！

ああ、〈この？〉主人の息子が主人となる人でありますように！

ああ、私の母が私の髪結いとなって、私のために快いことをしてくれますように！

ああ、月が日を継いで必ず昇らないことのないように！

ああ、生が常に死のあとに続きますように！

第一一欄（初め欠文）

ああ、私が〔………〕行きますように。

ああ、受けられたもののために（？）私の手を私の〔……〕に向けて私が差し向ける（？）ことがありますように。

彼に私の財産を与えることができますように、私の気のおけぬ友を知ることができますように！

私の心を打ち開けられますように、私の兄弟を知ることができますように！

侮辱されないように、あまり不快な振舞はつつしめ。

気が狂うといけないから、絶えず酒を飲むことはひかえよ。

若いうちに息子が得られるよう、二十歳になったら妻を娶るがよい。

蛇を殺してその尾を放置しておくな。

投槍の飛程を自分で制御できないならば投槍を投げるな。

空に向かって堤防を積み上げる者——その男の上に堤防は落ちてこよう。

男（その人自身の）人格はその家族である。

男の人格はその力である。

男の人格はその顔に（表われる）。

男の人格——それは彼の肢体の一つである。

漁師は、「神の施しはすべての家に」と言うことが出来ずに岸から離れてゆく。

「家々はよくわかっている」と言って晩まで往来に出ていてはならぬ。家々の家人の心はわからないのだから。

盗みを働く番人――その息子は貧乏人だ。

お前のろばにヤシの木を蹴らすな。実をふり落とすといけないから。

お前の息子を、その母親の前で笑うな。彼の父親が取るに足らぬ（?）者であることを自ら知ることになるから。

牡牛は牡牛から生まれてくるわけではない。

「神に対する罪人が今日生きている」と言うな。むしろ（人生の）終末に目を向けるがよい。

（むしろ）こう言うがよい。「幸運は老年の終りにあり」と。

お前の事柄を神の手に委ねるがよい。

第一二欄（初め欠文）

〔……〕するな。

〔お前が〕災難の中に〔いないからといって自〕慢する（?）な。

誰も自分の不幸の時期を知らない。

欠乏を経験したことのない者にお前の贈り物（?）を施す（?）な。

お前自身のために丘の上に墓をもつことを遅らせてはならぬ。お前は自分の寿命がわからぬのだから。

人に害をなして、そうすることによってまた別の人間がお前に同じことをするような原因をつくってはならぬ。

お前がある者のために執り成してやれるような時に、その男に対して冷淡であってはならぬ。

賢者の前で公正を行なう者は善意の人である。

慈悲深く賢い前人——彼の家は永遠にゆるぐことがない。

破滅は金持を打ち敗かすものである、
生まれる前の何か大きな罪ゆえに罰せられるからだ。

賢い人のいる家には愚かなことは起らない。

妻にお前の富を尊重させよ。妻にそれを施すことはさけよ。

妻にはたとえ一年間の生活費（とても）施すな。

私の兄弟が盗みをしようと骨折るようなことがなかった限り、私は彼を制しようと骨折るようなことはしなかった。

罰するな。（そして）お前自身を罰せられしめるな。

お前の良い行ないがそれを必要とする人の手に届くようにせよ。

けちになるな。富は安泰の保証にはならぬ。

情深い主人でさえも、自分を満足させるために殺すこともある。

分別ある殺人者――人びとは彼を殺したためしはない。 一〇
行なうことの出来ないものを試みるな。
相手に譲歩させることができなくても、その男を激しく非難するな。
命令されたことをした者には抗弁させよ。
時期でなければ所説を述べるな。 一四

第一三欄（初め欠文）

お前が悪質（？）〔だ〕〔………〕するな（？）。 一
賢者は〔友達（？）を〕欲する者である。〔愚者〕は敵を欲する〔者である〕。

すでに恩顧を受けた者は（再度）（？）それを要求することはできないものである。

〔……〕貧しき者（？）の運は悪い。

息子を乳母にやり、そのために乳母が自身の子供達を追出すようなことにならぬよう。 五
愚者の仲間は愚者なり。賢者の仲間は賢者なり。

痴者の仲間は痴者なり。

生む者は母なり。教訓はただ再演するのみ。

誰でも財を得ることができる。それを貯えるのが賢者だ。

弟にお前の財産を手渡し、そのために弟がお前に対してそれをもって兄の振舞いを

するようなことをさせてはならぬ。

お前の子供のうち誰か一人を他よりも好んだりしてはならぬ。子供らのうち誰がお前に最も親切になるかわからぬから。

妻に愛人のいるのを知ったら、（新しい）嫁を娶って（？）自分を慰めるがよい。

お前自身召使をもたぬなら、妻に女中を雇ってやるな。

二つの声を得ることなかれ[12]。

誰に対しても「真実」を語るがよい。「真実」をお前の言葉の真の部分とせよ。

お前の心を妻に打ち開けるな。お前が妻に言うことは、巷のものとなる。

お前の心を妻にも、お前の召使にも打ち開けるな。

心を母に打ち開けよ。彼女は思慮ある（？）女だから。

女の仕事は彼女が（本能によって？）知るところのものである。

女に教えること〔…………〕。

彼女の経済学とは盗みなり。

彼女が今日夫に対してなすこと、彼女は明日同じことを別の男にするべく習慣づいている。

お前より身分の高い者の横に坐るな。

若者をお前の仲間と間違えるな。

第一四欄（初め欠文）

……………………

彼は彼が恥の故にそれを与えるようにさせるだろう。そして彼は天罰をも受けるだろう。

盗人を仲間と間違えるな。彼がお前が殺されるようなことを導くと〔いけないから〕。

殆んどもたぬものは殆んど得ることもなし。

家を閉じて（たたんで）みるがよい。そうすれば結果としてそれは滅びることになる。

不幸にあって豪胆な者は不幸の力を充分感じることはないだろう。

他人の地所から盗む者はそれから利益を得ることはあるまい。

その心を知らないような人ならば、（たとえ）賢者であろうと、心を開いてはならぬ。

五百人[13]に親切をして、そのうちのひとりがそれを認めたとすれば、その一部分は滅びなかったことになる。

神に生贄と神酒を供え、お前の心の中で神を畏れる気持を増大せしめよ。

泥棒は夜盗みを働く。[14]しかし昼間見つかってしまう。

あまりしゃべるな。なぜなら、

家は、手に何かもっている者には開け放たれているものだから。
蛇に噛まれたことのある者は、巻いた綱をも恐れる。
前をよく見る男はつまずいて転ぶことはない。
子を孕まなかったといって家内の女を捨てるなかれ。
善い行ないは、偉大なる神の罰（?）をも退ける。
お前の下男を大な〔……〕しめよ。
お前の子供達に糧を欠かしめるな。
（お前自身が）貧することのないよう、他人の財産を貪るな。
他人の領地を侵すな。
農地に家を建てるな。
人がお前に対して訴訟を起こさぬようにせよ。

第一五欄（初め欠文）

〔…………〕するな。
お前の主人がお前に〔任せた（?）〕ことをしそこなう（?）な。
天に届く〔……〕はない。
泣き（?）損じる子供（?）はいない。
「（私は）この男に世話をし（た）、だが彼はそれに対して（?）私に礼を言わなかった」などと言うな。

それを必要とする者に対してしてやった善行以外に善行などというものはありえない。

お前が盛り（豊富）に達して財産をたくさん得たなら、お前の兄弟にもそれを分ち与えよ。

自分のつとめ（業務）が公共の所有物となる[15]ような貧しい男は恥辱と見なされる。

教えを学んだ少年は、彼がなした悪事について反省する。

いったん（？）男は金を得ると、食い、飲み、そしてそれを浪費してしまう。

男が没薬を嗅ぐと、その妻は彼の面前では猫（？）となってしまう。

男が病むと、その妻は彼の前では牝獅子となる。

そうすることが正当と見なされることをすることを恐れてはならぬ。

有罪と認められるような窃盗を犯すな。

息子をとられるといけないから、息子を他村からの女と結婚させるな。

性急な舌よりはもの言わぬ方がましだ。

（静かに）（？）坐っている方が、嘆き悲しんで哀悼するよりはましだ。

実際に事柄に関与した（？）のでなければ、「私は事柄（？）に（？）関与した」などと言うな。

罪を命じてはならぬ。

貪欲がお前に食物を与えることはあるまい。

手紙を持ってこいと言われて、麦を見出したとしても、〔それを〕持ち帰（?）ってはならぬ。

お前が藁を商っているなら、それが不足したときに、穀物を差し出して行き渡らしたりしてはならぬ。

お前が厭うようなことを他人に対してして、その結果、別の男がそれをお前に対してするような事態を招かぬようにせよ。

情知らずで、「無情の一時間は二百（時間?）にも値する（?）」などと言う男とつき合うな。

一時間の無情のゆえに五百人の人びとが殺される。

第一六欄（初め欠文）

永久に貧しい〔ことになる（?）といけないから……〕する〔な〕。

〔……〕をもっている（?）限り〔……〕するな。

不作の年（に）お前の学校に行っている息子を倉庫の戸口のところに行かせるな。

問題が起こったら、兄弟のところに行かず、友人のところに行け。

商人の家で水を飲むな。代金を請求されるから。[16]

召使を、その主人の手に渡すな。

「私は主人が憎い。だから仕えたくない」などと言うな。

熱心に仕えよ。憎しみを抑えよ。

利子つきで金を借り、土地を耕や（?）せ。

利子つきで金を借り、妻を娶れ。

利子つきで金を借り、誕生日を祝え。

歓楽を買う[17]ために利子つきで金を借りるな。

問題が起こった時には、現在よりももっと悪い事態になるといけないから、偽った誓いをたててはならぬ。

神に祈っておきながら、神がおっしゃることをなおざりにしてはならぬ[18]。

教訓を笑ってはならぬ。

酒を飲んで国事を論じるな。

間違った判断を下すな。

逆境にあって弱気であってはならぬ。

他所から来た見知らぬ者から身をかくそうとしてはならぬ、なぜなら、お前の手に何もなくとも、彼の手には何かがある（かもしれぬ）から。

担保なしで利息つきの金を貸してはならぬ。

お前が貧しくなるといけないから、あまり人を信用してはならぬ。

「私はあなたの兄弟だ」という男を憎むな。

私の母は彼女の富（?）に比例して[19]わたしの父の家に閉じ込められている。

小さな文書、小さな火、あるいは小さな贈物（?）を軽蔑するな。

第一七欄（初め欠文）

（ただ）他人に意地悪（?）を〔する（?）〕だけでお前の財産を捺印証明に〔付する（?）な〕。

愛想のいい[20]（?）夫をもつ女と馴れ馴れしく〔するな（?）〕

お前がそれによって生きていくことができるような仕事をし〔損うな〕。

丈夫な部屋をもたぬなら、富を得るな。

（贈物に対する）（?）権利を公然と述べる準備がないなら、贈物を受けるな。

「災難に遭っている者には、自分で自分の面倒をみさせるがよい。私は（その男のために）薬を処方したりはすまい」などと言うな。

あまり自分のために外に出ないがよい。厭われるようになるといけないから。

疲れ果てている男に地（?）の果てを当てにさせるな。

主人の前で何かしている時に急いではならぬ。

（ただ）じっと立っていられないからといってぐるぐる輪をえがいて走ったりするな。

いつもただ水だけでお前の身を浄めることはやめよ。なぜなら川は石のために（さえも）流れているのだから。

手に杖をもたず道を歩むな。

ある男の擁護者の前でその男に対して詐る（?）な。

夜ひとりで出歩くな。

貧しい者の前でお前の主人を馬鹿にするな。

もしある男とつき合って、仲がうまくいっているならば、その男の運が傾いた時に見捨てたりするな。

彼に永世の家を得さしめよ。彼の後継者がお前を援助してくれることになろう。

愛される女は去った時に（恋人に）捨てられるものだ。

泥棒を捕えることができるように、一時間に二度ずつお前の家を看て廻れ。

お前の息子に、季節に従って、書くこと、耕すこと、野鳥を捕えること、罠をかけることなどを学ばしめよ。

糞を除け（?）、汚物を除け（?）。ハピ[21]のごみ掃除はするな。むしろ彼に彼がなすことをうまく利用せしめよ。

お前の主人の前であまりしゃべるな。

お前の信望が万人の心の中で増すように、謙虚であれ。

第一八欄（初め欠文）

……………

鳥射ち（?）が魚漁りに行く〔時〕、彼の〔……〕はなくなる（?）。

〔もし〕多くの（?）……得たら、その一部をいざという時のため（?）とっておけ。

〔お前が（?）〕畑で働いている〔時には〕、欺くようなこと（?）は一切するな。

中途半端な成功（?）より堂々たる失敗の方がよい。

もしお前に力があったら、お前の行ないを川の中に投げ込め。もしお前が弱くても、やはりそれを川に投げ込め。[22]

もし貧しい者が「お前を殺す」と言えば、彼は本当にお前を殺すだろう。

もし金持が「お前を殺す」と言ったら、彼の戸口の上り段にあたまをつけるがよい。

賢い女には銀貨を百枚与えよ。だが愚かな女からは二百枚を受け取るな。

自分の村の人びとともに悲しむ者は、彼らと共に歓ぶだろう。

愚者の子供達は巷をさまようが、賢者の子供達は彼のそばにいる。

主人のうしろに隠れるものは、五百人の[23]主人をもつことになろう。

村をもたぬ男――彼（自身の）人格が彼の家族である。

財をもたぬ男――彼の妻が彼の共同後継者（?）である。

お前の妻の美しさを悦ぶな。彼女の心はお前が彼女をとったことに（執着している）のだ。

「この富を得た（からには）神にも人にも仕えまい」などと言うな。

富は（それを）あらしめた者である神に奉仕することによって完全なものとなる。

お前の知らぬ者に、ある問題について相談することはやめよ。

自分の家に住まうことを喜びとなす者は、棰木《たるき》にいたるまでその家をあたためる。

それを好まぬ者は、建てても抵当にいれてしまう。

苦しみにある時失望してしまうな。お前の最期は（いまだ）作られていないのだ。

そのつもりがないなら、「私はこの男にこの財産を与えよう」などと言うな。

金持をお前の家に、貧乏人をお前の舟に連れてゆけ。

ナイルの潮が上るとき、それは万人に分配してくれる。

洪水期に主人のところに魚がもってこられると、主人はそれを食う者を解雇する。(24)

第一九欄（初め欠文）

人は言う〔……〕

もし（?）お前が私に（?）「〔……〕」と言えばお前は死なねばならぬ。だがもしお前が私に（?）「〔……〕」と言えば生かしておこう。

水はそれを与えたものにとっては、酒がそれを〔受けた?〕ものにとって美味であるよりも美味である。

もし牡牛が畑から盗まれたならば、その持主は町で戦いを挑まれ（?）なければならぬ。

お前の敵がお前に嘆願したときには、彼から身を隠そうとするな。

ブルティ[25]がその敵に譲歩するとき、結果として魚が滅亡する。

夜にはファラオの息子はいない[26]。

痴者が本能によって行動するときには、賢明な行動をするものだ。

ひとは憎む者を愛さぬものだ。

善い行ないは、それを川の真ん中に投げ込むこと（のみ）のためにするがよい。そうすれば、それはみつけた時にはなくなっている。

二人の兄弟が喧嘩しているときには仲に入るな。

二人の兄弟が喧嘩しているときに仲に入る者は、二人が仲が良い時に間に置かれるものだ。

強者に属する女の子は食うものだ。だが彼女のライヴァルは〔……〕の娘。

家中の者が神を崇めないと、主人の寵愛者が主人として振舞うようになる。

問題が起こったときに気を弱くして死を祈るようなことはするな。

生きる者、その者の種が栄える。

死んだ者の他にはみじめな者はいないものだ。

商人の家には千人もの召使がいる。商人はそのうちの一人だ。

お前の主人がお前に何か賢明なことを言ったとき、お前は主人に対して尊敬の念を抱くのだ。

賢者とは、彼の面前で何が起こっているか知っているものをいう。

お前の祝福（?）はお前の財産とともに与えよ。それが二つの贈り物となるように。

ビールはそのもやし汁[27]の中において（のみ）熟す。

ぶどう酒は開かれるまで熟しつづける。

薬は、それを処方した医者の手において（のみ）効き目がある。

愚かさのためにパンが与えられたら、教えを厭うがよい。

第二〇欄（初め欠文）

……………………

もし（?）彼が窮していると、彼の妻〔……〕
もし（?）彼が疲れているとその（?）彼の心（?）に（?）〔……〕
終りにはどんな木を植えてもよい、だがはじめには、イチジクの木を植えよ。
織手は横糸（?）に対して素人のようには振舞わない。
あらゆる善い行ないは神の手に（由来する）ものだ。

農夫の（？）息子は厩仕事（？）に没頭しない。

秤屋（？）の（？）息子は正直でない。

蛇の「しっ」という音は、馬のいななきよりも重要だ。

走りつづけてきた者にとって、坐ることは快いことだ。

坐りつづけてきた者にとって、立ちあがることは快いことだ。

崩壊しかけている家に留るな。死は、「いまやってくるぞ」とは言わないものだ。

食べている蛇には毒はない。

大きく開かれた窓は冷気より熱気をより多く与える。

近所の者はことごとく家に歓迎されるが、泥棒は歓迎されない。

悪漢の愉快な飲み仲間とは、彼を自由に（？）してやった者のことである。

重税の重荷を課せ（？）られていると、お前は重税の陰で眠ることになる。

高貴な生まれの者を高く評価するがよい。そうすればお前は万人によって高く評価されよう。

女はその夫の意志によって自らが奪われることを許すものだ。

男は最初目に入ったものを食べない。

豆（？）でいっぱいの蔵は総じて得だとわかる。

家を無駄にすることとはそこに住まうことではない。

女を無駄にすることとは彼女を知ることではない。

驢馬を無駄にすることとはレンガを運ぶことだ。
舟を無駄にすることとは藁を運ぶことだ。

第二一欄（初め欠文）

「彼等は〔……〕みつける（?）だろう」と言う〔……〕はいない。
働く（?）のを好む〔……〕はいない。
埋められた〔……〕はない。
古くなって、そのあとに別のものを残していくような歯はない。
胸（?）を露出した黒人はいない[28]。
ひとりぼっちで時を過ごす友達はない。
不幸な目に遭う賢者はいない。
報酬を見出す愚者はいない。
目上の人を傷つけて、自分自身傷つけられずにいる者はない。
旅の道連れを捨てた男を神がその報いをすべて捕えないことはない。
人にいたずらをして、自分自身いたずらをされない者はない。
迷って、なお進み栄える者はない。
見張りに出喰わし、彼の手に身を委ねる（だけ）なら走って逃げる（?）な。
妻と寝ることを恥じる者は子供を得ることはできない。

拒まれるといけないから貪欲になるな。

嫌われるといけないからけちけちするな。

お前の主人の家の青銅の器ひとつ（たりとも）盗むな。

既婚の女と寝るな。

既婚の女と寝床で寝た者は、その妻を地べたで凌辱される。

愚物の石像よりは息子の石像の方がましだ。

悪い兄弟をもつよりは兄弟をもたぬ方がましだ。

窮乏より死の方がましだ。

夜中に喉が渇いたら、お前の母親に飲み物を与えしめよ。

（お前自身の）親族のもののいない土地に逗留するな。

もし（お前自身の）親族のもののいない土地に逗留するなら、お前の人柄がすなわちお前の家族となる。

第二二欄（初め欠文）

疲れた（？）ならば〔………〕
〔………〕をまだ知らないうちは歓ぶな。
消す（？）ことができない火は起こすな。
お前の娘は黄金商人（？）と結婚させよ。だが〔お前の息子？〕は黄金商人の娘にやるな。

石を振る者――それは彼の足の上に落ちてこよう。

財布で巷の女に言い寄る者［……］

驢馬の背には梁を負わさせられない。

女がワニを好むと、彼女はその性格を帯びてくる。

夜は女、昼には立派なご婦人（？）。

愛する女を蔑んで口にするな。

厭う女を賞めるな。

賢婦を連れて歩く愚物は、ナイフをもって歩くブルティ（のようなものだ[29]）。

家の中の愚物は、酒倉の上等な服のようなものだ。

荒廃した家は訪れる者を魅了しない。

ワニは街の人をつかまえることはしない。

腹が空いたら、お前（自身の）汚物を食うがよい。（そうすれば）（すぐに）その不浄によって飽腹することだろう。

目を川の（上に）もたぬ者[30]には、その頭を水瓶（？）の中にあるものに向けしめよ。

もし主人のところに何か言いに来るなら、あらかじめ（？）お前の答を準備しておくがよい。

お前の労働者にパンを一個やり、彼の肩から二個とるがよい。
仕事をする者にパンを一個やり、命令する者には二個やるがよい。
貴族を侮辱するな。
侮辱が行なわれると戦いがそれに続く。
戦いが行なわれると、殺人がそれに続く。
そして殺人は神がご存知なく起こることはない。
神が定め給うことなくして何も起こらない。

第二三欄（初め欠文）

…………………………
〔…………〕（?）は人の人格だ。
…………………………
沈黙は愚かさ（?）を隠す、
北風〔…………〕から彼らは太陽の光を得る。
既婚の女に言い寄る者は、彼女の戸口の上り段で殺される。
他人の大きな家に住むよりは、お前自身の小さな家に住む方が快い。
害なわれていない小さな財産の方が、盗み荒らされた大きな財産よりはよい。

王宮での舌の滑りは、海上での舵のきりそこない（のよう）だ。

牡牛は交尾する時に吠えない。従って大きな厩は空にならない。

神の教えは万民の前にある。（しかし）馬鹿者はそれを見ることができない。

「私は生きているのか」と死んだ男が尋ねる。

神に向けて差しのべる手はことごとく、彼の愛するものを抵当にする。

ある果実を好む猫は、それを食う者を憎む。

「おっしゃる通りです」と弱者は言う。

（他所の）仕事ひとつひとつに精を出しておきながら、自分の仕事を怠けるのはやめよ。

父親の事に怠慢でない者は彼の支えとなる。

客（?）とは家の中に坐っている者であり、陽気にさわぐ（?）のは楽士である。

蛙とはハピ[31]をめでる者である。だがエンマー麦を食うのはネズミだ。

牛は大麦やエンマー麦を刈り入れるが、驢馬はそれを消耗する。

貧しい者を金持の前に連れていくな。

井戸の水を飲んで（それから）水瓶をその中に投げ返したりするな。

女（の）腹。馬（の）心。

第二四欄（初め欠文）

……………

〔……〕生涯〔……〕

〔……〕皆（?）に向かって曲げる（?）〔……〕

もし多くの富がお前に利益となって生じたら〔……〕お前の〔……〕

〔……〕お前は死ぬだろう（?）。

みじめな（?）女と結婚するな。

驢馬は馬と走ると、歩調（?）を合わせる。

ワニは驢馬を（捕え）たいときには、その〔……〕をとらえる（?）。

馬が賞品を追うて（?）走るところは見られるが、驢馬がそのために競うのは見られない。

驢馬よりは人間が交接した方がました。

仲裁の報酬として僧侶頭にパンが与えられる。彼の財布（?）が彼を救うだろうから。もし彼が仲裁しなければ彼は殺される。

昨日の酔いは今日の渇きをとり去ってくれない。

餓死するよりは、空腹に慣れてしまう方がましである。

お前の〔……〕するにあたってずるける（?）な、蔑まずに〔それを（?）せよ〕。

もしお前の主人（?）を呪う（?）つもりなら、（それならば）「あなたの健康をお祈りいたします!」などと言うな。

町は、そこで〔……〕〔ひと?〕を前にして（?）人影がなくなる（?）だろう。

町は、そこへ行く〔ひと?〕を前にして（?）歓迎をするだろう。

父親の収穫（麦）にあって〔……〕運ばない者は財産の権利証書を運び去るべきだ。

最後まで責任を負うのでなければ仕事の責任を負うな。

女は石のかたまりである。最初に来た者が彼女（?）にとりかかる。

元気のいい（?）よい女。空腹のため向かってくる蛇。

息子の稼ぎを利用するのでなければ息子をもってもしようがない。

私の仕事をしてくれるのでなければ召使をもってもしようがない。

私の問題に注意を払ってくれないのなら兄弟をもってもしようがない。

第二五欄（初め欠文）

……………


貧しい〔……〕するな。

〔……〕の前で彼に対し〔……〕するな。

〔……〕における神の〔……〕は大会堂におけるペラーのまぼろしより数多い。

女がその夫と平穏な間柄ならば、それは神の思召しである。

お前の家や収入を一日のために売ってしまって、永久に貧しくなるようなことをするな。

ファラオの財産から元金をつくるな。ファラオがお前とお前の家族を滅ぼすことになるといけないから。

女の〔言葉（?）〕を心の奥底で受けとるな。

女は木（?）から（?）離れる時には必ず、その（?）姿をこわしていくという危険な（?）存在である。

いかにしてファラオに近づくかを知れ。

いかにしてファラオの前に坐すかを知れ。

空を観察することを知れ。

地を観察することを知れ。

ああ、女の心（?）とその夫の心が憎悪心から免れますように。

お前の娘には賢明な夫を選べ。金持の夫を選ぶな。

お前がもっている財産を使い尽すのに一年を費せ。三年、堤（?）〔……〕ように〔……〕

信心のない女と結婚するな。お前の子供に悪い躾をするから。

もし女が夫と平穏な仲ならば、二人は決して不運になることはない。

もし女が夫の陰口をするなら、〔二人は決して〕幸せになる〔まい〕。
もし女が夫の財産に関心がなければ、別の男が意中にあるはずである。
〔……〕の女は〔長〕命であるはずがない。
悪い女は夫をもつべきでない。
「私の（?）〔……〕」と言うとき、愚者の妻（?）は愚者（?）を打つ、
私は〔………〕ない。私は〔………〕ない。

第二六欄（初め欠文）

……………………

……………………

自由に（?）男に外出さ〔せるため（?）……ある〕。
彼を導き入れる（?）ための杖がある。
命を与えるための拘禁ということがある。
殺すための釈放というものもある。
（それを）求めることなくして（富）を得る者がある。
すべての者は神から運命の分け前をいただいている。
病める者はことごとく災をもっている。賢い者は、〔………〕を知っている者である。

物事は、それをなした者に起こるものだ。
神は心の中を見通される。
戦場では、人はその兄弟を捜し求める。
旅にあっては、人は道づれを求める。
神に支払うべきものを支払え。〔……〕を支払え。
漁師に支払うべきものを支払え。彼らに〔……〕支払え。
商人が商人を見つけると〔……〕
（刈ら（?））ないのに耕す者がいる。
〔……〕しないけれど〔……〕者がいる。
〔……〕者は呪われている。
軽蔑する（?）もの〔……〕
小さな土地（?）を掘るもの〔……〕
もし（?）私が私の（?）友人を愛するなら〔……〕
〔……〕大きな力はない。

第二七欄（初め欠文）

……
毎日彼の家〔……〕愛すること（?）を考え（?）よ。

〔……〕知らない馬鹿者〔……〕

もしお前自身が悪いなら、他人をよくしようと（試みる）な。

もし〔……〕地面に〔……〕

…………………………

もし横柄な女が〔……〕彼を彼女に譲歩せしめよ。

彼が「いたします」という時に「するな」と言う〔……〕お前は〔……〕

彼らがもしお前に〔……〕命じたら、お前の身体に、その悪い症状（？）が感じる（？）〔……〕

他人の教えは愚者の心に達しない。彼の心に近いものが彼の心に近いのだから。

〔……〕と言うな。

〔……〕教訓（？）は神のために〔……〕お前の〔……〕

同村の人びとと戦う（？）男は永久に貧しい。

神の手になる災難（？）〔……〕留まる（？）な。神の怒りがお前に向けられるといけないから。

〔彼の（？）〕心をお前に対して〔……〕置く（？）な。

〔……〕生命が捨て（？）られるとき、彼は亡びる。

もし私〔……〕私は私の正当な報い（？）を見出す。

もし私が〔……〕おそれる〔……〕

お前がもし〔……〕ない〔……〕お前は「誰が困っているのか？（?）」と叫ぶ。
二〇 〔……〕お前の敵（?）〔……〕するな。
お前が逆境（?）にあるならば、神〔……〕
お前の主人の前でそれがお前のものでない限り「〔……〕」と叫ぶな。
二二 〔……〕

第二八欄（初め欠文）

……………………


一 「私は多大の富をもっている」と言うな。むしろ（?）お前の目上の者に〔……〕

〔……〕お前の召使達〔……〕と言（?）言え。

商人を友達にもつな。彼は（ただ）殺されるためにのみ生きているのだから。

五 お前がそれについて調べたことのない限り、お前の妻を〔……〕留まらすな。

〔……〕させよ（?）

お前が零落させられ（?）るといけないから、金持の前で〔……〕いつも言い続けるな。

金持がお前の告発により破滅させられるといけないから、彼の前で〔……〕言い続けるな。

彼がお前のしていることを発見しないと〔……〕な。
神に向かって叫ぶことに倦むな。なぜなら、神は書記の言うことに耳を傾けられる
時を定めていらっしゃるのだから。 一〇
（それは）こう書き記されている。(32) 二

二一八[1]

(一六一) おおオシリスよ。
このウナス[2]は来る。
神々を〈悩ます〉もの、不滅の魂をもつもの（は）。
かれ、心臓を要求し、力を奪い去り、力を賦与す。
かれの〈許す〉ものことごとく、かたわらに〈よびよせ〉、
かれに訴えしものを強制す。
（これを）逃れうるものなし。
(一六二) かれ、パンを食わず、かれがカーもパンを食わず、
（されど）かれのパン、かれのために果てん。
ゲブ[3]は神々の決定を述べり。
神々は言う、[4]「（汝は獲物を）とらえるときのハヤブサ、
見よ、汝は魂を所有し、強力なり」と。

(一六三) このウナスは来る。
神々を〈悩ます〉もの、不滅の魂をもつもの（は）。
汝を凌ぎ、汝に似、汝より疲れ、
汝より大いなるものにして、
汝より健《すこや》か、汝より声高く咆哮するもの。
汝にはもはや時なし。
セトとトトのなせしことを見よ。[5]
汝の二人の弟、汝を悼むすべを知らざりしもの（の）。
(一六四) おお、イシスにネフテュスよ。[6] 共に来れ。
共に来れ。合一せよ。合一せよ。
このウナスは来る。
神々を〈悩ます〉もの、不滅の魂をもつもの（は）。
地上にある西の民はこのウナスがものなり。
(一六五) このウナスは来る。
神々を〈悩ます〉もの、不滅の魂をもつもの（は）。
地上にある東の民はこのウナスがものなり。
このウナスは来る。
神々を〈悩ます〉もの、不滅の魂をもつもの（は）。

(二六六) 地上にある南の民はこのウナスがものなり。
このウナスは来る。
神々を〈悩ます〉もの、不滅の魂をもつもの（は）。
地上にある北の民はこのウナスがものなり。
このウナスは来る。
神々を〈悩ます〉もの、不滅の魂をもつもの（は）。
下天[7]に（住む）ものどもはこのウナスがものなり。
このウナスは来る。
神々を〈悩ます〉もの、不滅の魂をもつもの（は）。

二一九[8]

(二六七) おおアトゥム[9]よ。
かの汝が子息オシリス、ここにあり。
汝、生き（ながらえ）させんとて、復原させし（ものは[10]）。
かれ生くれば、このウナスも生きん。
かれ死なざれば、このウナスも死なざらん。
かれ滅ばざれば、このウナスも滅ばざらん。
かれ嘆かざれば、このウナスも嘆かざらん。

かれ嘆かば、このウナスも嘆かん。

（一六八）おおシュー[11]よ。
かの汝が子息オシリス、ここにあり。
汝、生き（ながらえ）させんとて、復原させし（ものは）。
かれ生くれば、このウナスも生きん。
かれ死なざれば、このウナスも死なざらん。
かれ滅ばざれば、このウナスも滅ばざらん。
かれ嘆かざれば、このウナスも嘆かざらん。
かれ嘆かば、このウナスも嘆かん。

（一六九）おおテフヌト[12]よ。
かの汝が子息オシリス、ここにあり。
汝、生き（ながらえ）させんとて、復原させし（ものは）。
かれ生くれば、このウナスも生きん。
かれ死なざれば、このウナスも死なざらん。
かれ滅ばざれば、このウナスも滅ばざらん。
かれ嘆かざれば、このウナスも嘆かざらん。
かれ嘆かば、このウナスも嘆かん。

（一七〇）おおゲブ[13]よ。

かの汝が子息オシリス、ここにあり。
汝、生き（ながらえ）させんとて、復原させし（ものは）。
かれ生くれば、このウナスも生きん。
かれ死なざれば、このウナスも死なざらん。
かれ滅ばざれば、このウナスも滅ばざらん。
かれ嘆かざれば、このウナスも嘆かざらん。
かれ嘆かば、このウナスも嘆かん。
（七二）おおヌート[14]よ。
かの汝が子息オシリス、ここにあり。
汝、生き（ながらえ）させんとて、復原させし（ものは）。
かれ生くれば、このウナスも生きん。
かれ死なざれば、このウナスも死なざらん。
かれ滅ばざれば、このウナスも滅ばざらん。
かれ嘆かざれば、このウナスも嘆かざらん。
かれ嘆かば、このウナスも嘆かん。
（七三）おおイシス[15]よ。
かの汝が兄オシリス、ここにあり。
汝、生き（ながらえ）させんとて、復原させし（ものは）。

かれ生くれば、このウナスも生きん。
かれ死なざれば、このウナスも死なざらん。
かれ滅ばざれば、このウナスも滅ばざらん。
かれ嘆かざれば、このウナスも嘆かざらん。
かれ嘆かば、このウナスも嘆かん。
(一七三) おおセト[16]よ。
かの汝が兄オシリス、ここにあり。
生き（ながらえ）て汝を罰せんとて、復原させられし（ものは）。
かれ生くれば、このウナスも生きん。
かれ死なざれば、このウナスも死なざらん。
かれ滅ばざれば、このウナスも滅ばざらん。
かれ嘆かざれば、このウナスも嘆かざらん。
かれ嘆かば、このウナスも嘆かん。
(一七四) おおネフテュス[17]よ。
かの汝が兄オシリス、ここにあり。
汝、生き（ながらえ）させんとて、復原させし（ものは）。
かれ生くれば、このウナスも生きん。
かれ死なざれば、このウナスも死なざらん。

かれ滅ばざれば、このウナスも滅ばざらん。
かれ嘆かざれば、このウナスも嘆かざらん。
かれ嘆かば、このウナスも嘆かん。
(一七五) おおトト[18]よ。
かの汝が兄オシリス、ここにあり。
生き(ながらえ)て汝を罰せんとて、復原させられし(ものは)。
かれ生くれば、このウナスも生きん。
かれ死なざれば、このウナスも死なざらん。
かれ滅ばざれば、このウナスも滅ばざらん。
かれ嘆かざれば、このウナスも嘆かざらん。
かれ嘆かば、このウナスも嘆かん。
(一七六) おおホルス[19]よ。
かの汝が父オシリス、ここにあり。
汝、生き(ながらえ)させんとて、復原させし(ものは)。
かれ生くれば、このウナスも生きん。
かれ死なざれば、このウナスも死なざらん。
かれ滅ばざれば、このウナスも滅ばざらん。
かれ嘆かざれば、このウナスも嘆かざらん。

かれ嘆かば、このウナスも嘆かん。
(一七七) おお大いなる神々よ。
かのオシリス、ここにあり。
汝ら、生き(ながらえ)させんとて、復原させし(ものは)。
かれ生くれば、このウナスも生きん。
かれ死なざれば、このウナスも死なざらん。
かれ滅ばざれば、このウナスも滅ばざらん。
かれ嘆かざれば、このウナスも嘆かざらん。
かれ嘆かば、このウナスも嘆かん。
(一七八) おお小さき神々よ。
かのオシリス、ここにあり。
汝ら、生き(ながらえ)させんとて、復原させし(ものは)。
かれ生くれば、このウナスも生きん。
かれ死なざれば、このウナスも死なざらん。
かれ滅ばざれば、このウナスも滅ばざらん。
かれ嘆かざれば、このウナスも嘆かざらん。
かれ嘆かば、このウナスも嘆かん。
(一七九) おお〈都市《まち》〉(20)よ。

かの汝が子息オシリス、ここにあり。
汝、[21]（次の如くに）言いし（ものは）。
「汝らが父に生まれたるものあり。
かれがため、その口を清めよ。
かれが愛せしその子ホルスによりて、
かれが口は開かれたればなり[22]。
かれが身体、神々によりて数えられたり[23]」と。
（一八〇）かれ生くれば、このウナスも生きん。
かれ死なざれば、このウナスも死なざらん。
かれ滅ばざれば、このウナスも滅ばざらん。
かれ嘆かざれば、このウナスも嘆かざらん。
かれ嘆かば、このウナスも嘆かん。
（一八一）汝が名[24]「ヘリオポリスに住み給うもの、
永遠に墓地にとどまり給うもの」によりて。
かれ生くれば、このウナスも生きん。
かれ死なざれば、このウナスも死なざらん。
かれ滅ばざれば、このウナスも滅ばざらん。
かれ嘆かざれば、このウナスも嘆かざらん。

かれ嘆かば、このウナスも嘆かん。

(一八二) 汝が名「アンジェト[25]に住み給うもの、
その州[26]の長《おさ》」によりて、
かれ生くれば、このウナスも生きん。
かれ死なざれば、このウナスも死なざらん。
かれ滅ばざれば、このウナスも滅ばざらん。
かれ嘆かざれば、このウナスも嘆かざらん。
かれ嘆かば、このウナスも嘆かん。

(一八三) 汝が名「セルケト[27]の館《やかた》に住み給うもの、満足せるカー[28]」によりて、
かれ生くれば、このウナスも生きん。
かれ死なざれば、このウナスも死なざらん。
かれ滅ばざれば、このウナスも滅ばざらん。
かれ嘆かざれば、このウナスも嘆かざらん。
かれ嘆かば、このウナスも嘆かん。

(一八四) 汝が名「神の広間に住み給うもの、燻香にましますもの、櫃に、厨子に、(また) 袋[29]
　にましますもの」によりて、
かれ生くれば、このウナスも生きん。
かれ死なざれば、このウナスも死なざらん。

かれ滅ばざれば、このウナスも滅ばざらん。
かれ嘆かざれば、このウナスも嘆かざらん。
かれ嘆かば、このウナスも嘆かん。
(一八五) 汝が名「パアル材の〈白き〉館[30]にましますもの」によりて、
かれ生くれば、このウナスも生きん。
かれ死なざれば、このウナスも死なざらん。
かれ滅ばざれば、このウナスも滅ばざらん。
かれ嘆かざれば、このウナスも嘆かざらん。
かれ嘆かば、このウナスも嘆かん。
(一八六) 汝が名「天における季節、地における季節をもちてオリオンに住み給うもの」によりて、
おおオシリスよ、汝の顔を向け、
汝がウナスをみよ。
汝よりいでし種、有能なればなり。
(一八七) かれ生くれば、このウナスも生きん。
かれ死なざれば、このウナスも死なざらん。
かれ滅ばざれば、このウナスも滅ばざらん。
かれ嘆かざれば、このウナスも嘆かざらん。

かれ嘆かば、このウナスも嘆かん。
（一八八）汝が名「デプ[31]に住み給うもの」によりて、
汝が手、その娘たる食物のまわりにありて、そを整えよ。
かれ生くれば、このウナスも生きん。
かれ死なざれば、このウナスも死なざらん。
かれ滅ばざれば、このウナスも滅ばざらん。
かれ嘆かざれば、このウナスも嘆かざらん。
かれ嘆かば、このウナスも嘆かん。
（一八九）汝が名「最もすぐれたる牡牛の館に住み給うもの」によりて、
汝が手、その娘たる食物のまわりにありて、そを整えよ。
かれ生くれば、このウナスも生きん。
かれ死なざれば、このウナスも死なざらん。
かれ滅ばざれば、このウナスも滅ばざらん。
かれ嘆かざれば、このウナスも嘆かざらん。
かれ嘆かば、このウナスも嘆かん。
（一九〇）汝が名「南のオン[32]に住み給うもの」によりて、
汝が手、その娘たる食物のまわりにありて、そを整えよ。
かれ生くれば、このウナスも生きん。

かれ死なざれば、このウナスも死なざらん。
かれ滅ばざれば、このウナスも滅ばざらん。
かれ嘆かざれば、このウナスも嘆かざらん。
かれ嘆かば、このウナスも嘆かん。
（一九一）汝が名「北のオン[33]に住み給うもの」によりて、
汝が手、その娘たる食物のまわりにありて、そを整えよ。
かれ生くれば、このウナスも生きん。
かれ死なざれば、このウナスも死なざらん。
かれ滅ばざれば、このウナスも滅ばざらん。
かれ嘆かざれば、このウナスも嘆かざらん。
かれ嘆かば、このウナスも嘆かん。
（一九二）汝が名「湖の町[34]に住み給うもの」によりて、
汝が食せしは一眼なり。
汝が肉体、これにて完全とならん。
汝がこれによりて生き（ながらえ）んがために、
汝の子ホルス、そを汝に譲る[35]。
かれ生くれば、このウナスも生きん。
かれ死なざれば、このウナスも死なざらん。

かれ滅ばざれば、このウナスも滅ばざらん。
かれ嘆かざれば、このウナスも嘆かざらん。
かれ嘆かば、このウナスも嘆かん。
(一九三) 汝が体はこのウナスが体。
汝が肉はこのウナスが肉。
汝が骨はこのウナスが骨。
汝赴かば、このウナスも赴き、
このウナス赴かば、汝も赴かん。

二五八[36]

(三〇八) このウナスはつむじ風に(のりし)オシリス。
地はその忌み嫌うところ。
このウナス、ゲブがもと[37]へは入らざらん。
滅ぶことなからんがために、
その地上の館に眠ることなからんがために。
かれが骨、強くつくられ、
その病い[38]、とり除かる。
このウナス、ホルスの(聖)眼[39]によりて清められ、その病い、オシリスの二羽のトビ[40]によりて取り除かる。

このウナス、クス[41]にてその精液を地に注げり。

(三〇九) かれを悼むはその妹なるペー[42]の女主人。

王は天への途上にあり。

王は天への途上にあり。

風とともに、風とともに。

かれ、入るを拒まることなからん。

かれ、入るを拒まるべきことなし。

かれのゆえに、神の法廷開かるることなし。

このウナスは〈唯一無比〉にして、神々の最年長者なればなり。

(三一〇) かれへの供物のパン、ラーとともに昇天し、
かれの食事、ヌン[43]にあり。

このウナスは徘徊者にして、ラーとともに来り行き、その館[44]を占有しいたればなり。
(三一一) このウナス、カー[45]を賦与し、カーをとりあげ、
障害を課し、障害を取り除く。
このウナス、ウヌの二丁の手斧[46]を鎮めつつ昼夜をすごす。
その足、抵抗をうけることなく、
その心臓、くじかれることなし。

二六八[47]

(三七〇) このウナス、(身を) 洗い (清む)。
ラーの昇るときに。
大いなる神々[48]は輝き、
オムボスの主[49]は「(蒼) 穹[50]」の先頭に高くあり。
(三七一) このウナスは貴族たちを譲りうけてみずからの体 (の一部) とし、
このウナスは、大神たちおよび小神たちの手よりウレルト冠[51]をえる。
イシスはかれを保護し、
ネフテュスはかれに授乳す。
(三七二) ホルスはかれを〈かたわらに〉うけいれ、
このウナスをジャッカル湖にて浄める。
かれ、このウナスのカーをダト湖[52]にて清め、
このウナスがカーの体、およびみずからの体をぬぐい浄める。
地平線にてラーの双肩にあるもの[53]によりて。
(三七三) 両国の再び光り輝くとき、
かれ、神々の視線を開くとき、
かれが受けとるものによりて。

かれ、このウナスがカーとみずからの似姿とを「大いなる館[54]」に案内す。
かれのため宮廷がつくられ、
かれのためへマチェト[55]が編み上げらる。
(三七四)このウナス、「不滅の星たち[56]」を導き、
「葦原[57]」へと渡航す。
地平線におるものたち、かれ(の船)を漕ぎ、
天空におるものたち、かれを運ぶ。
(三七五)このウナス、全能にして、
その腕は果さざるものなし。
このウナス、卓越せるものにして、
そのカー、かれがかたわらにあり。

二七三—四[58]
(三九三)天空はかき曇り、星は光を失う。
(蒼)穹はうち震え、アケルー[59]の骨はわななく。
すべての運動《うごき》は静まる。
(三九四)かれら、このウナスが力に(みちて)現わるるを見たればなり。
父を食《くら》いて生き、母を食べ物とする神として。

ウナスは知恵の主にして、母（も）その名前を知らず、
(三九五) ウナスが栄光天にありて、その力地平線にあり。
かれを儲け給いし父（神）アトゥムの如くに。
アトゥム、このウナスをつくり（たれば）、
ウナスが力、アトゥムにまさる。
(三九六) ウナスがカー[60]、かれを取りまき、
そのヘムーセト、足下にあり。
その神々[61]は頭上にましまして、
聖蛇は頭（上）の冠にあり、
ウナスが導きの蛇、額にあり。
バー[62]をみるもの、焔もて〈支配する〉もの（は）。
ウナスが首、その胴に（つながれて）あり。
(三九七) ウナスは天の牡牛にして、
思いのままに〈征服し〉給う。

かれ、なべての神〈が生命〉を（食いて）生き、かれらの〈内臓〉を（むさぼり）食う。

火の島[63]より、呪力にみてる体もて来れるものの（内臓をも）。
(三九八) ウナスは（よく）整えられたるものにして、
かれが魂を集む。

ウナスはこの大いなるものとして、
援助者をもつもの（として）現われ、
ゲブを背にして坐る。[64]
(三九九) かの最年長者たちを殺戮するの日、[65]
その名隠されたる御（神）とともに、[66]
裁きを与えるはウナスなればなり。
ウナスは供物の所有者にして、
縄を結び、[67]みずから食事の準備をなす。
(四〇〇) ウナス（こそ）人をむさぼり、神々を食いて生きるもの、
指令を運ぶ使者の主人なり。
(四〇一) ウナスがため、かれらを投げ縄で捕えるは、
ケハウなる（名の）「髻《もとどり》をつかむもの」。
かれがため、かれらを見張り拘束するは、
鎌首もたげたる（聖）蛇。
かれがため、かれらを縛るは、
〈赤き（血）〉を司るもの。
(四〇二) ウナスがため、首長どもを殺し、
かれらをくびり殺し、その体にあるものを（絞り）だすはコンス。[68]

かれ、監禁のためウナスが送る使者なればなり。
(四〇三) ウナスがため、夕辺の炉石にてかれらを切り裂き、
その部分を料理するはシェズムー[69]。
かれらが呪力を食い、
かれらが魂を呑みこむはウナス。
(四〇四) 大ものはかれの朝食のため、
中ものはかれの夕食のため、
小ものはかれの夜食のため、
老人と老婆はかれの焚香のため。
(四〇五) かれがため、その最年長者どもの大腿骨もてかれを入れた大釜に火をつけるは、
北天にまします大いなるものたち[70]。
(四〇六) 天の（住）民はウナスに仕え、
かれがため、その婦人たちの足もて、
炉石、ぬぐい清めらる。
かれ、両天[71]全体を巡回し、
両岸[72]をめぐり歩む。
(四〇七) ウナス、カーの大いなるものにして、
カーを支配するものなればなり。

ウナス、聖なる像にして、
大いなるものの聖像中の最も神聖なる像。
かれ、途上にて眼にするものみな、
ばらばらにし貪り食う。
ウナスの地位、地平線にまします尊き方々の先頭にあり。
(四〇八) ウナスは神にして、
最長老の(神)よりも年経たる(神)。
幾千(人)かれに仕え、幾百(人)かれに(供物を)捧ぐ。
神々の父オリオンによりて、
「大いなる力」の許状、かれに与えらる。
(四〇九) ウナス、ふたたび天に現われ、
「地平線の主」として戴冠す。
かれ、(神々の)背骨をくだき、
神々の心臓をとる。
(四一〇) かれ「赤冠」[73]を食い、
「緑なる御方」[74]をのみこむ。
かれ「賢者ども」の肺を食物とし、
心臓とその呪力を(食いて)生きるに満足す。

(四二) ウナス、「赤冠」にましますセベジュー[75]をなめるを嫌悪す。
かれらが呪力、その腹中にあれば、
かれ、心楽し。
ウナスの尊厳、かれより奪わるることなからん。
かれ、すべての神の知力を呑みこみたればなり。
(四三) ウナスが生涯は永遠にして、
その限界に涯なし。
「かれ望まば、なさん。望まざれば、なさざらん」なるこのかれが尊厳によりて。
かれ、永遠に地平線の枠内にありといえど。
(四三) みよ、かれらが魂、ウナスの腹中にあり、
かれらが精神《こころ》、ウナスのものなり。
ウナスがため、神々の首より料理されたる
食事の余剰《あまりもの》として。
みよ、かれらが魂、ウナスのものなり。
かれらが影、その所有者《もちぬし》より(奪いさら)る。
(四四) 絶えず出現し(生き)続くるはこのウナスにして、
(悪) 行をなすもの(といえど)、
永遠にこの国にて生き(ながらえ)るものの中に(加わり)たるウナスの、

（その）愛する場所[76]を破壊する力もちえず。

三五六[77]

（五七五） おお「王」[78]よ。
汝を尋ねださんとてホルスは来れり。
汝がため、トトをして、セトにつき従うものどもを退かしめ、
かれらをみな汝がもとにつれ来る。
（五七六） 汝がため、かれ[79]、セトの心を恐れしむ。
汝、かれ[80]にすぐれたるがゆえに。
汝、かれに先んじて（生まれ）いで、
その性《さが》、かれにまされり。
ゲブ、汝が性をみ、
汝をその地位にすえたり。
（五七七） ゲブは汝がかたわらに、二人の妹、イシスとネフテュスとをおけり。
ホルス、神々をして汝に合一せしめ、
汝が名「セヌート宮（の主）」によりて、
かれらを汝が弟たらしめ、
汝が名「双穹（の主）」によりて、

かれら、汝を拒むことなし。[81]
(五七八) かれ、神々をして汝を保護せしめ、
ゲブはそのサンダルを汝が敵[82]の頭上におけり。
汝の前に怖れおののくもの(の頭上に)。
汝が子息ホルスはかれを撃ちて、
眼を奪い(かえし)、そを汝に与えたり。
(五七九) かくて汝が栄光(高か)らんがために、
かくて汝が霊の先頭にて力を振わんがために。
ホルス、汝をしてその敵を捕えしめ、
汝(が手)を逃れ(え)しもの一人としてなし。
(五八〇) ホルスのカーは強くして、
かくてかれ、汝にその父を認めたり。
汝が名「王〈輿《こし》〉のバー[83]」によりて。
ヌート[84]、汝が名「神」によりて、
セトを〈無視し〉汝を神に任じたり。
汝が母ヌート、その名「天の秘密(の主)」によりて、
汝が上に体をのばせり。
(五八一) ホルス、セトを捕えて汝が下におけり。

汝をかかげ、汝が下にて地を震えしめんがために。
汝、その名「聖なる地（の主）」によりて、
かれ(85)よりも気高し。
(五八二) ホルス、汝をしてセトが（内）心を調べしむ。
汝より逃るるをえざらしめんがために。
かれ、汝の手もてセトを捕えしむ。
汝より逃るるをえざらしめんがために。
おおオシリス「王」よ。
ホルス、汝を守りいたり。
汝がうちにあるかれがカーのため、
かれ（これを）なせり。
かくて汝、その名「満足せしカー」によりて満足せん。

三五七(86)

(五八三) ホルスによりて話されたることば。
「ゲブ、寛慈にして、オシリスにペピ(87)を与えざらんことを」

おおオシリス「王」よ。

ゲブ、汝に両眼を与え給えり。

汝、この大人《たいじん》が両眼もて満足せん。
ゲブ、ホルスをしてそを汝に与えしめたり。
かくて汝、喜びにみたされん。
(五八四) イシスとネフテュス、汝をみ、
汝を見いだしたり。
ホルスは汝(が体)を集め、
イシスとネフテュスをして汝を守護せしめたり。
かれら、汝をホルスに委ね、
かれ、汝に満足す。
(五八五) 汝が名「ラーの現わる地平線(の主)」によりて、
汝が傍《かたわら》にあるホルス、心楽し。
汝が名「宮殿に住み給うもの」によりて、
汝が腕の中にある(ホルス、心楽し)。
汝、その腕もてかれを抱きしめ、
かくてかれの骨は伸び、その心臓は誇りにみちん。
(五八六) おおこのオシリス「王」よ。
ホルス(がもと)へのぼれ。
かれのもとへ赴け。

かれより遠ざかるなかれ。
(五八七) ホルスは来りて、汝を認む。
かれ、汝がためセトを撃ち、鎖につなげり。
汝、かれがカーなればなり。
ホルス、汝がためかれを追い払えり。
汝、かれにすぐれたるがゆえなり。
(五八八) かれ、汝を背負いて泳ぎ、
かれにすぐれし汝をさしあぐ。
かれの従者たち、汝をみ、
汝が力、かれにまさるを(みる)。
かくてかれら、汝に逆らうことをえず。
(五八九) ホルスは来りて汝にその父を認む。
汝が名「若水(の主)」によりて、汝若返りしとき、
ホルス、汝がために、汝の口を開けり。
(五九〇) おおこの(オシリス)「王」よ。
力失うなかれ。呻くなかれ。
ゲブ、汝(がもと)にホルスをもたらし、
かれら[88]が心臓を要求せしめたればなり。

かれ、たちどころに万神を汝がもとにつれ来り、
そ（の手）を逃れえしもの一人としてなし。
(五九一) ホルスは汝を守護し、
守護を果さざることなし。
ホルス、セトよりその（聖）眼を奪い（かえし）、
汝に与えたり。
かれがこの甘き眼（を）。
そを汝がもとにもどらしめ、わがものとせよ。
おお（この聖眼）、汝がものとあり（続けん）ことを。
(五九二) イシス、汝（が体）を集め（なおし）、
この汝が名「西方の第一人者」によりて、
ホルスが心、汝に歓喜す。
セトの汝になせしこと償うは、
ホルスなり。

三六四(89)

(六〇九) おおこのオシリス「王」よ。立ち上がれ。
ホルスは来り、神々より汝を要求す。

ホルス、汝を愛するがゆえなり。
かれ、その（聖眼）もて汝に与え、
ホルス、汝にその（聖）眼をはめたり。
(六一〇) ホルスは汝が眼を開けり。
かくて汝、（ふたたび）みるをえんがために。
神々、汝が顔を（ふたたび）つなぎあぐ。
かれら、汝を愛するがゆえなり。
イシスにネフテュス、汝を本復させ、
ホルス、汝より遠ざかることなし。
汝、かれがカーなればなり。
(六一一) 汝が顔、かれに寛慈ならんことを。
急ぎ、ホルスの言葉をうけよ。
汝、そ（の言葉）に満足せん。
ホルスに耳傾けよ。
汝に禍いをなすことなからん。
かれ、神々をして汝に仕えしめり。
(六一二) おおオシリス「王」よ。めざめよ。
ゲブ、汝（がもと）にホルスをもたらし、

かれ、汝を認む。
ホルス、汝を見いだし、
汝によりて歓喜せん。
(六二三) ホルス、神々を汝(がもと)に上らせ、
かれらを汝に委ねたり。
かれらをして汝が顔を照らさせんがために。
ホルス、汝を神々の先頭にすえ、
汝をして、汝がものすべてを所有せしめたり。
ホルス、汝と結合し、
汝より離るることなからん。
(六二四) かの汝が名「アンジェト[90](の主)」によりて、
ホルス、汝をよみがえらせたり。
ホルス、汝にその強き(聖)眼を与えたり。
かれ、そ(の聖眼)を汝に与えたり。
汝が強大にして、敵みな汝を畏怖せしめんがために。
ホルス、かのその名「神の奉納」なる(聖)眼もて、汝を完全に満せり。
(六二五) ホルス、汝がため神々を集む。
(かくて)汝の赴くところ(すべて)、かれら、汝より離れるをえざらん。

ホルス、汝がため神々を招集す。
〈かくて〉汝が溺死せしところにて、かれら、
汝より離れるをえざらん。
(六二六) ネフテュスは汝がため、汝が〈体の各〉部分を集む。
かの彼女が名「セシャト、建築師の女主人」によりて。[91]
〈彼女は〉汝〈が体〉を癒し、
その名「石棺」なる母ヌートに委ねる。[92]
ヌート、汝をその名「棺柩《ひつぎ》」によりて抱擁し、
汝はその名「墓《マスタバ》」なる彼女がもとにもたらさる。
(六二七) ホルス、汝が〈体の各〉部分を集め、
かくて汝を滅び〈にいたら〉さじ。
かれ、汝を結び合わせ、
汝〈が体〉、乱されたる〈ところ〉なし。
ホルス、汝を組み立て、
いかなる〈不安定〈なる部分〉も〉なし。
(六二八) おおこのオシリス「王」よ。
汝の心を〈高く〉かかげよ。
汝の心を大きくし、

汝の口を開け。
ホルス、汝を守護し、
守護を果さざることなければなり。
(六一九) おおこのオシリス「王」よ。
汝は力強き神にして、
ホルス、汝に比べうる神一人としてなし。
ホルス、汝にその子供らを与え、
かれらをして汝を担わしむ。
(六二〇) かれ、汝にすべての神々を与う。
かれら、汝に仕え、
汝をしてかれらに力を振わしめんがために。
ホルス、その名「ヘヌー舟」によりて、
汝を(高く)かかげ、
その名「ソカル(93)」なる汝を運ぶ。
(六二一) 生き(かえれ)。
(ふたたび) 日々動きまわるをえんがために。
その名「ラーの現わる地平線(の主)」によりて(ふたたび)カーであれ。
強者であれ。有能であれ。

心強くあれ。永遠に力強くあれ。

三七三[94]

(六五四) ほうほう。立ち上がれ。おお「王」よ。
汝が頭をうけとれ。
汝が骨を集めよ。
汝が四肢を寄せ集めよ。
体より土を投げすてよ。
(六五五) 汝のパンをうけとれ。黴《か》びることなき(このパンを)。
汝のビールを(うけとれ)。すっぱくなることなき(このビールを)。
平民には閉ざされたる門のそばに立て。
ケンティメヌーテフ[95]は汝がもとへと出で来り、汝が手をつかむ。
かれ、汝を天へ、
汝が父ゲブ(のもと)へ伴う。
(六五六) ゲブ、汝をみて心楽しく、
両手を汝にのせ、
汝に接吻《くちづけ》し、抱きしめ、
「不滅の星々」たる精霊の先頭に汝をすえる。

その居場所隠されたるものども、汝を礼拝し、
大いなるものども、汝を世話し、
番人ども、汝に仕える。
(六五七) 汝がため、大麦が脱穀され、
汝がため、小麦が刈り取られる。
かくて供物、汝が一月毎の祝祭《まつり》のためつくられ、
汝が半月毎の祝祭のためつくらる。
汝の父ゲブによりて、汝がためなせと命じられたる通りに。
立ち上がれ。おお「王」よ。
汝は滅びることなかりせばなり。

四二三(96)

(七六五) おおオシリス「王」よ。
この汝が冷たき水をうけよ。
汝が名「冷たき水よりいでしもの」によりて、
汝ホルスにより冷(気)をえたり。
汝がソーダをうけとれ(97)。
汝が神であらんために。

汝が母ヌート、汝の名「神」によりて、
汝をして敵に対し神たらしめり。
(七六六) 汝より来りし水流をうけよ。[98]
ホルス、汝の赴くところ（みな）、汝がため神々を集めり。
汝より来りし水流をうけよ。
ホルス、汝の溺死せしところにて、汝がためその子らを招集せり。
(七六七)「若きホルス」汝を認む。
汝、その名「若水」によりて若返りしときに。
ホルスは心強くして、
その名「王がバー[99]のホルス」によりて、
汝にその父を認む、

四七三[100]

(九二六) 天の葦舟《あしぶね》、[101]昼舟《ひるぶね》によりてラーがため整えらる。
ラー（乗りて）、地平線のホルアクティがもとに渡らんがために。
天の葦舟、夜舟《よるぶね》によりてホルアクティがため整えらる。
ホルアクティ（乗りて）、地平線のラーがもとに渡らんがために。
(九二七) 天の葦舟、昼舟によりてわがもとにもたらさる。

われ（乗りて）、地平線のラーがもとに上らんがために。

天の葦舟、夜舟によりてわがもとにもたらさる。

われ（乗りて）、地平線のホルアクティがもとに上らんがために。

（九二八）われ、神々の生まれ給いしこの天の東側にのぼり、

ホルスとして、地平線の君《きみ》として誕生す。

（九二九）われは義とされ、わがカーも義とさる。

ソティス[102]はわが妹にして、明けの明星はわが子なり。

（九三〇）われ、口備えたる精霊たちを見いだせり。

その口、備えの所有者《もちぬし》たる精霊[103]の水飲み鉢なるセフセフ湖の岸辺に坐れる（かれらを）。

「そなたは誰ぞ」とかれら、われに向かいて言う。

口備えたる精霊たちは言う。

「われは口備えたる精霊なり。

（九三一）いかな場所にもまして貴きここにいかにして来りたるか」とかれら、われに向かいて言う。

口備えたる精霊たちは言う。

（九三二）「われいかなる場所にもまして貴きここに来しは[104]、天の葦舟、昼舟によりてラーがため整えられり。

ラー（乗りて）、地平線のホルアクティがもとに渡らんがために。

天の葦舟、夜舟によりてホルアクティがため整えられり。
ホルアクティ（乗りて）、地平線のラーがもとに渡らんがために。
天の葦舟、昼舟によりてわがもとにもたらされり。
われ（乗りて）、地平線のラーがもとに上らんがために。
（九三三）天の葦舟、夜舟によりてわがもとにもたらされり。
われ（乗りて）、地平線のホルアクティがもとに上らんがために。
（九三四）われ、神々の生まれ給いしこの天の東側にのぼり、
ホルスとして、地平線の君として誕生す。
（九三五）われは義とされ、わがカーも義とさる。
（されば）われに喝采し、わがカーにも喝采せよ。
ソティスはわが妹にして、明けの明星はわが子なり。
（九三六）われ、汝らと共に歩み、汝らと共に『葦原』をさすらわん。
われ、汝らと共に、『トルコ玉の野』にて牧人《まきびと》として仕えん。
（九三七）われ、汝らの食するものを食い、
汝らの（常）食を（常）食とせん。
汝らの着るものを着、汝らの塗布するものを塗布せん。
われ、汝らと共に、『乳母の水路』より水汲まん。
その口、備えの所有者たる精霊の水飲み鉢なる（水路より）[105]」

（六二八）われは大いなる（蒼）穹の先頭に坐し、
その口、備えの所有者たる精霊に命令を下す。
われはセフセフ湖の岸辺に坐り、
その口、備えの所有者たる精霊に命令を下す。

四八二[106]

（一〇〇二）おおわが父「王」よ。
左脇（腹）を上にせよ。
右脇（腹）を下にせよ。[107]
われの与うるこの新鮮なる水（をのむ）ために。
（一〇〇三）おおわが父「王」よ。
左脇（腹）を上にせよ。
右脇（腹）を下にせよ。
われ汝がためにつくりしこの暖きパン（を摂る）ために。
（一〇〇四）おおわが父「王」よ。
天の扉、汝のために開かる。
天球の扉、汝のため押し開けらる。
ペーの神々[108]は悲しみにみち、

イシスとネフテュスは悲嘆の叫び（をあげ）、オシリスがもとに来る。
（一〇五）ペーの精霊たち、汝のため（棒を）うちあわせ、
体をうち叩く。
かれら、汝のため手をうちならし、
側髪を引張る。
かれら、オシリスに向かいて言う。
（一〇六）「行き、来り。目覚め、眠れ。
汝が生命、不朽なればなり。
（一〇七）立ち上がり、これを見よ。
立ち上がり、これを聞け。
汝の子息汝がためになせしことを。
ホルス汝がためになせしことを。
かれ、汝を撃ちしものを撃ち、
汝を縛りしものを縛り、
（一〇八）ケデムにまします汝が長女[109]の下におく。
汝が長女（こそ）汝の体を（拾い）集め、
汝の両手を閉じ[110]、汝を探し求め、
ネディトの河岸に〈横たわる〉汝を見いだせしものなり。

(一〇〇九) かくて双穹[111]の悲嘆は終らん。
おお汝ら神々よ。
かれに語りかけよ。かれを連れて行け。
汝は昇天し、(一〇一〇) ウプワウト[112]とならん。
汝が子息ホルス、天の道にて汝を導かん。
天汝に与えられ、地汝に与えられ、
『葦原[113]』汝に与えらる。
オンより来れるこれら二人の大神とともに」と。

アメン・ラー讃歌（二）

（一・二）〔第五連〕[1]

〔…………〕

汝冥界がものとなり、石棺中の汝がミイラに〈はいりこむ〉。
（されど）陽輝くとき、昨日のさま（して現わる）。
存在せる〔なべての〕もの（汝を）〈讃え〉、ともに汝を拝す。[2]

第六連[3]

なべての地、[4]汝への恐怖《おそれ》の下にたつ。
〈その〉住民、汝の栄光に〈身をこごむ〉。
汝の名、高く、強力にして力に（みつ）。
ユーフラテスも大洋も汝への[5]畏怖の下にたつ。
汝の力強くして、地にも大海中の島々にも達す。
高地の民[6]、驚嘆して汝がもとに下り、

（一・五）〈なべての叛ける〉国々、汝への恐怖にみつ。
プントの住民は汝がもとに来り、
「神の国」(7)は汝への愛によりて緑なす。
〈船〉香料〈を積みて〉汝がもとにもたらさる。
汝の神殿を祝祭《まつり》の香もてみたさんがために。
香木は汝のため没薬をもたらし、
汝が香料の匂い、その鼻につき入る。
〈蜜蜂〉は蜜をととのえ、〈その甘さ心持よし〉。
メニト油はイヘメト油に混ぜられ、汝が体の香膏《においあぶら》(8)となる。
〔………〕
汝がため杉は成長し、（一・一〇）〔………〕。
汝の気高き聖舟ウセルハト(9)をつくらんがために。
山々は〔汝が住居《すまい》の〕門を大きく建てんがため、汝に石材をもたらし、
船は海上にあり、〈岸辺につきて〉荷物を積み〈こみ〉、
汝の前を航行す。〔……〕
河は下流に流れる〈も〉、北風は上流に向かって吹き、
万物にまします汝がカー(10)に供物をもたらす。
汝が〈領〉地(11)には〔………〕いかなる神もなし。

第七連[12]

敵はテーベより追い払われる。[13]

〈テーベ〉は諸都市の女主人、[14]全土の眼、〔……〕を捕えるもの、アトゥムの聖眼、ラーの眼なり。

テーベ、なべての都市《まち》にもまして強力にして、

その勝利によりて（一・二五）国土に唯一の支配者を与えたり。

弓を手にし、矢をにぎり、

その力かくも偉大なるが故に、その近くにて戦いなし。

なべての都市、その名によりて誇る。

テーベはその女主人、かれらにまして強力なり。

〈………（一・二〇）………（一・二五）………〉[15]

両岸の主[16]の〈……〉は〈かれに〉捧げらる。

原初のときラーになされしごとくに。

〈………（三・一）………〉

両国の主[17]はその財産より糧《かて》を受く。

〈………〉

（アメンはいかなる）神にもまして力強き神、唯一無比（の神）にして、八柱神[18]〈のうち〉

その名隠されたるものなり。[19]

第九連[20]

ヌン[21]より来れる九柱神[22]は汝をみて集まる。

(汝)栄光(いと)高きもの、主の中の主、
みずからをつくりなせしもの、[23]〈二女神[24]〉の主、かれは主なり。

眠りたるものどものためかれは輝く。

新しき姿にて、その顔を照らさんがために。

(人々の)眼輝き、その口は開かる。

その光輝《かがやき》来れるとき、身体みな衣服にておおわる。

(三・五)かれ天にのぼるとき、天は黄金、ヌン[25]は瑠璃にして、地は孔雀もておおわる。

神々はみることをえ、その神殿は開かれてある。

人々は汝によりてみることをうる。

なべての樹々、その前にて活気立ち、
その眼に向かいて葉を広げる。

魚は水中にはね、かれへの愛によりて池を〈つき進む〉。

なべての獣、その面前を跳び、
なべての鳥、翼もて踊り、かれのよき時を認む。

日々かれをみるが故に、かれら[26]生く。

かれら、その御手の下にあり。その封印もて封じられ、
陛下[27]のほかのいかなる神も開くこと能わず。
(三・一〇)かれなくしてなさるることなし。
大いなる神、九柱神[28]の生命《いのち》(たるかれなくして)。

第一〇連[29]

おおテーベ、なべての都市を証するもの[30]。

水も土も原初よりそこにあり。

砂来りて畑を〈くぎり〉、丘にその基礎《もとい》をつくりなす[31]。

(かくて)地は生まれたり。

(ついで)〈人〉そこに生まれ、そのまことの名もてなべての都市をきずく。

ラーの眼たるテーベの支配の下に(のみ)、かれらの名、

「都市《ニウト》」とよばれるをえたるがゆえなり[32]。

陛下[33]は「すこやかなる眼」および「慈悲深き眼[34]」として来り、
それもて(みずからの)カーとともに国土を結合す。

両国の女王セクメトの姿にて、アシュルー[35]に憩いに来り、

(身を)おちつけて。

人々は言う。「テーベという名によりて、〈この町の〉なんと力強きことか[36]」と。

テーベは、日輪にまします〈内なる眼〉なる「すこやかなる眼」なる名によりて健《すこや》かなり。(37)
「場定められたるもの」(38)なる名によりて現われ、その場定められたる無比の「その主に向き合いたるもの」(39)なり。

(三・二五) なべての都市（その）影の下にあり、
テーベによりて誇る。
証するもの、(40)（そは）テーベなり。

第二〇連(41)

おおホルアクティよ。
汝の航行(42)のなんと美しく、
昨日のごとくに日々をなすことか。
汝年をつくり、月を結びなすものよ。
日も夜も時も、汝の運行に従う。
汝、昨日にもまして今日を更新し、
夜に〈入りても〉日中のものなり。
ただ一人にて見張り、まどろみを憎むもの。
人みな眠るも、汝の眼は目覚めてあり。
〈………〉

瞬時にして地を過《よぎ》るも、かれに神秘なし。
天を航行し、冥界を通過し給うもの。
太陽神、なべての途上にありて、（人々）の面前をめぐる。
（三・二〇）人みな面《おもて》をかれに向け、
人も神も言う。「ようこそ」と。[43]

第三〇連[44]

銛[45]は敵をつらぬき、（かれ）その鋭さに倒る。〈…………〉
幾百万（年）の聖舟はよき航海をなし、
乗員たちは心楽しく歓呼す。
万物の主の敵、倒されたるが故なり。
かれには天にも地にももはや敵なし。
その主の出現、力にみちたるさまみて、
天もテーベもヘリオポリスも冥界の住民も、
かれに歓喜す。
（三・二五）かれ力と勝利をそなえ、その姿猛々《たけだけ》し。
汝勝ち誇れるもの、おおアメン・ラーよ。
悪しきものどもは倒され、銛[46]もて追い払われたり。

第四〇連[47]

〈神〉みずからをつくり給い[48]、その姿を知れるものなし。
〈かれは〉聖なる香気たる美しき色にして、
その姿をつくり、みずからを創造するもの、
その心に生命を与えるよき支配者なり。
その種をみずからの体と結びつけ、
みずからの神秘の〈胎〉内にその卵を生みなす。
〈かれ〉誕生の姿なる形姿となり、
〈…………〉

第五〇連[49]

〈汝に喝采[50]〉〔…………〕
(三・二) 汝の栄光に敬礼。
天の日輪は汝の前にて輝く。
ナイルは汝〈原初の神〉のためその洞穴より流れいで、
地は汝の像のためすえらる。
ゲブ[51]の成長させるもの、ただ汝がものなり。

汝の名は強くして、その（意志の）力重し。
鉱山（も）汝が力に抗《あらが》うことあたわず。
翼ひろげたる聖なるハヤブサ、速きものにして、その敵を一瞬のうちにさらう。
神秘なる獅子、声高く咆哮するものにして、その爪の下にあるものをしっかりと摑む。
その都市には牡牛、その人民には獅子にして、近づくものを尾もて〈うつ〉。
(三・五) その（唸り）声を発するとき地はゆるぎ、
人みなその力を恐る。
（おお）比類なき力にみてるお方、九柱神を産み給うよき支配者よ。(52)

第六〇連(53)

上下エジプトはかれのもの、(54)
かれひとりにてその力もて征服す。
かれ地にあるとき、地の涯まで、天の高みまで、その境界は確固たり。
神々はかれより糧を求め、
かれ、その財産《もちもの》よりかれらにパンを与う。
（かれ）、畑の、河岸地の、新開地の主（なればなり）。
〈土地調査台帳〉ことごとく〈かれのもの、そのはじまりより〉終りにいたるまで。
かれ、その二匹の聖蛇もて全土の境界《さかい》を定め、

（三・一〇）〈境界設定の儀式〉かれのために設けられたり。[55]
王尺[56]はかれのものにして、石材をはかるはこれなり。
地の〔……〕に縄をはり[57]、両国の基礎をおく。
聖所も神殿もまた（同じ）。
都市みなその影の下にあり、
その心、望むがまま（の場所）に赴く。
なべての聖所にて讃えられ、地みなその愛もて定まる。
祝祭の日、ビールかれのため醸《かも》され
夜はその愛によりて目覚めたるまま過ぐ。
かれの名は神殿の屋根をめぐる。
夜暗きときうたう歌い手、かれのものなり。
神々はかれのカーによりて食べ物をうる。
（おお）力強き神、〈飽食〉[58]の保護者（よ）。

第七〇連[59]

（おお）悪を払い[60]、病気《やまい》を追放し、
薬もなく眼（病）を癒《いや》す医師（よ）。
（三・一五）眼を開き、斜視を追いやり、〔………〕。

かれ（救わんと）欲せば、たとえ冥界にあるものをも救い、
望みのままに運命（の絆）より解き放つ。
愛するもののために、赴くところ常に眼も耳もそなえ、
呼びかけるものの願いをききて、遠きより瞬時にしてそのもののもとへ来る。
生命をのばし、（あるいは）縮め、
その愛するものには定められた（時）以上の生命を与え給う。
アメンの名、増水にあるとき、アメンこそ水（に対する）呪文なり。
かれの名のべらるれば、ワニ（とても）力なし。
風は転じ、逆風（も）後へ吹く。[61]
その考えによりて顔楽しげにして、
（三・二〇）騒乱のときその口有益なるもの。
呼びかける者には甘きそよ風にして、
倦怠を救い給うもの。
（おお）思慮すぐれたる〈賢き〉神（よ）。
（人）かれに背をよせれば、かれはただちに（その）人のもの。
心にかれを置くものには幾百万（人）にまさり、
（たとえ）一人たり（といえど）、かれの名によらば幾十万（人）よりも強し。
正義のよき保護者にして完全なるもの、

機会をつかみ、叛かれることなし。[62]

第八〇連[63]

八柱神[64]は汝が最初の姿なり。
汝ただ一人にてかれらを完成するまで。
汝が身体、大いなるものの中にて神秘なり。
汝アメンとして神々の先頭に隠る。
汝ダネン[65]に変容し、創造のとき、原初の神々を産みだす。
(三・二五) 汝の美、カムーテフ[66]として称えられ、
天の住民として遠のき、ラーとして確立さる。
父に来りてその子らをつくり、汝が子らに完き継嗣をつくれり。
汝、いまだなにも存在せざるときはじめに生まれ、
原初の時、いかなる地も汝なくしてはなし。
よろずの神、汝の後に生まる。

〔………〕

〔第九〇連[67]〕

(四・一) 九柱神[68]は汝が四肢に合一す。

汝が姿について（いわば）、すべての神、汝が肉体と結合す。
汝はじめに出現し、[69]原初を始めたり。
おおアメン、神々よりその名を隠すもの[70]よ。
神々にまして年老いたる老人にして、
プタハとしてみずからをつくりだせしテネン。
その四肢の指は八柱神なり。
ヌンよりラーとして現われ、ふたたび青春《わかさ》を回復され給う。[71]
つば吐きて[72]［…………］
シューとテフヌト[73]をつくりだしてその力を合一せしめ、
心の欲するまま、玉座に現われ給う。
（かれ）その〈力〉もて万物を支配し、
永久に王権を統べ、（四・五）唯一の主にとどまる。
その形姿、原初のときに輝き、
万物はその栄光の前に沈黙す。
その創造せし場所にて、ただ一人、
大いなる多弁者として語り、
沈黙のただ中に言葉を発しはじめる。[74]
かれ、すべての眼を開きて、見ることをえしめ、地の黙せしとき声高く語りはじむ。
その叫び広がる（も）、かたわらにおれるものなし。
かれ、万物を産みだし、生命を与う。
人みなに（その）歩む道を教え、かれらが心、かれを見て生く。
〈変容せし魂[75]〉かれがもの[76]なり。

第一〇〇連[77]

原初のとき最初《はじめ》に生まれしもの[78]、おおアメンよ。
始めに生まれしものにして、
その隠されたる姿、知られることなし。
かれの前に生まれたる神はなく、
いかなる（四・一〇）神もかれとともになく、その姿を告げること能わず。
その名によりて名づけられたる母はなく、
かれを妊ませ「これこそ私だ」という父もなし。
みずからの卵をつくり、その誕生神秘なる支配者にして、
みずからの美をつくりなし、みずからによりて生まれたる聖なる神なり。
すべての神、かれがみずからを始めし[79]のち生まれたり。

第二〇〇連[80]

（おお）形姿神秘[81]にして顕現（の姿）輝き、
形姿数多《あまた》なるすばらしき神（よ）。

神々みなかれを誇り、かれの美によりて飾る。

かれ神聖なればなり。

ラーみずからかれの体と合一す。

かれ、ヘリオポリスにまします大いなる神[82]なり。

かれ、タテネン[83]とよばれ、ヌンよりいできたるアメンなり。

（なんとなれば）かれ人類を導く（がゆえ）なり。

かれのもう一つの形姿は八柱神[84]、原初の神々を（四・一五）産みだし、ラーを産めるものなり。

かれ、アトゥムとしてみずからを完成[85]し、これと合体す。

かれ万物の主にして、存在するもののはじめなり。

人々は言う、「その魂は天にあり」と。

かれこそ冥界にありて東を支配し、
その魂は天にありてその身体は冥界にいます。

その像はヘルモンティスにありて、かれの顕現を告知す。

アメン（こそ）は唯一者、かれらより（姿を）隠し、
その（顔）色知られることなし。

はるか天空にありて冥界におらず、
いかなる神もそのまことの形姿を知らず。
その姿、書き物に記されたることなく、
何人《なんびと》も〈……〉かれを証明することあたわず。
かれ、あまりに神秘なれば、その栄光あらわさるることなく、
あまりに偉大なれば、かれについて尋ねらるることなく、
あまりに力強きなれば、知らるることなし。
(四・二〇)故意にてあらん過ちにてあらん、人もしかれの秘密の名を唱うれば、
瞬時にして猛《たけ》き死おちかからん。
いかなる神も、かれの名をいかに呼ぶべきかを知らず。
(おお)神秘なるその名を隠す強きもの(よ)。(86)

第三〇〇連(87)

すべての神は三(柱)(88)、アメン、ラー、プタハにして、
かれらに比肩しうるものなし。
その名はアメンとして隠され、その顔はラー、その身体はプタハなり。
かれらの都市、地上にありて永遠にとどまる。
(すなわち)テーベ、ヘリオポリス、メンフィス、永遠《とわ》になり。

お告げ、天より送らる（れば）、
ヘリオポリスにて聞かれ、
メンフィスにて「顔美しきもの」[89]に繰返され、
トトの書き手にて[90]書簡とされ、
その所有権をもつアメンの都市へ[91]（送らる）。
ことはテーベにて答えられ、声明が発せらる。
「そは九柱神がものなり」[92]と。
かれの口より発せらること（ば）すべてアメンなり。
神々、かれの故に命のままに定めらる。
(四・二五) お告げ送らる。「テーベは殺す（も）生かす（も思いがまま）、すべてのものにとり
て生死はテーベとともにあり」と。
ただかれのみ。アメンとラーと〔プタハと〕計三（柱）のみ。[93]

第四〇〇連[94]

原初の時の女神は四柱、[95]〔……〕。
大いなる牡牛の〔姿〕をとれる〔アメン……〕。
牝牛の黒牛は〔……〕、
(五・一) 九柱神を完成す。

外陰をつくり、男根をつくりなすもの。
はじめて女性に種を注ぎ、〈………〉。
ラーとしてヌンに現われ、
存在するもの存在せざるものすべてを産む。
(おお)父の中の父、母の中の母、かの四人の娘[96]の牡牛よ。

(五・五) 第五〇〇連[97]

かれに叛くもの、その顔はくつがえされ[98]、
かれを攻撃しうるものなし。
地はその敵のただ中にて〈………〉。
かれの敵、その前にみいだされず。
(かれ)恐るべき爪もつ猛き獅子にして、
攻撃者の力を瞬時にして呑み下す。
(かれ)背高く蹄重き牡牛にして、
敵の項《うなじ》に(のりて)(五・一〇) その胸をひき裂く。
(かれ)天がけてかれを襲う者を捕える猛禽にして、その四肢も骨もこなごなにす。
かれ、力にみちて戦いをはじむ。
その怒るとき、その下に山々はゆらぎ、

その〈吼える〉とき、地は震動す。
すべてのもの、かれへの恐怖に震え（おののく）。
かれに立ち向かうものみな（五・一五）その角を味わい、
かれのゆえに呻く。
かれ、その角のゆえに優る。[99]

第六〇〇連[100]

知覚力[101]こそかれの心、権威ある発言[102]こそかれの唇。
かれのカー、なべてのものはその口にあるものなり。
かれ、その足下にある双つの洞穴にはいるとき、
ナイル、そのサンダルの下の洞穴より（流れ）でる。[103]
かれの魂はシュー、かれの心臓は［テフ］ヌト。
天にましますホルアクティにして、
（五・二〇）右眼は昼、左眼は夜なり。[104]
かれこそ、すべてにおいて人類を導く。
かれの身体はヌン、そのうちにあるはナイルにして、
万物を産みだし、存在するものを生かしむ。
かれ、すべての鼻孔を息吹きもて暖む。

人みなにとりて〈税〉も収穫もかれとともにあり。

その妻は肥沃なる土地にして、これを受胎せしむ。

かれの種は果樹、(五・二五) 精子は穀物なればなり。

(かれ) 大いなる神にして原初の神々を産みだし、

〔………〕。

(六・一)〈………〉人みな、人々神々の中より[105] (ただ) かれに面《おもて》を向ける。

かれこそは知覚力 (そのもの) なり。

〔第七〇〇連[106]〕

〔………〕大いなる九柱神の書記セフェクトアブイ[107]、
ラーの眼たるテーベのため (神の) 遺言を〈記す〉。
〈………〉
アトゥム、その口もて、愛する心もて語り、
〔………〕
神々の心、幾度にも心楽しく歓喜す。
〔………〕
汝の[108]カーこそ、知覚力 (そのもの) なり。
〔………〕

〈神々〉、ラーの口よりいでしことすべて確定す。
ラーの敵、焼かれて灰と（なる）。
（六・五）〈………〉
上下エジプト、テーベに与えらる。
天も地も冥界も、地も水と山々とともに。
ヌンが産みだし、ナイルが〈……〉ものもて。
地に生ずるもの、太陽の照らすものすべてかれのもの。
そは憩えるかれのカーのためのものなり。
〔………〕
全土はかれの支配に結ばる。かれラーの眼なればなり。
かれに抗うものはなし。(109)

〔第八〇〇連〕(110)
人、称讃者としてテーベに上陸す。(111)
正義の場、沈黙の地たる（テーベに）。
〈正しからざる者〉正義の場たるテーベに入るをえず。
（六・一〇）〔………〕、その船〈正しからざる者〉を渡すことなし。
そこに上陸するものは幸いなり。

かれ九柱神の如き聖なる魂となるがゆえなり。
ケヘトヘルネベス、(112)ラーのその前に輝くときより、讃えられてあり。
またラー、その主を隠す神秘の冥界に沈むときまで。
デブティ(113)はその近くにいまして、その魂は天にあり。
その神殿はテーベ、〔……〕。
冥界、天、テーベ、ヘリオポリスにましますそのミイラの前にて。(114)

アメン・ラー讃歌（一）

第一の讃歌

（三・九）アメンへの讃（歌）

ファラオは汝のもとに来れり。(1)
おおアメン、
（三・一〇）アメンの名によりてそのすべてのものにうちたてられしアメンの姿。
汝の父ゲブおよび汝の母ヌートの前における地の嫡出長子の姿。
みずからの身体を産みし者。
すべての神々にまさり、上下エジプトの王として現わるるものよ。
目ざめ、安らかなれ。(2)
汝、安らかに目ざむ。
カルナクの王アメン・ラーよ。

安らかに（四・二）目ざめよ。
目ざめ、安らかなれ。
汝、安らかに目ざむ。
オン(3)にある長《おさ》、テーベにある高官よ。
安らかに目ざめよ。
目ざめ、安らかなれ。
汝、安らかに目ざむ。
両《ふた》つの国土の長よ。
安らかに目ざめよ。
目ざめ、安らかなれ。
汝、安らかに目ざむ。
汝自身をつくりし（神）よ。
安らかに目ざめよ。
目ざめ、安らかなれ。
汝、安らかに目ざむ。
天と二つの地平線の神秘とをつくりし者よ。
安らかに目ざめよ。
目ざめ、安らかなれ。

汝、安らかに目ざむ。
その前に神々腰かがめて来れるもの、
恐怖の主、(四・五)すべてのレキティウ[4]の心に怖れ大なるものよ。
安らかに目ざめよ。
目ざめ、安らかなれ。
汝、安らかに目ざむ。
供物および持ち来れるこの良き供物の主よ。
安らかに〔その上に〕憩え。

おおアメン・ラー、カルナクの主、
（日）月の主、第十日に（供物の）なされるものよ。
おおミン・アメン、その母の牡牛よ。[5]
汝に敬礼。
汝の愛するものを汝のために実現せしはラーなり。
良きかな良きかな。アメンに供物をなすもの。
かれの母ヌートはそを捧げたり。
高く高く二つの地平線にのぼれ。
ラーは汝にフーとサー[6]、楽しみと愛を与え、汝は供物、糧食、汝が「供物の野」にて味わうすべてのものをとれり。
天に居るものたちは汝（のもと）に来れり。
かれら、汝をみるとき、
（四・一〇）その父（を見るが）ごとくに喜べり。
かれら、汝にその主を認む。
汝、ケペリ[7]の名においてかれらの長となる。
かれら、汝のラー・アトゥムの名において、汝のもとへのぼり来る。
かれらの顔、汝のアトゥムの名において、汝へ向けらる。
マート[8]は、汝に儀式を行なうべく汝をたてたり。
彼女はその両腕を（五・一）汝の顔のうしろにおけり。
汝の力は彼女のうちにあればなり。
彼女は汝をつくれり。
汝がつくりし娘、そはあらゆる神々の力もて汝をつくれり。
汝、かれらを惹きつけ、
汝、かれらを生かせり。
かれらの力をつくりしもの。
汝、その両手もて九柱神に報ゆ。
かれらの指をつくりし神として、

かれらの足指をつくりし神として、
汝がすべての神を抱きしむるときに。
王冠の主として現われよ。
汝、全国土を導けり。
上エジプトを治め、下エジプトを治め、
汝はメジェフをアフィ[9]に結びつけり。
(五・五) 万神を産みし姿、
万物の父の姿、
汝の両眼はその頭上に現われたり。
「大いなる上エジプトの魔術師[10]」と「大いなる下エジプトの魔術師[10]」とによりて。
たしかにそれら(両眼)はなんじの頭上に栄え、
すべてはそれにより、すべてはそれにあり。
アメンの姿、アトゥムの姿、ケペリの姿。
汝はすべての神に、
その力を、その典礼を、その糧食を、
あらゆるものを与えたり。

ファラオは汝のもとに来れり、

おおカルナクの主、アメン・ラーよ。
かれを生けるものの頭《かしら》たらしめんがために、
汝、かれと合一せんがために。
アメン・ラー、その母の牡牛、その大いなる場所の主、
イペト・スート(11)に住めるものよ。
かれ、汝の前にて述べん。
「汝、(われ)に(六・二)あらゆる良きことどもつくりだし、
あらゆる悪しきこと、災いなることより(われ)を解きはなち、
これら、決して(われ)に実現されることなからん」と。

第二の讃歌
もう一つ(の讃歌)

目ざめ、安らかなれ。
安らかに目ざめよ。
カルナクの主、アメン・ラーよ。
安らかに目ざめよ。
汝の父ゲブ、母ヌートの前の長子、地の相続人の姿、

「第一回」[12]のとき汝に現われし神の姿。
いかなる神も存在せず、
いかなるものの名も知られざるに、
汝がその両眼を開き、それによりて見るとき、
光、全世界に現わる。
かくて影は汝の両眼に快し。
(たとえ)陽はなお現われざるに。
汝、(一六・五)その口を開き、
汝の言葉、そのうちにあり。
汝はそのアメンの名において、
両腕もて西天を確立す。
すべての神の力の姿、アメンの姿、アトゥムの姿、ケペリの姿、
全土の主の姿、出現の主の姿、
上エジプトおよび下エジプトにおける上下エジプト王(の姿)、
神々を産み、人を産み、事物を産む(もの)、
生命の主、生命与えられしもの、
すべての神にまされるもの。
汝は九柱神を導き、その供物をつくれり。

汝、かれらをひきよせ、かれらを生かせり。
かれらの力をつくりしもの、
汝はホルスの調達せしものを、神々より受けとれり。
汝、その指もて創造せし神にして、
その足指もて創造せし神なり。
現われよ、万物の主、
「第一回」のとき現われしアトゥムよ。
汝の二枚の（二七・二）羽根をたてよ、[13]
産みいだすもの、
汝、すべての神にもまして創造せしものよ。

第三の讃歌
もう一つ（の讃歌）

目ざめ、安らかなれ。
汝、安らかに目ざむ。
カルナクの主、アメン・ラーよ。
安らかにめざめよ。

汝、王冠を更新するもの、
腕高く保つ神々の王、玉座の主、
その母の牡牛、その田畑の長、
汝の足どりをひろげるもの、
下エジプトの地の長よ。
西の神々は汝に供物を捧げ、
東の神々は汝に祈る。
双つの地平線の神々は汝を礼拝す。
かれに殲滅が許されるときに。
殺戮（二七・五）大なるもの、勇気大なるもの、
神々のあいだに支配するときに。
汝、腕ふりあぐるもの、
そのために二枚の羽根きらめくもの。
汝、メデフをアフニト冠[14]に結びつけ、
神々の憩うところに両腕を与うる。
二つの季節に力強きアトゥム、
その誕生よりその名隠されたるアメン[15]、
その両眼より光放つ長、

その玉座にあげられし大いなる姿、
二つの地平線の神々の生命《いのち》。
この水、かれの上に現わる。
その卵のうちよりいでて。(16)
かれ、ドゥアト(の家)にあるものどもの長子なり。(17)
(かれ)、生けるものの長、ラーなり。
(かれ)、天にあるものどもに美しく口開き、
(かれ)、ドゥアト(の住民)のよき導者なり。
九柱神は(汝を)見しとき生く。
ファラオは、その主たる汝のもとに来れり。
かれ、汝を鎮め、
汝の愛することをのぶ。
この日汝が、かれによりて(六・二)よく鎮められんがために。

第四の讃歌
アメンを讃えるもう一つ(の讃歌)

汝に敬礼。おおアメン・ラーよ。

「第一回」に生まれし神の姿、永遠の主、
神を産み、人を産み、物を産む唯一者、
永遠の主よ。
汝は唯一人、大洋に唯一人、汝の父ゲブおよび汝の母ヌートのもとに現わる。
汝はその両眼もて両国を照らすホルスなり。
天の住民に達するは太陽円盤にあらずして、
天に達するは汝の頭なり。
神の姿とりて二枚の羽根をかかげ、
水よりその瑠璃（の冠）をとりいだす。
（一八・五）この汝の名前「邪悪者の破壊者」となり、
ファラオにつき悪しきことを書き記すものを滅せ。
汝がかれらをそのなす（べき）ことのためにつかわしたごとくに。
汝、かれらよりかれ⑱を解き放てり。
アベドをマイト⑲に結びつけしはかれなり。
かれは汝のよき名前どもを知れり。
汝がヌンにおける唯一者たりしとき、
この汝の名「その心倦まざりし創造者」において汝のなせし（名を）。
すべての神は歓喜し、その主を礼拝す。

この唯一者、かれの生みし者より隠されたるもの。

水よりいでしときこの地を統べしもの、
悪しきものを火もて包みしもの、
そを〔一八・一〇〕このかれの名「ガフ」[20]によりて遠ざけしものを。

おお汝はファラオを〔九・二〕〔……〕の前にありしこの敵にも、赤毛（族）にも、シト[21]の子にも、〔……〕にも、叛徒の子にも与うることなし。

汝はかれを保護す。

汝保護者なればなり。

汝、かれを守る。

汝守護者なればなり。

汝、神々をつくりしものなり。

汝、生命と力においてその聖なる顔をつくれり。

かれ、永遠に滅ぶことなきがために。

第五の讃歌

夜明けにアメンを讃えるもう一つ（の讃歌）
美しくめざめよ。

おおアメン・ラー、ホルアクティ、アトゥム、ケペリ、ホルス(22)よ。
天を(一九・五)航海せよ。
おお美しき身体《からだ》を祝う大いなるハヤブサ、二枚の羽根もつ顔よ。
おお大いなるかな。汝、朝に美しく目ざむるとき、
九柱神は集まりて汝にいう。「やあ」と。
夕にはかれら、汝に喝采す。
汝、妊娠のため憩うとき、
ネムティ(23)は汝に祈りを捧げ、
地は汝の誕生に輝く。
汝の母は日々汝を抱く。
ラーは生き、敵どもは滅び、
汝は揺ぎなく、汝の敵は倒る。
汝、生命の力もて天を航海するとき、
汝、そのアディト舟もて天を祝うとき、
汝、ウイアウ舟にて時を過ごすとき、
汝の心は喜びあふれ、
マートは汝の前に立ち、
ラーは昇りて、汝の地平線、(二〇・一)天に輝けり。

ラーの水夫は喜びをえ、
天地は歓喜のうちにある。
大いなる九柱神は歓喜の声をあぐ。
「アメン・ラー・ホルアクティは、声を実現するものとして現われたり」と。
四回くりかえす。(24)

ラー・ホルアクティ讃歌

アメンの建築長官スーティおよびアメンの建築長官ホルによるホルアクティとして昇り給うアメンの讃美。

かれらは言う。

(一) 汝、不断に暁にのぼる日々のうるわしきラー、労働にいそしむケペリ、万才!
汝の輝きは(人々の)顔にあ(れど)人はこれを知ることなし。
最良の黄金(も)汝の光に及ばず。
みずからをつくりしもの、汝は汝が身体を形づくれり。
(他者によりて)つくられざる創造者、
その性質《さが》、無比にして、永遠を通過する遠きもの。
その指揮のもと無数の道あり。
汝の輝きは天の輝きにして、
汝の色、その表面《おもて》より輝き(強し)。

汝、天を横切るとき、
すべての顔、汝をみる。
汝の沈むとき、
汝、かれらの顔より隠さる。
(五) 汝は日々暁にみずからを現わし、
汝の運行、ゆるぎなし。
短き一日(に)、汝、数百万、数十万里を走る。
汝のもと、一日は瞬時にして、
過ぎされば、汝は沈む。
汝は夜の時をも完成せり。
汝はその努力を休むことなく、この運行を律す。

すべての眼は汝によりてみ、
汝の沈むとき、みるをやめる。
汝はのぼりて、もの(みな)を動きださしむ。
汝が光、朝をつくりだし、
かれら眼ざめて眼を開く。

汝、マヌ(1)に沈むとき、
汝、死のさまして眠る。

汝に敬礼。
おお日中のアテン、万物の創造者、その生命をつくるもの、
羽根輝かしき大いなる隼《ホルス》、みずからをもちあげたる聖甲虫《ケペリ》、みずから生まれしもの、（人より）生まれいでざりしもの、
天のヌートの長子、(10) 日の出、日の入とともに歓呼をうけるホルス、
地の産みだすものの製作者、人類のクヌム(2)にしてアメン、
大小をとわず両国の住民を惹きつけるもの、
神々と人々との慈愛あまねき母、
かれらを数限りなくつくるにあたり、倦むことなく辛抱強き工人、
家畜を導く勇敢なる牧人、その隠れ家にして、その生命をつくるもの。

駈けるもの、競走するもの、遶《めぐ》るもの、
その誕生は独得にして、その美は天のヌートの胎内にかかげられしもの、
両国をその円盤もて照らすもの、
両国の原初にして、みずからをつくり、みずからのつくりしものをみるもの、

日々国々の涯に達し、その上を踏み歩むものたちを見る唯一の主、
（その）姿、太陽として天にのぼるもの、
月をもちて季節を構成し、望みのままに熱を、望みのままに寒気を（つくる）もの。
かれは人体を弛緩させ、また緊張さす。
全地は日々その昇るとき歓呼す。
かれを讃えんがために。

アテン讃歌

汝は天の地平線にうるわしく現わる。
汝、生けるアテン、生命をはじむるものよ。
汝、東の地平線にのぼるとき、
汝、あらゆる国土を汝の美もてみたす。
汝は寛慈にして偉大、光輝にみち、あらゆる国土にそびゆ。
汝が光、汝がつくりしすべての国土をかこむ。
汝、ラーなれば、その涯まで達し、
(汝)、愛する息子[1](のため)かれらを征服す。
汝、遠きにありといえども、その光は地上にあり。
汝、かれらの顔上にありといえども、何人も汝の来れるを知らず。
汝、西の地平線に沈むとき、
国土は暗闇のうちにあり、死のさまにあり。

かれら、頭《こうべ》を包みて一室に眠り、
たがいに眼を見交すことなし。
かれらの頭の下にありし財物すべて盗まれたるも、
かれら、（これを）知らざらん。
獅子すべてその洞穴よりいで、
（地を）這うものすべて、かれらは刺す。
暗闇は屍衣にして、地は静寂せり。
かれらをつくりしもの、地平線に憩えばなり(2)。

夜明け、汝が地平線にのぼるとき、
昼、汝がアテンとして輝くとき、
汝、暗闇を追いはらい、その光を与う。
両国は日々祝祭のうちにありて、
眼ざめ、足（ふみしめて）立つ。
汝、かれらを立ちあがらせしがゆえなり。
かれら、体を洗い、衣服をとり、
(五) かれらの腕、汝の出現を讃えてあげらる。
全世界はその業《わざ》をなす(3)。

すべてのけもの、その牧草に満足し、
草木は繁茂す。
巣より飛びたつ鳥ども、その翼は汝の力を讃えてひろげらる。
あらゆるけものは飛びはね、
飛ぶものもとどまるものも、
汝、かれらの（ため）昇るとき生く。[4]
舟は北に南に航行す。
あらゆる道、汝の出現により開かるるなればなり。
河の魚は汝の顔前をとびはね、
汝の光、大海のただ中にあり。[5]

女のうちに種子《たね》をつくりだすもの。
汝、男のうちに（精）液をつくり、
母の胎内に子を養い、
その歎きを鎮むるものもてかれを慰むるもの。
汝、胎体において（も）養う。
つくりだせしものみな養わんとて、息吹きを与えるもの。
かれの生まれいずる日、

呼吸せんとて胎内より下れるとき、
汝、その口を全《まった》く開き、
かれの必要とするものを与う。
卵の中の雛、殻の中にて語るとき、
汝、その中に息吹きを与う。
かれを養わんがために。
汝、卵中における（業を）かれに全うさせ、
（卵を）破らしめるとき、
かれ、全うされし（時）に卵よりいで、ことばを発す。
かれ、そこよりいで、（足もて）歩む。

汝のつくりしこと、なんと多きことか。
それら、（人の）眼より隠されてあり。
おお他に比類するものなき、唯一の神よ。
汝、思いのまま世界を創造せり。
汝、唯一人なりしときに。
人、家畜、野獣ことごとく、
地にありて脚もて歩むものすべて、

（空）高くありて翼もて飛ぶものすべてを。(6)
シリアとヌビアの国々、エジプトの地、
汝、すべての人をそのあるところにおき、
かれらの必需物を与う。
万人はその食物を得、その生命の長さは数えあげらる。(7)
かれらの話す言語《ことば》、別けられており、
その気質もまたしかり。
かれらの皮膚（の色）も異なれり。
汝が異国の民々を区別せるがごとくに。
汝、冥界にナイルをつくり、
思うがままに（エジプトの）民を養わんと、
これを生みだせり。(8)
汝、民をみずからのためつくりしがゆえに。
かれらすべての主にして、かれらのため疲るるもの、
すべての国土の主にして、かれらのために昇るもの、
威厳あまねき日中のアテン。
すべての遠き異国、その生命（もまた）汝はつくる。

(10) かれらのために下りて山々を揺がし、
大海のごとくにかれらの町々の田畑をうるおさんがために。
汝、天にナイルをおきしなればなり[9]。
おお永遠の主よ。
汝の企てのなんと効果的なことか。
天のナイル、
そは異国の民どものために、
また（脚もて）歩むなべての砂漠の獣《けもの》のためにあり。
（されど）（まことの）ナイル、そはエジプトのために冥界よりいできたる。

汝の光、すべての草地を養う。
汝の昇るとき、それらは生き、
汝のために育つ。
汝、つくりなせしすべてのものを養わんとて四季をつくる。
冬は季節を冷やすため。
暑熱は季節が汝を味わうため。
汝、遥けき空をつくれり。
そこに昇りて、汝のつくりしすべてのものを見んがために。

汝、唯一者にして、生けるアテンの姿にて（天に）昇り、
出現し、輝き、退き、近づきつつ、
幾百万もの相をただ一人にてつくれり。
都市、町、畑、道、河、
すべての眼はこれらにあまねく汝を見る。
汝、大地の上の日中のアテンなればなり。

汝、わが心にあり。[10]
（されど）汝の子ネフェルケペルラー・ウァエンラー[11]のほかに、
汝を知れるものなし。
汝、かれにその企て、力を精通させたればなり。[12]
世界は汝の手によりて生まれたり。
汝のつくりしままに。
汝の昇るとき、かれらは生く。
汝の沈むとき、かれらは死ぬ。
汝、みずからが生涯なり。
人、汝によりて（のみ）生くるものなればなり。

（人々の）眼、汝の沈むまで美を見（つづけ）、
汝、西に沈むとき、すべての業《わざ》はやめらる。
（汝、ふたたび）昇るとき、
（すべては）王のため栄える。
汝、地の礎《いしずえ》を置き、
汝の体よりいでしその子のために建てしときより。

ナイル讃歌

一

(二・六) ナイルの礼拝

おおナイルよ。
この地よりいで、エジプトを生かさんがために来れるもの。
その顕現の姿、隠されてあり[1]、
日中は暗黒、〈詩人そのために歌う〉。
すべての仔山羊を育てんがために、
ラーのつくり給いし牧場に水そそぐかれ。
砂漠や（水）遠き場所に飲む（水）を与えるかれ。
そは天空より下りし、かれの露なり。
ゲブ[2]に愛されたるもの、
ネプリ[3]を統べるもの、
プタハ[4]の業《わざ》を栄えしむるもの。

二

魚どもの主にして、
水鳥を上流にのぼらしむるもの。
〈熱風のゆえに〉（河を）下れる鳥なし(5)。
神殿の典礼を維持させんがために、
大麦をつくり、（エンマー）小麦を創《つく》りしかれ。
かれもし弱ければ(6)、
（三・二）鼻孔は塞がれ、すべての人は貧し。
（かくて）神々の食物乏しくならば、
百万人、生者のうちより滅びん。

三

貪欲はなされ、全土は〈荒れ狂い〉、
大なる（区画）も小さき（区画）も〈処刑場とならん〉。
（されど）〈かれ近づけば〉人々は異ならん(7)。
クヌム(8)はかれを創造せり。
かれ立てば、国土《くにつち》は歓喜（にあふれ）、

すべての腹は喜びに（みち）、
すべての〈背骨〉は大笑し、[9]
すべての歯はあらわれん。

四

食物を持ち来れるもの、
糧食に富めるもの、
あらゆる良きものの創造者、
尊厳の主、芳香甘きもの。
〈かれのうちには充満のみあり。〉
家畜のために草を生やしめ、
冥界、天上、地上をとわず、
（三・五）その権威に（服する）すべての神に供物を与えるもの。
両国を所有し、倉々をみたし、
穀倉を広くし、貧者（に）ものを与えるもの。

五

（かれの）愛するすべての樹々を生えしむるもの。

（そこには）欠くるものなし。
石を切り（だす）ことなく、
その力によりて船をつくれるもの。
白冠を頂く〈永遠の姿よ〉。
かれ、（その姿を）[10]見られることなく、
租税も賦役もなし。
何人《なんびと》もその秘密を読めず、
何人もかれの居るところを知らず、
文字の〈力〉によりて（も）見いだされることなし。

六

〈聖所ももたず、財産もなく、
その望みをみたすべき奉仕を要求することなし〉。
（されど）汝の子孫は汝に歓呼し、
人々は王として汝を迎う。
法を揺がすことなく、その季節に現われ、
上下エジプトをみたす（王として）。
（三・二）水飲まるる（たびに）、

すべての眼《まなこ》注がる。
その良きものを〈惜しみなく〉与うるかれに。

七

悲しみにありしもの、晴やかに現わる。
すべての心、晴やかなり。
ネイトの子セベク[11]は〈笑い、
汝その一柱なる〉九柱神は〈讃えらる〉。
吐きいだして田畑に〈水〉飲ませ、
全国土に塗油し、
ある人は富ませ、ある人は斬殺す。
〈されど〉かれに対し〈裁判のなされること〉なし。[12]
かれ、〈思いのままに〉満足し、
かれに対し境界の定められることなし。

八

暗黒より現われて光をつくるもの、
その家畜のための脂肪。

かれの限界は創造されしものすべてなり。
かれなくして生きうる地方はなし。
人（三・五）かれの牧場より（もたらさるる）亜麻布を身にまとう。
（かれ、）みずからへの奉仕のためヘジヘテプ[13]をつくりしがゆえなり。
（かれ、）その香膏もて〈体に塗布し〉、
その性《さが》、プタハの同輩[14]、
プタハのあらゆる業《わざ》、すべての書きものと言葉、下エジプトにおけるプタハの責務をつくり給えり[15]。

九

冥界にはいりて、上方に現われいで[16]、
神秘として現わるるを愛するものよ。
もし汝重ければ、〈上方に現わるることなし〉。
人々は貧窮し、〈その年の〉水を乞い求む。
富めるもの（も）悩めるもののごとくみえ、
すべての人は武器を携行するをみらる。
友を〈助くる〉友はなし。
身に着くる衣服なく、

貴族の子弟に飾りなし。
〈冷静に答えんがための夜の傾聴〉はなく[17]、
何人も塗油することなし。

一〇
人々の心に真理をうちたてるかれ。
「うそは貧窮〈に続いてくる〉」といわるなればなり。
たとえ汝青海原と比較されることありといえども[18]、
そ（＝青海原）（四・二）は万神の讃える〈穀倉神を統べることなし〉。
かれの砂漠より下れる鳥はなし。
かれの手は黄金を打ち（のばさず）、
銀の地金をつくること（なし）、
何人もまことの瑠璃は食えず。
（されど）大麦は首位にして、不変なり[19]。

一一
人々は竪琴もてなんじのために歌い、
手もて汝のために歌う[20]。

汝の子孫は汝に歓呼す。
人々は汝のため使者を準備す。
（かれら）この国土を飾る宝物をもち来らん。
人々〈の前〉に船を栄えしめるかれ、
妊める婦人の心を（励ます）かれ、
無数のかれの家畜すべてを愛するかれ。

一二

汝、支配者の都市《まち》[21]に増水するとき、
人々は牧場のよき産物に満足す。
(四・五)（おお）小さき蓮の花、
地上に〈流れいずる〉すべてのもの、
子供たち〈の手中にある〉あらゆる（種類の）薬草よ。
〈かれら〉食べること（さえ）忘れたり。
よきものは家々のまわりにふりまかれ、
国土は〈遊びたわむれつつ〉下らん。

一三
ナイルの増水するとき、
汝に犠牲がなされ、
牡牛が屠られ、大いなる寄進がなされ、
汝のために鳥は太らされ、
砂漠に獅子が狩られ、火が準備される。
ナイルのためになされるがごとく、
（他の）あらゆる神々に対しても、
〈最良の〉香料、牡牛、家畜、鳥、および炎もて供犠がなされん。
ナイルはテーベにその洞窟をつくり、
その名は（もはや）冥界に知らるることなし[22]。
〈もしその企て無視さるるならば〉、
一柱の神とて〈かれの姿にて〉現わるることなからん。

一四
おお九柱神を支えるすべての人々よ。
（一四・一〇）万物の主なるかれの息子が、
両岸を緑となしてつくりし威厳を怖れよ。

〈かくて「汝は緑なり。」かくて「汝は緑なり。」
かくて「おおナイルよ、汝は緑なり。〉人と家畜と地の獣を生かしむるものよ。」
〈かくて「汝は緑なり。」かくて「汝は緑なり。」〉

めでたく上々の結末にきたれり。

オシリス讃歌

汝に敬礼。
おおオシリス、ヌート[1]の子よ。
双角の主[2]にして、アテフ冠[3]高きもの。
九柱神の前にて、喜び（の中に）王冠与えられ給いしもの。
人にも神にも、
変容せしもの[4]にも死者にも、
アトゥム[5]はかれへの畏敬の心を創りなし給えり。
ヘリオポリスにては支配権、
ブシリス[6]にては大いなる姿、
双丘[7]にては恐れ、
ロセタウ[8]にては恐怖、
ヘラクレオポリスにては畏怖、
テネント[9]にては力与えられ給いしもの。

地に（あり）ては大いに愛され、
アビュドス[10]に（あり）ては大い（なる姿）現わし、
集いし九柱神の前にて義と認められ、
ヘルウル[11]の大いなる広間にて（犠牲の）屠られしもの。
力大なるもの（も）その前では恐れ（おののき）、
大人《たいじん》も敷物よりたちあがる。
シューはかれへの畏怖を注ぎこみ、
テフヌト[12]はその力を産みだし給えり。
上下エジプトの双つの聖所、
かれに身をこごめて来る。
かれへの畏怖大にして、
その力、強きがゆえに。
これぞオシリス、神々の王、
天界の勢力者、生者の支配者、冥界の王。
多くのもの、ケルアハ[13]にてかれを讃美し、
人びと、ヘリオポリスにてかれに喝采す。
ヘルーヘルー[14]における肉片の主にして、
メンフィスにて屠られるもの。

単一神への讃歌

(七・一)アメンの下絵工[1]メルセクメト、
かれは(次のように)申す。

われ、汝の美に酔い、楽人の竪琴に手をやりて汝のため歌わん。

歌い手の子たちをして汝の顔の美しさを拝すべきすべを知らしめん。

歌を与える歌い手へのよき埋葬にて(われが)報われんことを。

(七・五)神々の主をみる(こと許されし)よき魂として地に現われんがために。

汝へ敬礼。おおアメン・ラー・アトゥム・ホルアクティ、口もて言葉を発すれば、なべての人、(なべての)神、なべての獣、なべての飛びかつ止まるものを生ぜしむるものよ。

汝、ハウネブト[2]の地をつくりなし、
その町々を定め、豊かなる牧場《まきば》をヌン[3]もて肥沃ならしめ、
生けるものの糧のため数限りなきよきものを産みなせり。

汝勇敢なる牧人《まきびと》として永久にかれらをみまもる。

(かれらが)身体は(七・一〇)汝の美もて充たされ、眼は汝を通してみる。

汝への〔畏怖《おそれ》〕は万人がもとにあり、かれらが心、汝へ向けらる。
つねに（心）良き（汝へ）。
なべてのもの、汝を見て生く。
寡婦はいう。（八・二）『汝はわが夫』と。
小さき者はいう。『わが父（にして）わが母』と。
富める者は汝が美を誇り、
貧しき者は汝が面《おもて》を〔拝す〕。
囚人は汝へ向き、病める者は汝に呼びかける。〔…………〕
なべてのもの、汝が顔前に（八・五）立ち帰り、
汝に祈りをささぐ。
汝が耳は開かれて、かれら（の言葉）を聞き、その世話をなす。
おおわれらがプタハ、その業《わざ》を愛し(4)、その群を愛する牧人よ。(5)
その報いは正義を愛する心のためのよき埋葬なり。(6)
その愛は月、なべてのものそのために踊る子供として（の月なり）。
請願者の面前に集めらるるとき、（かれらが）心をあばきだす。
青草は美しくあらんがためかれへと向き、
ロータスはかれのゆえに心楽し。
その愛はカルナクを統べる神々の王。(7)

〈……（八・一〇）……〉北国の聖所はかれのものにして、ナイルはその腕の下にあり、かれの言葉のままに天より
　山なみへと下り来る。[8]
（九・一）〈………〉
その愛は天の地平線に輝くホルアクティ[9]、なべてのもの、
かれを讃え、心、かれに歓喜す。
かれはあらゆる眼の薬、効果たちどころに現わるまことの薬にして、
雨も雲も払う[10]たぐいなき（眼）料なり。
〈………〉
（九・七）〈………〉。汝が母はマート[11]なり。おおアメンよ。
マートは汝のみのものにして、
汝を攻撃するものに怒りを向け、焼きつくさんとてあり。
おおアメンよ。マートは存在せるすべてのものにまして無比の者なり。〈………〉
（一〇・一）〈………〉、神たる汝のいかに美しきことか。
おおアメン、まことホルアクティ、天を航海し冥界の神秘を司る不思議よ。
神々は汝の前に来り、汝のとりし姿を称め讃う。
汝ヌン[12]の手より（再び）現われ、
ケプリの姿にて神秘にして、

（一〇・五）身体美しくヌートの門に達せんことを。(13)
（中略）(14)
（一一・八）〈…………〉、汝の地平線にのぼるはなんと美しきことか。
（かくて）われら生命を更新す。
われらヌンにはいりてよみがえりたり。
人の青春をはじめしときのごとくに。
〔旧き状態《さま》〕除かれ、新しき（状態）おかれたり。
われら、汝が面の美しきを讃美せん。
（以下略）

センウセルト三世讃歌

ホルス「ネチェリケペルー」
二女神「ネチェリメスート」
黄金のホルス「ケペル」
上下エジプトの王「カカウラー」
ラーの子「センウセルト(1)」、
かれ両国を義もて所有す。

第一の讃歌

(一・二) 汝へ喝采。カカウラー(2)、われらがホルス、
ネチェリケペルー(3)よ。
国土を保護し、その国境を広げ、
その王冠により異国《とつくに》を征服するもの。
その両腕の働きもて両国を包み、

その両肩の働きもて［異国を……する］もの。
棒を振うことなく夷人《えびすびと》を殺し、
弦を張ることな［く］（一・五）矢を射るもの。
かれへの恐怖は自分の国にある部族民どもを（も）うち、
かれへの畏怖は「九張りの弓」(4)を殺す。
かれへの怖れは幾千もの夷《えびす》を死なしめ、
かれの国境に達し（ようとするものどもを）［……］。
セクメト(5)のなすが如くに矢を射るもの。
かれの力を知らざ［る者］を幾千となく打ち倒す。
陛下の舌はヌビアを抑え、
陛下の言はアジア人《びと》を逃亡せしめる。
その国境にて［戦う］(6)唯一の活力若きもの。
その愛する人びとを疲（弊）させず、
貴人たちを夜明けまで（一・一〇）眠らせるもの。
かれの若者たちは貴人たちのまどろみのため（そこに）おり、
かれの心臓はかれらの守護者なり。
その命令、国境をつくり、
その言葉、両岸の地(7)をひき寄す。

第二の讃歌

(三・二)〔汝の神々の〕なんと喜ばしげなことか。
汝、その供物を〔確〕保したればなり。
汝の〔……〕の（なんと喜ばしげなことか）。
汝、その国境をつくりたればなり。
〔汝の〕祖先たちの（なんと喜ばしげなことか）。
汝、その〔分け〕、(8)前を増したればなり。
汝の力〔のもと〕、エジプト人の（なんと喜ばしげなことか）。
汝、〔その〕境界標を守りたればなり。
(三・五) 汝の支配のもと、貴人たちの（なんと喜ばしげなことか）。
汝の力、〔その〕〔富の〕増加をもたらしたればなり。
汝への畏れに、両岸の地の（なんと喜ばしげなことか）。
汝、その領土を広げたればなり。
汝の軍隊の若者たちの（なんと喜ばしげなことか）。
汝、かれらを〔養い〕育てたればなり。
汝の尊き老人たちの（なんと喜ばしげなことか）。
汝、かれらを若返らせたればなり。
汝の力のもと、両国の（なんと喜ばしげなことか）。

汝、その城壁を守りたればなり。
(三・一〇) そのリフレイン
国境を広げるホルスよ、
汝が永遠をくり返さんことを。

第三の讃歌

(三・一) その都市《まち》の主のなんと偉大なることか。
かれは無数の中の唯一者にして、他の幾千の人びと(とてかれより)卑小なり。
見よ、かれは堤防にして、流れを増水よりせきとむるものなり。
見よ、かれは涼しき場所にして、万人を曙まで眠らしめるものなり。
見よ、かれはシナイの銅もて(築きし)城壁なり。
(三・五) 見よ、かれは避難所にして、その手を避けること能わざるなり。
見よ、隠れ場にして、敵の前より脅えたる者を救うものなり。
見よ、かれは湿りて涼しき夏の日影なり。
見よ、かれは冬季の温く乾きし隅なり。
見よ、かれは山にして、天の荒れるとき嵐をさえぎるものなり。
(三・一〇) 見よ、かれはその国境に踏みこみし敵に対するセクメトなり。

第四の讃歌

(三・一) かれはわれらがもとに来りて上エジプトを手中に収め、

複合冠[9]はその頭と合一せり。

(かれはわれらがもとに来りて) 両国を結合し、

スゲを蜜蜂[10]に結びつけり。

(かれはわれらがもとに来りて)「黒土の地」[11]を支配し、

「赤土の地」[12]をわがものとせり。

(かれはわれらがもとに来りて) 両国を保護し、両岸を鎮めり。

(三・五) (かれはわれらがもとに来りて)「黒土の地」を生かし、

その苦難を追い払えり。

(かれはわれらがもとに来りて) 貴人たちを生かし、

臣民が喉を呼吸させり。

(かれはわれらがもとに来りて) 異国どもを踏みにじり、

〔かれを〕恐れるを知らぬ部族民どもを打ち滅ぼせり。

(かれはわれらがもとに来りて) その国境〔にて戦い〕、

〔……を〕奪われしものを救えり。

(かれはわれらがもとに来りて) その手に誉れを〔……〕、

かれの力、そをわれらにもち来れり。

(三・一〇)（かれはわれらがもとに来りて）われらをして子供らを養育せしめ、
われらが老年を〔……に〕埋めしめり。

トトメス三世讃歌

(一) 両国の玉座の主アメン・ラーによりて話されたる言葉。

わがもとへようこそ。汝わが美を見て歓呼するとき。
わが子にしてわが復讐者[1]メンケペルラー[2]、
永遠に生くるものよ。
われは汝への愛によりて輝き、
わが心、わが神殿への汝のよき到来に喜ぶ。
わが両手、保護と生命もて汝が身体に与う。
汝が呪力[3]のわが胸に何と甘きことか。

われは汝をわが聖所にすえ、
汝に驚嘆す[4]。
汝にすべての異国の国々への武勇と征服とを与え、

汝が栄光と汝への恐怖をすべての地におく。
汝が恐怖、天の四本の柱にまで（達す）。
すべての身体に汝への畏怖を大いならしめ、
九張りの弓(5)全体に汝（陛下）の戦いの雄叫びをおかん。
あらゆる異国の大人《たいじん》たちは汝が支配にかり集めらる。
(五) われはみずからの腕をのばし、
汝がためにかれらを縛りあげ、
何万何千のヌビアのえびすびとどもを、
何十万もの北方の人々を捕虜として縛る。
われは汝の敵対者を汝のサンダルの下にひれ伏さしめ、
かくて汝は好戦的なものども、忠誠ならざるものどもを踏みにじる。
われが地をその長さ、幅ともに(6)汝に委ねしままに。
かくて西国の人々も北国の人々も、汝の監視下にある。

汝は心楽しく、あらゆる異国を踏みにじる。
汝の近くに押し入りうるものなどない。
われは汝の案内者なる(7)（も）、汝はかれらがもとに（一人で）達する。
汝はナハリンの大いなる屈曲の水を渡れり。

われが汝に定めし勝利と力によりて。
かれらは汝の戦いの叫びを聞き、
穴へとはいりこむ。
われは、かれらの鼻孔を生命の息吹きより絶ち、
汝（陛下）への畏怖をその心全体に吹き込む。
汝の頭上にあるわが聖蛇、(8)そはかれらを滅ぼし、
性ねじれたる者をえじきとす。
(10)そ（＝聖蛇）は島々に住む人々をその焔もて滅ぼし、
アジアびとの頭を斬りおとす。
逃れうる者は一人としてなく、その力の故に倒れ、よろめく。

われは、汝の勝利を全土にしらしむ。
わが額にきらめくもの(9)は汝が僕《しもべ》にして、
天の囲む限り汝にそむくもの現われざらん。
かれらは来る。
われが定めしままに、
背には貢物を荷ない、汝（陛下）に頭をさげつつ。
われは汝のそばに来れる攻撃者（の心）をくじけさせたり。

その心は燃えつき、その身体は震えしが故に。

勝利の歌

われは来れり。
汝をしてジャヒ(10)の大人《たいじん》たちを踏みにじらせ、
その国（全体）を汝の足下に広げんがために。
われはかれらをして光線(11)の主たる汝（の姿）を見さしめ、
かくて汝はわが似姿としてかれらの顔面に輝く。

われは来れり。
汝をしてアジアに住むものどもを踏みにじらせ、
レテヌー(12)のアジアびとの頭《かしら》たちを打たせんがために、
われはかれらをして、しるしを装いたる汝をみさしむ。
汝が戦車にのりて、武器を手にするとき（の汝を）。

(一五) われは来れり。
汝をして東の国を踏みにじらせ、
神の国(13)の地にあるものどもを踏みすえらせんがために。

われはかれらをして雷電たる汝をみさしむ。
その香煙を発する時（のごとく）その火を焔とまきちらしつつ（ある汝を）。

われは来れり。
汝をして西の国を踏みにじらせ、
ケフティウもイシ[14]も（汝への）畏怖の下におかんがために。
われはかれらをして、若き牡牛たる汝（の姿）をみさしむ。
心かたく、角鋭く、打ち倒されざる（牡牛としての汝を）。

われは来れり。
汝をして（エーゲ海の）島々の住民を踏みにじらせ、
ミタンニ[15]の国々をして汝への畏怖の下に震えしめんがために。
われはかれらをして、ワニたる汝（の姿）をみさしむ。
水中の恐怖の主、近づきえざる者（としての汝を）。

われは来れり。
汝をして、島々の住民を踏みにじらせ、
大いなる緑の海のただ中にいるものどもを汝が戦いの雄叫びの下におかんがために。

われはかれらをして復讐者たる汝をみさしむ。
その犠牲の背に栄光にみちて現われる（復讐者としての汝を）。
われは来れり。
汝をしてテヘヌー[16]を踏みにじらせ、
ウテンティウ[17]をして、汝が栄光の力の下におかしめんがために。
われはかれらをして、猛きライオンたる汝をみさしむ。
汝が、かれらを谷一杯の死体とするとき（の汝を）。

（二〇）われは来れり。
汝をして地の涯を踏みにじらせ、
大洋の囲むところを汝の手中に握らしめんがために。
われはかれらをして翼の主[18]たる汝（陛下）をみさしむ。
望むがままに眼にするものを所有する（翼の主としての汝を）。
われは来れり。
汝をして国の前面[19]を踏みにじらせ、
砂漠の住民（＝ベドウィン）を捕虜として縛らしめんがために。

かれらをして南の地のジャッカルの如き汝をみさしむ。
速さの主、両国を駆けめぐる走者（の如き汝を）。

われは来れり。

汝をしてヌビアの蛮民を踏みにじらせ、
シャトジャバ[20]にいたるまで、汝の手中に握らしめんがために。
われはかれらをして、汝の二人の兄弟[21]の如き汝をみさしむ。
勝利の中にかれらの手を汝のために集めたり。

結び

汝の二人の姉妹[22]、われはかれらをして汝の背後の保護のためすえたり。
わが両腕はあげられ、悪を防ぐ。
われは汝に対する保護を定む。
わが子にしてわが愛するもの、ホルス、強き牡牛、テーベに現われるもの、
われ（みずから）神の〔肉体〕にもうけしもの、トトメス、永遠に生くる者、
われのため、わがカーの望むものすべてをなせしもの（に対する保護を）。
汝は永遠の業として、わが聖所をたて、

（そを）かつてありしものにもまして長く、広く（つくりたり）。

（また）「〔メンケペルラー〕（三五）その美はアメン・ラー〔の家〕を飾る」（なる名の）大門を（もつくれり）。

汝の記念碑はかつてのいかなる王（の記念碑）にもまして大なり。

われは汝に命じてこれをつくらしめ、これに満足す。

汝を数百万年ものあいだ（永遠に）ホルスの玉座につかせ、
汝は永遠に生者を導かん。

セド祭の碑文

一

（一八六七・一）ホルス「強き牡牛、正義にて顕現せるもの」、生命与えられたるもの。

上下エジプトの王、両国の主「ネブマートラー」

ラーに愛されたるその子(1)「アメンヘテプ、テーベの支配者」、生命与えられたるもの。

陛下の（治世）第三十年、夏季第二月(2)二十七日、
陛下の第一回セド祭に際して。

〔陛下の〕ペル・ハイ宮殿(3)の双つの大門(4)に王臨御せらる。官吏、王〔族〕、侍従、門衛たち、
王の知友(5)、（御座）船の（五）番衛、宮殿の管理官、および王の高官たちの拝謁。（かれらに）恩寵の黄金、ヌブーイ(6)の鳥魚が贈与せらる。
かれらおのおのその地位に従いて立ちつつ、
セスフー布と緑布とを得、
王の朝食のパンが給せられたり。

王（の御座）船を漕ぐべく陛下の池に（赴くべき）任務を与えられ、
朝船のともづな、および夕船のへさきづなを受けとれり。[7]
かれら、大いなる場にて（御座船）をひき、
玉座の下に立ちたり。
されど古き書き物に従いてこれらをなせしは陛下なり。
（一〇）先祖の時よりいかなる（正しき）セド祭も挙行されたることなく、
そはアメンの子カエムマート[8]に命ぜられたればなり。
かれ〔……にて憩い〕、ラーの如く永遠に生命与えられてあり。

二

（一八六九・一）第三十年夏季第三月〔……日〕
（一一）女神「法を定め、〔両〕国を鎮めるもの[9]」
上下エジプト王、両国の主「ネブマートラー」

ラーの子「アメン〔ヘテプ、テーベの支配者〕」

力《ちから》の主、アメンの子。

（陛下）の玉〔座〕に憩うための〔臨御〕。

〔そのとき〕かれは（五）テーベ西〔岸〕につくりしセド祭の（ための）〔宮殿〕におりたり。

セド祭（に出席し給う）神々を漕ぎ（渡す）ため、[10]

高き〔ナイル〕、陛下により進まれたり。

〔………〕

王の子たち[11]〔陛下の前に〕入場す。

セド祭に際しなされる（べき）ことをなさんがために黄金の壺と琥珀金の水差[12]とを手にして。

かれら、王座に相対し王の前に位置す。

（一八七〇・二）「汝の黄金の壺と琥珀金の水差とは清らかなり。

ホルスの娘たち、[13]かれらは汝に冷涼なる水を与う。

（汝）支配者よ。生命、安寧、健康を。

汝、〔……〕あらんがために。」

（中略）

（一八七一・七）セド祭に際しなされる（べき）ことをなさんがために、王座に相対し王の前に婦人たち入場す。

（婦人たちの讃歌[14]）

（一〇）「かれ、われに穀物の〈穂〉を与えたり。

バーフびと、[15]〔われに〕穀物の〈穂〉を〔与えたり〕。

わが灼熱はそを熱し、

わが臼はそをつき砕けり。

汝バーフびとよ。

わが守りきたりしこと〈成就されたり〉。

わが守りきたりしこと〈成就されたり〉。

〈実り〉豊かにして、汝の眠るとき（も）〈実り〉豊かなり。」

〈………〉

三

（一八六〇・一）第三十六年。

陛下の第三回セド祭に際して、⒃
（王の）知友たちの入場。

世襲貴族、高官、大いなる友、寵愛厚きもの、王の書記、皇后ティイの家令〔ケルエフ〕、

（かれらを）先導す。

第三十六年。

陛下〔の〕第三回セド〔祭に際して〕、

〔神父〕たちの入場。
（五）世襲貴族、高官、大いなる友、王〔の信頼厚きもの〕、王の書記、生命与えられたる
皇后ティイの家令（ケルエフ、かれらを）先導す。

〔第三十六年〕
陛下の〔第三回セド祭に際して〕、
〔……〕の入場。
皇后ティイの家令、〔………、ケルエフ〕、（かれらを）先導す。
王によるジェド柱の建立。
〔10〕かれ（これを）〔……〕真理の〔主〕にしてシェティト[17]に住み給える父ソカル（のため）につくれり。
生命、〔安定、支配、健康〕、すべての喜び、すべての食物、〔……〕、すべての花が、
かれの父ホルス・タートネン[18]（に対するの）と同じく与えらる。
王みずからによるセド祭の朝のジェド柱の建立。
〔五〕（二人の神官が）布地を捧げ、
玉座の前に立つ。
ジェド柱の建立に際しなされる（べき）ことをなさんがために。
（中略）
〔一八六一・七〕（讃歌㈠）[19]
「プタハ顕現す。
人びと汝を礼拝し、汝に歓呼す。

汝船にて漕ぐものよ。
汝地と合して
その運行をつくりだす。
汝の美しさの故にラー汝を讃美す。
汝、ネブマートラーの大いなる地位を愛すればなり。
われら歌い手たちのもとに来れ。
われら、かれを讃えん。」

（中略）

(一七)（讃歌(二)）[20]
「天にありてラー若返るとき、
われらがソカルの双門は開かる。
アトゥム[21]は現われ、
汝は地平線の光をみる。
汝は光もて両国をみたせり。
(一八六二・一) 天の輝きわたるや、
汝がアテンとして天に生まれるや。」
このオシリスのジェド柱〔建立〕の日に、(五) ソカルの神殿の聖なるジェド柱の前にてなさる（べき）ことなさる。

〔……〕、パン、ビール、あらゆる甘き野菜、（あらゆる）好ましき野菜、あらゆるよき清浄なるもの、汝のカーにしてプタハ・ソカルなるオシリスのジェド柱のためもちきたらさる。

（一〇）神父たち、[22]船上に運ばる（べき）パン、ビール、牛、鳥、（その他）あらゆるよき清浄なるものを受けとり、

（この）ジェド柱建立の日に、あらゆるよき清浄なるものを船上に積みこむ。

（一五）（王の知友）、肉片を船上に運ぶ。

（屠者）肉片とさるべく与えられたものを屠り、船上に運ばる（べき）ものをもちきたる。

（そは）王の手に（より）て清浄無比なり。

（中略）

（一八六三・一六）（列席した王女たちによる合唱）

「汝のカーのために。

汝の美しき顔にシストルムを、

またメニト飾り[23]と鉤笏[24]とを。

汝は昇る。

〔…………〕

オシリス・ソカル、〔……〕の主よ。」

〔王女たち〕によるプタハ・ソカル、（すなわち）シェティトに住み給える大神《おおがみ》オシリスのジェド柱の礼拝。

（中略）

〔一八六四・一〕このプタハ・ソカル・オシリスのための聖なるジェド柱建立の日に、かれら（牡牛とロバ）壁のまわりを四度まわる。[25]

このシェティトにましますジェド柱建立の日に、かれら（牡牛とロバ）壁のまわりを四度まわる。

（中略）

〔一六〕よき神、両国の主「ネブマートラー」、ラーの肉体（より生まれたるそ）の子「アメンヘテプ、テーベの支配者」、

両国の先頭にましますラーの似姿、〔あらゆる〕王にもましてラーが愛せしものは、

イウア牛およびウンジュー牛、およびあらゆるよき清浄なるもの（よりなる）大いなる供物を永遠の主オシリスに捧げる。

（中略）

〔一八六五・四〕（ジェド柱の）ことば。

「われ汝に糧《かて》を与えん。

われ汝に糧を与えん。」

〔一七〕ソカル神殿の前にましますオシリス、大神、生者の王は、あらゆる生命、あらゆる喜

び、あらゆる健康を与え給う。
ジェド柱の建立に際し、この神はメンフィスの聖所に憩う。

ミンの大祭の碑文

(一) 夏季第一月[1]にミンの祝祭挙行さる。
そは月(神)の保護者の行列のときなされたり。[2] 王はケペレシュ冠[3]に輝きつつ輿《こし》にて進む。[4]
王の知友が[5](一〇)これを先導す。
楯・槍・半月刀・(その他)あらゆる護衛の武器を携えて。
四人のケンベティ[6]はその背後にあり。
かれらの後には王子たちと兵士たちがある。
首席典礼司祭[7]はその父ミンの家にてその務めをはたす。
大いなる供物、その父ミンのためなさる。[8]
パン・ビール・牛・鳥およびあらゆるよきもの(よりなる供物が)。
(二〇) セヌート[9]の主ミンは進み、
その子、上下エジプトの王ウセルマートラー・メリアメン[10]はかれに向き合う。[11]

ここに白き牡牛この神の前を〔進む〕。
二枚の羽根を頭に、勲章および布を首に、
小帯マーを左わき腹に（つけて）。
首席典礼司祭はミンの舞踊の歌を誦す。
㈢歌の長《おさ》も同様。
プント[12]の黒人はこの神を讃めたたう。
ここにこの神につき従う神々、かれの前を〔進む〕。
故上下エジプト王たちの像（もまた）かれにつき従う。

この神は遷置所[13]に憩い、
陛下はその父にして「その母の牡牛たるミン[14]」に大いなる供物をなす。[15]
ここに白き牡牛、陛下の前に〔進み〕、
㈣ここに故上下エジプト王たち、両側に、（すなわち）左右に〔立つ〕。
〔………〕
この神の讃歌をうたいつつ。
王の生けるカーにも、上下エジプト王たちにも、（同じ）ことがなされる。
ついで「後衛」が来る。[16]

かれ、金張りの黒銅、〔半月形の〕鎌、および一むらのエンマー小麦をもち来り、
(五二) 王に渡す。
ここにシェマイト[17]、王のまわりをまわりつつ定式文を七度《たび》誦する。
ついで王は手にした鎌にて〔小麦の〕穂先を刈りとる。
〔(刈りとった)束は〕かれの面前におかれ、
ついでミンの前におかれる。
またその一穂は王に渡される。

王が面《おもて》を北に向け遷置所を出、
(六〇) そ〔のまわり〕をまわるあいだ、
この神の面前にたて〔られている〕東の霊たちを奉持する二人のウアブ司祭[18]が、
顔を後に向け〔たまま〕進みでる[19]。
牡牛の二本の尾が、「満腹者[20]」と称される二人のウアブ司祭の手にあるあいだ、
かれら、その儀式をとりおこなう。
(七〇) そして王が四羽のスリー鳥[21]をとき放つあいだ、
かれらはその〈定式文〉を誦する。

ミンが神の館の門に現われるときの典礼司祭のことば[22]。

「高くのぼれ、おおミン、わが主よ。
現われよ、おおミン、わが主よ。
汝、ラー・アトゥムの前に義とされ、
ケルアハ[23]には汝への喝采とどろく。
かれら、汝に述べん。
『現われよ、おおミン。（他のいかなる）神にもまされる汝の〈顔〉もて』と。
トトは心楽しく、セベク[24]は〈大にして〉、
翼は［……］。
かれのアク[25]こそ、かれを永久に永遠の主に〈あげ〉たり。
東の霊たちのためにのぼれ。
永遠《とわ》に生命《いのち》与えたる汝の子、両国の主ウセルマートラー・メリアメンを守護せよ。」

この神の前にてプントの黒人（により）述べられたることば[26]。

「唱えよ。
汝は愛さる。おおミン、〈記念碑の完成者〉よ。
汝に敬礼。おおミン、セヌート[27]の主、純瑠璃のアプー[28]の主よ。
汝の面《おもて》[29]のなんと力強きことか。
汝牡牛の姿をとりて異国《とつくに》に来りしもの。

神々の王にすすめられし（汝の）心楽し。
おおアムセトよ。〔おおハピよ。
おおドゥアムテフよ。
おおケベクセンヌーフよ〕(30)。
南へ、〔北へ、東へ、西へ〕急ぎ、
南〔北東西〕の神々に告げよ。
『イシスとオシリスの子ホルスは白冠と赤冠をかぶり、
上下エジプトの王ウセルマートラー・メリアメンは白冠と赤冠をかぶれり』と。」

庭園にあるミンのための舞踏の歌(31)。
「汝に敬礼。おお庭園にて安らかなるミンよ。
王ラーメスは汝の前の白冠をみる。
かれ、汝にそをもち来る。
汝に敬礼。おおその母を受胎さすミンよ。
闇の中にて汝がその母になしたることのなんと神秘にみちていることか。
汝喝采を重ねられたる無比の神。
汝、その崇拝者に生命を与え、

かれに幸《さち》をもたらす。
かれ〈ここにのみあり〉。
汝、かれにフェンクーの職務(32)を与えたり。
大いなる門よりいでてマートの壇に立ち、
汝の父オシリスとともに〈次々と〉命令を発しつつ。
ここに汝、王ラーメスをすべての悪しきことより守ることを命ぜり。
ミンは天地の敵の前にて、
すべての男女神の裁判官により義とせらる。」

「後期エジプト選文集」より

書記と政治

エジプトの行政官吏のうちでは「書記《セシュ》」(sš)は重要な地位を占め、とくに大蔵省ともいうべき官庁や地方財政庁において、また宗教都市における神殿の莫大な財産の出納や管理をつかさどっていて、社会的地位はきわめて高かった。したがって「書記」はいかなるほかの職業に比べても、もっとも分《ぶ》のある職で、したがって万人があこがれ、学童たちの未来の出世道は、実にこの「書記」になることにあった。それだけに学習の目的には「書記」になれと叱咤されたが、またそれだけに「書記」に対する批判も多かった。公務をおこたり、汚職の書記も少なくはなかったようで、綱紀の粛正も常に叫ばれたようである。

高級官吏への讃辞

おお、王の右にあって扇を持つ者、神ゲブの広間の皇太子、「永劫の地平」にある神社の司祭《セテム》[1]、王の真の書記官、王に愛されたる人、あなたのご境遇が百万回も生を受けた人のようでありますように。「二つの邦」[2]の創始の神、神々を創りたもうたアメン・ラーがあなたのためにお力をふるわれますように。また、あなたの御口はすこやかにて、いかなるきずもあなたには見し得ませぬによって、この神が王の恩寵をあなたに授けたまいますように。時の王、正義を愛する神ホルスのご愛顧を受けられますように。この世で百十の齢をまっとうされますように。その奥方は「テーベの西」におられるというかの「巌」[3]のもとに休らわれますように。あなたの霊魂が生けるもののあいだにあっては神々しくあり、高徳の精霊たちと交り、神ソカルの祭の日にはレ・セチャウ[4]の神オシリスとともに歩まれますように。「両岸」にて、オンノーフリス[5]の面前にてあなたのために奠酒が作られますように。踵を返させられることなくネシュメト[6]の船のところまで行かれますように。そしてペケル[7]の地まで川をお渡りになって、（オシリスの）御前にて裁きを受けられますように。あなたさまのみ魂は鉛錘《おもり》にも増して的確でいられます。まさに「裁きをなすことを楽しみとしている」正門のために働いている者のように正確でさえあられます。

熟練した書記を讃美する

さて、これらのことをすべてやりおおせてしまえばおまえは筆墨の業を立派に修めたことになるのだ。神々に従って生きた人びとの時代のあのすぐれた書記たち、あのこれから来るべきことをも予言することのできた人たちはと言えば、この世の生命をまっとうして死んでしまっているのに、その親族の者たちはことごとく忘れさられてしまっているのに、かれらの名は永遠に残されているのだ。

かれらはみずからのために鉄の墓石でもって金属のピラミッドを建てることなどしなかった。自身の名を知らしてくれる子孫である後継者をのこす方法も知らないで、かれらは書き物のなかに、そしてみずから編纂した叡智の書の中に自身の後継者をつくったのだった。かれらは自分たちのために、パピルスの巻紙を司祭と決め、書板を「彼の愛する子[8]」と決めた。叡智の書は、自身のピラミッドとなり、蘆の筆は、子であった。妻であった。「石の面《オストラコン》」は大なる者も小なる者も書記にとっては彼の子となった[9]。

書記、それは万人の先端に立つものだ。書記のために戸や建物が造られたけれども、それらはみな崩れ去ってしまう。かれらのカアに仕える者たちはいなくなってしまう。墓石はほこりにおおわれ、墓所は忘れ去られてしまう。しかしかれらの名はかれらの手になった本ゆえに、それらの本が立派なものである限り、つねに人びとの唇《くちびる》にのぼる。それを創った人の思い出は永遠に続く。

書記になるがよい、よくよく心せよ。おまえの名も同じような運命をたどるように。刻まれた墓石や丈夫に建立された祀堂の壁などより、一冊の本のほうがよほど益《ため》になるものなのだ。これは祀堂やピラミッドに役立ち、つまりは一人の名を人の口にのぼせることになる。たしかに、墓所にあっては人びとの口の端にのぼる名のほうが有益なものだ。人は死滅し、その死体は塵芥《じんかい》と化し、親戚の者もすべて灰となってしまう。――しかし、人を吟誦者の口に憶えさせておくものは書き物なのだ。一冊の本は大工の建てた家や西方の祀堂などより、はるかに益になるものだ。しっかりと土台のすえられた城砦や神殿の記念石よりもよほどましだ。

ここにはホル・デデフのような者はだれかいるか？　イ・(エ)ム・ヘテプのような者はいるか？　われわれの親戚の者のなかにはその先頭に立つネフェルトイやケティのような者は、だれ一人として出なかった。わたしはおまえにプタハ・エム・ジュドフティやカ・ケペル・(ラー・)セネブの名を教えよう。プタハ・ヘテプあるいはカ・イリスのような者もまたいるだろうか。これらの学識ある人びとは来るべきことを預言したのだが、かれらの口から出たことはそのまま実際に起った。それは一つの宣言とわかった。すべてかれらの本のなかに述べられていたのだ。このようにして、かれらには他人の子供がまるで実の子のように後継者として与えられる、かれらはかれらの魔法を世界中の人びとに隠しておいたけれども、それは叡智の本の中で読まれることができる。かれらは死んでしまい、名は忘れ去られてしまっても、なお書き物はかれらを記憶させておく。

書記職の讃美

王室の書記官であり、かつ神々の王、アメン・ラーの畜牛の監督、ネブ・マアト・ラー・ネケトが書記官ウェン・エム・ディイ・アメンに向かって述べます。

そのうえ、〔……〕(この)高貴なる(役職)。「神トトの門徒」はそれを励行する者にはふさわしき名です。〔……〕彼は〔……〕王子たち。彼は、彼よりも偉大なる人びとを同胞として交わります。楽しき〔……〕あなたの手をもって書きなさい、口では読みなさい、わたしの言ったことに従って行動しなさい。〔……〕あなたの〔……〕。わたしの心はいかなる嫌悪も感じません〔……〕あなたの〔……〕わたしはあなたを〔……〕よりも愛して〔……〕わたしがあなたに忠言を与えること〔……〕そしてあなたはそれが利益となったことを知るでしょう。〔……〕

（パンと）ビール（をもって）。長官たちに対して自身を宣伝して使いにやらせてもらうのです〔……〕怠惰に近づきつつある〔……〕。（すぐれた役人となるべく）書くことを愛し、歓楽を厭いなさい。人目を避けるようなところに心を遊ばせてはなりません。ブーメランや毬を投げることはやめたほうがよいのです。ひねもす指で書き暮らし、夜は夜で読書をするのです。友だちと同じようにパピルスの巻紙と筆具をたずさえるのです。それはシェデフ酒よりも快いものです。書くことはと言えば、それは、その道を心得ている者にとっては、ほかのいかなる職よりも利益あるものなのです。それはパンやビールよりも、また着物や膏薬よりも快いものです。それはエジプトにおける世襲財産よりも、また「西方の国」⑽の墓よりも高価なものなのです。

書記の職はほかのどんな職にも優るものである

書記になるがよい。それはおまえを労役から救い、あらゆる種の仕事から守ってくれるものだ。スキやツルハシをかつがなくともすむ。カゴを運ばなくともよい。橈をせっせと動かしたりすることからもおまえを隔離してくれるし、多くの主人や数多い雇い主の下にいなくてもすむから、いろいろな苦悩からも救ってくれるというわけだ。

人は母親の母胎から生まれ出て、その主人のもとに走るのが常だ。子供は兵士に仕え、青年は斥候兵となり、年寄りは耕作者にされ、成人は兵士にさせられる。体の不自由な者は入口の番人に、盲は牛の養育者にまわされる。捕鳥者は脱穀場に行き、漁夫は水底に沈む。預言者は小作人のような立場におかれる。司祭は儀式を行ない、そして時間をつぶしている――一日に三回の儀式があるのだから――川にみずからを浸している――だから彼は冬と夏との区別を知らなければ、空模様、風があるとか雨が降るとか、そういったことの判断もできない。厩の主は少しでも手を休めようものなら、すぐさまその馬は野に放たれてしまう。するといっぽうでは彼の妻は大麦の施しをうけるしまつ、他方では彼の娘は土手に出て働く、ということになる。彼の女中たちはよその雇われ者となり、下男たちはテラウ(トロイア)[11]に(働くことになる)。

パン屋は規則正しくパンを焼き、首はカマドのなかにつっこみ、足は息子にしっかりとおさえられた姿勢でパンを火にかけるのだ。息子の手から足がすべったあかつきには、彼はカマドの底に落ちこんでしまう。しかし書記はといえば、それはこの世のあらゆる職種の先端をゆくものなのだ。

書記となれ。兵士の運はつらきものなるに

つぎの趣旨をもって一筆したたむ。熱意をもって書くことに専念するがよい。手を休めるな。先見のなすことをよく見守るがよい。彼の意図はすべて堅固だ。臣下すべてが召喚され、そのなかからもっとも秀でたる者が選ばれたのだ。成人は兵士に、青年は斥候兵にされる。子供はといえば、それもみな母親の胸元から奪い去られる。そしてその骨を打ちのめされることによって成年に達するのだ。おまえはロバのような愚者なのか？　人がおまえの主人公になってしまうぞ。おまえの身体には分別というものがまったくない。この威厳ある職掌に励むがよい。おまえの筆具とパピルスの巻紙は気持よくふんだんにあるではないか。そしておまえは日々なまけているのだ。よくこの点を考えてみるがよい。

書記は自由で裕福だ。兵士のようにみじめではない

以下の趣意をもって一筆したたむ。見よ、わたしはおまえを教えて、おまえが自由自在にパレットを使いこなせるようになるべく、またおまえの宝庫や穀倉を開けるようになれるように、穀倉の入口で船から穀物を受け取るようになれるように、祭りの日には晴れ着をつけてナイルの川に背を向けて、執行吏たちを従えて意のままに動き回り、検閲しつつ神への供え物を出すことができるような身分になるように、おまえの身体を健全ならしめようとしているのだ。おまえの都市には別邸が建てられ、王からの賜物として権能ある職務を握っている。男女の奴隷がおまえの近所にいて、おまえの保有地で働いている者たち

僕?）にしてやる（?）。

あらゆる種類の苦役から自身を守り、尊敬すべき長官となるべく、書記の業をよく心にたたみこんでおくがよい。おまえは不器用者のことを思い出さないか? その名まえはわからないがいつも〈ロバのように荷を運んで〉書記の前に現われるのだ。書記はその男がなにをしに来たかよく知っている。よいか、その目上の者が多いがゆえに兵士が遭遇《セケト》しなければならない憂き目について話してやろう。大将、連隊長、軍の先頭将校、旗手、大隊長、軍書記官、五十人部隊長、駐屯兵隊長、などの上役たちだ。かれらは宮殿の大広間から出たり入ったりする。かれらは言う。「働けるものをつくり上げろ。」兵士は起床後一時間たつかたたぬうちに、もうロバのようにだれかがうしろから追いまくって、夕日が夜の暗闇の下に沈んでしまうまで働きつづけるのだ。空腹に見まわれ、腹痛をおぼえる。生きているうちにもう死んだも同然だ。任務から解放されると一日分の手当てとして穀物をもらうが、それはひいて粉にしてみるとまったくうまくない。

彼はコル(12)に召される。するともう自身を見失ってしまうほどなのだ。着る物もなければワラジもない。戦いのための兵器はチャルの砦《とりで》に集められている。丘の上への行軍のあいだじゅう、水は三日おきにしか飲めないし、飲んでもその水は悪臭を放ち、塩からい。身体は赤痢におかされる。敵がやってきて彼を取り巻き、もう生きた心地なぞしないものだ。みなは叫ぶ。「急げ、進め、おお、勇敢なる兵士よ、自分のために名誉を勝ちとれ。」しかしもう彼は意識を失ってしまっている。敵のために身体は弱り、膝はがくがくだ。

勝利がかちとられ、エジプト行きと決められた捕虜や部落民たちが陛下のみもとに手渡される。異国人の女が行進の途中気絶すると、兵士は首にそれを負わされる。雑嚢は地に落ちて、ほかの者にひろわれてしまう。雑嚢のかわりに捕虜の女を背負わされるのだ。妻や子供たちが彼の村で待っている。が彼は死んでしまって家族のもとにはとどけられない。たとえ生き抜いたとしても行軍のために衰弱してしまっている。自分はたいしたものなのだろうか、それとも捕虜なのだろうか、と兵士は自問してわからなくなってしまうものだ。仲間たちが牢獄に閉じこめられているのに、一人逃げ出して落人《おちゅうど》たちに混ってさまようことがある。すると砂漠のはずれで死に絶えてしまい、その名を永遠に記録してくれる人もないままに終ってしまう。

兵士にとっては生も死も同じように憂いものだ。たとえハンモックを持ってきてくれるものがあったとしても、休む場すらないのだ。書記になれ。兵士になることをまぬかれるために。おまえが名を呼ぶと人がすぐさま、「はい、ここに」と答えるようになるために。苦悶から救われるために。だれもが書記という職にある者を高くまつりあげようとするものだ。よく考えてみるがよい。

書記をのぞいてはほかのいかなる職もすべてよくない
自身の目をもって自身をさがし求めるがよい。種々の職業がおまえの前におかれている。

洗濯屋は、一日中、行ったり来たりして、毎日毎日隣り近所の者たちの着物をさらしたり、自身の下着類を洗ったりすることによって全身が衰弱している。焼物師はその家族の一人が死んでしまった人のように土まみれになって汚れている。足も手も粘土だらけで、まるでどろんこのなかにいる人のようだ。革草履をつくる者はタン皮《べフ》を混ぜる。したがっていちじるしい異臭を放つ。手は洋茜《あかね》でおのれの血に染まって、まるで生きたまま自分の肉をさらしている負傷者のようだ。トビがおそって来はせぬかとおそるおそるふり返ってみる人のようだ。ヘル・ワルは花の供物を用意し環形の台を磨く。まるで太陽が一日中その上にふりそそいでいる人のように、夜も働き通しだ。商人たちは川をさかのぼったり下ったり、真鍮の器のように忙しく、町から町へと品物を持って歩いて、持っていない人たちに供給しなければならない。徴税者たちは金属の中でももっとも貴重な金を持って歩くのであるが、これとはだいぶ違う。すべての商家の船の乗組員たちは、エジプトからジャヒ(13)へ発送すべく荷を受け取った。かれらには一人一人その神がついている。

かれらのうち一人たりとも、「われわれは再びエジプトを見ることがあろう」などと言う者はない。造船場の仕事場にいる大工は材木を運んできて積み重ねる。もし今日彼がきのうの仕事をしたとしたら、彼の身に呪あれ！　造船工が彼のうしろにいて小言をあびせかける。彼の野に出て働く場外の職人(14)、それはほかのいかなる職業にも増してつらい仕事だ。彼は一日中、商売道具を背負わされて、道具箱に縛りつけられどおしだ。夕方になると道具箱や材木、それに湯呑みや砥石を背負って家に帰る。しかし書記は、これらすべての人たちが製造したものを勘定する身分なのだ。よくこの点を考慮するがよい。

書記の職を選択するようにとの勧言

さらに、軍属の書記官であり、かつアメンの神殿の牛を呼び集める役目の者、ネブ・マアト・ラー・ナクトが書記官ウェン・エム・ディイ・アメンにあててつぎの趣意を（伝えます）。書記官になりなさい。そうすれば君の身体は常に滑らかで手はすぐに疲れやすい手になり、まるで身体虚弱者よろしくランプのように燃えつきてしまうようなことがないでしょう。君は普通の人なみの骨格ではないのだから。君は背が高く痩せている。荷物を担いで運ぼうとすると君はつまずいてしまう。君は足を引きずって歩く力がないからだ。君の手足は欠陥だらけ、身体全体もみじめなものだ。書記になるべくつとめなさい。

それは君にふさわしい、すばらしい職業だ。人、一人の名を呼ぶと千人もが一度に返事をする。道を公然と闊歩することもできるし、人の手から手へ渡される牛のようにならずにすむ。ほかの人びとの先頭に立つことにもなろう。わたしは一日中を君に教授するのに費しているのだが、君は聞こうともしないのだ。君の心は役所のようだ⑮。わたしが君に教えたもので、なに一つ君の心にとどまっているものはない。かれらの〔……〕を自分自身のものにしなさい。

人目をしのんで遊ぶことが、まるでかえりたての雛が母鳥のあとを追うように毎日毎日君につきまとっている。君はみずからを歓楽にひたし、放蕩者たちと親しく交わっている。

まるでビールに渇えている人のように、醸造所の一角に待合所をこしらえている。君はサ・ラ・エン・イアウト・エフ(16)といっしょに部屋に坐っている。だが君はいやいやながら書き、ケス(17)と親交を結んでいる。こんなことはすぐにやめなさい。こんなことをしていったいなんのためになると思う? なんの役にも立たないのだ。よく考えてごらん。

道楽者の書記官にあてた非難

わたしは貴官が書くことをなおざりにして歓楽の渦に身をまかせ、巷《ちまた》から巷へとほっつき回り、貴官が去ったのちにはかならずビールのふんぷんたる臭いが残っているということを人びとに聞いた。ビールは人でなしにしてしまうものだ。それは貴官の魂をまどわしめ、貴官はどちらの側にも従わぬ曲った艫《とも》のようになってしまった。貴官は神なき神殿、パンなき家のようなものだ。人は貴官が傷つけた人たちが逃げてゆくあとを追って、手枷《かせ》や足枷を壊して壁をはいのぼっているのを見たというのだ。酒が不浄物であるということを知りさえすれば、貴官もシェデフ酒をやめることを誓い、心にビールのコップをすえることもせず、テネレク酒を忘れもするだろう。

貴官は笛に合わせて歌い、ワル(という)横笛に合わせて歌を口ずさみ、竪琴《リラ》に合わせて吟誦し、ネチェク(木楽器)に合わせて歌うことを教わった。いま、貴官は家のなかにじっと坐し、娼婦どもに取りまかれ、立ったりはねたり〔……〕。そうかと思うとこんどは売笑婦の前に坐って神聖な浄めの油に浸って首にはイシェトペヌ(草)の花環をつけて、腹の上で太鼓をたたいたりする。そうかと思うとまたこんどはつまずいて腹を上にして泥に塗《まみ》れ倒れていたりする。

怠惰な書記官へ

国王陛下の大蔵省の記録係の長官アメン・エム・オペトが書記官ペン・タウレトに言う。この手紙はつぎの趣意を貴官に伝えるものである。わが心は忠言を述べるために病にかかってしまった。貴官を見る者はだれも非常な驚きを表わす。そして貴官はそれを〔……〕しない。重要なことは貴官が言ったことだ。わたしは貴官に百の殴打を与えよう。それでも貴官はそれを無視して平気でいるのだ。貴官は、わたしにとっては、一日のうちでもとの元気を取りもどす打たれたロバのようだ。また、貢物といっしょに持って来られたなにやらわけのわからぬことをぺらぺらとしゃべるネヘシウ人(18)も同然だ。トビも巣のなかに落ち着かせられることができる。ハヤブサも翼をもってつかまえられる。それでもわたしはおまえを人なみの男にしてやるつもりでいる。このふらち者め、よく考えてみるがよい。

怠惰な書記は無用な動物のようだ

王室の書記でありかつ神々の王ネブ・マアト・ラー・ナクトの牛群の監督の長が書記官ウェン・エム・ディイ・アメンに向かってつぎのことを言う。貴官は書くことをなおざりにして、出たり入ったりするのにあまりに忙しすぎるではないか。貴官は、わたしのことばを聞くということに関しては、わたしとはまったく交際を断ってしまい、わたしの教えを無視している。貴官はわるさにみちている河岸のナイル・ガチョウ《メセン》よりも悪い。かのガチョウは夏は日々をつぶすのに費し、冬は穀つぶしだ。それは一年の暇な時間を耕作者のあとを追って費し、種が地にまかれるかまかれないうちにもうその匂いをかぎつける。罠《わな》ではつかまえられないし、神殿の供え物にもならない、何も仕事をしない洞察力のある悪鳥。貴官は走ることで生きている砂漠のカモシカよりも悪い。それは日中耕して過ごすこともないし、脱穀機を踏んだことはまだ一度もない。牛といっしょに労役に服したこともないくせに、牛の産物（排泄物？）を食べて生きている。いま、わたしは、ひねもす貴官に「書け」と言って過ごしている。そしてこのことばはいまでは貴官の心のなかに刻み目のようになっている。書くこと、それはこのうえない楽しみなのだ〔……〕。

教育

古代エジプトにおいては、王女やごく上流の娘でもなければ、一般の女子は教育をあまりうけたとは思われない。また貧農の子や下層民の子弟も教育はうけなかったようである。かれら子供たちは、羊や山羊、牛、ガチョウなどの世話をしたり、タキギ集めをしたり、家事の手伝いをさせられた。しかし裕福な農民の子たちは、神殿付属の学校に通って、書記になったり神官の職についた。中流以上の子弟は、政府のたてた国立の学校にはいって、高等の教育をうけた。

教科目は学校の目的によって異なり、神殿付属学校では、宗教儀礼に関する書物を写したり、宗教文学、葬祭の経典、経典の注疏、神話物語などを研究し、政府の学校では、算数、幾何学、測量術、簿記、官庁書類の作成などを学んだ。いずれにせよ、複雑で難解な文字を学習することが第一であって、主として金石文に使用された聖刻文字《ヒエログリフィック》をはじめ、パピルスや陶片《オストラカ》文書に用いられた神官文字《ヒエラティック》や、のちには略体の民衆文字《デモティック》でさえ習得が、学童、学生の大きな負担であった。

　かれらが用いた書取帳類が、文房具類とともに今日発見されている。文字の学習のほかに、文章の書き方や文書の作成法なども教えられ、手紙などの書き方についても模範文があって、それを学校で学び、教師が加筆したものまでのこっている。神話や、古い王侯や聖賢たちののこした処世訓ともいうべき教訓類などはもっとも重要な教材となった。これらはパピルス紙に書かれたものをはじめ、ずっと安価な木板・石板・陶片《オストラカ》などにしるされ、当時の教育目的や教育の実際を知ることができて興味深い。怠けものの学生に対しては、教師は遠慮なく笞《むち》で打ったり、学校の一室に監禁したりした。しかし学童が教師を慕い、師恩に感謝するなど、いまに変らぬ美しい師弟愛の発露もみられる。

わたしはおまえを学校へ送った。よくよく学業に励むべし

　わたしはおまえがこの立身出世の職に関して鍛えられ、教えこまれるべく、おまえを名士の子息たちといっしょの学校へ送ったのだ。よいか、いまわたしはつぎのような教えにある書記の道をおまえに語ろう、「早く部署につけ、仲間の前に出て書け。着ものに手をかけ、靴に意を用いよ。」目的をもって本は日々携えるべし。怠けてはならないという。みなが〈言う〉。「三たす三。」おまえがパピルス本の意味を解することができる、また別

の幸いな時に〔……〕。
そして勤勉に読書せよ、計算は静かにするがよい、口から音がもれて聞こえることのないように。手では書き、口では読み、そして忠告を受け入れよ、倦《う》むことなかれ、怠惰のうちに日を費すな、さもなければおまえの手足に呪あれ、だ。教師にはよくしたがい、その教えには常に耳を傾けるべし、書記官になれ。「はい、ここに」と、このようにわたしがおまえを（訪れた）時はいつも言うがよい。「アワア」[19]などいうことはよくつつしむがよい。

まじめに書記の仕事に励め
陛下の大蔵省記録係の長官アメン・エム・アネトが書記官、ペン・タウレトにあてる。この手紙はつぎの趣旨を伝えるべく送られるものである。風前の落ち葉のごとく、いたずらに心をめぐらせるな。自分の心を他人に与えてしまうな。行動の人はしあわせなものだ。みじめな快楽に心を向かわしめるな。快楽はなんの役にも立たず、つらい目にあってもそれに対抗して彼のために役立ってなどくれないものだ。彼が仕事をするときには執行吏が彼につきまとい、おまけに「三十人」[20]は彼のために招集されて、働くともう力を回復することができないものだ。うんざりさせるような仕事が彼のまえには山積みとなっているが、水を持って来てくれる従者も、パンを作ってくれる女もいないのだ。
彼の仲間たちが疲れはてると、その従者たちがかれらにかわって働くものであるが、愚か者は働きつづけなければならず、その目はいたずらに羨望《せんぼう》のまなこをかれらに向けるばかりである。〔……〕邪悪な、強情な奴、彼はわたしがことばをかけたとき、耳を傾けようとしなかったのだ。いそげ、このすばらしい職業に向かって〔……〕、全「三十人」および法廷の両側に居並ぶ役人たちを導くものはこれ（書記の職）なのだ。よくこのことを心に留めておくがよい。

書記官が勉強嫌いの学童に与える忠告

若者よ、なんとおまえはうぬぼれていることか、おまえはわたしが話すとき、聞こうともしない。おまえの心は完成され、積み出されるばかりになった高さ百尺《キュビト》、厚さ十尺の大きな碑《オベリスク》よりも重い。この碑は多くの艦隊を召し集め、人のことばを解したものだ。それは荷船に積まれ、エレファンティネから送られてテーベの立てられるべき場所へ運ばれていった。そして牛は今年つれて来られて、一つ年が回るともう耕す。牧者の言うことをきくようになる。話すことこそできないが、それ以外のことはなんでもできるのだ。野からつれて来られた馬どもはその親を忘れてしまっている。だが陛下のためにはどんな使いのためにもくびきにつながれて行ったり来たりする。かれらはかれらを生んだものと同じようになって馬舎につながれ、打たれるのを恐れて、どんなことも絶対に服従をもってする。

しかるにわたしがどんな種の棒で打とうとも、おまえはわたしに耳を傾けようとしない。

もしなにかまた別の方法がありさえしたら、わたしは容赦なくおまえに耳を傾けさせるためにその方法を用いよう。おまえは女を知るまえにさえ、もうすでに書くのにふさわしい男になっていた。おまえの心はものわかりがよく、指は器用で、口は読むのが実にうまかった。書くことといえば、バイ穀粒、イナゴマメなどをいれたチャイというバスケットで心を喜ばせておくよりはよほど楽しいものだ。それは子を産んでなんの嫌気も感じない母親よりもこころよいものだ。彼女はいつも息子を養い、その胸は毎日子供の口の中にあるのだが。楽しきは書記である男の心。それは日々わかやいでゆくのだから。

度しがたき学童へ

国王陛下の兵器庫の書記官マフ、書記パ・ウヘムにあてて書く。この手紙はつぎの趣旨を伝えるものである。教育のない愚者となるなかれ、人は夜を徹しておまえを教え、昼間はおまえを鍛えるのに終始している。しかるにおまえはいかなる教えにも耳を傾けず、気ままな行動をとるばかりである。猿もことばを解する。しかもその猿はクシュ（ヌビア）からつれてきたものだ。獅子も鍛え上げられ、馬も馴らされるものだ。しかるにおまえはと言えば、全人類のなかでおまえのような者は見られないというほどだ。よくよくこの点、心せよ。

わたしもかつては怠惰な学生であった

わたしはおまえが歓楽の渦に身を投じ、わたしの言ったことを怠っているということを耳にした。おまえはいかなることばにも耳をかそうとしない。歓楽がおまえの耳を聞こえなくし、おまえの心は、おまえが親交を結んだ道楽者たちのために生きているのだ。わたしはおまえの足をカバの革紐で打って、通りを歩けないようにしてやるつもりだ。

おまえのように学舎にいながら、きまって神にかけても断じて物を書くことなどすまいと誓っている者を、わたしは今までに大ぜい見てきたが、それでもかれらはちゃんと書記官となって、任務について派遣するのにふさわしい名を持つにいたっている。

そしておまえは、このわたし自身のことも見て知っているはずだ。おまえぐらいの年ごろにはわたしは足枷をはめられて暮らしたものだった。わたしの手足を馴らしてくれたのは足枷だった。それは三カ月間もはめられていた。わたしの兄弟姉妹はもとより父も母もこぞって野に出て働いているのに、そのあいだじゅう、わたしは神殿の中に閉じこめられていたものだった。わたしの手が器用になってくると枷は解かれて、書物に関しては仲間の者、だれにもひけをとらない首席を占めるものとして、わたしの上位にいる者すべてをしのぐようなわたしになっていた。わたしが言ったようにするがよい。おまえの身体が健全であり、明日を迎えては、おまえにまさる者を一人ももたぬようになるべく。

神トトに字がうまくなるように祈る

神トトよ、われに来たまえ。おお尊厳なる朱鷺《とき》、汝、クムン(21)を慕う神、九柱神の司書、ウヌ市の偉大なるものよ。われに来て忠告を与えたまえ。汝のつかさどる職分においてわが術を磨かせたまえ。汝の職はほかのいかなる職よりもよし。そは人をして偉大ならしめるによって。その業に熟達したる者は官吏となるにふさわしとされる。われは汝その為に行いたる多くの人びとを見しが、それらはみな「三十人」[22]のなかに名をつらね、汝のなしたることによって権勢をきわめ、富み栄えたるなり。

忠告を与える者、そは汝なり。母なき人に忠告を与える者、そは汝なり。幸運、悪運、いずれも汝とともにあり。われに来たりて忠言を与えたまえ。われは汝の神殿の下僕とならん。われはいずこに行きても汝のわざを讃えんことをゆるし給え。そのとき、多くの者ども言わん。「トトのなしたまいたることのなんと偉大なることよ」と。そしてかれら、汝の職、勝利の主にふさわしき職をその子らの心に銘記さすべく、子弟らを連れ来たらん。そを学びたる者は幸いなるかな。

書記の教師アメン・エム・オペトへの望み

先生さま、あなたが丈夫で毎日糧をおとりになり、お元気で、日々お栄えになり、限りなくよろこびを重ねてたたえられますことをお祈りいたします。

歓喜が常にあなたのおん身に付きそい、あなたのおからだが健康を誇られますことを。いつの歳か人があなたさまの徳を想い出し、あなたさまのようなお方はまたとみられない時がまいりましょう。あなたのおん目はそれほど日々輝かしく、足どりはそれほど強健でいらっしゃいます。幸せな年々を重ねられ、繁栄のうちに月々をお過ごしになり、生命と力にあふれた日々を、健康に満ちた時間をお楽しみになり、あなたの神々のおぼしめしがあなたさまの上にいつもありますように。

神々はあなたさまの言われることに満足なされ、たえなる西風があなたさまに向かって発せられました[23]。あなたさまはいまだ年寄りでもなく、病いにもかかっておられません。どうか神のおぼしめしにかなって、ちょうどあなたのように讃えられる人によくあるように、この世で百十年の齢《よわい》をまっとうし、おからだはいつも精気にみなぎっておりますように。神々の主があなたさまを西の山の主たちに推賞なさりますように。

そしてそのとき、花の贈物がジェドゥ[24]で、共同墓地では奠酒があなたさまに手向けられますように。あなたさまの御霊がお好きなところ、どこでも歩くべく出て来られますように。すぐれた信頼すべき、正義の人で、その神トトの絶賞を受けられたる勝者である書記アメン・エム・オペトのために。

学生、その師のために館を建立する意図を述べる

わたしはあなたのもとで一人の少年として育て上げられました。あなたはわたしの背をお打ちになり、こうしてあなたの教えはわたしの耳にはいったのでした。わたしは前足で地を掻く馬のようでした。眠りということは昼間はわたしの心にはいってはまいりませんでしたし、夜もそれはわたしとともにありませんでした。

わたしはこう言っていたものです。「わたしはちょうど奴隷が主人にとって有益であるように、先生のお役に立つような者になろう。」

わたしはあなたのためにあなたの住まっておられる都市の土地に、新しい別荘を建て、その両側に木を植えましょう。そのなかには厩も建て、穀倉は大麦やエンマー麦でいっぱいに満たしましょう。またその中には小麦もあり、それからバイや隼面の豆、ゲネ・ルブヤハ豆、フジ豆、コエンドウ、エンドウマメ、エンマー種麦、アドゥ、亜麻、野菜類、蘆、蘭、イシェトペヌ、冬のための糞肥、ウマゴヤシ、かごに何杯も何杯もとられた蘆やイトスギ草などもそのなかにあります。牡牛の小屋はその数を倍加せしめ、牡牛は多産です。また、あなたの村の南に五エーカーのキュウリ畑をつくってあなたのために世話をしましょう。キュウリやイナゴマメ、アアデス草が砂の数《かず》くらい豊かに実ることでしょう。船をこさせてそれらを荷積みさせなさい。顔つきのやさしい神プタハに、あなたのしてもらいたいことをしてもらうために、やるものにいちおう目をお通しになりますように。

軍務と兵役忌避

エジプトでは兵士というものは、書記にくらべてはなはだ割りのわるい職業とされている（書記の職讃美の項をみよ）。いつの時代、どこの国でも軍隊生活はきらわれる。素朴なことばで、率直に兵隊勤めのつらさを述べている。なお《軍歌》は、第五王朝の歴代に仕えた重臣ウニのアスワンにある墳墓にしるされたかれの伝記の一部をなすもので世界最古の軍歌であり、また最も古い歌謡の一つとして有名。

軍歌

この軍は無事に帰ってきた
砂の住民《ヘリウシャ》の国を叩きつけて。
この軍は無事に帰ってきた
砂の住民の国を踏みつけて。
この軍は無事に帰ってきた
そこの要塞《とりで》を打ち壊して。
この軍は無事に帰ってきた
そこの無花果《イチジク》と葡萄の樹をきり倒して。
この軍は無事に帰ってきた
そこの軍勢をことごとくやっつけてきた。
この軍は無事に帰ってきた
そこの軍勢幾万を殺してきた。
この軍は無事に帰ってきた
多くの軍勢を生け捕《ど》りにしてつれてきた。

「後期エジプト選文集」より

徴兵についての手紙

書記パ・ウェヘム、上官、国王陛下の兵器庫書記マフ殿にご挨拶申します。御生命、御繁栄、御健康をお祝いいたします。本書簡は貴上官殿の報道のためのものであります。わが上官殿にもう一つの報知がございます。それは大臣殿は三人の若者をおつれになりまして、「このものどもを、（メンフィスの）プタハ神殿のメル・エン・プタハ・ヘテプ・ヘル・マアト館の神官にせよ」と申されました。ところが人民どもがかれらを捕えて、北のほうにつれてゆき、「かれらは兵士になるべきだ」といいます。さあ、かれらをとりもどして、かれらの様子をわたしのところに書き送り、また商人を探し出して、彼がコル[25]からそのうちやってくるかどうかを見なさい。また、（わたしの）心が気がかりで、あなたに手紙が書けないから、メンフィスのここをお通りなさい。召使のタ・イネネを遣わして、あなたのところからここにやってくるだれかによってあなたの様子をわたしに書きおくってください。ご機嫌よう。さようなら。

兵士になるなかれ

どんな種類のひどい労働から身を守るためにも、名声高き長官殿になるためにも、手習い[26]を心にとめておけ。

おまえは無名の怠け者を思い出さないか？　彼（怠け者）がどれほどに価する（？）か知っている書記の目の前で運んでいるのに、ロバのようにどっさり積まされるであろう。

さあ、目上の者、将軍、補助軍指揮官、軍の先頭にあるサケト、旗手、大隊長、軍書記、小隊長（五十人隊長）や駐屯兵隊長と多くなるにつれて、兵士がいかにひどい暮しをしているかを知らしてあげよう。かれらは王宮内の中庭を出たり入ったりして言う。「かれら（兵士）が働ける仕事をこしらえよ。」

彼（兵士）は一時間たつとおこされ、ロバのように追いまわされる。夜の闇のうちから陽がくれるまで働く。腹は空き、身は生きてるのに死んだも同然さ。

日中はおまえの顔を書くことに向け、夜は読書しなさい。その理由は、支配者がなすところのものを、おまえが知るからである。すべて彼の企画することは厳格である。すべての臣下たちは招集され、もっとも「できの」よいものが採用される。大人は兵士にさせられ、若者は補充兵にさせられる。子供は母親の手から引き裂かれる。育てられ、彼が成年に達すれば、身体はさんざんにひっぱたかれる。

おまえは牽《ひ》かれるロバなのか？　ロバは身のうちには分別なんて持ち合わせてないから。おまえ自身のために書記というこのすばらしい職業を取れ。おまえの筆入れと紙《パピルス》は楽しくふんだんにもてるし、毎日が楽しげになるというものさ。どうか、このことをききわけよ。

兵士の職業は書記の職業よりは楽しいものであるといわれていると、おまえはいうが、

(それは)どういうことなのか? さア、うんと人を苦しめた兵士の状況をおまえに書こう。彼はまだ子供のときにつれられて、兵舎に監禁される。笞《むち》打ちを彼の身体に加えられ、裂くような打擲を彼の眉に加えられる。彼の頭は傷でパックリ裂けてしまう。彼は倒されてパピルスのように打たれ、笞打ちを加えられる。(27)

書記イネナよ、兵士の職業は書記のよりは楽しいという提議をひっこめろ。

兵士のくらしのつらさ

書記アメン・エム・オペ、書記ペアイ・ベスに語る。この手紙はつぎの趣旨で貴下に送らる。書記になるように専心せよ。書記を見出すことは楽しい。さあ、多くの人を苦しめた兵士の状況を書こう。彼は二キュビトの背丈の子供だと思われて、兵舎に監禁された。感覚がなくなるまで(?)打擲が加えられ、ノック・ダウンは彼の眼を打ち、割れるような打撃は彼の眉をうち、彼の頭は傷で口が開いた。彼はパピルス草のように倒されぶたれ、笞でさんざんにうたれる。

彼がコルに行き丘を進んでゆくことを、あなたに(書きましょう。)彼のパンと水は、ロバの荷物のように肩の上にあり、彼の首は、ロバの背中のように彎曲している。彼の背中の脊椎骨は、彼が臭い水を呑み、番をするのを止めるあいだは曲げられる。彼は戦場に到達する、彼は毛をむしられた鳥のようで(28)体中に力がなくなっている。彼はエジプトに帰ろうと出発する。彼はケケトというウジが食べた杖のようである。彼は病気になり、衰弱が彼を把える。彼はロバにのせておくり返され、彼の衣は盗みにあって剝ぎとられ、彼の従者は逃げ去ってしまう。

庶民生活の一面

庶民生活の一面を知るにたる興味深い資料が、あるいは書簡の形で、あるいは報告の形でのこっている。

まず庶民に対する徴税の厳しさに泣く者もあれば、書記は免税の特許をもつ。

農事に関する報告のうちでも、農地を取り上げられた訴えや、悪質の穀物を送ってごまかしたりする者もある。農夫はここでもみじめである。強制労働に徴集されることに対する抗議や逃亡奴隷の追跡に関する報告がのこっている。

古王国末期から第一中間期にかけての王権の衰微と地方長官職の世襲化とかれらの封建諸侯化、社会の不安と民衆の蹶起、やがては民衆による社会革命となってようやく中王国の秩序が成立した。本書収録の「イプエルの訓戒」は、社会革命、新秩序体制の一面を暗示している。

セトの神殿の預言者による租税に関する手紙

セトの神殿の預言者パ・ラー・エム・ヘブが執事セティのご機嫌を伺います。この世にあっては、繁栄と健康に恵まれますように。神々の王者、アメン・ラーの恩寵のもとにあられんことを。わたしはパ・ラー・ハル・アクティ、セト、ネフテュス。そして神々、女神たちに向かってこう言います。

「あなたが健康で生を楽しみ、わたしがあなたが健康であるのを見、そしてあなたを抱擁できますように。」さらに、わたしはあなたがわたしの船のためにしてくれた数多くの功績について聞きおよびました。あなたが船を来させてくれたのだ、ということを。神モントがあなたに目をかけられますように。あなたのよき主人パ・ラーがあなたに目をかけられますように。

わたしの手紙がとどきしだい、旗手プタハ・エム・ウイアといっしょに行って、家来のイアイが払うようにと言った不当な金額に関して、高官に報告していただきたい。それは決して正当な税額とは言えないのですから。金額と所得とを記した写しを一部南方に持ってゆき、それを高官殿の前において、人頭ゆえにわたしから税を取り立てるべきではない、と言っていただきたい。なぜなら、わたしは人など所有しておらず、ただ、船がわたしに委託されており、またネフテュスの神殿をも同様に委任されているだけなのです。

ごらんなさい。この付近にある数多い神殿もわたしのもののようなのはありません。わたしはこのうえなく苦しめられています。わたしは極度の苦痛を負わされているのです。ごらんなさい、(?)〔………〕わたしのうえに定められた、わたしの管轄下にあるセトの神社や国王陛下の領地の規模を考えると、重すぎる税の負担についてそこにいるいろいろな人たちと話し合ってみてごらんなさい。ごらんのとおり、これらはみな小さな規模のものなのです。くれぐれも旗手のプタハ・エム・ウイアともども手を休めるようなことをなさらぬように。さようなら。

神社の書記官に納税を要求する命令

書記官アメン・エム・オペトが書記官パイ・ベスにあててしたためる。この手紙は以下の趣旨をつげるべく貴官に送られるものである。この手紙が貴官の御手元にとどきしだい、五十デベンあるいは百デベンの銅を書記官ライアからその監督下にあるラメス・メル・アメン神社の職員の税として取り立てていただきたい。ヘリオポリスの尊厳なる人物ラーのごとく愛されよ。即時、至急(指定の金額を)この製図人に手渡されたい。

書記官は百姓とちがって徴税されない

以下の趣意を伝える。わたしは、おまえが書くことをやめて歓楽に身を任せていると聞いた。すなわち、おまえが野に出て働くことにみずから専念し、神のことばに背を向けている、というのだ。おまえは蛇がその収穫の半分をさらっていってしまい、カバが残りをすっかり食いつくしてしまったのちに、その収穫税の登録に直面しなければならない耕作者の境地というものを考えてみたことがないのか。野には野ネズミがいっぱいだ。イナゴがやってくる。牛は貪り食う。ツバメどもは耕作する者に貧困をもたらす。脱穀場に置かれる残りは、ほんの残りくず、それもコソどろのためのものも同然だ。一方では雇い入れた牛の価値はなくなる。軛《くびき》につないだ牛は脱穀や耕すのに使われて死んでしまうからだ。

今ちょうど、書記官がひとり川岸に上がって収穫税を記録しようとしている。杖をもった執行吏、そして棕櫚《しゅろ》の棍棒をもったネヘシウ（ヌビア）人は言っている。「穀物をわたせ。」そんなものは一つもないのに。かれらはすさまじく（彼を）打ちのめす。彼はしばられ、井戸のなかに投げ込まれる。水のなかにさかさまに浸されるのだ。彼の妻もその面前でしばられ子供たちには足枷がはめられる。彼の隣人たちはみな彼を見捨てて逃げて行ってしまう。しかし書記は、といえば、彼はあらゆる者の支配者なのだ。書くことを仕事としているものは税を課せられることがない。一文たりとも払う義務なぞないのだ。このことを、よく心に留めておけ。

過度な課税をなげく

以下の趣意をもって。わたしの家来が来て報告しますには、あなたさまは、タ・ウヘト・ラー付近のわたしの畑の徴税区画に、あまりにも大量の大麦をお作りになったとのことでございます。あなたがわたしになさろうというこの悪事は、いったいどんなものでございましょう。全租税支払人たちのなかで、あなたがたった御一人、罰せられるべき者となさった者、それがこのわたしでございます。よろしゅうございます。わたしは国王陛下の家来です。したがってわたしは陛下の足下にまいりましょう。わたしの不平を述べるためにあなたのもとに近よったりはいたしますまい。わたしは――

農事について

農事に関する手紙

書記ペ・ウヘム、主君なる書記アンヘルレクにご挨拶申す。生命と繁栄と健康で！　この書簡はわが主君の報告用である。わが主君へのもう一つの報告で、王居に属するラメス・メル・アメンの大厩舎の馬と、王居に属するバ・エン・ラー・メル・アメンの大厩舎の馬のための糧食に関して、わが主君より御送達たまえる書簡を拝受した（からその報告である）。もう一つ、わが主君に対する報告は、わが主君の管下にあるミネ（ト）[29]の耕作人の件――かれらのうち二（三）人は、厩舎長ネフェル・ヘテプがかれらを打擲したときに逃亡したことである。さてこのたび、わが主君の管下にある国王陛下のミネ（ト）の畑地は放擲《ほうてき》されて、それを耕やす者がいない（ことがわかった）。この書簡はわが主君の報告のためのものである。

農事の報告

書記ペン・タウレトは主君なる国王陛下の倉庫記録掛長アメン・エム・イネト殿にご挨拶申しあげます。生命と繁栄と御健康を祈りあげます。本書はわが主君のご報告のためです。わが主君にあてたさらに一つの報告を申しあげます。わが主命による委託は、極度の熱意と真鍮の堅さをもって、ごらんのように執行いたしております。くれぐれも小官については御放念くださるよう。

かさねて申しあげますが、わが主君の御一家は御健勝、貴官の下僕も、野にある家畜、畜舎の牡牛も息災にて、いずれも日々秣《まぐさ》をたべ、牡牛を肥えさす者は牧草をもってまいっております。わが主君の馬は健康であり、小官は毎日かれらの前で（割当て）量を混ぜており、馬丁はパピルス沼から最上の草をもってきております。

小官は日々草を割り当て、毎月かれらを梳《くしけず》るために軟膏を与えており、厩舎長は十日ごとに跑足《だくそく》を踏ませております。わが主君の管下にある陛下の土地カト[30]の収穫は、極度の熱意と十分な注意をもって集めております。小官は毎日刈り入れられる穀物の駄量を書きとめておりますし、穀物の運送ができるようにいたさせましょう。打穀場は地取りいたしまして、小官は穀物約四百駄のため壇を地取りさせましょう。そして穀物が熱い日中には、収穫に従事している人たち全部を、昨日（？）の落穂から成る日々の割当て分を運び去る書記と織工とを除いて、落穂を拾うほうにまわしました。

小官は収穫を集めている者どもすべてに、毎日アケク（というパン）を与えております。月に三回（身体に）油を塗るために軟膏を与えております。食べものや軟膏のことで、わが主君に対し小官を非難するようなものは一人もおりますまい。小官は極度の熱意をもってかれらを使っております。以上、本書簡はわが主君の御認定のため（ここに書くしだい）であります。

小農の不幸

つぎの趣旨で、書記になれ。このことを心がけて、おまえの意志が低くならない(?)ようにせよ、さもないとおまえを耕作者にしてしまう。おまえは穀物三百袋を割り当てられ、多すぎるくらいの耕地を託されるが、その三分の二は穀物の種子(以上に)多い雑草(?)がある。おまえは種子(?)を蒔き散らすのにうんざりする。おまえは穀物の種子を地面にこぼして、「わたしはそれをしよう」といって、こっくりうなずく。それからおまえは〔……〕のときにやってきて、おまえのしたことを見、それが赤くなって、地面に粘りついているのをみる。それは石にひっついている。おまえが耕すためにつけた牛の軛《くびき》は泥濘《ぬかるみ》の中におっこちている。牧者はやってきてそれをとり戻すが、おまえはめんくらって立っている。家畜の監督は検査の巡回にやってきて、おまえは「家畜はここにいない」という立場におかれる。おまえは二頭の牝牛を罰金にとられ、犢《こうし》はもっていかれてしまう。これは注意せよ。

民謡と恋歌

ナイルの谷の平和な庶民生活を歌った素朴な歌謡がいくつかのこっている。どこの国にもみられるような歌ではあるが、今から四千五百年も以前の歌謡は、他の世界ではみられないものである。

パヘリ（農夫の図に記された歌）
良い日は――冷たい。
家畜は（犂《すき》を）引っぱっている、
それにお天気はおれたちの望みどおり――
では高貴のおかたのために働こうじゃないか！

刈り手のいう答えの畳句（刈り手の図に記された歌）
こんな良い日が国にやってきた、
北風がやってきた、
それにお天気はおれたちの望みどおり――
俺たちの心が結《むす》ばれるように働こうじゃないか！

打穀のうた
（一）
おまえのために働け、おまえのために働け、牛公よ。
おまえのために働け、おまえのためには麩《ふすま》、
（二）
ご主人さまのためには大麦。

おまえのために打穀《う》て、おまえのために打穀て、牛公よ、
おまえのために打穀て、おまえのために打穀て、
秣《かいば》のためには藁を、ご主人さまのためには大麦を、
手を休めるな、(今日は)涼しいからな!

牧人のうた

牧人は水中の魚のところにいる、
鯰と話をし、魚に挨拶してる。
西方よ、牧人は(今)どこにいる? 西方の牧人よ。(31)

轎かきの歌

(一)

轎《かご》(椅子)をかつぐ者たちはしあわせだ!
それが空《あ》いているときよりも、
ふさがっているときのほうがよいというものさ!

(二)

報酬をくれる者のところに下りてゆけ、ご機嫌よう!
報酬をくれる者のところに下りてゆけ、お達者さま!(32)

イピの報酬[32]は、わたしが欲しいだけ重くあれ。
それが空いているときよりも、
ふさがっているときのほうがよいというものさ。

恋　歌

（一）

甘《あ》美《ま》きもの、恋に甘し、
甘美きもの、王の前の恋に甘し、
甘美きもの、すべての殿方の前の恋に甘し、
ご婦人の前の愛人、
恋に甘い王女さま。
女性のうちで最も美わしきひと、
乙女！　おなじものは見たことなし。
夜の暗闇よりも漆黒の彼女の髪、
黒灌木（？）の漿果《み》より黒き（髪）。
その歯（？）は鎌の燧石[33]の歯より固し。
その両胸は花環、その腕《かいな》にしかとつけて。

（二）

わが妹の愛は向う側にあり、その間には水流あり、
しかも洲《す》に鰐がいる、
だけどわたしは水に入っていって流れをわたる。
わたしの心は水嵩《みずかさ》の中で勇ましくなり、
波はわたしの足には大地のよう。
彼女の愛情はわたしに力となってくれる。
彼女は（わたしには）水嵩の（ための）魔力となってくれる。

接吻《くちづけ》して彼女の唇ほころべば、
ビールはなくとも心たのし。
寝床をととのえる時がくれば、召使よ、わたしはおまえに言う。
彼女の手足に上等な亜麻布をかけ、
豪奢な亜麻布で彼女の（ための）寝床をしつらえ、
飾りのついた白亜麻布に気をつけよ。極上の油を注ぎかけよ。

彼女のあとについていく、
彼女の黒人女でわたしがあったなら。
ああ、嬉しいことには、そのときは、いろんな彼女の姿態《すがた》が見られるものを。

貴男に対する愛情は妾《わたし》の心に浸みわたる、
酒が水に浸みわたり、芳香がゴムに浸みこみ、スープが液汁にまざるように。
して貴男は恋人に会いに急ぐ、戦場の馬のように、
天は二人の愛をつくる、藁に焔がもえうつるよう、
〔彼の思慕は〕突きかかっていくハイ鷹のよう。

妾の心はあなたの愛情に傾いてない？
妾は貴男の愛とは断ちがたい、たとえ人が妾を殴打ったとて。〔……〕棒や丸太をもって
　シリア人の国まで、
椰子の笞《むち》（小枝）をもってヌビアまで、
杖をもって高地まで、嫩枝《わかえだ》をもって低地まで。
妾の思慕を棄てよとて、第三者の忠告など聴きますかい。

わたしは住居《すまい》で横になる、わたしは不快で病んでいる。おお、わたしのことを気づかって
隣人がはいってくる。わたしの愛人が隣人たちといっしょにくるときは、彼女は医者たちを笑い草にしよう、彼女はわたしの病気を知っているから。

わたしの愛人の別荘で、その戸口が彼女の所有地の中央にあり、扉が開き閂《かんぬき》があいている

ので、わたしの愛人は腹を立てている。おお、わたしをどうしても門番にしてくれ。わたしはわたしのことで彼女に腹を立てさせる。それからわたしは彼女の声を聞き、彼女がおこっているならば、わたしは恐れきった子供のようになろうものを。

美しきあなたよ！　妾のこころはあなたの妻として、あなたに食事をととのえるつもりですし、妾の腕はあなたの腕のうえにじっとのってましょう。もしあなたが妾の愛撫を避けるようなことがあれば、妾の心は胸の中で、歎願していいます、「今夜妾の大きな（喜び）はなくなります、だから妾は墓場に住んでいる人間（死人）のようなものになってしまいます。」つまりはあなたは妾にとっては健康と生命ではないのですか？　あなたのおそばは、あなたを求める妾の心に、あなたの健康の喜びを与えてくれるのです。

鳩の声は呼んで申します。「地上は明るい、妾の道はどこかしら？」鳥よ、おまえは妾に呼びかける！　しかし妾は彼の臥床《ふしど》に愛人を見いだし、妾の心は、いともしあわせです。二人とも申します、「わたしは（あなたと）わかれられません」と。妾の手はあなたの手の中にあります。妾は散歩して、あなたといっしょに美しい場所のどこにもいます、あなたは妾をいちばんの美しい乙女にしてくれます、あなたは妾の心を傷つけるようなことはなさらない。

竪琴の歌

この気高き君侯とともに栄えあり。幸なる命運も結局はすぎ去る。世々代々はすぎ去るとも、他の世代にして、古き祖先の世代のとき以来依然としてのこるあり。(過渡期というものがある)[34]

神ラーは朝に彼を起こし、アトゥムは西に沈む。男は子をこしらえ、女は妊み、どの鼻も息を吸うが、日が明けると、かれらの子たちは自分たちの場所に入る。

先きにありし神々はそのピラミッドで休らい、同じく貴顕もピラミッドに葬らる。

かれら城を築きし者たち、その跡は今やなし。かれらいかになりしならん。

そのことばどこでも人の口に上れる、イ・(エ)ム・ヘテプとハル・ジェジェフ[35]の話を聞く。

かれらの場所は今いずこ？　かれらの城壁は壊たれ、かれらの住居はあたかもかつてなかりしごとく壊さる。

彼かれらの国のことを、われらに告げんとして、

彼かれらの運命をわれらに詳しく談らんとして、

われらもまたかれらの去ぬる場所に急ぎ去るまでに、彼われらの心を静めんとして、そこから来るものとてなし。

喜べ、かつは汝の心をして、かれら汝を休ませんとせしその日を忘れしめよ。

汝のうしろにすべて哀《かな》しみを投げ捨てよ、沈黙を愛する国の港に着くその日のくるまで喜

びを思い出せよ。

汝が愛しているあいだは汝の欲望《のぞみ》に従え。

汝の頭に没薬《もつやく》をおき、汝に美しきリンネルの衣裳を着せよ。

汝の眼の前で歌を歌い、音楽を奏でさせよ。

汝が持てる喜びをいやがうえにも増せ、汝の心臓を弱らせるな。汝の好みと利益（?）と
に従え。地上での汝の欲することをせよ、哀しみのその日がくるまでは、汝の心を乱すな。

しあわせの日を送ってこれに倦むことなかれ。見よ、自分の財産をもってゆけるものとてなし、去りゆくものにてふたたび帰りくるものとてなし。

訳注

シヌへの物語

(1) ḥ3ty-c（世襲貴族）r-pct（伯爵）は常に貴族の称号の先頭に記されており、前者は家柄を、後者は現実に所有している高い官職をあらわすが、すでに慣用句化している表現である。
(2) リシュトにあるセンウセルト一世のピラミッドの名。ピラミッド管理のための町をも指す。
(3) 同じくリシュトにあるアメンエムハト一世のピラミッドおよびピラミッド管理のための町の名。
(4) アメンエムハト一世の死去の表現。季節は三月初めであった。
(5) アメンエムハト一世の即位名。
(6) 太陽神の子であるファラオは、死んで創造者であり父親である太陽神の体にもどる。
(7) リビア人。
(8) 同じくリビア人をさす。
(9) 廷臣のこと。
(10) ハヤブサ神ホルスの化身である新王センウセルト一世。
(11) 以上はテキストRによる。以下はテキストB。
(12) シヌへを恐れさせた理由は記されていない。アメンエムハト一世は暗殺されたらしい（「アメンエムハト一世の教訓」参照）が、これはハレムの陰謀によるものとみられる。したがってハレムの役人であったシヌへもたとえ潔白であるとしても疑われる恐れは充分あったわけである。
(13) 聖なるイチジクに因んで名づけられた場所。

(14) デルタ北西部の河中の島。
(15) 「牡牛」の意。デルタの三角形の頂点近くにあった町らしい。
(16) 現在のカイロ近郊のゲベル・エル・アハマル（「赤山」の意）。女主人とは女神ハトホルを指す。
(17) アメンエムハト一世がエジプトの東国境であるワディ・トゥミラトの入口に築いた要塞。
(18) 位置不明。おそらくワディ・トゥミラトにあるとみられる。
(19) 現在はスエズ運河の一部をなす二つの湖の一つにある島。
(20) 私は国々を次々とさまよい歩いた。
(21) 位置不明。セム語で「東」を意味するから、漠然と遊牧民の住む内陸部を指すのかもしれない。
(22) 北西セム族アモリ人系の名前。
(23) シリア（パレスチナ北部を含む）。
(24) やはりエジプトからの逃亡者とみられる。
(25) 疫病をも司る戦さ女神。
(26) センウセルト一世。
(27) 以下は王に対する讃歌の引用である。
(28) ただ一撃で敵を倒す。
(29) 母の胎内にある時からすでに。
(30) ベドウィン。
(31) ここまでが讃歌の部分。
(32) センウセルト一世の都。
(33) アンミ・エンシ。
(34) シヌヘへの挑戦者。

(35) シヌへ。
(36) エジプト人の戦さ神。
(37) 以下は勝利をおさめたシヌへがその心境を吐露した詩。
(38) 死。
(39) 墓地。
(40) 王妃。シヌへの仕えていたセンウセルト一世の妃ネフェルー。
(41) センウセルト一世。テキストでは誤ってケペルカウラーと記されている。
(42) 天の女神ヌートと同一視された王妃。
(43) 織物の女神。ここではミイラの包帯を司るものとされている。
(44) 棺架の上の天蓋をさす。
(45) 祭儀上の舞踊の一つ。
(46) 王族の墓地の中に墓がつくられる。
(47) 塚をさすものとみられる。
(48) エジプトにはみられぬ埋葬法。
(49) 以上はエジプト万神殿の主神たち。
(50) エジプト東部砂漠の神。
(51) 以上三神はソプドゥと習合したアジアの神。
(52) 王冠の主、聖蛇ウアジェト。
(53) ナイルの神ハピを助ける神々。
(54) 上エジプトのコプトスの神。紅海への隊商路を支配する。
(55) 上エジプト王の「白冠」およびプント（現在のソマリランド）の女神ハトホルに対するよび名。

(56) ヌートおよびハロエリス。上エジプトのクスの神。
(57)(58) ファラオ。
(59) フェニキア。
(60) 現在のアスワンの河中の島。古代エジプトの南境にあたる。
(61) この文は原文では二三六行にあるが、ガーディナーに従って、この二三八行目にうつした。
(62) シナイ半島に面するエジプト国境の駐屯地。現在のカンタラ附近とみられる。
(63) 王都の所在地。
(64) 古代エジプトのビールは、パンをこね、これを発酵させてつくる。
(65) 柱廊をめぐらす前庭で、謁見者の控えの間。
(66) 生きた心持がしなかった。
(67) 外国人。
(68) この言葉の正確な意味は分からない。王の挨拶に対して答えないことを非難したものであろうか。
(69) 以下は王の子たちによる慰謝の祈り。これによって王はシヌヘへの怒りを解き、寵愛の言葉をかけてやるのである。
(70) 女神ハトホルのしるしであるメニト首飾り、がらがら、シストルム。
(71) 王妃。
(72) 「北風の子」の意。アジアから帰ってきたシヌヘをさす。
(73) 王が朝の仕度をする部屋。シヌヘの新しい役目は礼装の世話であったらしい。
(74) 神の彩色像。
(75) 謙遜の表現。シヌヘは実際には貴族の出である。
(76) 物語の結びの文句、原本に忠実な写本であることをあらわしている。

ウェストカー・パピルスの物語

(1) 典礼書通りの祭儀の執行を司る神官。
(2) メンフィス。
(3) 一指尺は親指の長さ。七指尺で約一三センチ。
(4) 女主人と女中。
(5) 長さ三・六五メートル以上。一腕尺はおよそ五二・三センチメートル。
(6) 直訳すれば「生命、繁栄、健康あれ」を意味し、ファラオの後につけられる形容辞(ここで「王宮」と訳した原語は「ファラオの家」である)。以下「万才!」と訳しておく。
(7) 歌うのをやめ。
(8) ジェデフホル王子のこと。現存する最古の教訓の作者(ただし最初の部分しか残っていない)で、賢者として名高い。
(9) メイドゥムのスネフル王のピラミッドを管理する人々の住む町。
(10) 墓をさす。
(11) シリア産の珍木。
(12) バー、アクとともに魂の一つとされ、とくに人間の生命力、精神力をあらわす。
(13) 冥界の門の守護者。
(14) 人間のこと。
(15) ヘリオポリスの近郊。一説によればジェデフラーのピラミッドのあるアブ・ロアシュ。
(16) 王位をさす。
(17) 死者の神オシリスの復活を助けた二人の妹神(イシスはオシリスの妻でもある)。ここでは生命の守護神とみなされている。

(18) 出産の女神。

(19) カエル頭の女神で、妊娠と出産を司る。

(20) エレファンティネの創造神。ろくろによって人間や神々をつくりだすとされている。

(21) 以下お産を早めるためイシスが唱える語呂合わせの呪文によって、三人の子供の名前の由来が説明される。

(22) 太陽神ラー。

(23) ビールをつくるための穀物を収めたカメ。

(24) 写本はここで終っている。

難破した水夫の物語

(1) 船が港に固定された。

(2) 下ヌビア。

(3) アスワンの南、現在のビゲー島。

(4) 冷静なまま。

(5) おそらくシナイ半島の銅山。

(6) 一腕尺は五二・三センチメートル。

(7) 紅海。

(8) おそらくマストの木材。

(9) いずれもイチジクの一種。

(10) いずれも香料の名。

(11) エジプト人のこと。

(12) 現在のソマリランド。香料の産地。
(13) この物語の話し手である親衛兵のこと。
(14) この言葉は、おそらくもっと悪いことが起ると期待していたとのさまが、親衛兵の物語に失望してのべたものと思われる。
(15) 名前と形容辞からみて第十二王朝のおそらく王族の出身者（アメナーはアメンエムハトの省略）。

生活に疲れた者の魂との対話

(1) 「轆轤（ろくろ）まわし」の意味。創造が土器つくりにたとえられることに由来する。
(2) 死者の住むところ。
(3) 知恵の神。ここでは裁判における判事の役が与えられている。
(4) 月神。弁護士とされている。
(5) 正義を司る創造神ラー。
(6) ミイラつくりの神アヌビスの別名。
(7) 死後の供養の準備。
(8) 死ぬ。
(9) 急いで家に着こうと努力する。
(10) 日没になる。
(11) 正常な死に方をしないため、日々の供養をうけることができない。
(12) この挿話の意味は、正常な死に方だけが死にふさわしいことを示すものらしい。
(13) 正式な食事でなく簡単な食事。
(14) この挿話の意味は、貧しい者には正式な食事など期待できないことを示し、したがって正式な埋葬も供養も望めないことを暗示しているものらしい。
(15) 野外での酒宴。
(16) 彼岸。
(17) 火に身を投じる自殺が燔祭にたとえられている。
(18) 現世。
(19) 死後。

雄弁な農夫の物語

(1) 現在のワディ・ナトロン。
(2) ファラファラ・オアシスの特産物。
(3) 食用カヤツリグサの円い根茎。
(4) ヘラクレオポリス。第九、第十王朝の王都の所在地。
(5) 王領地の管理責任者。
(6) 直訳は「人びとみんなの道」。
(7) 脱穀のため。
(8) オシリス。
(9) ケティ三世。
(10) よい行為は記憶され、感謝される。
(11) 一行分欠落。
(12) ライオン頭の戦いの女神セクメト。
(13) 賄賂をあらわす。

(14) ナイルの神。
(15) 嘆願者を増水時のナイルのようによせつけない。
(16) 死者に対するオシリスの裁判において、トトは秤の結果を記録する。
(17) 竿秤、天秤、トト。
(18) 大きく成長し、悪臭を放つとされているが、詳細は不明。
(19) 一行分欠落。
(20) ネン・ネスー（ヘラクレオポリス）市の守護神。
(21) 渡ること。
(22) 以下漁師の種類が列挙されているが詳細は不明。
(23) 農夫の非難は、農夫と裁判官との対立をひき起す可能性もある。
(24) 訴えるべきことでみちていた。
(25)「ウェストカー・パピルスの物語」の魔法使いのジェディの話を参照のこと。
(26) いずれも死者の裁判における魂の計量を念頭に置いている。
(27) 老年においては王の年金受領者、死後は神々の恩寵の下に永遠の生命を享受する者。
(28) アヌビスはここでは死者の裁判において正義の天秤を司るものとされており、農夫の自殺の意志が暗示されている。
(29) 農夫の九たびの訴え。
(30) 牛。
(31) 羊、山羊など。

イプエルの訓戒

(1) 青は喪服の色。
(2) ほんとうの「人」とはエジプト人のみというのが伝統的な考え方である。
(3) エジプト人にとって過去は神より与えられたよい時代のはずであった。
(4) 石女《うまずめ》となる。
(5) 陶工の神。轆轤をまわして人間をつくるとされた。
(6) 黒トキ。不潔さにたとえられている。
(7) 人民の運命と王の無関心とを対比させたものか。
(8) 埋葬する。
(9) おそらく葬儀を司るもの。
(10) ピラミッド建造に従事していた専門の工人たち。
(11) 強制労働に従事させられている。
(12) 木材に乏しいエジプトでは、ビュブロスからのレバノン杉材の輸入は欠くべからざる交易活動であった。
(13) 木棺。
(14) クレタ島。
(15) いずれも上エジプトの産物。
(16) いつわりの「真実」しか知らない相手に対する皮肉。
(17) 砂漠台地。
(18) ミイラ。
(19) アジアの民が自由にはいりこんでいる。
(20) 家の中でぬくぬくと暮らし、外出も日よけつきの輿に乗った貴族たち。

(21) 短気者。
(22) 四・三―四・四のくりかえし。
(23) 子供が次々と死ぬので、子供をつくるのに忙しいため。前頁注(5)参照。
(24) あるいは「臆病者」。話の相手をさすものか。
(25) 王都メンフィスの主神、創造神。
(26) みずからのため人を徴集する。
(27) 貴族に対する庶民。
(28) 王の私的な会議室。
(29) 前者はシェムー(「行け」)で、後者はセケヌー(「抱け」)ではじまる呪文。呪文の力は少数の者しか知らないところにある。
(30) 収穫量を記録する書記。
(31) 徴税のための基本台帳。
(32) メンフィスにある最高裁判所(「大いなる法廷」)の構成員。
(33) 行政官庁。
(34) 四・四のくりかえし。
(35) ファラオのミイラ。
(36) 豪華な副葬品の数々。
(37) 王の額につけられる聖蛇。王権のシンボル。
(38) 隷属状態。
(39) ここでは宮殿の守護神としての聖蛇。
(40) 書記が書写の際書き落としたことによる断欠。

(41) 娘たち。
(42) ガチョウは穢れたものであり、神への供物としてはふさわしくない。
(43) 行政機構は混乱を極めている。
(44) 直訳は「その遂行は破壊されてしまっている」。
(45) 秩序が乱れ統一的な法が存在しない。
(46) 勝手に官位を僭称するものが多い。
(47) いずれもガチョウの種類。
(48) 清祓《きよめ》の動作。
(49) 神殿。
(50) 王。あるいは神。
(51) 理想の支配者である宇宙の至高神ラーをさすと思われる。しかし、地上の王をさすとみることもできる。
(52) 王。あるいは神。
(53) 「権威」と「悟性」は古王国のファラオに要求された資質。第一中間期に「正義」が加わる。いずれも創造神に由来する。
(54) 神殿に植樹がなされる。
(55) 飲物の一種。
(56) 一般庶民はかれらにふさわしい戸外での眠りにもどる。
(57) この部分は前後との関連不明。
(58) もともとヌビアの一種族名。警察官として多く採用されたため、警察(もちろんマジョイが主体)をさすようになる。主に砂漠の警備を担当した。

(59) 国家の敵となっている。
(60) かつての強国の崩壊。
(61) 一五・二より一五・一三までは欠落が多く翻訳困難。この間に王の返答が含まれている。
(62) 以下の部分は(1)明日を恐れるとはどういうことかのたとえ話、(2)実際に王または神の犯した犯行の指摘、の二つが考えられる。この訳は(2)に基づいている。もしそうだとすれば、老王は第六王朝末のペピ二世（在位九十四年、前二三世紀）、殺された幼王はメルエンラー二世（在位一年）、イプエルの話しかけているのが王だとすれば第七王朝（前二一八一—二一七三年頃）または第八王朝（前二一七三—二一六〇年頃）の多数の王の中のだれかということになる。

ネフェルティの予言

(1) 東デルタの都市ブバスティスの守護女神。
(2) 預言者の名前はかつてはネフェルロフと読まれていたが、ポズネーの論文（一九五一年）以後ネフェルティと読まれるようになった。解題参照。
(3) 心持よい北風がエジプトでは普通に吹く風である。
(4) アジアの遊牧民をさしている。
(5) 喪の断食であろう。
(6) 太陽の光が弱すぎて日時計で時を計れない。
(7) もう死んだも同然なのだから、墓地のミイラと同じように頭を下にしている。
(8) アメンエムハトの縮小形。
(9) 白冠は上エジプト王の冠、赤冠は下エジプト王の冠で、国土の統一者であることを示す。
(10) 上エジプトの守護女神ネクベトと下エジプトの守護女神ウアジェト。

(11)　上エジプトと下エジプトを代表する二人の神ホルスとセト。

ホルスとセトの争い

(1)　トト神は神々の書記、眼はウジャトといい、魔力をもち、正義およびエジプト王冠の象徴。
(2)　エジプト名 pesedjet「九の群」。主にヘリオポリスの神学におけるアトゥムをはじめとする九神。
(3)　冥界。西方にあったと考えられた。
(4)　オシリスの形容名。
(5)　上エジプト王の王冠で、下エジプトの王冠の色は赤。
(6)　またはヌト（天の神）。
(7)　「遠方のものをもってきた者」の意で、ヌビアに去ってしまった牝ライオンをつれてきたことを言っている。
(8)　またはバ・ネブ・ジェデトでその訳語が「メンデスの主のバ」。
(9)　角は牡牛を表わし、豊饒の象徴。
(10)　またはババ。死者を裁くときに悪人の心臓をむさぼり食うという。
(11)　毎日太陽は船に乗って天空を渡るという。
(12)　コガネムシの姿をとるラー。日出、日没をくりかえすラーのように永遠に生成すると考えられたことから、この虫が太陽と同一視された。
(13)　nms・t　重さの単位。通常ポンドと訳されているが、今日に換算した重量は不明。
(14)　法廷で争うまい。
(15)　場所はまだ比定できないが、神話に出てくる。
(16)　あるいはネムティ。

(17) jawet この語は「小さな家畜」と「役職・職務」の意もある。
(18) 前注(17)を見よ。
(19) 足の裏を笞うつ刑。アンティとは「(動物の)爪の男」の意味がある。
(20) 「私の故に私の市では」。アシウトの北方アンティの市ジュフイェトでは黄金はタブーであった。
(21) 最も長い間水に潜っていた者の意。
(22) deben.
(23) または、「セトよりも他人を愛するのですか?」。
(24) 九十一グラムの十六倍、約三ポンド。
(25) イチジクの一種。
(26) お祭りの日の意。
(27) 催淫的野菜と考えられていた。
(28) 「彼にたいする男の働きを果たした」。
(29) セトは愚鈍なためにここでも欺かれる。ホルスのいう「石の舟」は「石を運ぶ舟」のことであるのに「石造の舟」と誤解した。
(30) 約七十メートル。
(31) 「イヤル Iaru」は死後の世界における広間のこと。
(32) 以下五つの称号は王の称号。
(33) 「そののち」の意。
(34) 「仁愛」。
(35) 人類のこと。
(36) 「Khasuwet の」。またはギリシア風の地名「クリイスで」。

(37) または「牧場」。
(38) オシリスの支配する冥界は処刑の場でもある。

メンフィスの神学

(1) 虫に喰われたということは、もとは皮革か木、またはパピルスに記されていたからで、この度は不朽の石刻にしたとの意。
(2) 以上二欄の原文は本文六二欄の上に横書きされている。
(3) ホルスとセトがエジプトを支配するに当って相争ったのを裁いたのが大地の神ゲブで、そのお伴をしたのが九柱の神々であった。九柱の神はもとはヘリオポリスの神学として成立し、天地開闢の神の主神であるそこのアトゥム、とその子であるシュウ（空気）とテフヌト（露）、さらにその子であるゲブ（大地）とヌト（天）の四神、さらにヌトの子としてオシリス、イシス、セト、ネプテュスの四神があったが、のちにメンフィスや他の都市でも行われるようになった。
(4) Su　セトの誕生の地で、ヘラクレオポリスのノモスにあるが、現地名は不明（A・ガーディナー、『古代エジプトの名辞』、第三九二C）。
(5) オシリスのこと。
(6) Pedshet-Tawi　「両邦の区切り（境）」または「両邦の部分、領分」の意。
(7) Ta-tenen　古きメンフィスの大地の神で、プタハと同一と視られた。メンフィスではプタハ自ら成れる諸神の生みの親神とされた。ホルスはプタハの顕現であった。タ・チェネンとは「原初の水から起る（現われる）大地」という意味。
(8) 上下エジプトの王冠。
(9) メンフィスのノモス。

(10) 北と南のエジプト。
(11) Ptah-Num, Ptah-Naumet　ヌンとナウネトはヘルモポリスの神学における八柱の神々で、原水（深淵）の男女神。メンフィスでは、その主神プタハに収合される。
(12) プタハの妻でライオンの神セクメトの子。
(13) カ（ka）は個人の精霊の構成要素を指すが、その本質は正確に定義できないし、エジプト人ですらその本質の正確な用法を知らない。したがって、「個性」「人となり」「魂」「気性」に相当し、人の「運命」とか「地位」をも意味する。後出のヘムセトは、その女性。
(14) ヘリオポリスの神学における主神であるが、メンフィスの神学では、プタハにその主神の座はとって代わられる。「完成されたるもの」の意で、シュウ、テフヌトとともに三位一体をなし、みずから成ります最古の、唯一の神。プタハは本文において最もよくその本体が画かれている。
(15) hemuset　注（13）参照。
(16) イシスとネプテュスはよく並置されて、前者は椅子の姿で表わされて王座を人格化され、オシリスの配偶神であり、後者は「家の女主人」を意味してセトの配偶神であった。
(17) 複数。

二人兄弟の物語
(1) ナイルの増水がひいて、水をかぶっていた畑が顔を出す。
(2) 原文では「弟」となっているが訂正。
(3) 祝いごとの際につけるかつら。
(4) 太陽神。
(5) ラーメス二世の「カデシュ戦勝歌」によれば、レバノン地方にある。

(6) 太陽神への誓いを立証するための自己試練。
(7) 悲しみの態度をあらわす。
(8) 陶工の神。
(9) 占いを司る女神たち。
(10) フェニキアの神ヤムか？
(11) 直訳すれば「生命、繁栄、健康あれ」の意。ファラオの後には必ずつけられる。「ウェストカー・パピルスの物語」注（6）（五一八頁）参照。
(12) ファラオの婉曲な表現。
(13) ヌビア総督の称号。
(14) 死んだ。
(15) 女性に対する死刑宣告は遠回しに表現するのが通例である。
(16) 直訳すれば「よき終りとなりました」。
(17) 神々の書記。
(18) 「ファラオ」以下は筆写者の署名である。

ウェンアメン旅行記

(1) 「再生」紀元第五年。ラーメス十一世治世第二三年にあたる。
(2) 至聖所の控えの間を司る神官。
(3) 下エジプト総督スメンデス。のちファラオとなり第二十一王朝を開く。
(4) おそらく筆写の際の誤り。正しくは「増水季」であろう。
(5) パレスチナ北部の港町。チェケル人は「海の民」の一つ。

(6) 一デベンは約九十一グラム。
(7) 全部で金四百五十グラムと銀二・八キログラム。木材の購入代金として準備されたもの。
(8) ウェレトもメクメルもチェケルバールと同じくフェニキアの他の町の支配者。
(9) 神官の旅に随行する守護の神像。
(10) アメン。
(11) タニスで交易に従事しているフェニキア商人。
(12) ここではアメンもセトも、エジプト人だけの神としてではなく、全人類の神とみなされている。
(13) 金属容器の一種。
(14) おそらく蓮花模様の日よけ。
(15) 海を恐れてこれ以上ビュブロスにとどまるなという警告。
(16) ラーメス九世の宰相。
(17) 死者の生命を保つ灌奠の水。
(18) おそらくキュプロス島。
(19) ここでパピルスはちぎれている。物語が一人称で書かれている以上、ウェンアメンは無事に使命をはたして帰国し、この物語をしたと考えられる。

宰相プタハヘテプの教訓

(1) 第五王朝第八代(最後から二人目)の王。在位前二四〇〇年頃。
(2) 原文ではこれが五行目にあたる。
(3) 原文の一行目。
(4) 一八—二一行に同じ。

(5) エジプト。
(6) ファラオ。
(7) ファラオ。
(8) ここでは話術。
(9) 五五行に同じ。
(10) 九三行(Pap. Prisse)と九四行(Pap. B. M. 10409)は同じ。この部分の第二の解釈については解説(六二九頁)参照。
(11) 一一二行(汝の前にあるものをみつめるな)省略。
(12) 招待者。
(13) この場合はおそらく王。
(14) ファラオ。
(15) 人の一生の長さ。
(16) 王の謁見の間の控え室。
(17) おのれの欲望に貪欲な心。
(18) 心の重荷をおろすまで。
(19) 不幸のしるし。
(20) 遺産の分配。
(21) 一族の者が口をきいてくれない。
(22) 三四三行(Pap. Prisse)は三四五行と同趣旨のため省略。
(23) 心を統御することを知らず、感情の赴くままに話し、行動する者。教訓文学が理想とする人物像と正反対の人物。

(24) とくに有用とみなされた植物らしいが、詳細は不明。
(25) ファラオ。
(26) 四四八行（Pap. Prisse）は四四六行と同じため省略。
(27) 一生の長さ。
(28) 官位。
(29) 河岸の耕地。年数回の収穫が可能である。
(30) おそらく現王。
(31) 古代エジプト人の理想の年齢。

メリカラー王への教訓

(1) シャルフ（A. Scharff）の復原による。第十王朝の王ケティ三世（在位前二一世紀前半）の上下エジプト王名。
(2) 二行から二〇行にかけては断欠多く、省略した。
(3) 手にある。
(4) 読書の能力。
(5) 家の前部は主人の居間。奥は召使いの住むところ。
(6) 学校友達。
(7) 不詳。復活に必要とされるものを列挙した目録のたぐいか。
(8) 心正しき者の魂は永遠の至福を達成する。
(9) オシリスの主宰する死者の裁判。
(10) 裁判官たち。

(11) 祭儀を執行する。
(12) 供物のおさがりのパンを食べる。
(13) テーベの第十一王朝。
(14) 第九王朝の王ケティ一世（在位前二二世紀中頃）の上下エジプト王名。
(15) アスワンの赤色花崗岩。第十一王朝領を通って運ばれる。
(16) 石材を得るためにとり壊すな。
(17) ギザの対岸トゥラ産の良質の石灰岩。
(18) ヘラクレオポリス王朝の王となったこの教訓を語る王。
(19) ヘリオポリス近郊。
(20) 不詳。
(21) ナイルのカノピス支流の最南部をさす。
(22) 現在のアレクサンドリアのあたり。
(23) 杉材の一種。
(24) 異民族。
(25) デルタ地方は無数の水流によって区切られ、多くの島からなりたっているかのようであった。
(26) 王の権威を認めている。
(27) 神官も納税の義務があった。
(28) 中エジプトの現在のミニアの近郊。
(29) エジプトのシナイ国境にある守備隊駐屯地。おそらく現在のカンタラ近郊。
(30) 大昔から。
(31) 誓約の言葉。

(32) 現在スエズ運河の一部となっている二つの湖。
(33) メンフィス。
(34) 第六王朝時代(前二五—二四世紀)か。
(35) 掠奪にのりだす。
(36) ケティ一世。前頁注(14)参照。
(37) アビュドスの古い王墓が破壊された。
(38) バビロニア神話のティアマトにあたる。
(39) 後代の「天の牝牛の書」にみられる人間の絶滅を決意したラーが、後で思いなおして策略により人間を絶滅から救う神話への暗示。
(40) 母の胎内にいる時。
(41) ファラオ。
(42) 死後の裁判において死者の罪を告発する者。
(43) 汝に近づいてくる者に対する罰は神にまかせよ。
(44) 文意不明。「ファラオに仕えることは神の一人となるようなものである」の意か。あるいは「ファラオに仕えた者は死後神となる」の意か。
(45) 文意不明。シャルフ(A. Scharff)によると、ケティ三世は、現在よりもさらによい時代をもたらすようメリカラーに委任している、の意。

アメンエムハト一世の教訓

(1) 直訳すれば「声正しき者」。
(2) 宇宙のあるべき秩序(マート)。

(3) センウセルト一世をさす。
(4) 将来のファラオたち。
(5) 死者を悼む悲嘆の叫び。
(6) 国境の要塞の名であろう。
(7) 下ヌビア地方をさす。
(8) 下ヌビアの住民。
(9) 犬のように従順ならしめた。
(10) 過去と未来。
(11) サリエ・パピルスによる。

ドゥアケティの教訓

(1) 東デルタの要塞シレを指す。
(2) 書記養成学校で用いられた教科書。
(3) 大人の服装。
(4) 干拓地のこと。
(5) 材料の石材を探しにいく。
(6) テントをさす。
(7) 「期限がすぎている」の意。
(8) 人生という名の戦場。
(9) 書記となることができますように。
(10) 相手の言葉を聞いて理解する力。

アニの教訓

(1) アハメス・ネフェルトイリ(第十八王朝初代アハメス王の后)の葬祭殿。
(2) 正確な意味不明。神殿での礼拝行為は文書に記録しておくべきことを意味するらしい。
(3) 噂がひろまってしまったとき。
(4) 墓所の営まれる西方砂漠の涸れ谷《ワディ》。
(5) 死者。
(6) 死。
(7) 祝祭日には神像は聖舟形の輿に安置され、神官たちにかつがれてねり歩く。
(8) 行幸の際も神像は直接一般信者の眼にふれぬよう覆いをかけられているのが普通である。
(9) 妊娠中の母親は胎児をみずからの胎内にひきうけ、父親にはなんの労苦もかけない。
(10) 三年間乳を与えた。
(11) 息子に対する非難を神に訴える。
(12) 本能にのみ従って生きる人。
(13) 心臓は理性の住み家である。
(14) 官命を布告する役人。
(15) 原則としてファラオの即位後三十年目に挙行され、以後三年目毎に行なわれる王位更新祭。ここでは祝祭を代表してあげられている。祝祭の祭儀に供用される大量の供物はあとで役人たちに下賜される。本書「セド祭の碑文」参照。
(16) 以下は父と子との交換書簡。
(17) メケルという踊りに用いる杖。
(18) 子供は分別をもたないから体罰で強制的に勉強させるというのが当時の教育の考え方であった。そのため口答えや質問は一切無用とされた。

アメンエムオペトの教訓

(1)「箴言」第二二章二〇―二一節。

わたしは、勧めと知識との三十の言葉を
あなたのためにしるしたではないか。
それは正しいこと真実なことをあなたに示し、
あなたをつかわした者に
真実の答をさせるためであった。

(2) ナイルの流路の変化から生まれる新しい土地は、国有地となる。

(3) 慣行に従順に従う者。

(4) アクミム(ギリシア名パノポリス)。上エジプト第九州(ティニス州=上エジプト第八州の北隣り)の州都。

(5) アクミムの別名。

(6) 豊饒神。「その母の牡牛であるミン」の意。

(7) 冥界の支配者オシリスの別名。

(8) ホルエムマーケルーの母(アメンエムオペトの妻)の名と称号。

(9) 原文では「かれは言う。」と「第一章」は同じ行(三・八)。

(10)「箴言」第二二章一七―一八節。

あなたの耳を傾けて知恵ある者の言葉を聞き、
かつ、わたしの知識にあなたの心を用いよ。

これをあなたのうちに保ち、
ことごとく、あなたのくちびるに備えておくなら、
楽しいことである。

(11) 不具者。
(12) 貧しい者を、貧しいゆえに、かすめてはならない。
悩む者を、町の門でおさえつけてはならない。
(13) 感情や衝動のままに振舞う者。短気者。
(14) 知恵の神トト。神々の書記として死者の裁判の際故人の生前の行為の記録を提出するとされた。
(15) 「箴言」第二五章二一節。
もしあなたのあだが飢えているならば、
パンを与えて食べさせ、
もしかわいているならば水を与えて飲ませよ。
(16) この章の樹へのたとえは、「詩篇」第一篇や「エレミア記」第一七章五―八節を思わせる。
(17) 果実のこと。
(18) 「箴言」第二二章二八節。
あなたの先祖が立てた古い地境《じざかい》を移してはならない。
同じく第二三章一〇節。
古い地境を移してはならない。
みなしごの畑を侵してはならない。
(19) トト。注(14)参照。

(20)「箴言」第二三章一一節。

彼らのあがない主は強くいらせられ、
あなたに逆らって彼らの訴えを弁護されるからだ。

(21) 容量の単位。一イペトは約十八リットル。

(22)「箴言」第一五章一六—一七節。

少しの物を所有して主を恐れるのは、
多くの宝をもって苦労するのにまさる。
野菜を食べて互に愛するのは、
肥えた牛を食べて互に憎むのにまさる。

同じく第一七章一節。

平穏であって、
ひとかたまりのかわいたパンのあるのは、
争いがあって、食物の豊かな家にまさる。

(23) 運命の神(シャイ)と運命の女神(レネヌート)。

(24)「箴言」第二三章四—五節。

富を得ようと苦労してはならない、
かしこく思いとどまるがよい。
あなたの目をそれにとめると、それはない、
富はたちまち自ら翼を生じて、
ワシのように天に飛び去るからだ。

(25) 太陽神の敵である蛇。太陽神の夜の航空を襲い、退治されるとされる。

(26) 神殿内に彫像を奉納することができ、毎日の神への供物のお下がりをうけることができる。
(27) 「箴言」第二二章二四節。
怒る者と交わるな、憤る人と共に行くな。
(28) ナイル第一急湍地方の創造神。ロクロをまわして、神々や人間をつくりだすとされた。
(29) 「箴言」第二二章二五節。
それはあなたがその道にならって、
みずから、罠に陥ることのないためである。
(30) 「箴言」第二七章一四節。
朝はやく起きて大声にその隣り人を祝すれば、
かえってのろいと見なされよう。
(31) 「箴言」第二三章八節。
あなたはついにその食べた物を吐きだすようになり、
あなたのねんごろな言葉もむだになる。
(32) 「箴言」第一六章八節。
正義によって得たわずかなものは、
不義によって得た多くの宝にまさる。
(33) 神々の書記で知恵の神であるトトの聖鳥、トトと同一視されている。
(34) 公有の穀物。
(35) トトの聖獣で、ここではトトをさす。死者の裁判において、死者の心臓は正義の羽毛を錘りとして計量される。
(36) 人名あるいは神名らしいが、詳細不明。

(37) 容量単位、五四一頁注(21)参照。

(38)「箴言」第二〇章一〇節。
互に違った二種の秤、二種の枡は、
ひとしく主に憎まれる。
同じく二三節。
互に違った二種の分銅は主に憎まれる、
偽りの秤は良くない。

(39)「箴言」第一六章九節。
人は心に自分の道を考え計る、
しかし、その歩みを導く者は主である。
同じく第一九章二一節。
人の心には多くの計画がある、
しかしただ主の、み旨だけが堅く立つ。

(40) 古王国時代首都メンフィスにあった最高裁判所。

(41) 身分の高い者。

(42) 運命を司る男女神。

(43)「箴言」第二〇章二二節。
「わたしが悪に報いる」と言ってはならない、
主を待ち望め、主はあなたを助けられる。
同じく第二七章一節。
あすのことを誇ってはならない、

一日のうちに何がおこるかを
知ることができないからだ。

(44)「箴言」第二三章九節。
愚かな者の耳に語ってはならない。
彼はあなたの言葉が示す知恵をいやしめるからだ。

(45)「箴言」第二〇章一九節。
歩きまわって人のよしあしをいう者は秘密をもらす、
くちびるを開いて歩く者と交わってはならない。

(46)「箴言」第一二章二三節。
さとき人は知識をかくす、
しかし愚かな者は自分の愚かなことをあらわす。

(47)二二・五―八(第二一章)に同じ。前頁注(43)参照。

(48)「箴言」第二三章一―三節。
治める人と共に座して食事するとき、
あなたの前にあるものを、よくわきまえ、
あなたがもし食をたしなむ者であるならば、
あなたののどに刀をあてよ。
そのごちそうをむさぼり食べてはならない、
これは人を欺く食物だからである。

(49)気のふれた者。

(50)煉瓦をつくる材料。

(51) 永生を得た死者の住むとされた場所。
(52) 太陽神ラー。
(53) 「箴言」第二二章二〇節。
わたしは、勤めと知識との三十の言葉を
あなたのためにしるしたではないか。
(54) 「箴言」第二二章二九節。
あなたはそのわざに巧みな人を見るか、
そのような人は王の前に立つが、
卑しい人々の前には立たない。
(55) 神官の階級の一つ。「司祭」の次位。

オンク・シェションクイの教訓

(1) ペラーはラーのこと。
(2) 直訳は、「家の職員に属している者」。
(3) 刑務所の名。
(4) 同じような表現が第二一欄一二行にある。
(5) 「お前自身走り去ってからもどってくるな」の意訳。
(6) 「わずかだぞ」、伝道の書第一一章九節参照。
(7) 「徒党のいないことなり」。
(8) あるいは、「利潤の家」すなわち「銀行」?
(9) 「家の中にお前の銭をおいておくな」。

(10) 波止場における職人と同じように書記官は仕事場では場違いだ、との意。
(11) 意味不明。トトは英知、学問、勤勉などの神。
(12) 「二つの面（言動に表裏）あるな」の意で、次の句と考え合すこと。
(13) 五百は多数を誇張した数。
(14) 「お前の言葉を増すな」。
(15) 原義「街路に入る」。
(16) 原義「かれは銭のためにお前に計算する」。
(17) 原義「よいくらしをする」。
(18) 原義「神の前でお前自身を請うなかれ」。
(19) または「依って」。
(20) 「耳を傾ける（従う）」。
(21) ナイル川のエジプト名。
(22) 教訓書の中で最も皮肉な句といわれている。第九欄第五行と全く矛盾している。
(23) 「多くの」の意。
(24) または「に配分する」。
(25) 食用のナイルの大衆魚の名。その敵とは他の種類の魚の意。
(26) 夜は万人皆同じ。
(27) ビールの原料。
(28) 第十八王朝以後になると絵画・浮彫にはこのような風俗がみられるが、昔は露出しているのが一般であった。ファッションの変遷がわかる。
(29) 注（25）参照。

(30) 川のそばで暮らすとか働く人。
(31) ナイル川のこと。
(32) 文書の終りに記される常套句。「終り」の意。

ピラミッド・テキスト

(1) 王が彼岸においてオシリスに代って冥界の王となるための呪文。
(2) 第五王朝最後の王（在位前二三五〇年頃）。この王のピラミッドの墓室に最初のピラミッド・テキストが刻まれる。他の王のピラミッドでは、この名はそれぞれの王名にかわる。
(3) 大地の神。
(4) 以下「汝」はオシリスを指す。
(5) ここでは知恵の神トトは、オシリスとセトの弟で、兄オシリスを殺害したセトの共犯者とされている。後代では、トトはオシリスの復活を助ける神となる。
(6) オシリスの二人の妹。オシリスの復活を助ける女神。
(7) 冥界の天空。
(8) 王がオシリスとなるための呪文。王はオシリスと同一視されている。前半からはオシリスの系図が、後半からはオシリスのさまざまな名前や形容辞がよみとれる。オシリスの系図は左の通りである。

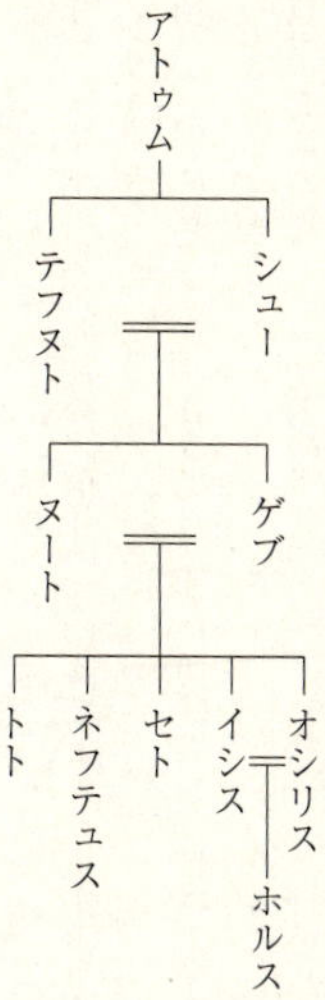

(9) ヘリオポリス九柱神（前注の系図よりトトとホルスを除いたもの）の主神。宇宙創造神。太陽神。オシリスの曾祖父。
(10) セトに殺害されたときばらばらに切断されて投げすてられたオシリスの身体が再び復原されて復活したことへの暗示。
(11) 大気の神。オシリスの祖父。
(12) 湿気の女神。シューの妻。オシリスの祖母。
(13) 大地の神。オシリスの父。
(14) 天の女神。ゲブの妻。オシリスの母。
(15) オシリスの妹にして妻。ホルスの母。母なる大神、死者の守護神。
(16) オシリスの弟にして殺害者。ホルスの敵、戦さの神。
(17) オシリスの妹でセトの妻。イシスと共にオシリスの復活を助ける。
(18) 知恵の神。オシリスの弟でセトの共犯者とされている。後代では血縁関係は否定され、オシリスの復活を助ける側にまわる。
(19) もとは天の神、ハヤブサ神。オシリス神話により、オシリスの子とされ、故王の王位を継承した現王と同一視されるようになる。
(20) オシリスの墓をさすものか。
(21) 死者たち。
(22) 「口を開く」ことは死者の復活に必須の条件とされ、ミイラが埋葬される直前、喪主により「開口の儀式」がとり行なわれた。
(23) ばらばらにされたオシリスの身体は再び集められ、神々により完全にそろっているかどうかが点検された。

(24) 以下オシリスの別名が列挙される。
(25) ブシリス。下エジプトにおけるオシリス信仰の中心地。オシリスが穀霊とされた古い信仰の時代の聖地。
(26) 複数。州は地方行政の単位。
(27) サソリ女神。死者の内臓の守護者。
(28) 古代エジプト人の考えた霊魂の一つ。「生命力」や「活力」をあらわす。
(29) 穀霊としてのオシリスへの暗示。
(30) または「パアル材の棍棒の館」。オシリスの聖所の名だが詳細不明。
(31) ブト。デルタ地方の古い聖都で、神話時代の下エジプトの首都の所在地。
(32) 南のヘリオポリス。テーベの別名。
(33) ヘリオポリス。
(34) 不詳。デルタ地方、あるいはファイユム地方にある町か。
(35) 奪われたホルスの眼の回復の神話への暗示。ただしここではホルスがみずからの片眼を父オシリスに譲ったとされている。
(36) 王の昇天を助けるための呪文。
(37) 大地。
(38) 死ぬこと。
(39) 保護と力のシンボル、注(35)参照。
(40) イシスとネフテュス。葬儀の際の泣き女の声がトビの鳴き声に似ていることから来た。前頁注(15)、(17)参照。
(41) 上エジプトの町。

(42) ペーは下エジプトの聖都。「ペーの女主人」とは下エジプト王の冠をさす。
(43) 冥界の大洋、復活の場。食事はつねに供給されることを示す。
(44) 死後の供養の行なわれる場。
(45) 魂の一つ。生命力をあらわす。
(46) ヘルモポリスにあって手斧で戦いつづけるとされた二人の神。
(47) 王が彼岸において戴冠し、冥界の王となるための呪文。
(48) ヘリオポリス九柱神を含む大神たち。
(49) セト。ここでは上エジプトの神々の代表。
(50) 上エジプトを代表する聖所の名。
(51) 上エジプト王の冠(「白冠」)。
(52) ジャッカル湖・ダト湖ともいずれも神話上の湖。死者の像を安置するセルダブの入口にあるとみなされた。
(53) 夜明けのそよ風。
(54) セルダブ(死者の肖像を納置した密室)。
(55) 下エジプト王の「赤冠」を構成する針金の部分。
(56) 葬儀において神々の役割を演じる侍者たち。
(57) 天国。
(58) ピラミッド・テキスト中最も有名な呪文の一つ。王は神々を食うことによりその力をわがものとする。
(59) 地の神々。
(60) カーの女性形。
(61) 聖なるシンボル。

(62) 魂の一つだが、ここでは王の敵の魂をさすらしい。
(63) 太陽神が夜足をとめ、罪ある死者を罰すると考えられた島。
(64) 天界の王ゲブの名代として。
(65) ヘルモポリス神学の原初神たち。
(66) ゲブ。
(67) 狩の投げ縄をつくる。
(68) 月神。
(69) ブドウしぼり、および油しぼりの神。
(70) 周極星。
(71) 上天と冥界の天。
(72) エジプト。
(73) 下エジプト王の冠。
(74) 「赤冠」の守護女神ウアジェトの形容辞か。
(75) 不詳。冠の一部の名称。
(76) 王のピラミッド。
(77) ホルスとゲブが故王をセトより守ることを祈る呪文。
(78) 以下の呪文はウナスのピラミッドには刻まれていない。したがってそれぞれのピラミッドでちがう王の固有名をあげることはやめ、「王」と訳することにする。
(79) ホルス。
(80) セト。
(81) セヌートとセンセン（「兄弟の」）、イテルト（「双穹」）とトウル（「拒む」）の語呂合わせ。

(82) セト。
(83) カーとともに霊魂概念の一つ。「不滅の生命力」をあらわすようである。
(84) 天空の女神。
(85) セト。
(86) 神々が王を助けることを願う呪文。
(87) 第六王朝のペピ二世（在位前二三世紀）。このことばの部分はこの王のピラミッドのみに刻まれている。
(88) オシリスの敵。
(89) オシリスの復活を促すための呪文。復活の情景が描写されている。
(90) ブシリス。五四九頁注（25）参照。
(91) オシリスの体の復原が建築に比定されている。
(92) 石棺の蓋の内側は天空と同一視され、天の女神ヌートの住いとされた。
(93) サッカラの墓地の守護神。したがって死者の神。ここではオシリスと同一視されている。
(94) 同じく復活をうながすための呪文。
(95) 「その記念碑の前にあるもの」を意味する。
(96) 供犠の際誦せられる呪文。
(97) 遺骸は内臓を抽出されたのち、七〇日間天然炭酸ソーダに浸して乾燥され、ミイラとしての仕上げをうける。
(98) オシリスはナイルと同一視されている。
(99) 輿《こし》の名前。
(100) 王が天の河を渡り復活の場に赴くのを助けるための呪文。

(101) 以下葦舟はすべて複数。
(102) シリウス。ナイルの増水のはじまりを告げる星としてあがめられた。
(103) この精霊は復活に必要とされるあらゆる呪文を誦することができる。
(104) 以下前半は冒頭部分のくり返し。
(105) ここまでが王の返事。
(106) 供物を摂るよう嫡男がよびかける呪文。
(107) 左脇腹を下にし頭を南にして死者の国西方をみるように埋葬する古いやりかたにもとづく。したがって右脇腹を下にすれば、生者の住む東を向くことになる（当時の墓地はナイル西岸の砂漠台地に設けられているゆえ）。
(108) 下エジプトの守護神たち。五五〇頁注（42）参照。
(109) イシス。
(110) 両手を組み合わすことか。この行為によって体は機能を回復する。
(111) 上天と下天（冥界の天）。
(112) 墓地の守護神、死者の神。オシリスと同一視されている。
(113) ヘリオポリス。

アメン・ラー讃歌（一）

（1） 後半の一部のみ残り、内容の詳細は不明だが、太陽神としてのアメン・ラーの毎日の航海を讃えたものとみられる。
（2） 「五（diw）」と「拝する（dwꜣ）」の語呂あわせ。
（3） すべての国々に及ぶアメンの力を讃える。

(4) やや苦しいが「六（śiśw）」と「地（域）（św{?}）」の語呂あわせか。

(5) 地中海。

(6) 本来砂漠台地に住む民。拡大して異民族全体をさす。

(7) 香料の産地。プント（現在のソマリ海岸）とほぼ同じ地方をさす。

(8) 祝宴などに際し身体に塗りこめられる軟膏状の油。

(9) 祝祭の際にアメンの像を納置し、神官たちにかつがれてねりあるく舟型の神輿の名。

(10) 神のカーは万物の生命力の根源である。

(11) 注（4）参照。

(12) アメンの町テーベの讃美。後半は第八連となるらしいが、段落は不明。

(13) 「七（sfḫ）」と「追い払う（sfḫ）」との語呂あわせ。

(14) エジプト語では都市は女性名詞。

(15) この間に第八連にうつるらしい。

(16) 王をさす。

(17) 同じく王。

(18) 「八（ḫmnw）」と「八柱神（ḫmniw）」との語呂あわせ。

(19) アメンはヘルモポリス神学では原初の八柱神の一人。アメンは「隠されたるもの」を意味する。

(20) 朝の太陽としてのアメン・ラーの讃美。

(21) 原初の大洋で、天地創造後は冥界の大洋。生命の生まれるところ。

(22) 「九（psḏ）」と「九柱神（psḏt）」の語呂あわせ。

(23) 天地創造神を示す形容辞。

(24) 上下エジプトの守護女神。

(25) ここでは海原。
(26) 魚も獣も鳥も。
(27) アメン・ラー。
(28) 注(22)参照。
(29) 天地創造の場であるテーベの讃美。
(30) 「十(md)」と「証する(mtr)」との語呂あわせ。
(31) 創造はこの丘「原初の」の上で行なわれたとされた。
(32) テーベの別名ニウト(「都市」)から、すべての都市はその支配の下にはじめて都市とよばれることが許されたのだとされている。
(33) テーベ。
(34) 敵に奪われたのち回復されたラーの両眼の神話を暗示したもの。
(35) アメンの妻ムトの神殿の名。ムトはセクメト(メンフィスの戦争女神)と同一視されている。
(36) 「テーベ(wꜣśt)」と「力強い(wśr)」との語呂あわせ。
(37) 「(ホルスの)すこやかなる眼(wḏꜣt)」と「健か(wḏꜣ)」との語呂あわせ。
(38) テーベのカルナク大神殿の名。
(39) テーベの別名。主とはアメンをさす。
(40) 注(30)参照。
(41) 日中の太陽に対する讃美。
(42) 「二十(ḏwt?)」と「航行する(dꜣi)」との語呂あわせ。
(43) やや苦しいが「二十(ḏwt?)」と「言う『ようこそ』(dd iiwi tw)」との語呂あわせと思われる。
(44) 太陽神の敵である大蛇アポピが神々に倒される。太陽神の夜の航海のエピソード。

(45)「三十（m·bꜣ）」と「銛（m·bꜣ）」の語呂あわせ。
(46) 注（45）参照。
(47) みずからをつくり給いし神とその顕現の姿の讃美。
(48)「四十（ḥm）」と「つくる（ḥmw）」との語呂あわせ。
(49) 自然を支配する太陽神としてのアメンの力の讃美。
(50) おそらく「五十（diiw）」と「喝采（dwꜣ）」との語呂あわせ。
(51) 大地の神。
(52) この部分では語呂あわせはない。
(53) 地の支配者としてのアメンの業を讃え、神が与える恩恵をのべる。
(54)「六十（si）」と「（かれの）もの（sꜣi）」との語呂あわせ。
(55) 土地の境界を定めるのは地の王アメン。
(56) 長さの単位、一王尺は約五十二センチ。
(57) 測量をする。
(58)「六十（si）」と「飽食（?·）(sꜣi)」との語呂あわせ。
(59) 医師として、呪術師として、恵み深き神としてのアメンの讃美。
(60)「七十（śfḫ）」と「払う（śfḫ）」の語呂あわせ。
(61) 逆風も順風となる。
(62)「七十（śfḫ）」と「叛く（ḫśf）」の語呂あわせ。
(63) 原初の神として、アメンはさまざまな創造神と同一視される。
(64) ヘルモポリス神学の原初の神。「八十（ḫmn）」と「八柱神（ḫmniw）」の語呂あわせ。
(65) メンフィスの創造神プタハの別名。

(66)「その母の牡牛」の意。ここではヘリオポリスの創造神ラーをさす。
(67) 第八〇連につづき創造神としてのアメンの讃美。
(68) ヘリオポリス神学の原初の神。「九十（pśḏiw）」と「九柱神（pśḏt）」の語呂あわせ。
(69) 創造のとき。
(70) 呪術にかからぬようまことの名を隠しておくことこそ、神の力の証拠。アメンの名は隠されたるものを意味するだけにとくに強調される。
(71) 太陽の日々の誕生への暗示。
(72) ヘリオポリスの創造神アトゥムによって万物創造の手段とされた行為。
(73) 大気の神と湿気の女神。アトゥムの子。
(74) メンフィスの創造神プタハは言葉を発することにより万物を創造した。しばしば旧約聖書の天地創造物語と比較される。
(75) 死後の復活を許されて変容した魂。
(76) ここでは語呂あわせがされていない。
(77) アメンは父母もなく、みずからの力で最初に生まれた神である。
(78)「百（št）」と「はじめる（šꜣꜥ）」の語呂あわせ。
(79) 前注参照。
(80) アメンのさまざまな属性。とくにその不可知性を称える。
(81)「二百（šti）」と「神秘な（štꜣ）」の語呂あわせ。
(82) アトゥム。
(83) メンフィスの創造神プタハの別名。
(84) ヘルモポリス神学の原初の神。原初の大洋ヌンを含む。

(85)「完き（tm）」と「アトゥム（tm）」の語呂合わせ。
(86)前頁注（81）参照。
(87)アメン、ラー、プタハ（ラーメス時代の三大神）の三位一体こそまことの神である。
(88)「三百（hmtw）」と「三（hmt）」の語呂あわせ。
(89)プタハの形容辞。
(90)書記の神。
(91)テーベ。
(92)テーベ。あるいはテーベが主張する権威。
(93)注（88）参照。
(94)創造時における四柱の女神とアメンとの関係に言及し、その生殖力を称える。
(95)「四百（fdww）」と「四（fdw）」の語呂あわせ。
(96)原初の四柱の女神。語呂あわせは前注に同じ。
(97)戦さ神としてのアメンの讃美。
(98)「五百（dwiw）」と「くつがえす（dir）」の語呂あわせ。
(99)ここでは語呂あわせはない。
(100)アメンの体の働きがさまざまな神々との比定や、神話から説明される。
(101)知覚し認識する能力。「六百（siwi）」と「知覚力（sir）」の語呂あわせ。
(102)知覚力とともに支配者に必要とされた能力。
(103)ナイルは地下に通じる二つの洞穴より流れでると考えられた。洞穴の場所としてしばしばナイル第一急湍下流のエレファンティネがあげられている。
(104)太陽と月は太陽神ラーの両眼。

(105) 注(101)参照。
(106) アメンの都テーベの地位は、神々の主アトゥムおよびラーの遺言により定められたもの。
(107) 「七百(sfḫw)」と「セフェクトアブイ(sfḫt-ʿbwi)」の語呂あわせ。
(108) アトゥム。
(109) 「七百(sfḫw)」と「抗う(ḫsf)」の語呂あわせ。
(110) 同じくテーベの讃美。テーベに埋葬されるものは幸せである。
(111) 「八百(ḫmnw)」と「上陸す(ḫr mniw)」との語呂あわせ。
(112) テーベの墓地。
(113) 夜の太陽神をさす名の一つ。
(114) ここでも語呂あわせがない。おそらくなお数行を残して筆写が中断したことを示すと思われる。

アメン・ラー讃歌(二)

(1) エジプトにおいては、神に対して祭儀を執行しうる資格者は、神の血統をうけたファラオのみであるとされた。神官はこのファラオの代理として祭祀を執行するにすぎない。
(2) 朝の礼拝は神に対する眼覚めの呼びかけから始まる。
(3) ここでは「南のオン」すなわちテーベをさすものと思われる。
(4) 一般民衆をさす。
(5) カムーテフ。豊饒の神ミンの生殖力の強さをあらわす形容辞。ミンはみずからその母を受胎せしめて、みずからを生ましめた。
(6) フーは豊かさの神、サーは味覚の神、いずれもラーの属性の一部をなしている。
(7) ヘリオポリスにおける太陽神の名称の一つ。朝の太陽をあらわすとされる。

(8) 正義・真理の女神。ラーの娘。
(9) 円帽（アフィ）に鉢巻き状の髪ひも（メジェフ）をしめた。上下エジプトの結合を象徴しているものと思われる。
(10) ともに女神ヘケトの形容辞。ヘケトは妊娠、出産の施与者。
(11) カルナク神殿。
(12) 天地の創造を指す。
(13) アメンの頭飾。
(14) 王者のかぶりものの一種（アフニト）に鉢巻き風の布（メデフ）をしばりつける。やはり上下エジプトの結合を象徴するものであろう。
(15) アメンは「隠されたるもの」を意味するが、古代エジプトでは真の名は呪術の対象となるのを避けるため隠しておくべきものと考えられた。神の本当の名を知れば、自分の要求を神に強制することも可能となる。したがって、その名が隠されているのは神の勢威の強大さの証しである。
(16) アメンは原初の大洋に出現した丘の上におかれた卵より生まれたとみなされている。
(17) ドゥアトは冥界をさす。長子として死者の葬祭を慣例通りに執行する。
(18) ファラオ。
(19) 頭飾（マイト）にアベドを巻く。上下エジプトの結合の象徴か。
(20) 意味不明。
(21) 不詳。邪悪な神の名か。
(22) いずれも太陽神の名称。
(23) 星の名前。
(24) 前の九柱神のことばが四回くりかえされることを示す。

ラー・ホルアクティ讃歌

（1） 西の山。

（2） 第一急湍地方の守護神、創造神。ろくろをまわして人間をつくりだすとされた。

アテン讃歌

（1） イクナートンを指す。

（2） 「詩篇」第一〇四篇二〇―二一参照。

あなたは暗やみを造って夜とされた。

その時、林の獣は皆忍び出る。

若き獅子はほえてえさを求め、神に食物を求める。

（3） 同二二―二三参照。

日が出ると退いて、その穴に寝る。

人は出てわざにつき、その勤労は夕べに及ぶ。

（4） 同一〇―一四参照。

あなたは泉を谷にわき出させ、

それを山々の間に流れさせ、

野のもろもろの獣に飲ませられる。

野のろばもそのかわきをいやす。

空の鳥もそのほとりに住み、

こずえの間にさえずり歌う。

あなたはその高殿からもろもろの山に水を注がれる。
地はあなたのみわざの実をもって満たされる。
あなたは家畜のために草をはえさせ、
また人のためにその栽培する植物を与えて、
地から食物を出させられる。
(5) 同二五—二六参照。
かしこに大いなる広い海がある。
その中に無数のもの、大小の生き物が満ちている。
そこに舟が走り、
あなたが造られたレビヤタンはその中に戯れる。
(6) 「詩篇」第一〇四篇二四参照。
主よ、あなたのみわざはいかに多いことであろう。
あなたはこれらをみな知恵をもって造られた。
地はあなたの造られたもので満ちている。
(7) 同二七参照。
彼らは皆あなたが時にしたがって
食物をお与えになるのを期待している。
(8) エジプト人はナイルの水源は冥界にあると考えた。
(9) 雨は天界にあるもう一つのナイルより流れ下ったものと考えられている。
(10) すなわちこの讃歌を墓壁に刻んだ「神父」アイの心。
(11) イクナートン。

(12) アテンの教えを真に知るのは「アテンの預言者」であるイクナートンのみである。アテン信仰はあくまで王個人を通じてのみ、臣民に公布されるものであった。これは王のみが神の前で祭祀を執行しうる資格をもつという伝統的な教義をまったく厳格に遵守したものである。

ナイル讃歌

(1) ナイルは日常の祭祀の場所(神殿など)をもたない。
(2) 大地の神。
(3) 穀物の神。
(4) メンフィスの守護神、工芸の神。
(5) ナイルによって上エジプトに涼風がもたらされ、鳥たちは熱い下エジプトへは下らないという意味か。
(6) 増水量が少ない年。
(7) 増水が正常ならば混乱はない。
(8) 第一急湍地方の守護神。ナイルはこの地点から地上に現われると考えられていた。
(9) ナイルが増水すれば、エジプト人はみな歓喜にみちあふれる。
(10) ナイルは神殿をもたないから、定期的な供物の納入も労働奉仕も要求しない。
(11) ワニ神。
(12) ナイルの行為は法律上の正邪の規準でははかりえない。
(13) 織物の神。
(14) プタハと同じく創造神とみなされている。
(15) ここではナイルがプタハを下エジプトを司る神に任命したかのように記している。
(16) ナイルの水源は冥界であると考えられていた。なお冥界から地上に現われるとみなされた地点が第一急湍（注（8）参照）。
(17) ナイルの水位不足は夜をも熱くし、人をいらいらさせ、口論を起しやすくするの意か。
(18) 以下ナイルの恵みは海とも比較できないほど大きいことを述べている。
(19) 海の産物（瑠璃）は食べられないが、ナイルの産物（大麦）は生命の糧である。
(20) 手拍子をとって歌う。
(21) テーベ。
(22) ナイルはテーベにおける祝祭に満足し、その水源である洞窟を冥界からテーベにうつした。

オシリス讃歌

(1) 天の女神。地の神ゲブとのあいだにオシリスをもうける。
(2) もとはヘラクレオポリスの主神ヘリシェフの形容辞。
(3) 上エジプト王の白冠と羽毛冠とを組み合わせたもので、オシリスの冠。
(4) オシリスの裁判で義認され、永遠の生命を得た死者。
(5) ヘリオポリスの宇宙創造神。オシリスの曾祖父。ヘリオポリスは現在のカイロの郊外、のち太陽神ラー信仰の中心地となる。
(6) 下エジプトにおけるオシリス信仰の中心地。オシリス信仰の誕生地とされる。
(7) 天地創造時に最初に原初の水中より出現した丘。神々の領土。
(8) 同じく死者の神であるソカリス（ここではオシリスに習合）信仰の中心地。
(9) メンフィスにあるプタハ・オシリス（メンフィスの主神プタハと習合したオシリス）の聖所。
(10) オシリス信仰の総本山。
(11) 中エジプトにある州都の一つ。牡羊頭の神クヌムと習合したオシリス信仰の所在地。

(12) シューは大気の神。テフヌトは湿気の女神。創造神アトゥムの子で、ゲブとヌートを産む。オシリスの祖父母にあたる。
(13) 現在のカイロの近郊。ナイルの神の聖所があった。オシリスはしばしばナイルと同一視される。
(14) ヘリオポリス近郊の地名。

単一神への讃歌

(1) 浮彫・壁画の下絵描きを専門とする工人。
(2) エジプトの北方にある国々。とくに地中海の島国をさす。
(3) 原初の大洋。天地創造に際し生命が生まれでたとされ、以後も冥界の大洋として生命はここより発すると考えられていた。
(4) 工芸の神プタハは人間をもつくるとみなされた。
(5) 人間。
(6) 神は信仰あつきものをよき埋葬で報いる。
(7) アメン・ラー。
(8) エジプトの北の国々では、雨が「天のナイル」より山に流れ下る。
(9) 「地平線のホルス」の意。太陽神の一つ。ラーと習合し通常ラー・ホルアクティとよばれる。
(10) それぞれ発音の似た弱視および痛みにかけている。
(11) 正義、秩序、真理の女神。太陽神ラーの娘。
(12) 朝日の太陽として復活したばかりの太陽。
(13) 太陽は昼の航海を終えると天の女神ヌートに飲みこまれ、冥界における夜の航海を続ける。
(14) 以下太陽神ラーの仁慈なる行為が列挙される。ここでは一つだけ訳してみた。

センウセルト三世讃歌

（1）冒頭からここまでがセンウセルト三世の公式の名。「セド祭の碑文」の注（1）（次頁）参照。
（2）王の上下エジプト王名（即位名）。「ラーのカー（複数）は現わる」の意。
（3）センウセルト三世のホルス名。「姿聖なるもの」の意。
（4）ファラオに敵対するとみなされた全世界の民族の総称。
（5）ライオン頭の戦いの女神。
（6）国境内に敵を侵入させない。
（7）ナイルの両岸の地、すなわちエジプト。
（8）供物の割り当て。
（9）上エジプト王の「白冠」と下エジプト王の「赤冠」をくみあわせた冠。エジプト全土の王であることをあらわす。
（10）スゲは上エジプト、蜜蜂は下エジプトのシンボル。
（11）ナイルの沖積土におおわれた地、すなわちエジプト。
（12）砂漠。砂の赤さからきた表現。外国をさす。

トトメス三世讃歌

（1）神話上父オシリスの殺害者セトに対して復讐をとげたホルス。王はホルスの化身である。
（2）トトメス三世の即位名。
（3）呪力による保護。
（4）あるいは「われ、汝のため奇蹟を行わん」。
（5）伝統的にエジプトの敵とみなされた九つの民族。

(6)「全地を」の意。
(7) ユーフラテス河の屈曲点に沿った地方。当時は王の最大の敵ミタンニ王国の所在地。
(8) 王権のシンボルである聖蛇の頭飾。
(9) 同じく聖蛇の頭飾。
(10) ほぼフェニキア沿岸地方をさす。
(11) 太陽。
(12) シリア、北部パレスチナの高地地方。
(13) 太陽の昇る国。
(14) おそらくクレタ島とキプロス島。
(15) 北シリアから北メソポタミアにかけて建国した国。
(16) リビア人。
(17) エジプトの南に住む民の一つ。
(18) タカ（あるいはハヤブサ）である太陽神。
(19) 前節とは対照的にエジプトに近い国々（砂漠の住民を含む）をさす。
(20) ヌビアにある地名。読み方はウィルソンに従う。
(21) ホルスとセト。
(22) ホルスとセトの妹である女神イシスとネフテュス。

セド祭の碑文

(1) ファラオの公式名は(1)ホルス名、(2)二女神名、(3)黄金のホルス名、(4)上下エジプト王名（即位名）、(5)太陽《ラー》の子名（誕生名）からなる。ここでは(2)、(3)が省略されている。

(2) エジプト暦第十月。
(3) 西テーベのマルカタにあるアメンヘテプ三世の宮殿。「歓喜の家」の意。
(4) 塔門《ピュロン》の塔にあたる二つの部分をそれぞれ大門とみなした表現。通路の上方、二つの塔にはさまれた部分に王の臨御の窓が設けられる。
(5) 古王国より認められる称号、祭儀においてある役割を果すが詳細は不明。「ミンの大祭の碑文」参照。
(6) 王宮の倉をさすとみられる。
(7) 太陽神は昼の舟と夜の舟とをもち、天を航海すると考えられた。王も太陽神の子であるからこれにならっているのである。
(8) 王のホルス名「正義にて顕現せるもの」のこと。
(9) 前頁注(1)参照。
(10) 神殿はナイルの東岸にあるから。
(11) 王女たち。
(12) いずれも灌奠用の容器。
(13) 儀式に列席している王女たち。
(14) 踊り女たちの歌うもの。内容ははっきりしないが、農耕儀礼に関係があるらしい。
(15) リビア人。
(16) アメンヘテプ三世は慣例に厳密に従って治世第三十年に第一回、以後三年目毎にセド祭を祝っている。以下の儀式はテーベでなくメンフィスで行なわれたもの。
(17) メンフィスの墓地の神ソカルの神殿の名。穀物の生命力を象徴するジェド柱は復活や創造の行為と結びつき、死者の神オシリスやソカル、メンフィスの創造神プタハなどのシンボルとなる。
(18) 「この地のホルス」の意。

(19) 供犠の場に列席する三人の歌い手と十人の神官たちにより踊りながらうたわれた讃歌。
(20) 供物を運ぶ行列中の四人の歌い手による讃歌。
(21) ラーとともにヘリオポリスで信仰された古い太陽神。
(22) 神像を安置した神祠をのせてある聖舟をさす。
(23) ビーズ玉をつづり、前後に平衡錘をつけた首飾り。オシリスの妻イシスのシンボル。
(24) オシリスがもつ笏。
(25) プタハの聖牛アピスによる巡行の儀式。

ミンの大祭の碑文

(1) 古代エジプト暦の一年はおのおの四カ月よりなる三つの季節（増水季・冬季・夏季）に分けられる。したがって夏季第一月は第九月にあたる。
(2) 意味不詳。新月の日に挙行されたことを意味するのか？
(3) 「青冠」。戦闘用の兜を冠としたもので、戦士としての王を象徴する。エジプトが軍事国家化する第十八王朝初頭より出現する。
(4) 以下祝祭の第一部。王は宮殿を出てミンの神像の安置された神殿へと向かう。
(5) 前頁注（5）参照。
(6) ケンベトとよばれる一種の行政委員会の構成員。王の諮問に対する答申、租税の徴収、裁判などを主要任務とする。
(7) 神官職の一つ。祭祀において典礼書を朗誦し、また儀式が定式通りに進行するよう監視することを任務とする。
(8) 以下祝祭の第二部。神殿における供犠。

(9) ミン信仰の中心地であるコプトスおよびアクミムにあるミンの聖所の名。
(10) ラーメス三世の上下エジプト王名。
(11) 以下祝祭の第三部。ミンの神像は神殿をでて、儀式の行なわれる遷置所に行進する。
(12) 現在のソマリランド海岸地方。プントの黒人の祝祭への参加は、ミンがナイル河と紅海とを結ぶワディ・ハママート地方の神であったことを暗示するものとみられる。
(13) 儀式のあいだだけ神像を安置する聖所。
(14) 豊饒をもたらすミンの生殖力の強さを表わす形容辞。牡牛となって母を受胎させ、みずからを産ましめたことを意味する。牡牛の生殖能力の強さはエジプト人によく知られていた。
(15) 以下祝祭の第四部。遷置所に安置されたミンと先王たちとの像に対し供犠がなされる。
(16) 以下祝祭の第五部。小麦の束の奉納の儀式でこの祝祭の中心をなす儀式である。
(17) 女祭司の称号であるが、詳細は不明。王妃をさす、ベドウィンの女をさすなど諸説がある。
(18) 神官職の一つ。「清浄なるもの」を意味し、特殊な任務に従事するもの以外の神官の大部分はこうよばれている。
(19) 以下祝祭の最後の儀式。四界にあるファラオの敵を征服したことが鳥によって告知される。
(20) 祭儀との関連は不明。祝祭に際し特別に食物が支給されることを暗示するものであろうか。
(21) ガチョウの一種。
(22) 祝祭の第三部。神像の行進に際し首席典礼司祭の誦する讃歌。
(23) 太陽神ラー・アトゥム信仰の中心地ヘリオポリスの近郊にあり、ナイルの神の聖所がある。
(24) ファイユム地方のワニ頭の水神。
(25) カー、バーとともに古代エジプトにおける「魂」概念の一つ。他の二つの概念よりは肉体との結びつきは弱く、一種の精神力をあらわすとみられる。

(26) 前の讃歌と同じく神像の行進に際してプントの黒人が誦する讃歌。なお歌の長《おさ》の誦する讃歌はテキストに欠落が多いため省略した。
(27) コプトスにあるミンの聖所。
(28) アクミムにあるミンの聖所。
(29) 視線のもつ力のこと。
(30) 祝祭の最終儀式においてガチョウを四方に放つとき誦される讃歌。アムセト、ハピ、ドゥアムテフ、ケベクセンヌーフはホルスの四人の息子で、ここでは各々ガチョウの一羽に比定され、父の功業を四界に告知する任務が与えられている。
(31) 祝祭の第五部。小麦の奉納に際しシェマイトの誦する讃歌。
(32) 内容不詳。食物の供犠に関連するものであろうか。

「後期エジプト選文集」より

(1) 神社の儀式と葬儀とをともにつかさどった。
(2) エジプト。
(3) リビア連脈の凹凸のひどい峰。
(4) 共同墓地の意。
(5) 復活せるオシリスのことで、文字どおりの意味は「永遠なる繁栄の状態におかれたる者」の意。
(6) オシリスの行列がペケルの地に行くとき、川を渡るのに用いられた船。
(7) オシリスの墓に生えていたペケルという木の名にちなんで名づけられたアビュドスの一地区。
(8) 司祭や「彼の愛する子」は死者を祝福し永遠ならしめる葬式の儀をつかさどった。
(9) 人はみな書記の書いた物にたよるから。

(10) エジプト人は来世は遠い西の果てにある地にあると考えた。
(11) カイロに近い石切場。
(12) パレスチナおよびその一帯の地域名、この地での軍役はとくにつらかったと言われる。
(13) フェニキア。
(14) おそらく、造船場で働く大工でなく、道具や材木を持って船の修理などして歩く者。
(15) 意味は不明、人や文書が来ては去り、なにも長く残るものがない、という意味らしい。
(16) 固有名詞であるが、文字どおりの意味は、「自分の職に満足し切っている人」。
(17) カッシート人、バビロニア人のこと、悪名高き女のこと。
(18) ヌビア人。
(19) 「アワア」(‘W’)、「馬鹿」、「泥棒」のようなののしることばか、それとも不承知やじれったがるときに発する語?
(20) エジプトの陪審判事。
(21) ヘルモポリス・マグナ。トトを祭る町。
(22) 注(20)参照。
(23) または、「あなたさまはたえなる西風をおしりぞけになられます」。
(24) のちのブシリス。
(25) パレスチナの地名。注(12)参照。
(26) 別の読みでは「書記」。
(27) 以下は前にほぼ同じ、ただ末尾に「書記イネナよ、」以下の一行が加えられている。
(28) 飛べなくなって。
(29) 王領の一種。

(30) 王領の一種。
(31) 西方の意味は不明。
(32) 一説には轎の意。
(33) 木製のカマの刃には小型の石製の歯をいくつもならべてとりつけた。
(34) ラーの別名。
(35) 昔の賢人。

解説

シヌヘの物語

「シヌヘの物語」の写本は、断片を含めて多くのパピルスやオストラコンに残されており、そこからみる限り、とくに第十二王朝から第二十王朝（前二〇―一一世紀）にかけて最も好まれた文学作品であったと考えてさしつかえない。しかもわれわれにとっても、この作品は、文体、内容、構成のどの点からみても、古代エジプト文学を代表する作品であり、この作品の成立した中王国時代がエジプト文学の古典時代とよばれている通りに、まさに「古典中の古典」の位置を占めるものである。

物語の構成は墓銘の自伝の形をとり、主人公シヌヘの称号が列挙され、かれが「（次のように）語った」として、以下物語は一人称で語られる。最後の文章も、「（こうして）私は死の日がくるまで、王のお気に入りであった」で終っている。しかし、故人が物語るという墓銘との類似はあくまで形式だけにとどまっており、シヌヘの語る自分の伝記は、当時の墓銘とは大きな相違がある。すなわち、墓銘の内容のほとんどが、当時の理想的な人間像（教訓文学が教える冷静で自制心に富み、社会正義を遂行し、王に忠実な人物）であることを示す決まり文句で埋められており、かれの経歴を記すことが皆無に近いのに対して、「シヌへの物語」は主人公の波瀾に富んだ生涯が生きいきと描きだされている点である（とはいえ、後述するように、作品の意図は墓銘の自伝と同じく理想的な人間像を描くことにある）。

主人公シヌへはおそらく実在の人物であろう。その名前はより正確にはサ・ネヘトであり、「イチジク（この樹に住むとされた女神）の子」を意味する。例は少ないが、中王国にのみ知られており、アメンエムハト一世（在位前一九九一―一九六二年頃）およびセンウセルト一世（在位前一九七一―一九二八年頃）の御代の人物とされる主人公と合致する。かれの冒険が同時代の人々の想像力をかきたてたため、おそらくその死後間もなく、かれの冒険を題材としてこの作品がつくられたのであろう。

物語はアメンエムハト一世の死ではじまる。死の原因については記されていないが、「アメンエムハト一世の教訓」その他で知られるように、王は宮廷の陰謀の犠牲となって暗殺されたのである。これはエジプト人読者も周知の事実であった。この時、すでに共治王として後継者の地位を確立していたセンウセルト一世はリビア遠征から戻ってくる途中であった。知らせを受けるとすぐ王は軍隊を残して、従者とともに首都に急行する。ところで、遠征に同行した王子の一人も暗殺を利用して王位に就こうと企てる（暗殺はこの王子を即位させるためになされたものであろう）。この企てをたまたまシヌへが立ち聞きする。どうしてシヌへがこれによって逃亡を決意したのかよく分からない。センウセルト一世の地位が失われるのを恐れたのか。あるいは高官として王の暗殺計画を黙認していた責任を恐れたのか。とにかくシヌヘは苦しい逃避行の末、ベドウィンの族長アンミ・エンシに仕えることになり、その長女を妻とする。ベドウィンの強者との一騎打ちにも勝って、富と名声をきわめる。しかし、この生涯の絶頂にありながら、シヌヘの心は一転して望郷の念にとらえられる。エジプトの秩序の中に生涯を終えたいという願いである。王位を確保したセンウセルト一世は、シヌヘのアジア滞在を知って手紙を送り帰国をうながす。シヌヘは返書を送り、財産を子供らに譲り渡して、帰国の途につく。王に謁見した際、シヌヘはわれを忘れ、儀礼に従った態度をとることができなかった。王子たちによる祭儀のための歌が王の怒りを和らげ、シヌヘの生命を救う。こうしてシヌヘは廷臣の地位を回復し、邸宅を与えられ、墓所をつくって貰い、幸福な生涯を終る。筋としては比較的簡単であるが、書簡をまじえ、詩をまじえ、次から次へと息をつかせぬ展開で読者をひきずっていく無名の作者の腕前はみごとという他はない。アメンエムハト一世の死を悼む宮廷の悲しみ、シヌヘの逃亡とその苦難にみちた彷徨、ベドウィンの強者との一騎打ち、ベドウィン族の中での生活、宮廷への帰還、幸福な埋葬の有様の想像、等々のエピソードをとってみてもそれだけで魅力に満ちている。

しかし、シヌヘの自伝の形をとっているとはいえ、この作品が書かれた意図は、シヌヘの外国における冒険を描くことでも、かれの功業を記すことでもない。エジプト人にとっての秩序、エジプト人にとっての本質を描くことこそ、作者の目的であった。シヌヘは廷臣であったのであり、最後もまた廷臣である。亡命者として長年異国の地で暮らし、その生活になじんでいながらも、かれは依然として「教訓文学」の教え通りの自制心に富み、王に忠実なエジプト国民なのである。エジプト人が理想とする人間像を守ることによって、逃亡のため秩序の枠をはみでたにもかかわらず、シヌへは異国の地での成功をかちえる。アンミ・エンシの婿となり、軍事顧問として尊敬され、勇士との一騎打ちにも勝利を収め、最後にはファラオの知遇により帰国を許されるのである。シヌへが最初にもっていたファラオの秩序の下での保護が、最後になって回復されるだけで、最終的にはなんの変化も存在しないといえよう。ところが、ファラオの秩序の外にでることによってこの保護を失うことこそ、古代エジプト人にとって何物にもかえ難い苦痛だった。ナイルのほとりに、子孫のそばに埋葬されることが、死後の供養を保証し、かれらの求めてやまない永生を確保することになるからである。これが、ファラオの秩序の下に生きることの意味である。古代エジプト人の軍隊嫌いは特徴的であるが、その理由は、砂漠に囲まれて外敵の侵入をうけることが少なく、軍隊の必要性を感じることがあまりなかったことにもよるであろうが、永生のためミイラによる肉体の保存を望んだエジプト人が、異国の地に肉体が消滅してナイルのほとりに埋められなくなることや、肉体の損傷を恐れたことも大きいと考えられる。いずれにしても、シヌへに帰国をすすめる王の書簡の後半も慣例に従った埋葬が主要テーマであり、物語の最後も主人公の埋葬の準備で終っている。ファラオの権威の下に生きること、それが古代エジプト人にとっての秩序であり、このことがまた、慣例に則った埋葬と供養を保証し、かれらの求めてやまない永生を確保することになる、この物語の無名の作者の言おうとしたのはこれである。

フランスのエジプト学者ポズネー（G. Posener）は、第十二王朝に成立した文学は、政治上の宣伝を目的としたものであるといっている。第十二王朝の祖アメンエムハト一世の即位を正当化する「ネフェルティの予言」、アメンエムハト一世の暗殺による王朝の危機の克服をめざす「アメンエムハト一世の教訓」はその典型といえる。この「シヌへの物語」もその意味では「アメンエムハト一世の教訓」と同じ政治危機を背景としており、同じ系列にたつ作品であるが、ファラオの秩序という、より全般的なテーマに置き変えられている。センウセルト一世に対するシヌへの変らぬ忠誠心は、アジアの領主アンミ・エンシが、王の暗殺によってエジプトはどうなるのかと問うたのに対するシヌへの答えに明瞭である。シヌへは讃歌という形式によって、戦士として、征服者としてのファラオ（センウセルト一世）をたたえ、ファラオがベドウィンの征服者として現われないうちに、使者を送って友好を求めるようアンミ・エンシに勧めて讃歌を結んでいる。「センウセルト三世讃歌」を思わせるこの讃歌は、おそらく独立につくられた讃歌の一部であろうが、この作品に巧みにとり入れられて、全くその一部となってしまっている。

繰り返すが、明確な目的意識に支えられながら、この讃歌の場合のように直接的に表出することを避け、さまざまなモチーフ、エピソードを組み合わせつつ、文学的香りの高い作品をつくりあげた作者の手腕には感服する他はない。以下とくに興味をひくいくつかのモチーフについて簡単にみておきたい。

前述の「讃歌」が戦士、征服者としての王の理想像を歌いあげ、「アメンエムハト一世の教訓」が重い義務を負った暗い王の像を要求したのに対し、センウセルト一世の御代の安定した支配体制の確立は、より穏やかな、人間的なファラオ像を生みだしたようである。国外逃亡者シヌヘに対する王の寛大な処置もそうであるが、帰国したシヌヘの謁見のエピソードにとくによくあらわれている。ここには、アジア人《びと》の服装をしたシヌヘにびっくりする王妃や王子たちと王とのきわめて人間的なやりとりが生きいきと描かれているのである。

シヌヘは「教訓文学」の教え通り、自制心に富み、常に王に忠誠を抱く臣民であるとはいえ、彷徨の間のさまざまな感情の起伏、意気消沈、苦悩、焦燥、幸福感、望郷の念を描くことも決しておろそかにされてはいない。渇きのため死の寸前にあったシヌヘはいう。「これは死の味だ」と。ベドウィンの勇者を倒し、異国での経歴の頂点を極めたシヌヘはその心境を詩にうたう。第一段はかつての窮乏と現在の富とを対比させるが、第二段では一転して「この逃亡を定め給いし」神に望郷の想いを語り、エジプトの地を再び踏ましてくれることを願い、第三段ではファラオがシヌヘを想い出してくれることを願っている。シヌヘの故郷への憧憬には胸を打つものがあり、この詩が物語の後半への転回点をなしている。

この願いに答えるかのように、帰国を勧めるファラオの書簡がとどく。この書簡とシヌヘへの返書とには、シヌヘの逃亡の責任の所在が「心（＝心臓）」をめぐって論じられている。心臓とは、エジプト人にとっては、神の教えを聞きとることのできる神と人との仲介点であり、また生命の中枢として個性の在るところでもあった。センウセルト一世はシヌへへの書簡で次のように書いている。「汝（自身）の心の勧めの下に、一つの国はまた別の国を汝に与えた」と。王は後者の考えにたち、心臓はその人の決意を下す場であるとして、責任はシヌへ自身にあるとみている。しかし、シヌへは返書では逃亡の責任は自分にはなく、神の定めたもうたものだと答えている。「しもべのなした逃亡（についていえば、それは計画されたものではなかったのです。私には何が私を（その）場所から隔てたのか分かりません。……この逃亡を定めたもうた神が私をひきずりだしたのです」と。この人の心（臓）の二つの性格をめぐる論争が読者を楽しませたであろうことは確かである。

第一中間期の最大の発見は、社会正義（マート）の遂行が、人間の価値をはかる大きな基準であることを認識したことにある。この時代から中王国時代において、墓銘にくりかえし次のような決まり文句がみられる。「私は飢えた者にはパンを、渇いた者には水を、裸の者には衣服を与えた」。アジアでの有力者となったシヌへも、私は「誰でも立ち寄らせた。私はのどの渇いた者には水を与え、道に迷った者を（正しい）道に戻してやり、奪われたものをとり返してやった」と述べている。ここでは、社会正義の遂行を誇示する文句が、アジアの情況に応じて、巧みに変型されてとり入れられている。この変型にみられるように、ファラオの秩序の讃美を目的としているとはいえ、作者は秩序の外にあるアジアの地に対する冷静な観察、公正な判断を常に忘れてはいない。ファラオに進んで臣従するようにとのシヌヘへの勧めに答えて、アンミ・エンシはこういう。「なるほど、エジプトは幸福だ。自分が栄えていることを知っている(から)。ところでそなたは、ここにいる。私のもとにとどまりなさい。そなたにはよいことをしてあげよう」と。ここには、エジプトはエジプト、われはわれというベドウィン族長の誇りが遺憾なく表現されている。

最後にテキストについてであるが、原本あるいはそれにごく近い写本はベルリン博物館所蔵の二つのパピルスである(Papyrus Berlin 3022 = Bと略記。Papyrus Berlin 10499 = Rと略記)。Bは第十二王朝のもので、三百十一行を含み、冒頭の部分を除いてほぼ完全である。Rは第十三王朝とみられ、二百三行を含み、前半の部分を記している。このためBに欠けている冒頭部をRで補ったテキストが用いられている。その他にも「シヌヘへの物語」は四つのパピルス、十五以上のオストラコンに断片的に記されている。すぐれた校訂として A. H. Gardiner, *Literatische Texte des Mittleren Reiches II*, Leipzig, 1909 があるが、本訳は A. M. Blackman, *Middle Egyptian Stories* (*Bibliotheca Aegyptiaca II*), Bruxelles, 1932, pp. 1-41によった。なお邦訳にあたっては、G. Lefebvre, *Romans et contes égyptiens de l'époque pharaonique*, Paris, 1949, pp. 5-25 ; A. Erman, *Die Literatur der Aegypter*, Leipzig, 1923, pp. 39-56 ; J. A. Wilson, The Story of Sinuhe (J. B. Pritchard (ed.), *Ancient Near Eastern Texts relating to the Old Testament*, Princeton, 1961, pp. 18-22) なども参照した。

〔付記〕以下のエジプト文学作品(訳者担当分)の解説においては、繁雑さを避けるため、訳出に用いたテキストの刊本および主に参照した訳本を文献としてあげるにとどめた。それぞれの作品の刊本、訳本、研究書の詳細については、ここでもあげたLefebvre, Pritchard, Erman（英訳 *The Ancient Egyptian*, Harper Torchbooks, New York, 1966）のほか、E. Brunner-Traut, *Altägyptische Märchen*, Düsseldorf-Köln, 1963 および訳了後に出版されたW. K. Simpson（ed.）, *The Literature of Ancient Egypt*, New Haven, 1972；M. Lichtheim, *Ancient Egyptian Literature*, 2 vols., Berkeley, 1973-76 の該当作品の解説を参照されたい。なお邦訳では矢島文夫訳編『古代エジプトの物語』社会思想社（現代教養文庫）昭和四九年、杉勇「古代オリエント人のこころ」（筑摩書房版『世界の歴史』２、昭和三五年（新訂版五三年）、一二五―八四頁）がある。

ウェストカー・パピルスの物語

この作品は現在ベルリン博物館所蔵の通称「ウェストカー・パピルス（Papyrus Berlin 3033. 最初の所有者である英人ウェストカー嬢に因んでこう呼ばれている）」に記されている物語である。パピルスに書写された年代はヒュクソス時代の末（前一六〇〇年前後）であるが、物語そのものは言語的にみて少なくとも第十二王朝（前二〇世紀）にさかのぼるし、その祖型となった口承の物語がつくられたのは後述するように第五王朝の成立後間もない頃（前二五世紀）と考えてよいであろう。

物語の構成はアラビア文学の物語、とくに「アラビアン・ナイト」を思わせるものがある。冒頭の部分は欠けているが、「ネフェルティの予言」やこの物語の「スネフル王の御代の奇蹟」などの類推から次のように復原できよう。クフ王（第四王朝第二代の王、ギザの大ピラミッドの建造者、在位前二五五〇年頃）は退屈して「〔なにか気晴らし〕はないかと王宮の〔部屋部屋をくまなく歩きまわってみたが、なにもみつからなかった〕」ため、王子たちを呼んで一人ずつなにか珍しい物語（奇蹟）を聞かせるよう命じた。もし伝承通り、クフ王の息子が九人いたとするならば、もとの物語は全部で九つの挿話を含んでおり、したがってわれわれには物語の半ば以上が失われていることになる。おそらく王子たちは年齢順に物語をしていったのであろう。こうして、王の気晴らしのために王子たちが物語るという枠組みの中で、互いに関係のない挿話が組みこまれているのである。現存する物語では、氏名不詳の王子（のち即位した第四王朝第三代の王ジェデフラーか？）がジェセル王（第三王朝第二代の王、サッカーラの階段ピラミッドの建造者）の、カフラー王子（のち第四王朝第四代の王、ギザの第二ピラミッドの建造者）がネブカ王（第三王朝初代の王）の、バウフラー王子がスネフル王（第四王朝初代の王）の、それぞれ御代に起こった「奇蹟」について語っている。第一の「奇蹟」は最後の部分しか残っていない。第二の「奇蹟」も断片が多いが、話の筋は知ることができる。

最後にデデフホル（正確にはジェデフホル、ホルデデフと読んだ可能性もある）王子の順番がくると（王子の名は教訓の著者として古代エジプト人には賢者の一人とされていた。ただし王子の教訓は残っていない）、王子は、兄たちが過去の「奇蹟」を語ったのに対し、今生きている魔法使いをつれてきて、その術を王の前で披露させようと提案する。ここで物語は突然現在の話となるのである。デデフホル王子みずからが年老いた魔法使いのジェディを迎えに行き、ジェディは王の前でその不思議な術のいくつかを披瀝する。次に王は、かねがね自分のピラミッドの中に設けたいと思っていたある特別な部屋の設計についてこの賢者に質問する。ジェディはその設計図のみつけられる場所を答えるが、それを取りに行くようにとの王の命令に対して、それを持ってくるべく運命づけられているのは、太陽神ラーの神官の妻の胎内にいる三つ子の長男であると答える。クフ王は質問をつづけて、この三つ子がやがて王位につくことを知る。王がさらにいつ、どこでこの三つ子が生まれるのかをジェディから聞きだしたところで第四話は終っている。第四話とともに過去から現在にうつった物語は第四話の最後の部分で王朝の不吉な未来の予言（三つ子による新王朝の開始）へと緊張感を高める。最後の物語はこのジェディの予言の成就を語るものである。三つ子は神々に助けられて誕生する。いくつかの奇蹟が伴われるが、パピルスはここで終っている。しかし結末については、キリストに対するヘロデ王の試みと同じように、クフ王は三つ子の生命を奪おうとさまざまな試みをするが、神の御意志によって失敗に終ることになると考えてまず間違いはなかろう。

「ウェストカー・パピルスの物語」は民間に流布した口承の物語が、偶然の結果として書き残されたものであるということができる。この物語の写本がわずか一つのパピルスでしかないということもその傍証の一つであるが、文体は単純であり、文章は短く、多くの繰り返しを含んでおり、まさしく「民話」の姿を示している。そこには魔法使いや魔法が中心を占める「お伽話」の世界があり、「難破した水夫の物語」、「二人兄弟の物語」などと同一系列に属する「口承文学」である。しかしこの物語は、他の「口承文学」の作品とちがって、魔法使いを主役とする挿話を並べながら、全体が有機的にある意図にそって構成されている点に大きな特色がある。それは第四王朝に代る第五王朝の登場を民衆に説明するという目的である。第四王朝はピラミッドの完成が象徴するように神である王を頂点におく古王国の国家体制の絶頂期であった。神王の王朝は永遠に続くはずであった。ところが現実には王朝の交替が起ったのである。新しい王朝にとってみずからの正統性を神王権の教義を損わぬように説明することが要請される。この物語の祖型は、この要請に答えたおそらく一人の天才的な「吟遊詩人」ともいうべき人物によってつくられたものであろう。物語は単純な気晴らしから劇的な事件へと緊張を高めるように構成されている。第四王朝を代表する王としてのクフ王の御代を物語の舞台として、まず過去の「奇蹟」が古い時代のものから順番に語られる。第一話と第二話は第三王朝の二王の御代の（ただしここではネブカ王とジェセル王との順序がいれかわっている）、第三話は第四王朝の祖スネフル王の御代の話である。第四話になって賢者として名高いデデフホル王子が登場し、現在の話となり、未来への予言で終る。最後の話はこの予言の実現である。聴衆になじみの深い「魔法使い」のお話をくりかえしながら、舞台をだんだんと現在にうつしていき、最終の目的である予言の実現による新王朝の到来へと聴衆をひきずっていく作者の手腕はみごとである。しかも舞台となる第四王朝の王を後代においても仁慈と正義をもって統治したとして名高いスネフル王とせず、暴虐の王として知られたクフ王としたところにも作者の意図は明白である。このように物語の祖型は第五王朝につくられ、当時の言語である古エジプト語で語られたのであるが、古代エジプト語の変化とともに物語の言語も変って中エジプト語となり、これが書写されてわれわれに残されているのである。古代エジプト文学には、はっきりと定本が確立しており、手本としてくりかえし書写された「文学」作品と並んで、口承によって語り伝えられ、偶然によって文字に書きとめられた「民話」の系列があるのである。

テキストはA. Erman, *Die Märchen des Papyrus Westcar*, Berlin, 1890に刊行されているが、入手できず、K. Sethe, *Ägyptische Lesestücke*, Leipzig, 1928², pp.26-36によった。ただしこのテキストは第三話以降しかないため、G. Lefebvre, *Romans et contes égyptiens de l'époque pharaonique*, Paris, 1949中の仏訳(pp. 70-90)によって第一話、第二話を補い、原文の行数もルフェーブルによって附した。物語の各章の表題も訳者が補ったものである。

難破した水夫の物語

レニングラードのエルミタージュ博物館所蔵の一パピルス(Papyrus Leningrad 1115)に神官書体《ヒエラティック》で記されているこの作品は、「ウェストカー・パピルスの物語」と共通する多くの特徴をもっており、同じ「口承文学」の系列に属することを暗示している。その特色とは、平易な言葉づかいや単純な文章構成を示すこと、反復が多く、しばしば長い部分がほとんどそのままくり返されること、写本はこのパピルスだけであること、物語が話される情況を示す枠の物語が設定されているらしいこと、などである。われわれに残されている部分はおそらく長い物語の最後の話のところだけであるので、枠の物語については推定するほかないが、船に乗りあわせた人々が、退屈をまぎらわせるために順番に話をしていくといったようなものであろうと思われる。

残された最後の話では親衛兵が同行者に語りかけるという形式をとっている。親衛兵と同じくこの人物の名も分からないが、きわめて高い地位にある人物であり、下ヌビアに指揮者として遠征しながら、王から与えられた任務を果たすことができず、しおしおと帰還しつつあることだけは明らかである。この高官を慰めるため、親衛兵は自分の体験談を語る。シナイ銅山への遠征の途中で船は難破し、ただ一人の生き残りとして紅海に浮かぶ島に流れつく。その島には蛇神が一人で暮らしていた。神は漂着した人間を親切にもてなし、克己《こっき》の手本として自分の体験を話してくれる。これによって親衛兵は気落ちした高官に克己心を奮いたたせようとするわけである。物語の中にさらに別の物語が含まれるというこの形式は、「ウェストカー・パピルスの物語」から「アラビアン・ナイト」まで、中東ではしばしば採用されている物語形式である。しかもこの難破談には「アラビアン・ナイト」中の有名な「船乗りシンドバッドの冒険」を思わせるものがあり、きわめて興味深い。

蛇神の予言通り船が現われ、たくさんの贈物を貰って、かれは故国に帰り、王に献上して褒美を受けたのである。しかしこの話も高官の慰めとはならなかったようである。「あまり気をつかってくれるな。わが友よ。だれが、朝には喉を切られる鳥に朝早く水をやろうとするだろうか」という気落ちした高官のことばでこの物語は終っている。ここには第一中間期の特色である厭世文学の影響をみてとることができる。

第一中間期に変化した神に対する観念はこの物語にもみられる。蛇神は難船者が感謝の証しとして帰国後に捧げることを約束した供物を拒否する。それらはもう充分所有しているからである。神が要求したのは、難破した水夫の生まれ故郷である「町における名声」であった。すなわち、神に対する敬虔な信仰心である。形式や物質ではなく、心が問題なのである。

水夫がうちあげられた島はプントの国にあると記されている。プントは、紅海西岸の現在のスアキンからマッサワ附近をさすと推定されている。新王国時代になると南限は紅海の南端まで広がったようである。古王国時代からエジプト人は、乳香、没薬を求めてこの地に遠征隊を送っている。遠征隊の経路は中エジプトのコプトスから、ワディ・ハンママートを抜けて紅海岸（現在のコセイル附近）に出、そこで船を仕たててプントへ向かうものであった。海岸は切りたっており、暗礁や小島が多く、航海は危険にみちたものであったた。こうしておそらくしばしば起こったと思われる難破がこの物語の背景をなしているわけである。

写本の年代は第十二王朝あるいは第十三王朝とされている。言語は中エジプト語であり、物語の成立が少なくとも第十二王朝初頭（前二〇世紀はじめ）まで遡ることは確かである。しかし「ウェストカー・パピルスの物語」と同じように、祖型となる物語が、最古のプント遠征の記録が残されている第五王朝まで遡る可能性はある。

テキストはA. M. Blackmanにより聖刻書体へ転写したもの（*Bibliotheca Aegyptiaca II : Middle Egyptian Stories*, Bruxelles, 1932, pp. 41-48）により、邦訳にあたっては、G. Lefebvre, *Romans et contes*, pp. 29-40 ; A. Erman, *Die Literatur*, pp. 56-63 ; E. Brunner-Traut, *Altägyptische Märchen*, Düsseldorf-Köln, 1963, pp. 5-10を参照した。

生活に疲れた者の魂との対話

前二一六〇年頃の古王国の国家体制の崩壊は古代エジプト人の世界観に大きな影響を与えた。ピラミッドに象徴されるように「神王」を頂点として永遠不動と信じられていた秩序がもろくも崩れ、あとには混乱と社会不安が支配した。このような社会情勢の中にあって、いやこのような社会情勢であるからこそ一層切実に、新しい価値、新しい世界観への模索がなされる。それは活潑な文学活動に表われており、これがやがて中王国のエジプト文学の古典時代へと実を結ぶのである。この作品はこうした新しい価値を求める試みの一つであり、エジプト文学史上きわめて特異な地位を占めている。

この作品の写本は、第十二王朝中頃（前一九世紀）と推定されているベルリン博物館所蔵パピルス（Papyrus Berlin 3024）があるにすぎない。写本はいわゆる「再記写本」で、もとの「羊飼いの物語」のテキストを消した上に「生活に疲れた者の魂との対話」を記している。テキストの最初の部分が失われている上に、きわめて稀にしか使われず、したがって解釈の困難な語がひんぱんに出てくるため、個々の部分ばかりでなく、全体の意味、作品の意図についても、過去七十年にわたってさまざまな解答が提唱されてきたにもかかわらず、今なお一致をみていない。以下の解説は主として最新の研究であり、現状では最も妥当なものと訳者の考えるバルタの解釈によっている（W. Barta, *Das Gespräch eines Mannes mit seinem B A*, Berlin, 1969）。

全体の構成は、生活に疲れた男がその「魂」と対話するという形をとり、「魂」のことば（きわめて断片的）ではじまり、「魂」がしめくくるまで三度にわたるやりとりがなされている。「魂」と訳したことばは原語で「バー（Ba）」とよばれるもので、「カー」「アク」とともに、古代エジプト人がわれわれの霊魂の概念に相当するものとした三つの概念の一つである。これら三概念の定義については今なお明確ではないが、「バー」はしばしばギリシア思想の「プシュケー」に比定されており、神によって人間に与えられた生命力を意味したようである。しかし「バー」の役割は此岸においてよりもむしろ彼岸にあり、永遠の生命の荷ない手とされ、人間の肉体的な死とともに鳥（コウノトリの一種）の姿で、あるいは人頭の鳥の姿で肉体を離れて天に登り、太陽神とともに永遠の生命に与るとされた。しかし太陽神が毎夜天の女神に呑みこまれ、毎朝新しい生命として誕生するように、

「バー」もまた定期的に、墓所にミイラとして保存された遺骸にもどることによって永遠の生命を更新するとみなされた。太陽神との密接な結びつきが示すように「バー」はもともと太陽神の属性であったものであるが、古王国には「神王」もこれをもつとされ、第一中間期のいわゆる「宗教の民主化」によって一般人もまた「バー」をもつことができるようになったのである。この作品もこの「バー」の普遍化を背景としてはじめて成立しえたといえる。

この作品の成立の動機は、社会不安がもたらした現世の生活の価値および埋葬儀礼の有効性に対する疑いに何らかの解答を与えようとしたものとみてよいであろう。現世および来世をめぐるこの二つの問題こそ、当時の最も切実な宗教上の問題であったことは想像に難くない。「対話」は新たに普遍化した「バー」概念によってこの問題に答えようとしたものである。以下「対話」の中で二つの問題がどのように答えられているかみてみよう。

最初の問題は現世の価値についてである。男にとってこの世の生活は絶望と幻滅以外のなにものでもない。悪の支配する時代に生きる男には人生の喜びもなく、歎きと死への憧れとが残るだけである。彼岸での生活だけがかれに救いをもたらしてくれるのだ。これに対して「バー」は、人間の生命力の荷ない手として、生の絶対的な価値を擁護し、生命を楽しむことを勧める。現世を嘆くのは神を冒瀆する理性に反する行為にたとえられている。この問題に関しては結局男が屈服して、嘆くことをやめ、生をそのあるがままに受け取り、それに相応しい敬意を払うことに同意したようである。しかしこの点については明確ではなく、男の主張が通ったとの正反対の解釈も可能である（むしろこの意見の方が支持者は多い）。

第二の問題は彼岸での生活に関してである。肉体とちがって彼岸における永生のための処置の必要を感じない「バー」は、ミイラ製作、開口の儀式、埋葬儀礼などの葬祭の必要性に疑問を提出する。社会不安の中に墓はあばかれ、葬祭も全く放置されている現状では、伝統的な葬祭慣行は役に立たないではないかという訳である。したがって「魂」は遺骸の保存は余計なことであるとして、人間は「バー」として存続するだけで充分であると主張する。自分は死とともに男を捨て、遺骸と関係なく自由に行動したいというのである。この主張こそ当時みなぎっていた厭世観に対応するものといえる。これに対し男は彼岸における生は、保存された肉体と「バー」との共存によってのみ可能であり、一方を欠いては他方は存在しえないと主張する。もし遺骸が滅びるならば、「バー」もまた滅びる。したがって墓を営み、肉体の存続を保証するすべての葬祭慣行を忠実に守ることこそ永生に対する唯一の保証である。「バー」は太陽神が毎夜天の女神の胎内にもどるように、規則的に遺骸のもとに戻って憩わねばならない。結局「バー」は男の主張に屈服し、葬祭儀礼の必要性を認める。この二つの問題は対話の中で並行して取り扱われており、両者の発言はそれぞれ前の発言に対する答えというよりは、それぞれが相手の発言とはあまり関係なく、独白の形で自分の主張を展開するといった意味合いが強い。これがこの作品の解釈を一層困難にしているのである。したがって、厳密な意味ではこれは「対話」とは呼べない。ようやく最後の「バー」の言葉が、両者の主張を考量して、妥当とすべき見解を提出している。時代状況からみた場合、二つの問題に対する結論がその理由づけはともかくとして、あまりに伝統的な見解に合致しているのは、いささか失望させられる点であろう。

文学的にみたとき、全篇の頂点をなすのは男の最後のことばである。ここでは男の主張が四つの詩にうたい上げられており、古代エジプト詩の中で最も美しいものの一つとされている。それぞれの詩は三句から成る詩節をいくつかまとめたものであり、詩節の最初の句は詩毎にすべて同じで、きちんとした構成を示している。第一の詩は「見よ、わが名はそなたの故に悪臭を放とう」を第一句とする八節からなり、社会から放逐された者の全く個人的な運命をうたっている。第二の詩は「今は誰に語りかけられよう」ではじまる十六節からなり、社会を支配している悪と悲惨さをうたう。四つの詩の中で最も長く、全体の頂点をなしている。第三の詩は「死が今日は眼の前に見える」を第一句とする六節からなり、あらゆる価値が失われ、地上に結びつける何ものもない者の前に浮かぶ死への憧れをうたう。最後の詩は「まこと、あそこにいる者は」ではじまる三節からなり、彼岸における至福の生活をうたう。各詩はきわめて有機的な連関をもって配置されており、構成の厳密さとあいまって、この部分だけで形式・内容・表現ともに古代エジプト文学の代表としてよいであろう。

テキストは W. Barta, 前掲書により、邦訳にあたっては、バルタの訳のほか、R. O. Faulkner, The man who was tired of life, *Journal of Egyptian Archaeology* 42 (1956), pp.

49-56 ; J. A. Wilson, A Dispute over suicide (J. B. Pritchard (ed.), *Ancient Near Eastern Texts*, pp. 405-07) ; A. Scharff, *Der Bericht über das Streitgespräch eines Lebensmüden mit seinem Seele*, München, 1937を参照した。

雄弁な農夫の物語

このほぼ四百三十行近くからなる物語は「ホルスとセトの争い」と並んで、古代エジプト文学の作品中もっとも長大かつ完全なものである。技巧をこらした文体は中王国の「古典文学」の代表作の名に恥じないものであるが、同じ「古典文学」の代表的作品である「シヌへの物語」が後代のエジプト人にも愛されたのに対し、この作品の写本は中王国時代のものに限られており、中心テーマである雄弁に対する評価が、そのあまりに技巧的な文体とあいまって、後代にはそれほど高くなかったことを示している。農夫の訴えの言葉が中心テーマであるため、語彙・文法ともに中エジプト語研究者にとって豊富な材料を提供してくれている。しかし、弁論の背景となる社会的思想的前提についてわれわれに不明の点が少なくないため、翻訳はきわめて困難な作業であり、あいまいな箇所も多く、また翻訳者による違いがきわめて大きい状況にある。

物語の主人公のクーエンアンプーの職業については、最初の刊行者ガーディナー(A. H. Gardiner)以来、「農夫」(Bauer, peasant)とよばれているが、これについては疑問の点が多い。まず、かれはナイル河岸の住民ではなく、オアシス(現在のワディ・ナトロン）の住民である。しかも、ロバに積んだ品物からみて、塩商人、あるいは小卸商人である可能性もあるのである。しかし、通常古代エジプトにおいて商人が出現するのは新王国時代からとされており、この程度の品物は、物語の背景となる時代（第一中間期末で、なお中央権力の統制が最終的に確立しているとはいえない時代）からみて、農民が物々交換の市のため持参しうるものとみなしうるから、通例に従って「農夫」と訳すことにした。

物語の筋は簡単である。時代は第十王朝のネブカウラー王（ケティ三世、在位前二一世紀前半、「メリカラー王への教訓」の作者と推定されている王）の御代、「塩の原」に住む農夫のクーエンアンプーは、食糧の調達のため、塩、天然炭酸ソーダをはじめとするオアシスの産物を積んだロバの列を率いてナイルの谷へと下る。王都の近くまで来た時、貪欲な官吏に言いがかりをつけられ、持ち物を皆奪われてしまう。農夫はこの官吏の上役である王室の家令頭レンシのもとに赴いて訴える。レンシは裁きに決着をつけず、秘かに王のもとに赴いて、きわめて雄弁な男が訴えを起したことを告げる。「ウェストカー・パピルスの物語」のクフ王や、「ネフェルティの予言」のスネフル王と同じく退屈に苦しんでいたケティ三世は、訴訟を故意に長びかせ、農夫の訴えを書き留めておくように命じる。その間農夫には告げずに残された家族の面倒を見ることも手配される。こうしてこの物語の中心をなす九度の長い訴えが農夫によって語られる。とうとう農夫がしびれを切らして、自殺しようとすると、判決が下され、農夫は奪われたものを取り返したばかりでなく、貪欲な官吏の財産までも与えられ、正義が実現されてこの物語は終る。

物語の大半を占める農夫の家令頭レンシへの訴えは九度なされる。訴えの大部分はきわめて短い文を次々とたたみかけて並べていくのが特徴である。農夫は貧しい者、弱い者も権利をもっており、永遠の正義こそ讃えられるべきものであることを主張することにより、自分の侵害された権利の回復を求めるのであるが、訴えの重点は明らかに主張の内容よりも修辞に置かれている。自分の言葉は正義の父である太陽神ラーの霊感によっているとして弁論の才能に誇りをもつこの農夫は、さまざまな技巧をこらして自己の主張を展開する。農夫が好んで用いるのは比喩である。例えば正義の遂行を舟の航行にたとえたり(少なくとも七回)、秤による計量にたとえたり(六回)、不正を行なう者をワニにたとえたり(四回)している。このように日常眼にするものにたとえることによって当時の読者に強い共感をひきおこしたことは容易に想像できよう。家令頭レンシについてのたとえを例にすると、「あなたはワニ神の使いに似ております」「あなたこそは熱心に友だちを傷つけようとする洗濯人のようです」「渡し賃をもっているものだけを渡す渡し守のようです。正直な取引きなど皆無になってしまっている正直な商人のようです」「貧しい人に心よく食料をひきわたさない倉庫の長のようです」「市長のいない町、長のいない団体、舵手のいない船、指導者のいない同盟のようです」「盗みをする警官、賄賂を受けとる市長、盗みを罰すべきなのに、盗みをする人びとの手本となっている州長官のようです」等々と非難されている。

対照法もまた農夫の好んで用いる技巧である。「息吹きを与えるべき人が息もせずに地上におります」「生命の分配者よ、人を死なせないで下さい。破壊者よ、破壊されるがままにしておかないで下さい。日蔭よ、太陽のようにふるまわないで下さい」等々。

語調のよい言葉を並べること、反復、頭韻、脚韻の使用もよくなされる。例えば、「おお家令頭さま、わたくしの御主人さま、偉いお方の中でも一番偉いお方、金持ちの中でも一番金持ちなお方」というレンシへの呼びかけ、「もしあなたに味方するものがなければ、女神に味方するものもありません。もし女神に逆らうものがなければ、あなたに逆らうものもありません。もしあなたがそれをなさらないのなら、女神もそれをいたしません」などである。しかしこのやり方は「正義の主のために正義を行ないなさい。その主の正義の中に真の正義が存するのです」とか、「あなたが善であれば、善なのです。ほんとうに善なのです」のようにまわりくどい気取った表現となる危険性もあるのである。

当時の人びとに知られていた諺も好んで引用される。「貧乏人の名前はその主人のためにだけ口に出される」「こらしめは一時のこと、悪は長期のこと」「正義を行なうことこそ、鼻孔の息吹きである」「あるものを別のものの代りとするな」「明日がやってこないうちから明日の準備をするな。明日にどんな悪いことがあるのか誰も知らないのだ」。こうした諺の引用は、知識を誇示するだけでなく、読者をより深く弁論の流れの口にひきこむ効果をもっていたのである。

農夫はしばしば自分の才能に溺れるあまり、たとえば第四の訴えや第六の訴えの最後の部分のように、脈絡のない、一見支離滅裂ともいえる弁論を展開している場合もある。しかし全体としてみた場合、味わいとユーモアにみちた観察が貫いており、訴えの巧みさ、融通無碍の論の進め方はみごとである。家令頭レンシに対して「あなたは廷臣とともにあられる天の支配者ラーでございます。……牧場を緑にし、荒れた地を肥沃にするハピでございます」とお世辞をいうかと思えば、「腕は勇敢で、心は強欲です。あわれみはあなたのそばを通りすぎております」と叱りつけ、あるいは罵り、「罰せられるべきものには罰を加えて下さい。そうすれば、あなたの公平さに匹敵するものはだれもいないでしょう」と忠告し、「わたくしの悩みをとり払って下さい。わたくしがどんなに苦しんでいるかごらん下さい。わたくしを気にかけて下さい。わたくしは貧窮しておるのでございます」と同情をひこうとし、「人間は……死ぬものなのです」と正義の実行こそ不死を得るものであることを思いおこさせるなど、あらゆる術策に訴えている。こうしてクーエンアンプーは、きわめてエジプト的なやり方で、すなわち、よく選びぬかれ、きちんと整えられた言葉の力によって、自分の権利を回復できたのである。現代のエジプトにおいても、弁説のもつ力（それは例えば故ナセル大統領の演説にうかがうことができる）の大きさをみるとき、長い伝統の重みを感ぜずにはおれない。しかもこの雄弁の才は一介の農民がもっていたのである。すでに古王国時代において「宰相プタハヘテプの教訓」が「よき会話はエメラルドにもまして隠されてあり、碾臼のそばの下女とともにみいだされる（こともあらん）」と記しているが、現実にこの考えを具体化した作品が書かれたということは、第一中間期における「社会革命」とその結果としての社会正義の価値の発見によるものである。

社会正義の遂行の義務こそ中王国時代において繰返された主張である。前述のように農夫の訴えは、内容よりも修辞に重点があるとはいえ、社会正義の実現を求めるという主張は一貫している。権力と地位のある者はすべての人間に公平でなければならぬ、いや貧しい者、弱い者の味方でなければならぬのである。「正義は永遠にまでつづくものです。正義はこれを行なうものといっしょに墓場へと下っていくのです。かれが墓に納められ、埋められてもその名前は地上からぬぐい去られることはなく、善のゆえに記憶されるのです。これが神の言葉のさだめなのです」とクーエンアンプーは言っている。貧しい農夫の口から正義を主張させることこそ、第一中間期と中王国時代の時代風潮をよく反映している。

しかし、一介の農民が正義を主張するこの物語は、後代のエジプト人にとっては、秩序の感覚に反するものと映ったようである。われわれに残されているほぼ完全な写本はすべて中王国時代のものである。すなわち、ベルリン博物館所蔵の三枚のパピルス（Pap. Berlin 3023＝B1と略記、3025＝B2と略記、10499＝Rと略記）および大英博物館所蔵の一枚のパピルス（Pap. British Museum 10274＝Btと略記）である。B1は第十二王朝のもので、物語の最初と最後の部分を欠くが三百二十六行が残されており、最も完全なもの。B2も同じく第十二王朝、後半の百四十二行を記す。Rは第十三王朝の写本、表側に最初の部分の百三十八行を記す（なお裏側には「シヌへの物語」の冒頭部がある）。Btは第十二王朝の写本、冒頭部の四十行を記している。フォーゲルザンクとガーディナーによって、ベルリン博物館所蔵の三枚のパピルスを校訂したテキストが編集され（B1を中心とし、冒頭部をR、最後の部分をB2で補う）、これが、多少の修正をうけてはいるが、現在のところなお底本となっており、本訳もこれに従った（F. Vogelsang u. A. H. Gardiner, Die Klagen des Bauern. *Hieratische Papyrus aus den königlichen Museen zu Berlin*, IV. 1, Leipzig, 1908. なおガーディナーによる修正については、A. H. Gardiner, The eloquent peasant, *Journal of Egyptian Archaeology* 9（1923), pp. 5-25 参照）。翻訳にあたっては、J. A. Wilson, The Protests of the Eloquent Peasants（J. B. Pritchard（ed.), *Ancient Near Eastern Texts*, pp. 407-10）; G. Lefebvre, *Romans et contes*, pp. 41-69 を参照した。

イプエルの訓戒

ライデン博物館所蔵の一パピルス（Papyrus Leiden I 344 recto）に記されたこの作品は、エジプト文学史上特異な地位を占めるものとして、よく知られた作品であり、しかも作品の成立年代、意図をめぐって今なお活潑な論争がなされている作品でもある。その最大の理由は、現存する写本がかなり後代の一つしかなく、しかも欠損がいちじるしいことにある。パピルスのはじめと終りとは欠けており、現存する十七欄のテキスト中にも脱落が多いのである。とくに他の文学作品の例が示すように物語の背景を記すべき導入部分（おそらくここでイプエルの物語の舞台への登場とその弁論との理由が語られていたと思われる）が欠落していることが、この作品の解釈をきわめて困難なものとしている。

まずこの作品の成立年代について考えてみよう。写本の年代は、第十九―二十王朝（前一三―一二世紀）である。しかし言語と正書法は中エジプト語を示しており、描かれた社会状態、中央行政機構の崩壊とそれに伴う国土の混乱は、古王国崩壊後の第一中間期の状況によく合致することなどから、作品の成立は第一中間期から中王国初頭にかけて（前二三―二一世紀）、しかも描写の生々しさ（これはあくまで主観的なものにすぎないが）からして第一中間期初頭というのが、従来大部分の学者によって暗黙の中に認められていた作品の成立年代であった。しかし最近のヴァン・シーターズ（J. van Seters）らの研究によれば、いくつかの用語例（たとえばアジア人や中央刑務所のよび名など）やデルタに多数のアジア人が居住する事情などはむしろ第二中間期（前一八―一七世紀）の状況を示しており、したがって作品の成立年代は第二中間期であるという説がシーターズによって強力に主張されている。また近年エジプト文学の韻律研究の分野を開拓したフェヒト（G. Fecht）も「イプエルの訓戒」の韻律は中王国の成立以後に採用された韻律の規則にもとづいているといっている。これらの論拠はきわめて強固であり、われわれに残された写本の形での作品が起草された年代は第十三王朝以後（おそらく第十三王朝末）と考えて間違いないであろう。しかしこのことからヴァン・シーターズの主張するように「イプエルの訓戒」が記す社会状態は第一中間期とは全く関係のない第二中間期の描写であると結論することはできない。フェヒトの指摘するように、もっと古い原本が存在し、それが新しい韻律に従って書き直された可能性はきわめて大きいからである。その際に新しい状況を反映する部分が加わったのであろう。全体としてみた場合、描写された社会状態は「ネフェルティの予言」にも簡潔に描かれている古王国崩壊直後の状況によく合致しており、したがって「イプエルの訓戒」を第一中間期初頭の「社会革命」の史料とする従来の見解は全体として正しいであろう。すなわちこの作品は「生活に疲れた者の魂との対話」と同じく第一中間期という時代精神の産みだしたものなのである。

古王国の崩壊が古代エジプト人に及ぼした衝撃の大きさはいくら強調しても強調しすぎることはなかろう。首都メンフィスを中心として下エジプトに無政府状態が出現し、永遠とみえた世界像はもろくも崩れ落ちる。しかしすぐに新しい価値の探求が始まる。第一中間期は思想の上では古代エジプト史上最も活気にみちた時代の一つである。「イプエルの訓戒」も明らかに新しい価値の追求をめざしたものである。しかし最初に述べた事情からこの作品の解釈については、今なお論争が続いている。最大の論点は、イプエルの話しかける相手が王であるのか、それとも創造神であるのかという点である。前者をとれば（これが従来の支配的な見解である）この作品は政治のあり方を主題としたものということになり、後者に従えば神と秩序との関係を主題としたものということになる。この問題を考える前に、全体の構成について記しておこう。

テキストは十七欄よりなり、各欄は十四行前後である。全体は同一の導入句の反復によっていくつかにまとめられる。欠落の多い導入部分につづいて「ほんとうに」という導入句のくりかえされる第一部（一・一—六・一四）では旧秩序の崩壊とそれに伴う国内の混乱とが客観的に概観される。つづく第二部（七・一—九・八）では導入句「見よ」がくりかえされ、筆調はより主観的となり、社会状態に対する筆者の不信がよりはっきりと表明されている。つづいて「……は破壊されてしまっている」を導入句とする短い第三部(九・八―一〇・三)ですべての禍いの原因である権威の解体が語られ、最後に以上の社会状態を記す部分の結びとして下エジプトの悲惨な状態が総括される(第四部、一〇・三―一〇・六)。現存するテキストの半ば以上を占める以上の部分は、以下のイプエルの主張の論拠となるものである。この社会状態は好ましいものではないとの観点の上に、以下の論が展開する。まず「気高き王都の敵を滅ぼせ」を導入句とする短い第五部(一〇・六―一〇・一二)によって王都の不平分子に対する断固たる処置が、つづく「思い起こしてもみよ」を導入句とする第六部(一〇・一二―一一・一〇)において神に対する正しい祭祀の復興が主張される。イプエルの主張の中心をなす第七部(一一・一一―一三・八)ではもはや導入句は使用されず、相手がこのような混乱を放置していることに現状の責任があり、したがって断固たる処置をもって介入すべきであることを厳しく要求している。導入句を用いないことによって、この部分はそれまでの部分といちじるしい対照を示しており、イプエルの主張を一層鮮明にする効果をもっている。ついで再び「ほんとうにすばらしいことだ」を導入句とする第八部(一三・九―一四・九)がつづき、かつての秩序ある生活が憧れをもって回想され、秩序の回復のため武器をとって異民族を追放しようとよびかける第九部(一四・一〇―一五・五)がくる。以上がイプエルの第一の発言である。脱落の多いため翻訳不可能な第一〇部(一五・六―一五・一三)ではイプエルの発言に対する返答が記されていたとみられる。これに対しイプエルは再び口を開く(第一一部、一五・一三—一七・二)が、第六王朝の没落を記すらしい最初の部分を残して、あとは判読不可能である。全体の構成からみてこの作品も「生活に疲れた者の魂との対話」と同じく第一中間期に出現した「対話文学」の作品である。しかも「魂との対話」が対話による両者の論旨のからみ合いの展開というよりはむしろ、それぞれの主張の独白を形式上ほぼ釣り合うように並べているにすぎないのに対し、「イプエルの訓戒」では形式上の釣合いは完全に放棄され、もっぱらイプエルの主張のみに重点がおかれている。対話による主題の発展がない点に当時の「対話文学」の特色があるといえよう。

では作品の意図について考えてみよう。前述のように最大の論点はイプエルの対話の相手が王であるのか創造神ラーであるのかという点である。前者の見解を代表するものとしてシュピーゲル(J. Spiegel)の説が、後者の見解を代表するものとしてフェヒトの説がある。シュピーゲルの説は*Soziale und weltanschauliche Reformbewegungen im alten Ägypten*(Heidelberg, 1950)に展開されている。かれによれば、イプエルは古王国の支配階級であった旧貴族の代弁者として、「社会革命」によって権力をえた新勢力の代表者であるファラオに論争をいどみ、新しい王権観(人類の牧者である王)こそが現在の混乱の原因であると非難し、かつてのファラオのように断固たる処置(行動)によって旧秩序の復活に努力すべきであると説いているのである。未来を予言するのではなく、過去と現在のやり方を非難するという意味において、イプエルは聖書の意味での「預言者」とよぶことができる。すなわち「イプエルの訓戒」は、作者の目前に存在する内外の状勢を描写し、古王国崩壊後の国土の混乱という特定の歴史事情を背景として、旧秩序の復活を説く政治論であるということになる。この意味では「反動的」復古的な政治論である。シュピーゲルはイプエルの弁論をシーザーの死に際するアントニウスの演説に比較している。すなわち演説の本当の目的は最後になってはじめて明らかとなるのであり、一見気ままな配列によって聞き手の心に一定の感情を次第によびおこしていくというのである。なお同じ「ファラオ」説にたつフォークナー（R. O. Faulkner）は作品の意図について、悪政の結果を王に示すことにより王に対する教訓を記そうとしたものか、あるいは善政とかつての無秩序状態とを対比させることによって現王朝の正統性を示そうとする政治的意図によるものかであろうとしているが、シュピーゲル説ほど論拠は明快ではない。

これに対しイプエルの相手を創造神ラーとする説はオットーによって最初に提唱された（E. Otto, *Der Vorwurf an Gott. Zur Entotehung der ägyptischen Auseinandersetzungsliteratur*, Hildesheim, 1951）。フェヒトの説は G. Fecht, *Der Vorwurf an Gott in den „Mahnworten des Ipu-wer“*, Heidelberg, 1972 に展開されている。かれによれば、イプエルの相手は創造神ラーであり、現在のような混乱は神の責任であると非難しているのである。人間は母胎においてすでに悪への指向（つまり一種の「原罪」）を神より与えられているのであるから、神が人間界に介入せず、放置しておくならば、このような無秩序状態が生まれるのが当然である。したがって人間をこのように作った以上は、創造神は人間界に積極的に介入し、かれらを善に導く責任を負っていることになる。イプエルの主張は人間の「原罪」「予定説」ともいうべきものであろう。これに対し人間の「自由意志説」というべきものも存在した。人間は本来善にも悪にも予定されてつくられたのではなく、善い行動も悪い行動も人間の意志次第であるというのである。古王国時代には、たとえば「プタハヘテプの教訓」が示すように、「予定説（この場合は人間は生まれながらに善悪いずれかの傾向を与えられているというもの）」と「自由意志」説とが共存している。神に与えられた秩序に信頼して生きることのできた古王国のエジプト人にとって、「予定説」も「自由意志説」も矛盾することなく同居することができた。しかし第一中間期の混乱はこの二つの考え方の矛盾を鮮明にし、二者択一を迫るものとなった。神の与えた秩序という観念に固執する限り、「予定説」さらに一歩進んでイプエルの「原罪」「予定説」への道は自然である。これがおそらく混乱期の初めには支配的な見解であったのであろう。しかし時の経過とともに「自由意志説」が支配的となる。人間の側の責任によるものとの主張が、たとえば「メリカラー王への教訓」や「雄弁な農夫の物語」にみられるように、優勢となるのである。この傾向はオシリス神による死者の裁判の観念が普及することと一致している。中王国に盛行したコフィン・テキスト一一三〇章の中で神は次のように述べている。

私は地平線の門の中において四つの善き業をなした。

万人がその時代に呼吸できるように、四つの風をつくった。
これが業の一つである。
貧しき者が大いなる者と同じ力をもつように、豊かな増水をつくった。
これが業の一つである。
万人をその隣人と同じようにつくった。
私は悪をなせとは命じなかった。
私のいったことに背いたのは彼等の心であった。
これが業の一つである。
州の神々に供物が供えられるようにと、
彼等の心が西方を忘れることのできぬようにした。
これが業の一つである。

ここには人間（とくにファラオ）は社会正義の遂行によって秩序を保つ責任があるとの主張がはっきりと示されている。もちろん中王国による秩序の回復とともに再び「予定説」と「自由意志説」とは共存するが、以後は後者に重点がおかれるようになり、正義の遂行が人間の重要な義務となっている。以上やや詳しくフェヒトの説を紹介したが、現状ではたしてイプエルの相手が王なのか神なのか結論できない。相手は「万物の主」と記されているが、これは当時王に対しても創造神に対しても用いられている。この解決にはテキストの全面的な再検討が必要であろう。しかし第一中間期、さらには古代エジプト全体の思想状況を考察するものにとって、フェヒトの説がきわめて魅力あるものである事実は否定できない。もしイプエルの相手が創造神であるならば、「訓戒」という題は適当ではなく、「イプエルの叱責」あるいは「非難」といったような題が適当であろう。

原典はC. Leemans, *Monuments égyptiens du Musée d'Antiquités des Pays-bas à Leyde* (Leiden, 1841-82) II, pls. CV-CXIII に刊行されているが、A. H. Gardiner, *The Admonitions of an Egyptian Sage*, Leipzig, 1909 のテキストにより、邦訳にあたってはGardinerの訳のほかJ. A. Wilson, The Admonitions of Ipuwer (J. B. Pritchard (ed.), *Ancient Near Eastern Texts*, pp. 441-44); R. O. Faulkner, The Admonitions of Ipuwer, *Journal of Egyptian Archaeology* 50 (1964), pp. 24-36; 51 (1965), pp. 53-62 を参照した。なおこの作品から知られる第一中間期の「社会革命」その他これに附随する問題については拙稿「イプエルの訓戒」(『古代史講座11』学生社、昭和四〇年、一一一—四五頁)を参照されたい。

ネフェルティの予言

この作品は「アメンエムハト一世の教訓」「シヌへの物語」とともに第十二王朝に成立した「政治的文学」の作品であり、第十二王朝の政権獲得を正当化することを最もはっきりと目ざしたものであるといえよう。第一中間期の内戦と無政府状態は古代エジプト人の心に大きな衝撃を与え、それだけにこの混乱を克服した新しい王朝に対して、「救世主《メシア》」（それは政治的メシアであるが）によって救済されたのであるという見方を生みだしたことは容易に想像できよう。この作品はこうした風潮を利用して、第十一王朝による国家統一事業を無視し、新しい第十二王朝の祖アメンエムハト一世こそこのメシアであるとして、その地位を正当化しようとしたものである。現存するほぼ完全な写本は、第十八王朝のトトメス三世（前一四五〇年頃）の時代のものである（Pap. Leningrad 1116 B）。けれども、作品の成立年代はこれより約五百年さかのぼるアメンエムハト一世の即位後まもなくであるとされている。

予言（それは旧約聖書の預言者がなしたような未来の予言ではなく、すでに起ったことを予言の形で述べるにすぎないのであるが）をなす賢者の名前については、前述の写本では四カ所にでてくるが、いずれもはっきりと読むことができぬため、英人エジプト学者ガーディナー（A. H. Gardiner）の提唱以来ネフェルロフが一般化し、この作品も従来「ネフェルロフの予言」と題されてきたが、近年ポズネー（G. Posener）がトリノ博物館所蔵オストラコンおよびデル・エル・マディーナ出土オストラコン（Ostracon DeM. 1186）にもとづいてネフェルティと読み、この読み方が定着しつつある。ここでもこの新しい読み方に従った。

作品の構成は三部より成る。まず第一部では「ウェストカー・パピルスの物語」と同じように予言がなされる舞台が設定される。舞台は第四王朝の始祖スネフル王の宮廷である。

スネフル王は後代慈愛深い理想的なファラオとして民衆の間でも尊敬された王である。ある朝王は退屈に苦しみ、朝の挨拶をすませて退出したばかりの役人たちを呼びかえし、美しいことばで楽しませてくれるような賢者はいないかと問いかけ、女神バステトの神官ネフェルティを推薦される。王はかれを呼びよせ、「耳に聞いて楽しめるような」「美しいことば」を所望する。ネフェルティはすでに起ったことについて語るべきか、将来起ることについて語るべきかについて問い、王は後者を望む。ネフェルティが語り始める前に王は筆記用具をとりよせ、みずからかれのことばをパピルスに書き記す。

第二部ではネフェルティは来るべき国土の状態について静かに思いを凝らし、浮かんでくるイメージを王に語り聞かせる。そこに描写されるのは混乱状態にある暗い国土の姿である。「ある人の財産はその人から奪われ、よそものに与えられ」、息子は父の敵となり、弱い者が力を得、下積みの男が最上位の地位を占める。ここに示される社会秩序の混乱は、「イプエルの訓戒」が記す第一中間期の「社会革命」のイメージと同じであり、共通する句は全くみられないとはいえ、両者が同一の時代を描いていることは間違いない。古代エジプト人にとって、王権は社会と宇宙の秩序の荷ない手であるから、王権の衰退による社会の混乱は、必然的に宇宙秩序の混乱をひきおこす。「日輪はおおい隠され光を放たず、人びとは見ることもできない」し、「エジプトの河は干上がり、徒歩で水を渡ることができ」、熱い「南風」が吹きはじめる。要するに「ラーは創造を新たに始めなければならなくなるのである。

第三部（五七行末尾以下）は短いが、この作品の中心をなす「予言」の部分で、第二部で描かれたような悲惨な国土の状態からの救済が予言される。救世主《メシア》として南部から一人の王が現われる。その名前はアメニ（アメンエムハト一世の通称）であり、かれが国土を再び統一することになる。「識者は、私の言ったことが起ったのをみるならば、私に（灌奠の）水を注いでくれよう」という予言の実現を確信する（事後の予言であるから実現されるのは当然であるが）ことばで、ネフェルティの言は終っている。

　この作品の無名の作者は、現在のできごとをそのまま物語ることを避け、六百年以上も前の一人の賢者に語らせるという着想によって、見せかけの客観性を獲得することに成功する。予言の語られる舞台は暴君として悪評の高いクフ王ではなく、その父であり、名君として人気のあるスネフル王の宮廷である。もしネフェルティがそんな昔に国土の混乱とそれを救う王の通称（アメニ）を正確に知っていたとすれば、王の政治的救済者としての役割もまた信頼できるという訳である。この作品の目ざしたのは、アメンエムハト一世が（政治的）メシアであることを臣民に納得させ、王への忠誠を確保し、こうして王が倒した第十一王朝の支持勢力を弱めることにあったのである。これがネフェルティの予言の目的である。

　ネフェルティはこの目的を達成するためにまず暗い時代を描写する。救済者《メシア》の到来は混乱時代のイメージが暗ければ暗いだけ一層明るく映ることになる。王の名前、素姓、その主要な事業であるアジアのベドウィンへの防壁として北東デルタに設けられた要塞群

（「支配者の壁」）が予言される。王の事業について語ることが少ないのは、作品の成立がアメンエムハト一世の即位後まもなくであるためであろう。いずれにせよ、第一中間期の混乱の描写にみられるような前代の文学遺産を継承しながら、事後の予言という全く新しい文学形式をつくりだし、新しい王朝の要請に答えた無名の作者の才能はすぐれたものといえよう。訳文にはうまくだせなかったが、簡潔なきびきびした文体も作品の目的と構成によくマッチしている。

唯一のほぼ完全な写本はレニングラードのエルミタージュ博物館所蔵パピルス（Pap. Leningrad 1116 B. 1116 A は「メリカラー王への教訓」の写本）であるが、断片はカイロ博物館および大英博物館所蔵の二枚の木板（Tablette Cairo 25224；Tablette B. M. 5647, いずれも第十八王朝）、十九枚以上のオストラコン（うち半数以上はデル・エル・マディーナ出土、第十九王朝）に残されている。ゴレニシェフ（W. Golénischeff）によるパピルス写本の刊行（*Les papyrus hiératiques Nos. 1115, 1116 A et 1116 B de l'Ermitage Impérial à Saint-Pétersbourg*, 1913）以後の資料を集成して、最近ヘルク（W. Helck）がKleine ägyptische Texte の一つとして新しい校訂本をだし（*Die Prophezeiung des Nfr.tj*, Wiesbaden, 1970）、本訳もこれによった。なお邦訳に際しては、ヘルクが上記の校訂本に附した試訳のほか、J. A. Wilson, The Prophecy of Neferti（J. B. Pritchard（ed.）, *Ancient Near Eastern Texts*, pp. 444-46）；G. Lefebvre, *Romans et contes*, pp. 91-105 を参照した。

〔付記〕ネフェルティという読み方については、G. Posener, *Revue d'Égyptologie* 8 (1951), pp. 171-74参照。

ホルスとセトの争い

この神話は、前一一六〇年頃（第十九王朝）のラーメス五世の時代に、図書館用のために文学作品として入念に書かれた、いわゆる「ベッティ・パピルス第一巻子本」である。本書は縦二十一・五センチメートル、長さは現在五メートル以上あるが、巻首五十五センチメートルを欠いている。古い時代の物語がつづり合わされて、新王国時代に現存の形にまとめられた。

舞台となったところは、デルタ地帯の豊饒な沼沢地で、農民や牧人のことがのべられ、また狭いナイル峡谷やその中の島、砂漠の山地やオアシスなどで、狩猟民や遊牧民の宗教に基いている。そのテーマは、エジプトの王であった、死んだオシリスの役職が、弟のセトかあるいは若い子息のホルスにわたされるかということであって、エジプト建国にまつわる興味ある物語である。

原文はA. Gardiner, *The Chester Beatty Papyrus* No.1 (1931) に発表され、ついでかれによって *Late-Egyptian Stories : Bibliotheca Aegyptiaca I*, Bruxelles, 1932に聖刻文字に翻字・注解され、さらにJ. Spiegel, *Die Erzählung vom Streite des Horus und Sēth*, Leipzig, 1937 ; S. Schott, *Altäg. Liebeslieder*, Zürich, 1950 ; G. Roeder, *Mythen und Legenden um äg. Gottheiten u. Pharaonen*, Zürich, 1960；J Gwyn Griffiths, *The Conflict of Horus and Seth*, Liverpool, 1960；G. Lefebvre, *Romans et contes égyptiens de l'époque pharaonique*, Paris, 1949 などによき研究や訳文がある。

メンフィスの神学

古くアトゥムを主神とする太陽神崇拝を象徴したヘリオポリスの神学が発達したが、第一王朝以来南北エジプトの統合地点となったメンフィス市の地位が確立され、そこの主神プタハの地位が昂められた独得の神学体系が成立した。本文はその意義内容を表わしたものであって、エジプト神話において重要な作品である。前八世紀のエチオピア出身のシャバカ王が「虫に喰われた」本文を、長方形（92×137cm）の黒色花崗岩に、二行は横書きに、その下に六十二欄にわたって本文を刻ませたものである。のち土着の人はこれを石臼の下石に使ったために本文は著しく磨滅・毀損されてしまったが、幸にその輪廓は把握できる。クルト・ゼーテはこれを中世の神秘劇にも比すべき一種の戯曲と見、ヘルマン・ユンカーは対話の形をとった一部は解説的、一部は物語風な散文を交えた説明的論文と見た。行文はエジプト最古の宗教文学ピラミッド・テキストを彷彿させる古文体である。

原文は大英博物館に、ロセッタ石のうしろ側に出陳されていてその痛ましい欠損の跡を見ることができるが、S. Sharpe, *Egyptian Inscriptions from the British Museum and Other Sources*（London, 1837）vol. I, pls. 36-38 に発表され、初めて J. H. Breasted, *Zeit-*

schrift für äg. Sprache und Altertumskunde, Bd. 39 (1901), S. 39-54 mit Tafeln I, II に研究が発表されて以来、多くの碩学によって研究されてきた。

二人兄弟の物語

大英博物館所蔵の通称ドービニー・パピルス(Papyrus d'Orbiney = Papyrus British Museum 10183)に唯一の写本が残されているこの物語は、古代エジプト文学の作品中最も早くから知られていたものの一つであり、一八五二年、フランスのエジプト学者ド・ルージェ(E. de Rougé)による最初の解読以来、くりかえし注解・翻訳の対象とされている。この物語をこのように有名にした理由の最大のものは、保存の完全さと単純な文体にあるといえよう。この作品は長大でありながら、最初から最後の行まで、完全に残されているほとんど唯一の古代エジプト文学作品の例なのである。しかも当時の口語である新エジプト語で書かれた文章は単純明快であり、解釈に疑問のある箇所はほとんど皆無である。十九世紀後半のエジプト学者たちは、この作品を研究することによって、古典語ともいうべき中エジプト語の研究をさらに進めて、新エジプト語研究への足がかりをえたのである。有能な書記であるイネナの美しい神官書体《ヒエラティック》もまたこの書体を学ぶ者が最初に取り組むべき最良の実例となっている。

物語そのものは、起源の異なる二つの物語を巧みにつなぎ合わせたものである。第一部は第八欄第一二行までで、人妻の若い男に対する不義の愛という多くの国にみられる主題によっている。拒絶された人妻は、腹いせに夫に向かって自分が暴力で犯されそうになったと告げ口をするのである。ここでは兄アンプーの妻が義理の弟に恋をしかけるのであり、妻の偽りの告げ口を信じた兄は弟を殺そうとするが、弟は身の潔白を証明し、逃れることに成功する。真相を知った兄は不実な妻を殺し、死骸を犬に投げ与える。われわれはこの物語のヴァリエーションを、例えば旧約聖書創世記第三九章のヨセフとポテパルの妻との物語、エウリピデスの悲劇『ヒッポリュトス』のヒッポリュトスとその義母パイドラの物語、『イーリアス』第六巻のペレロポンテースとアルゴス王妃アンテイアとの物語等々にみいだすことができよう。「二人兄弟の物語」ではこの不実な妻の主題はきわめてエジプト風、民話風に率直に、あけすけに語られている。とはいえ、事件の展開は劇的に構成されており、情熱や怒りなどの心理も生き生きと描きだされている。

しかし、この物語は、人間のドラマではない。古代エジプト人の好みに従って、物語は超自然界を背景としている。「奇蹟」が随所にあらわれる。動物が口をきき、神々が介入し、主人公は未来を予言する。しかも兄弟の名アンプーとバータは神の名前である。ジャッカル頭の死者の神アンプーは、アヌビスの名で、古代エジプトでは最もよく知られた神の一人である。これに対しバータ（より正確にはバアタア）はあまり知られていない地方神の名であるが、新王国時代には上エジプト第十七州においてアンプーと共に信仰されている。したがってこの物語は、この二人の神をめぐる神話を人間界におきかえて物語とした可能性がある。だが、われわれに残されているこの物語では、神話風の背景は全く影をひそめ、読み物としての娯楽性が前面におしだされている。

第一部でもみられる呪術の世界が第二部の中心主題である。それは主人公バータの「転生」である。奇蹟と呪術がいたるところにでてくる。バータはレバノンの人気《ひとけ》のない谷に逃れ、胸から心臓（かれの生命とみなされている）をとりだし、これを杉の木の頂きに隠す。こうして「魂なき肉体」となった弟は狩をして穏やかな日々を送るが、神々の王ラー・ホルアクティは陶工の神クヌムに命じて、世界中で一番美しい女をつくらせ、これを妻とさせる。ところが、ある日夫の命に従わなかったため、彼女は海神に襲われ、一つかみの髪毛を奪われ、これがエジプト王のもとにとどく。こうしてバータはまたしても第一部と同じく、神の娘の存在を知ったファラオは、女性装身具をえさに彼女の愛をかちえる。彼女は夫を無きものとするため、夫の心臓を置いてある杉の木の裏切りに会うのである。彼女は夫を無きものとするため、夫の心臓を置いてある杉の木を切り倒すようファラオに要求する。木は倒され、バータは死ぬ。しかし予兆によって弟の死を知った兄アンプーは、心臓をみつけだし、水をはった鉢にいれ、こうしてバータは復活する。復活したバータは牡牛に変身してかつての妻のもとに赴く。妻は王に頼んでこの牡牛を殺させる。だがバータは再び復活し、樹に変身する。妻はこの樹も切り倒させる。しかしバータは切り屑となって妻の胎内に入り、皇太子となって生まれてくる。やがて王位についたバータは、とうとう不実な妻を罰することができる。ここにはオシリス神話に代表される死と復活の観念が、民話的な色どりをもって語られている。バータの「転生」のテーマは、世界各国の民話にその例をみることができよう。『オデュセイア』第四巻で、スパルタ王メネラーオスが語る海の老人（エジプトの神）プローテウスの獅子、竜、豹、猪、水、木への変身は、この物語の背景となった古代エジプト人の考え方の間接的な影響を示すものであるかもしれない。

これまで「民話」ということばを解説の中でくりかえし用いてきたように、この物語もまた「ウェストカー・パピルスの物語」や「難破した水夫の物語」と同系列の口承文学に属するものである。「むかし、同じ母親と同じ父親とから生まれた二人の兄弟がいたということです」ではじまる以下の文章は俗語風の易しい言いまわしでつづられており、しばしばくりかえしがなされている。話の新しい段落のはじまりには、「さてそれから何日もたちました」とか「さて夜があけて、次の日になりますと」とかの決まり文句がくりかえされ、わが国の昔話の語り口を髣髴とさせるものがある。

民話の特徴は、事実を語るだけで、話者の立場を全然反映しないことにもみられる。作者は正しいものを正しいと、悪いものを悪いと断言することはしない。せいぜい、稀に、ことばの微妙なニュアンスによって表現するだけである。例えば、ファラオの愛妾となったバータの妻が、ファラオの娯みの時間を利用して夫の化身である牡牛を殺すようファラオに頼んだとき、「王は女のいったことにたいへん悲しみました。ファラオの心も牡牛への憐れみで一杯になりました」と記されている。もちろんこの箇所は、神にも等しいファラオにはこのような瀆神行為に対する責任はなく、その罪はすべて不実な女の上にあることを強調するために、作者によって挿入されたものと考えることができる。だがここでも、女への非難は間接的に表現されているにすぎない。

時間の経過が全く考慮されていないことも民話の特徴である。女は最後までバータの妻である。実際にはバータは彼女の息子として生まれかわっているのであるが。王子として復活したバータが三十年の統治ののち死亡した時、後をつぐのはその兄アンプーである。年齢については作者の注意するところではなかったのである。

民話の特徴であるテーマは前にも一部記したようにいくらでも挙げられる。人間の動物・樹木への変身（転生）、口からの受胎、危険の予知、口をきく動物、放浪する無名の神、髪の毛の遍歴、水につけられて復活する心臓等々、さまざまな国々の民話に認められるテーマである。しかしながら、これら他の国々の民話と共通のテーマを数多く含みながらも、「二人兄弟の物語」は、全体としての構成も主題も全くエジプト的な作品であり、エジプト宗教という背景にがっちりと組みこまれているということができよう。このことは物語の途中で舞台が一時アジア（レバノン）にうつるとしても同じである。バータの息子への転身は、オシリス神話やその母を懐胎させてみずからを産ましめる神（カムーテフ）によって、バータの生殖力と牡牛との密接な関係は、古代エジプト人にとって旺盛な生殖力を象徴する牡牛への信仰によって、神によってつくられる女は、土器をつくるように轆轤《ろくろ》をまわして人間をもつくりだすとされた陶工の神クヌムへの信仰によって、よりよく理解されよう。

作品の成立年代については、ドービニー・パピルスに写本が記されたのは第十九王朝末

（前一二〇〇年頃）であり、前一三五〇年頃から文章語となった新エジプト語で記されている点からみて、写本の年代とあまりへだたることはないであろう。しかし、新王国時代に特有な思想的背景が稀薄である（これもまた民話の特徴であるが）ことから、もっと前代にさかのぼる原型の物語が存在した可能性は否定できないであろう。

テキストは *Select Papyri in the Hieratic Character from the Collections of the British Museum, Part II*, London, 1860, pls. IX-XIX に刊行されているが、訳出はガーディナー（A. H. Gardiner）が聖刻書体に転写したテキスト（*Bibliotheca Aegyptiaca I : Late-Egyptian Stories*, Bruxelles, 1932, pp. 9-29）により、必要に応じて、*Select Papyri* から転写したメラーのテキスト（G. Möller, *Hieratische Lesestücke, II* (2. Aufl.), Leipzig, 1927, pp. 1-20）を参照した。なお、G. Lefebvre, *Romans et contes*, pp. 137-58 ; J. A. Wilson, The story of two brothers（J. B. Pritchard (ed.), *Ancient Near Eastern Texts*, pp. 23-25）の訳も参照した。

ウェンアメン旅行記

この旅行記の唯一の写本は、モスクワ博物館所蔵の一パピルス（中エジプトのエル・ヒバ近郊出土）に残されている。最後の部分は欠損しているが、ラーメス十一世の末年（前一〇八〇年頃）、アメンの聖舟建造のための木材購入の使節としてレバノンに派遣されたウェンアメンが、任務を終えて帰国したのち上司であるアメン大司祭に提出した報告書である。行政文書であるとはいえ、ウェンアメンは、報告書を作製するにあたって、旅行中の日誌をもとに、文学作品の名に価する生彩にみちた描写を試みてみごとに成功しており、とくにそのユーモアによって、エジプト文学の珠品に数えられている。かつて神官書体《ヒエラティック》研究の大家メラー（G. Möller）がパピルスの年代を第二十二王朝（前九五〇年頃）とし、そのためこの写本は原本の写しであるとみなされてきたが、チェルニー（J. Černý）はパピルスの体裁は公文書であると結論し、現在ではこの見解がうけいれられて、現存するパピルスはウェンアメンの報告書そのものであるとされるにいたったのである。以下その内容をやや詳しく述べてみよう。

　当時エジプトの勢威は対内的にも対外的にもかつての新王国の盛期の輝きを失ってしまう寸前にあった。祝祭に際してアメンの神像がナイルを航行するための御座船ウセルハトアメンは定期的に修理あるいは新造しなければならない。木材の乏しいエジプトでは、木材の供給を古くからレバノンに頼ってきた。エジプトが国威を振った時期にはこれは容易なことであったろうが、当時にあってはことはそれほど簡単ではない。苦心の末に献金によって集められた購入資金（そのためウェンアメンはタニスで四カ月も出発を待たねばならなかった）は、もともと不充分なものであったが、レバノンへの航海の途中で盗まれ、ウェンアメンは空手でビュブロス侯のもとに到着する。ビュブロス侯に会見を拒絶され、空しく帰国しようとしていたウェンアメンは、かれに同行した「道のアメン」の像がもたらした奇蹟によって、侯に会見できた。ビュブロス侯とウェンアメンの対話は、作品中の最も興味ある部分の一つである。フェニキア商人の現実的な利害計算の上にたつビュブロス侯の要求に対し、ウェンアメンは弁論の力によって、あるときは遠まわしに、あるときはあけすけに、エジプトの勢威と国家神アメンの力を想いおこさせ、木材を確保しようと努める。最後にウェンアメンは、自分の書簡をもった使者をエジプトに送り、木材の代金を受け取ればよいというきわめて現実的な提案をする。建材の一部とともに使者がエジプトに送られ、代償をえて帰ってくる。こうして必要な木材が切りだされ、船積みのため海岸に運ばれる。ここでウェンアメンとビュブロス侯の対話が再びなされる。侯は十七年をビュブロスで過ごして帰国せぬまま死んだエジプトの使者の墓をみるよう命ずる。ウェンアメンはこれを拒否し、アメンのためになしたこの善行を石碑に刻みつけるよう勧める。ビュブロス侯はこれを無視し、皮肉をこめてウェンアメンの雄弁さを讃める。この対話も二人の教養態度のちがいを生きいきと描きだしている。

しかしウェンアメンの使命はそう簡単には果たされない。航海の途中で木材購入の代金を盗まれたとき、盗人探索の保証金として銀を没収した海の民チェケル人が、かれを捕えにやってくる。ウェンアメンは身の不運を歎き悲しむ。ビュブロス侯は踊り子を送ってウェンアメンを慰める一方、チェケル人にはウェンアメンの船の出航後、公海上でこれを捕えるよう説き伏せる。しかし嵐のおかげで、ウェンアメンはチェケル人の手を逃がれ、キュプロス島に漂着する。領主の娘による暖い歓迎の描写の途中でテキストは中断している。

ウェンアメンの報告書は、公文書であるにもかかわらず、きわめて読み易い。当時の俗語に近い平易な言いまわしでつづられ、きまり文句はほとんどみられない。話者の感情が率直につづられており、その意味では「シヌへの物語」をやや思わせるものがある。しかし、この作品ほど一人のエジプト人がありのままにむきだしにされている例は皆無であり、古代エジプト文学上特異な地位を占めるに価するものである。よきエジプト的伝統が、ときには冷静に、ときにはユーモアをこめて、ときには皮肉まじりにからかいをこめて記されている。

もちろんこの報告書は、文学作品としての価値をもつだけではない。当時のエジプト国内の情勢、アジアの近隣諸国との交渉関係についての史料としても貴重である。当時なおラーメス十一世の在位中であったとはいえ、テーベではアメン大司祭ヘリホル、下エジプトのタニスではネスーバネブジェド（スメンデス）が実権を握っており、すでに第二十一王朝下における国土二分の形勢は事実上できあがっていた。かれらは以後数年を経ずして実際に王号を称するのである。このような国内情勢ではエジプトの勢威は対外的に光輝を失うのは当然である。古王国時代からアジアにおけるエジプト勢力の拠点であり、忠実なエジプト王の臣下であったはずのビュブロス侯も、もはやエジプトの宗主権を認めていないようである。もっともビュブロス侯の冷たい態度は、ウェンアメンがファラオ（ラーメス十一世）によって派遣されたのではなく、事実上の主権者であるアメン大司祭（ヘリホル）によって派遣されたらしいという事情によるものかも知れない。現実はどうであれ、ビュブロス侯はなおエジプト王（すなわちラーメス十一世）に臣従しているのであるからである。政治的権力は衰退しても、デルタ地方の諸都市は東地中海を結ぶ交易と産業の中心地として栄えていた。ウェンアメンの苦境を救ったのは下エジプトの実力者ネスーバネブジェドである。かれが木材の代償としてひきわたした商品によって、当時のデルタ諸都市が、大麦や手工業品（たとえば金銀製容器、亜麻服、パピルス書巻、牛皮、綱など）をさかんにティル（ティルス）、シドン、ビュブロス、キュプロスなどに輸出していたことが知られるのである。

テキストはこのパピルスを手に入れたロシアのエジプト学者ゴレニシェフ（W. Golénischeff）によって刊行されている（Papyrus hiératique de la collection W. Golénischeff, contenant la description du voyage de l'Egyptien Ounou-Amon en Phénicie. *Recueil de travaux relatifs à la philologie et à l'archéologie égyptiennes et assyriennes*, Tome 21, Paris, 1899, pp. 61-71）が、訳出にはガーディナーによる聖刻書体への転写テキストによった（A. H. Gardiner, *Late-Egyptian Stories*, *Bibliotheca Aegyptiaca I*, Bruxelles, 1932, pp. 61-76）。なお邦訳にあたってはJ. A. Wilson, The Journey of Wen-Amon to Phoenicia (J. B. Pritchard (ed.), *Ancient Near Eastern Texts*, pp. 25-29）；G. Lefebvre, *Romans et contes*, pp. 204-20を参照した。

宰相プタハヘテプの教訓

教訓文学は古代エジプト文学の最も特徴的なジャンルであり、ローマ時代のキリスト教の普及によって古代エジプト文化が終りをつげるまで、エジプト文学の中心的位置を保ちつづけてきた。「宰相プタハヘテプの教訓」は、第五王朝末（前二四〇〇年頃）の作であり、われわれにほぼ完全な形で残されている最古の教訓文学である。もちろん、この作品以前にも名前だけが知られていたり、断片のみが残されている作品もある。例えば、「階段ピラミッド」の設計者として名高いジェセル王の宰相イムヘテプの教訓の名は、後代の史料に挙げられているし、またクフ王の子で、「ウェストカー・パピルスの物語」の主人公の一人であるデデフホル（ジェデフホル）の教訓の断片は、ラーメス時代のオストラコンに発見されている。しかし「宰相プタハヘテプの教訓」は、後代の変型が少なくないとはいえ、六百五十行近い教訓文学中最長のテキストの復原がほぼ可能であり（もちろん学者による見解の相違点も多いが）、最古の一つで、しかも最も典型的な教訓文学の作品となっている。

教訓文学は、時代とともに多少の変化はみられるが、一定の形式を備えている。まず教訓の作者の名が挙げられる。作者は古王国においては王子またはファラオの側近の高官で、老年になって人間の本性を見極めた賢者（すなわち人生における成功者）が、いかに生きるべきかの処世訓を、みずからの経験にもとづいて、息子（それは弟子や子孫を含む）のために書き記すという形をとる。この序の部分には、誰が誰のために記すのかの他に、教訓が語られた状況を含むこともある。本文は四行から十数行に及ぶ一つのまとまった教えが羅列されていく。一つの教えは通常決疑法の形をとり、具形的な状況とそれに対していかに振舞うべきかの指示となっている。なぜそう振舞うべきかの理由は必ずしも常に挙げられているとは限らないが、理由が述べられている場合には、神の意志あるいは神の定め給うた世界秩序に関連させることが多い。もちろん個々の教訓の内容には、時代による変化がみられ、「宰相プタハヘテプの教訓」のきわめて実用的実際的な教えと、「アメンエムオペトの教訓」の神に対する敬虔な信仰心との対比はよく指摘されているところである。

教訓文学の作品は必ず作者を明記するが、文学ばかりでなく、絵画・彫刻においても、作者は無名のままである古代エジプト芸術の慣行から際立っている現象である。教訓文学のほかでは「イプエルの訓戒」や「ネフェルティの予言」が作者を明記しているが、「賢者」に対する古代エジプト人の高い尊敬の念をよく示すものである。しかし一方、教訓の中でくりかえし強調される主張、すなわち、この教えは遠い昔から伝えられてきた智慧（知識）を後代に伝えるためのものであるという主張と、この作者の名の明記とはそぐわない感じをわれわれに与える。事実、教訓には作者の経験や個性は全くといってよいほど現われてこないのである。この一見矛盾とみえることは、古代エジプト文化の本質に根ざしている。古代エジプト文化の保守性はよくいわれることである。伝統的なものをふりすてることをせず、時代の要請に応じて修正を加えながら保持していくのがエジプト文化の保守性の内容である。新しいものは古いものを改変することによってつくりだされる。文学においても、古い作品からの引用や言及は、作品の価値を高めるためによくなされる。しかしその場合もつねに、文字通りの引用ではなく、注解によって、補なうことによって、あるいは改変を加えることによって、新しく解釈されたものなのである。まさしく古きをたずねて新しきを知る（温故知新）の精神ということができよう。教訓の作者とは、古い智慧を、時代の要請に適合する処世訓として解釈しなおすことに成功し、みずから人生の成功者となった賢者であるということができる。したがって、かれの個性は時代の傾向の中に埋没して、表面には現われてこないのである。

「宰相プタハヘテプの教訓」は二つの「まえがき」をもっている。まず第一の「まえがき」では、宰相はファラオに老年となって体が故障だらけであることを訴え、息子に自分のえた智慧を伝える許可を求め、ファラオはこれを許す。短い第二の「まえがき」ではこの教訓を記す目的が簡潔に述べられている。「智慧とよき言葉の規則《おきて》とについて無知なるものに教える」ためのもので、「耳を傾けるものには利益、無視するものには不利益」がもたらされよう、と。本文にはいると、三十七章の教訓が語られている。訳では便宜上章に番号をふっておいたが、もちろん原文には番号はない。ただ各章のはじまりだけは、最初の一行が赤インクで書かれていることによって区別できる。三十七章のうち二十四章は、「(もし) 汝がこれこれの状況にあるときは」という対処すべき状態の呈示ではじまり、残りの十三章は、「汝こうすべし」あるいは「こうすべからず」ではじまっている。最後に八章からなる「むすび」が置かれ、教訓（教育）がいかに人生にとって有用であるかが改めて強調され、あわせてその限界も考察されている。

全体は、神の定め給うた世界秩序（マート、正義と訳すこともできる）を信じて賢く生活を送る礼儀正しい平静な人間を理想としている。人間はこの理想に近づくよう教訓を守る努力をしなければならない。神の秩序（マート）は、自然ばかりでなく、国家・社会をも支配している。これは古王国時代に完成し、王朝時代を通じて保持された理念である。古王国時代はその最初の出現時であるだけに、この理念はとくに純粋に信じられた。プタハヘテプの関心は、この秩序（マート）を明らかにして、わが子に教えこみ、この秩序にみずからを組み入れさせ、これに従って行動させることにあった。これが、王の側近としての人生の成功者となる道である。したがって、神の秩序をひき合いにだしながらも、内容は往々にしてきわめて日常的、現実的な処生訓となってしまうことになる。しかし一方では、神の秩序は、人間の責任ある行動によって支えられているとの自覚も忘れられてはいない。これが教訓に高い倫理感をふきこんでいることは明らかである。教訓の配列は作者によってきわめて入念に考えぬかれた順序に従っていたようである。しかし、われわれは作者の意図した姿を正確に知ることができない。「宰相プタハヘテプの教訓」は古代エジプト文学中最も難解な作品である。文は短く、しかもわれわれにはしばしば理解しにくい作者の論理に従って展開していく。われわれ現代人にとって分かりにくいだけではない。後代のエジプト人にとってもそうであった。後述するようにこの作品の原文は存在せず、最古の写本は中王国時代のものである。すでにここで、当時の人間に理解できるように、文の位置をかなり自由に入れかえている。同様なことは、第十八王朝においても再びなされている。したがって、原文の復原はきわめて困難な、一致点のなかなか到達されない作業なのである。

興味ある章を二つだけあげておこう。第一章では学識者であるからといって傲慢とならぬよう戒めている。人生と技術（芸術）とが対比され、完全な技術を獲得した工人がいないことが、人生においても謙虚であるべきことの理由とされている。下女に対してもすぐれた言葉を述べうる可能性を認めていることは、古王国を貴族社会とみる公式的な見解からはいささか驚くべきことにみえるであろう。

第五章はフェヒト（G. Fecht）によって、表面的な意味の下に、同音異義語を採用することにより、あるいは文を文章論上別様に解釈することによって、より深い隠された意味の存在することが証明された部分である。「汝、大衆の行動を指令する指導者とならば、汝の行ないに誤りなきようあらゆるよき行ないを探し求めよ。正義は偉大にして、永遠かつ有能、オシリスの時代より乱されたることなし。その掟を犯すものは罰せられるも、貪欲なるものはそを知らず。欺瞞は富を得る（ことある）も、悪行はその積荷を（港に）到着させることなし」は、貪欲なる者は、人と争いをおこし、やがて失敗することを述べているのであるが、この後半を次のように解釈すれば、彼岸における死者の裁判において、正義が償われるものであることを表わしている。「正義は偉大にして、永遠かつ有能、オシリスの時代より乱されたることなし。その掟を犯すものは罰せられるも、貪欲なるものには遠きことにみゆ。欺瞞は生時を保証する（ことある）も、悪行はつつがなく（彼岸に）到着することなし。」このような二重の意味を含ませる手法は、なお明白に証明された例は少ないとはいえ、エジプト文学において意外に大きな役割を演じた可能性が大きい。今後の興味ある研究対象といえよう。しかし一方では、存在しないところにまで勝手な解釈を広げる危険に充分注意する必要があろう。

古王国時代の他の教訓文学「王子デデフホルの教訓」と「宰相カゲムニへの教訓」について簡単に触れておこう。「王子デデフホルの教訓」は一九四〇年に最初の断片が発見されて以来、現在まで西テーベのデル・エル・マディーナ（王墓開鑿労働者の集落址）出土の五つのオストラコンに断片がみつかっている（G. Posener, *Revue d'Égyptologie* 9（1952）. pp. 109–20）。現存する最古の教訓である（前二五五〇年頃の作）が、まえがきと短い三章の教え（妻を娶って子供を儲けよ。家をたて、墓を立派につくれ。耕地を手に入れよ）だけが残されているにすぎない。立派な墓をつくれという教えは、以後二千年以上にわたってくりかえし現われる教えとなる。文体の上でも内容の上でも、さらには構成の上でも、「宰相プタハヘテプの教訓」との類似はいちじるしい。同じことは「宰相カゲムニへの教訓」についてもいえる。最後の部分の四十行足らずが残されている（Papyrus Prisse）ため、作者であるカゲムニの父の名は不詳である（カイルスか）が、「宰相プタハヘテプの教訓」との類似は一層明白である。テキストではカゲムニはフニ王（第三王朝最後の王）とスネフル王（第四王朝初代の王）の時代の人物とされているが、サッカラの墓地に美しいマスタバ墳を営んだ第六王朝初頭の宰相カゲムニと同一人物である可能性はきわめて大きい。この墓に刻まれた銘文のいくつかは、形式・内容ともに「教訓」からの引用とみることができ、「宰相カゲムニへの教訓」の失われた部分とみることができるからである。テキストの主張する年代は、後代にとって黄金時代とみられた時代の作であると主張することによって、作品の価値を高めようとしたものであろう。

教訓文学をつらぬく思想は当時の墓銘に記された墓主の伝記（多くは自伝）にも認めることができる。神の定め給うた秩序とそれにみずからを組みこみ、それを支える人間という理念は両者に共通である。伝記に記された当時の人間の理想とは、神と人の意に適うことをやり、誰かを傷つけるようなことはせず、貪欲を最大の悪徳として避け、弱い者を保護し、義務を正しく遂行し、法と秩序を守る人物であった。教訓と伝記とはほぼ同一の用語が使われ、「宰相カゲムニへの教訓」の例のように、しばしば伝記には教訓からの借用がなされた。最後にテキストについてであるが、最古の最も完全な写本は、パリの国立古文書館所蔵のプリス・パピルス（Papyrus Prisse = Bibliothèque Nationale Nos. 183-94）である（中王国時代）。第十八王朝には新しいテキストの校訂がなされたが、このテキストは大英博物館所蔵の三枚のパピルス（Papyrus British Museum 10371, 10435, 10409）やカイロ博物館所蔵の木板（Carnarvon Tablets I）に残されている。プリス・パピルスが最も信頼できる底本であるが、前述のようにここでもテキストの改変がみられる。プリス・パピルスのテキストは G. Jéquier, *Le Papyrus Prisse et ses variantes*, Paris, 1911 に刊行されているが、本訳はチェコのエジプト学者ザバの校訂したテキストによった（Z. Žába, *Les Maximes de Ptahhotep*, Prague, 1956）。原文をどのように復原するかによって訳がかなりちがってくるのは、エルマン訳（A. Erman, *Literatur*, pp. 86–99）とウィルソン訳（J. A. Wilson, in *Ancient Near Eastern Texts*, pp. 412–14）とを比較してみれば明らかである。したがって訳出にあたってはザバの試訳とこれに基づいたフォークナーの訳（R. O. Faulkner in *The Literature of Ancient Egypt*, New Haven & London, 1972, pp. 159–76）を参照し、第五章についてはフェヒトの訳（G. Fecht, *Der Habgierige und die Maat in der Lehre des Ptahhotep*, Abhandlungen des Deutschen Archäologischen Instituts Kairo, Bd. 1, Glückstadt, 1958）をもとりいれた。

メリカラー王への教訓

古王国の崩壊とそれに続く第一中間期の混乱は、古代エジプト人の世界観に大きな影響を与えた。古王国のエジプト人にとって、神の定め給うた秩序は絶対に揺ぎのないものとみなされた。神なる王を頂点とする中央集権的国家体制を最もよく表わす巨大なピラミッドとそれをとりまいて整然と配列されたマスタバ群は、この永遠の秩序の象徴である。しかしこの信仰はもろくも崩れさる。第一中間期は新しい社会に対応する新しい世界観、新しい価値が追求された時代である。したがって、この新しい価値は教訓文学に最もよく反映される。新しい社会に適応《ふさわ》しい新しい生き方を呈示するのが教訓文学に与えられた課題だからである。

「メリカラー王への教訓」は、第一中間期の最末期、当時ヘラクレオポリスに都した第十王朝最後の王（あるいは最後の王の一人）メリカラーに対し父王（おそらくワハカラー・ケティ三世）が与えた教訓である。当時は古王国崩壊後の国土の混乱も収拾へと向かい、テーベに都した上エジプトの第十一王朝とヘラクレオポリスに都した下エジプトの第九・第十王朝との国土二分の形勢が約百年つづいた時期にあたる。メリカラー王の死後まもなく第十一王朝のメンチュヘテプ二世による国土再統一が完成し（前二〇四〇年頃）、中王国が始まるのである。教訓の作者についてはシャルフ（A. Scharff）は同じヘラクレオポリスに都した第九王朝のネブカウラー・ケティ二世をあてているが、メリカラー王が第十王朝最後の王であることはほぼ間違いない以上、ケティ三世とみるのが妥当である。その場合、成立の事情、すなわち実際にこの王が教訓の作者であるのか、その子で後継者であるメリカラー王が父王の手になると称して発布した一種の即位宣言のようなものであるのか、あるいは、無名の作者が王に命ぜられて（または命じられることなく）王の理想像を記そうとしたのか、という点についてはいずれとも断定できないのが現状である。いずれにせよ、王権側の意識、意図を忠実に反映した作品であることは確かである。

虚構であるにせよ、現実であるにせよ、王が教訓の作者であるということは、古王国時代の教訓との最大のちがいであり、それがまた当時の社会情勢を反映した教訓の内容のちがいでもある。すなわち、古王国の教訓は、神の定め給うた秩序を自明の前提条件として、その秩序の中でどのように生きれば人生の成功者となり、富と権力をうることができるかを教えるものであったのに対し、この前提条件そのものが崩壊した結果として、世界の秩序とはなにか、このような混乱にもかかわらず神の摂理は存在するか、という存在の根本原理が問題とされることになる。この問題を扱い、この問題に答えることのできる唯一の資格者は、この世における神の秩序の最高の荷ない手であるファラオをおいては他にない。彼の正しい振舞いこそ、国土の秩序に決定的な影響を与えるものであるからである。したがって、新しい秩序のあり方とその中での正しい行動を指示する新しい教訓は、ファラオを作者とせざるをえないことになる。価値の激動の時代においては、まず価値の体現者そのものの行動が問題とされるべきであり、個々人の処生訓は新しい価値の確定した後でなければ、不可能なのである。「メリカラー王への教訓」において、父王が皇太子メリカラーへ与える教訓には、王子の生活態度についての忠言と、政治上の指針とが分かち難くいりまじっており、全体として神の秩序の荷ない手であるファラオはいかに行動すべきかについて、この世の秩序はやはり神の定め給うたものであり、したがって王権もまたそうであるという根拠にもとづいて忠言がなされている。

なおこの教訓の題についてであるが、内容からみる限りメリカラーはなお皇太子であり、王とはよべないが、「アメンエムハト一世の教訓」と同じように、父王の死後に新王が父王の口を借りて発した即位宣言のようなものであるとの立場から「メリカラー王への教訓」の名が一般的に用いられており、前述のように成立の事情は不明であるが、ここでもこのよび名に従うことにした。

新しい価値観とそれに基づく行動の指針は、ファラオみずからの手だけで呈示されたのではない。古王国時代の教訓の作者である「賢者」にも可能であった。しかしそれは教訓としてではなく、訓戒・予言という形式によってである（「イプエルの訓戒」「ネフェルティの予言」等）。これらは、この世のできごとを冷静に観察することによって、神によって創造され、現在もなおつづいている掟を認識するという意味で、古王国の教訓文学と共通の課題に答えるものであり、それが個人の行動を題材とするのではなく、国全体の運命に関心の中心を置くという意味で、「メリカラー王への教訓」と同じ課題を扱っているのである。いずれも「賢者」の作であり、したがって作者の名が明記されるという点において、教訓文学と同じ社会層に荷なわれた文学形式であるといえよう。

さて「メリカラー王への教訓」にもりこまれた新しい価値観はどのようなものであろうか。一言にしていえば、社会道徳の発見である。権力や富ではなく、正義（マート）の遂行こそが、神の秩序に最もふさわしい行為であるというわけである。コフィン・テキスト第一一三〇章によれば、創造神はすべての人間を平等につくったといっている。「余（＝創造神）は、余の心が悪を鎮めるためにとぐろのただ中において余のためになした四つの良き業《わざ》を、汝らのためにくり返（して聞かせよう）。余は地平線の門の内において四つの良き業をなした。余は、万人がその時代を呼吸できるように、四つの風をつくった。これが（第一の）業である。余は、貧しき者が大いなる者と同じ力をもつように、豊かな増水をつくった。これが（第二の）業である。余は、万人をその隣人と同じようにつくった。これかれらに悪をなせとは命じなかった。余のことばに背いたのはかれらの心であった。これが〈第三の〉業である。余は、州の神々に供物が供えられるように、かれらの心が西方を忘れることのないようにした。これが〈第四の〉業である」と。社会の混乱にもかかわらず、神の摂理への信仰は一層強まっている。

「メリカラー王への教訓」はいう。「神の家畜である人間はよく管理されている。神は人間の望みに応じて天地を創造され、水に沈む怪物を追い払われた。かれらの鼻孔に生命の息吹きをつくり給うた。神の体より現われた人間はその似姿なのだ。神はかれらの望みに応じて天に昇り給い、かれらのために、その食物として草木・獣・鳥・魚をつくり給うた。……人間の望みに応じて、陽の光をつくり給い、かれらを見ようとて〈天を〉〈航行し給う〉。かれらの近くに聖所を設け給い、その歎きに耳を傾け給う。かれらのために、卵の時〈より〉の支配者にして、弱き者の背を支える柱をつくり給うた。かれらのために、起りうることを避けるための武器として、呪術や昼夜の夢をつくり給うた」と。このように神の定めた秩序は正義に則ったものである。新しい価値観はその秩序を現実に支える人間の側の責任を強調する。神は人間への愛をもって、人みな平等に享受しうる社会秩序を定め給うた。だがそれが現実に実現されるかどうかはひとえに、人間の努力、なかでもファラオの努力にかかっている。こうしてファラオの地位は、権利としてばかりでなく、義務と責任を伴うものとなる。古王国のファラオに要求された資質である「権威〈すなわち権威あることば〉」と「悟性〈正しい認識に達する能力〉」に加えて、「正義〈マート〉」が要求されるようになる。「メリカラー王への教訓」において正義の遂行はくり返し強調される。「汝の家にて正義を語るべし。地上の大人《たいじん》たちは汝を畏れよう。心正しく保つは支配者にふさわしいことだ。」「地上におる限り正義を遂行すべし。涙流すものを宥め、未亡人を虐げず、誰もその父の財産から押しのけず、いかなる役人もその地位から退けるな。不正に罰することのないよう心せよ。殺してはならぬ。汝に何も益するところがないからだ。不鞭打と拘禁とで罰せよ。かくしてこの国は固まろう。（ただし）陰謀の発覚した謀叛人は別である。神は心邪なる者を知っており、その罪を血で報い給うからだ。」古王国のファラオのように、神王であることが直ちに永生を保証するのではなく、正義を遂行したかどうかが規準となる。すでに死者の裁判の観念が生まれている。「罪人を裁く法廷（についていえば）、哀れな人びとの審判の日、かれら（＝裁判官たち）が義務の遂行に際して慈悲深くはないのだということは（よく）知っておろう。告発者が智慧ある人であるのは禍である。歳月の長さに頼ってはならぬ。かれらは（人の）一生を一瞬と（しか）みないからだ。人は死後も生き続け、その行為はかたわらに山と積み上げられる。彼岸での存在は永遠のもの、これを〈軽くみる〉者は愚か者である。悪事を犯さずしてそこに到るものは、神のごとくにそこで（生き）つづけ、永遠の主のごとくに自由に歩めよう。」「メリカラー王への教訓」とほぼ同じ時代に成立した「雄弁な農夫の物語」の中心主題もまた、施政者にとっての社会正義遂行の義務の強調であった。

ファラオの責任は重く、したがって、古王国のファラオのように全知全能全良の主ではなく、過ちを犯す存在であることが公然と認められる。ケティ三世は告白する。「エジプトは墓地において（も）戦う（と）。（だが）〈衝動の赴くままに〉墓を破壊してはならぬ。余（も）同じ（蛮）行を犯したが故に、神の〈掟〉を踏みにじった者と同じことが起ったのだ。」「見よ、わが御代に禍が生じた。ティニス地方が掘りかえされたのだ。このことはまったく（前に）余のなしたることによって起ったのであり、余が知ったのは、それがなされた後のことであった。見よ、わが報いは余の所業により（生まれたのだ）。」

もちろん、このような高い倫理的要請ばかりではない。冷静な現実認識にもとづく政治上の指針も重要な地位を占めていることはいうまでもない。多数の支持者をもつ雄弁な人物は早急にとり除くべし、大官たちの財産を豊かにしてやれ、そうすれば正義を遂行するだろう、若者たちを招集して軍隊を編成せよ、人は能力によってとりたててやれ、等々、「アメンエムハト一世の教訓」と共通する冷厳な政治に関する教えをみることができる。だが「メリカラー王への教訓」にはより具体的に当時の政治情勢に根ざした忠言、すなわち南部の第十一王朝と平和共存関係を維持せよという勧告が記されている。「メリカラー王への教訓」が興味をひくのは、新しい価値観、新しい王権観について教えてくれるばかりでなく、当時の歴史を伝える史料としてなのである。われわれはこれによって、第十一王朝による国土再統一直前の、第十王朝と第十一王朝との関係、両者の勢力範囲、第十王朝によるデルタ地方の経営（異民族防衛のための要塞の構築、都市の建設と新しい都市住民の移住など）について知ることができるのである。

主要なテキストは、エルミタージュ博物館所蔵の一パピルス（Papyrus Leningrad 1116

A）の裏側に記された第十八王朝（前一五世紀後半）の写本である。これはゴレニシェフによって刊行されている（W. Golénischeff, *Les papyrus hiératiques Nos. 1115, 1116 A et 1116 B de l'Ermitage Impérial à St.-Pétersbourg*, St. Pétersbourg, 1913, pls. IX-XIV）。テキストの最初は、メリカラーの名を除いてはきわめて断片的であり、意味のある翻訳は不可能である。以後も多くの欠損部分を含むが、幸いにもきわめて断片的ではあるが、モスクワ博物館所蔵のパピルス（Papyrus Moscow 4658）とかつてボルヒアルトの所蔵になるパピルス（Papyrus Carlsberg 6）（いずれもエルミタージュと同時代の写本）によってある程度補うことが可能である。ゴレニシェフの刊本は入手できず、テキストはヴォルテンの校訂本（A. Volten, *Zwei altägyptische politische Schriften*, Kopenhagen, 1945, pp. 3-103, pls. 1-4）により、なお翻訳にあたってはJ. A. Wilson, The Instruction for King Meri-ka-Re（J. B. Pritchard（ed.）, *Ancient Near Eastern Texts*, pp. 414-18）; A. H. Gardiner, New Literary works from Ancient Egypt（*Journal of Egyptian Archaeology*, Vol. 1（1914）, pp. 20-36のほか、六九―一一〇行についてはA. Scharff, *Der historische Abschnitt der Lehre für König Merikarê*, München, 1936を参照した。

アメンエムハト一世の教訓

第十二王朝の始祖アメンエムハト一世の暗殺による死（前一九六二年頃）は、エジプト古典文学を代表する二つの作品を成立させた。あるいは少なくとも成立の契機となった。

一つは「シヌへの物語」であり、もう一つがこの「アメンエムハト一世の教訓」である。「メリカラー王への教訓」と同じく、ファラオがその後継者に政治上の指針を与えることを目的としているが、「メリカラー王への教訓」よりもはっきりと、すでに死亡したファラオ（アメンエムハト一世）がすでに即位したわが子センウセルト一世に語るものであることを記している点は興味深い。エジプト人にとって、死者は、死と埋葬とのあいだもなお語ることができるとみなされていた。したがって、墓銘において、墓主はつねに一人称で、自分の生涯を誇り、子孫に対しこれを手本とするようよびかけている（もちろん、供養の儀式や飲食物に対する要求も忘れずに）。このきわめて短い「アメンエムハト一世の教訓」は、形式は教訓の形をとりながら、内容からみるとこの墓銘の自伝にきわめて類似している点に特徴がある。この点で、「メリカラー王への教訓」とは、同じ政治的教訓の流れに属しながらも、ちがっている。

王の死後成立した作品であるから、教訓の作者は別にいるわけであるが、この作品の場合、きわめて異例なことに真の作者をある程度推定することができる。ラーメス時代（前一三〇〇年頃）の写本であるチェスター・ビーティ・パピルス第四番（Papyrus Chester Beatty IV）の裏面には古えの名高い賢者の名を列挙した部分があり、その一部（第六欄一三―一四行）に次のような記述がある。「私は永遠にケティの名を挙げる。かれこそは、上〔下〕エジプトの王〔セ〕ヘテプイブ〔ラー〕（万才！）が天と一つになり、墓地の主《ぬし》たちの一人となって、安らかに憩うたとき、（王）のための教訓である書物を著わしたものである。」このケティについての記述は、「ネフェルティの予言」の作者ネフェルティと並んで書かれており、正しい伝承にもとづいている可能性は高い。しかし何分にも作品の成立よりも六百年以上後の記述であるから、当時のまちがった見解である可能性も否定できない。「ナイル讃歌」もまたしばしばこのケティの作品とされている。もしこの推定が正しいとすれば、このケティは、教訓や予言の作者として作品そのものに名前が明記されている場合を除いて、古代エジプト文学の作者として名をとどめている例外的な存在ということになる。なお次の「ドゥアケティの教訓」も一時は「ドゥアウフの子ケティの教訓」と読まれてこのケティの作とされていたが、現在では否定されている。

「アメンエムハト一世の教訓」は、伝統的な教訓の形式に従い、父（故アメンエムハト一世）が子（センウセルト一世）に与える教訓であることを述べた標題につづいて、子供にこの教えに従えば成功は約束されようと確言するまえがきの部分がくる。しかし本論にはいると、「メリカラー王への教訓」の場合よりもはっきりと、伝統的な教訓文学の内容を離れ、前述のように墓銘の自伝に近づいている。すなわち、きわめて一般的な例から教訓を導きだすのではなく、王みずからの生涯が息子への教訓とされているのである。本論の中心は老王の死の描写である。王は暗殺されたのである。暗殺の描写は、詳細を極め、生きいきと描きだされる。注目すべきは、王は、陰謀が成功した責任の一端は、人間は信頼しがたい存在であるにもかかわらず、かれらを盲信して陰謀を未然に発見できなかった自分の側にあることを認めていることである。ここには、メリカラー王の父が自分の過ちを認めている同じ時代の精神を認めることができる。人間はすべて信頼できない。従者も廷臣も妻も兄弟も友人も例外ではない。「兄弟を信頼するな。友人を知るな。」「禍いの日には誰にも味方はいない。」冷厳な現実にもとづいたこのきわめて現実的厭世的な忠言は、「メリカラー王への教訓」よりもずっと明確に、教訓全体をつらぬく基調となっている。この暗殺の記述につづいて、アメンエムハト一世の事蹟が語られ、父の教訓に従って他人に信頼を寄せずに統治し、自分よりも立派な治世を送るよう望んでこの短い教訓は終る。ファラオ自身の体験を中心においた人間不信的な教えは、数ある教訓文学の中において、この教訓を特異な存在としている。

現存する写本は、第十八王朝から第二十王朝にかけてのものばかりである（前一五〇〇―一一〇〇年頃）。当時この教訓は、書記養成学校のテキストとして、繰返し書写されたのである。四枚のパピルス、一枚の皮紙、三枚の木板、約六十片のオストラコンにこのテキストの全部または一部が記されている。ほとんどが生徒の書き取りあるいは書写であるため、誤りを多く含んでいるうえ、手本とされたテキストそのものが、幾度かの転写によって原典より違っている可能性も大きい。ヘルクによれば、第十八王朝にすでに二種類のテキストが存在していたとされる。最良の写本は、パピルスそのものは行方不明となってしまったが、ペイロン（A. Peyron）によるコピーが残っているミリンゲン・パピルス（Papyrus Millingen）である（第十八王朝後半の写本）。これとは別のテキストの流れを汲むサリエ・パピルス第二番および第一番（Papyrus Sallier II and I）も底本としてよく利用される。このような事情から、原本の復原はきわめて困難な情況にあり、訳者によって訳文が大きく異なる場所もしばしばである。また意味のよく分らぬ箇所もままみいだされる。本訳はヘルク（W. Helck）による最新の校訂本（*Der Text der „Lehre Amenemhets I. für seinen Sohn“*, Wiesbaden, 1969）により、テキストの復原も大むねヘルクによっている。訳中に附した行数はミリンゲン・パピルスの行数である。

ドゥアケティの教訓

この作品はかつては「職業の諷刺（Satire on Trades）」あるいは「（ドゥアウフの子）ケティの教訓」の名で知られていたものである。しかしザイベルト（P. Seibert）によって、この作品の成立した中王国時代における諷刺文学の存在が社会意識の面からも否定され、またザイベルトやポズネー（G. Posener）によって、作者の名はドゥアケティが正しいことがほぼ確実に立証されるにいたったため、「ドゥアケティの教訓」と題することにした。

中王国における社会の安定とともに再び伝統的な教訓が復活する。宇宙の秩序そのものが教訓で問題とされるときには、作者はファラオであるのがふさわしいが、秩序が確立されたときには、その秩序の中での実用的な処世訓を「賢者」が書き記す場が再び与えられることになる。しかも国家は「ドゥアケティの教訓」のような教訓をとくにこの時期に要請したのである。

「ドゥアケティの教訓」は、一言でいえば書記養成学校の「教科書」として作られたということができる。第一中間期の国土の混乱は古王国時代の発達した官僚機構を破壊した。統一を回復した国家にとって、行政制度のにないてである官吏（書記）の養成が緊急に必要とされた。大量の官吏養成のための書記養成学校は中王国になって出現する。官吏となるには古王国においては身分・家柄が第一の要件であったが、中王国においては、文字の知識を備えていれば誰にでも門は開かれていた。もちろんヒエログリフの習得はきわめて難かしく、多大な時間と金とを要したため、誰でもという訳にはいかなかったが、第一中間期に成長してきた都市の住民（手工業者など「中産階級」的な存在、「庶民」ともよばれる）の子弟が多数官吏への道をたどりはじめる。この意味で中王国の国家は「庶民国家」とよばれることがある。書記養成学校での教科書として、最初に編集されたのは「ケミイト」とよばれる教科書で、題の意味は「完全なもの」とも「総括」とも訳されている。完全なテキストは残っておらず、後代のラーメス時代の多数のオストラコンから、ポズネーらの努力によって部分的に復原されているにすぎないが、官吏（書記）に必要なさまざまな知識を初学者に教えることを目的としており、内容は書簡の標準的な書式、慣用的な表現、教訓の抜粋（文字の知識とともに書記としての生活態度をも教えるためのもの）などを収めていた。結びは教訓文学にならって、「都でなんらかの地位にある書記は、そこで困窮することはない」と書記の生涯がいかにすばらしいものであるかを強調して終っている。

「ドゥアケティの教訓」はこの「ケミイト」が全く実用的な教科書であるのに対し、同じく学校での教材であることを目的としながら、すぐれた文学作品に昇華されている。「ケミイト」の成立が第十一王朝であるのに対し、「ドゥアケティの教訓」の成立は第十二王朝初頭とされているが、最古の写本は第十八王朝初頭（前一五〇〇年頃、作品の成立より四百年以上後）のアムハースト・パピルス（Papyrus Amherst）である。デル・エル・マディーナおよびラメセウム出土の多数のオストラコンは、とくに第十九―二十王朝当時において、この教訓が書記養成学校の教科書としてさかんに使用されたことを示している。アムハースト・パピルスは教訓の一部しか含んでおらず、最も完全なものはサリエ・パピルス第二番（Papyrus Sallier II）である（このパピルスの最初の部分は「アメンエムハト一世の教訓」の写本である）が、書記養成学校の生徒が学校において練習のため書写したものであるため、オストラコンの場合と同じく多くの間違いを含んでおり、原文の復原はきわめて困難な作業である。したがって、学者により解釈の大きくくい違う箇所は多数にのぼっている。しかし全体の構成についてはほぼ知ることができる。

まず教訓の成立の事情が記される。ドゥアケティは子息のペピを王都の官吏養成学校に入学させるため、船で一緒にナイル河をさかのぼる。航行の途中、父は息子に忠告をする。それは一言でいえば、「官吏になれ」ということにつきる。「都でなんらかの地位にある書記は、そこで困窮することはない」という「ケミイト」の結びのことばを引用しながら、まず書記の職の素晴らしさが強調される。つづいて父は、この忠言を書記以外の職業の苦しさ、つらさを述べることによって具体的に説明しようとする。金属細工師、木樵、宝石細工師、床屋、葦細工師、陶工、左官、大工、庭師、農夫、蓆編み師、矢じりつくり、隊商、火夫、履物つくり、洗濯屋、鳥刺し、漁師とさまざまな職業の欠点が強調される。その記述はきわめて諷刺的であり、この教訓を教科書としてさかんに筆写したラーメス時代のエジプト人にとって、諷刺文学とみなされたであろうことは疑いない。デル・エル・マディナー出土のオストラコンにしばしば見られる動物の戯画（戦車に乗る猿、猫と鼠《ねずみ》の戦争など）は当時における諷刺精神の存在を明らかに示している。しかしザイベルトやヘルクの主張するように、この作品が成立当初から諷刺文学として意図されたものであるとは到底考えられない。その理由は、まず第一に、この作品がファラオ（おそらくは第十二王朝の祖アメンエムハト一世）の命によって、「庶民」に官吏への道を勧め、王権の支持勢力としようとする意図を体してつくられたものであることにある。第十一王朝による急激な中央集権化は第一中間期における州侯の末裔を中心とする世襲貴族の反撥を招き、この不満を結集した宰相アメンエムハトが一種のクーデターによって開いたのが第十二王朝であり、このため世襲貴族の特権の多くを復活しなければならなかった。しかし王権にとってこの特権がやがては重荷となることは明白であり、王権側は官僚機構の復活という第十一王朝以来の懸案に加えて、直接の支持勢力としての「庶民」の官吏登用による獲得に望みをかけたとみることができるのである。この意味で「ドゥアケティの教訓」は、「アメンエムハト一世の教訓」「シヌへの物語」などと同じ系列の第十二王朝の正統性を支持し主張する政治的文学に属している。作品の意図がこのようにあくまで真面目なものである以上、そこに「諷刺」のように対象を斜《はす》に見る精神のはいりこむ余地はない。第二の理由は、当時にあっては、ある作品を文字に書き記し永遠化するという行為は、依然としてきわめて呪術的な行為とみなされていたこと、すなわち、全精神をかけての、きわめて真剣な行為とされていたことである。したがって、ラーメス朝のエジプト人が、あるいは現代のわれわれが感じる「諷刺」や「機知」は、あくまで二義的な、後代に派生したものであるにすぎない。書記となることへの勧めのため他の職業の短所を強調したにすぎないものが、すでに精神の緊張を失いはじめていた後代のエジプト人には「諷刺」とうつり、現在われわれに残されているテキストはこの後代の見方によって改変された箇所も少なくないと考えられている。

書記以外の職業の描写は、再び書記の地位を讃える短いまとめで終り、第二部は、伝統的な処世訓が語られる。この部分はあまり長くない。学校ではいかに振舞うべきか、職業に就いてからは、あるいは家庭においては、などについて忠言がされる。「私がおまえとその子々孫々に〈教えてやる〉このことを（よく）見ておきなさい」という結びのことばは、この教訓が父が子に与えるという古王国の教訓の形式を踏襲しながらも、より広い層、すなわち学校の生徒たちを対象としていることを明らかにしている。

「ドゥアケティの教訓」が第十二王朝初頭に成立したとされているのに対し、第十二王朝後半からは二つの教訓が残っている。一つはいわゆる「忠臣の教訓」であり、他の一つは

「ある男の教訓」である。いずれもきわめて断片的にしか知られていないが、作品の内容・目的を知ることはできる。ポズネーによって「忠臣の教訓」と名づけられた教訓は、ある高官の手になり、支配階級を読者として想定している。テキストは二部からなり前半では、子供たちに対し（「ドゥアケティの教訓」と同じくここでも対象は一人の子供ではない）王を敬い、王に忠順であること、それればかりでなく王のために積極的に「戦う」べきであることを勧め、王権の神性・王権の理想像を描写する。後半では、支配階級と「民衆」との関係について説き、「民衆のために戦う」ことを勧める。現存するテキストのほとんどが新王国時代の写本であるのに対し、前半（忠君を強調した部分）を要約したテキストが、第十二王朝後半のセンウセルト三世およびアメンエムハト三世に仕えた高官セヘテプイブラーの石碑に刻まれて残されている。

支配階級のために書かれた「忠臣の教訓」の作者の名がテキストの保存の偶然によって失われたのに対して、明らかに「民衆」のための教訓である「ある男の教訓」では教訓文学の伝統に反して作者の名は最初から記されていない。「民衆」を対象とするためであろう。この教訓でもファラオに対する忠義が説かれる。王は民衆の良い暮らしと正しい処遇のため日夜心をくだいておられる。国民の福祉はひとえに王の力によるものである。だが王は、忠順なる者に恵みを与え給うのだ。したがって、王に忠義をつくせ、それがお前に良い暮らしをもたらしてくれよう、というわけである。第一中間期に成立した王は「良き羊飼い」たるべしという王権観を巧みに利用して、王権に対する忠誠の支柱としているのである。いずれにせよ、この教訓は、「忠臣の教訓」と相補いあって、王権に対する忠誠を確保しようとするものであり、第十二王朝文学の動向をよくあらわしている。時代的にもほぼ同時の「センウセルト三世讃歌」との精神の類似は明らかであり、「ドゥアケティの教訓」の新秩序の建設（すなわち官僚制度の再建）のための「宣伝」から、この二つの教訓の建設された新秩序に対する忠誠のための「宣伝」への移行はすぐである。

最後に「ドゥアケティの教訓」の邦訳に使用したテキストについてであるが、前に述べたような事情から原文の復原はきわめて困難である。本訳ではヘルクによる最新の校訂本（W. Helck, *Die Lehre des Dwꜣ-Ḫtjj*, Wiesbaden, 1970）を使用した。ここには四枚のパピルス（Pap. Amherst；Pap. Sallier II = Pap. B. M. 10182；Pap. Anastasi VII = Pap. B. M. 10222；Pap. Chester Beatty XIX = Pap. B. M. 10699）、二枚の木板（Louvre 693；Louvre E 8424）、九八片のオストラコンのテキストがまとめられており、現在のところ最も完全な底本といえよう。原文の復原もほとんどヘルクによったため、既存のヨーロッパ語訳といちじるしく異なる箇所が少なからずある。したがって、主としてヘルクの試訳のみを参照して邦訳を試みた。なお行数は最もテキストの保存のよいサリエ・パピルス第二番の行数によっている。

アニの教訓

新王国時代（第十八―二十王朝、前一五五二―一〇七〇年頃）にはいると、教訓文学は前代の重要性を失う。もちろん教訓文学の作品が書記養成学校の教科書としての重要性を失ったわけではなく、前代の「アメンエムハト一世の教訓」や「ドゥアケティの教訓」、この「アニの教訓」などがくりかえし書写され、これらの教訓についてわれわれに伝えられた唯一の資料となっているのであるが、文学的創造の分野としての教訓文学は、わずか二つの作品（この「アニの教訓」と「アメンエムオペトの教訓」）を残しているにすぎない。現存する写本のほとんどは第二十一王朝末（前九五〇年頃）にさかのぼるにすぎないが、言語は中エジプト語であり、アニの勤務した神殿が第十八王朝初代アハメスの后アハメス・ネフェルトイリの葬祭殿とみられることなどから、第十八王朝、それも前半の作であろうと推定されている。ただし言語に関していえば、この教訓は書記養成学校のテキストとしてくりかえし生徒に暗記され、筆写されており、中心的な教科書であったため、第十八王朝末イクエンアテン（イクナートン）の「宗教改革」に付随して公用語が中エジプト語より新エジプト語に変わるとともに、ラーメス時代（第十九―二十王朝）には新エジプト語訳がつくられ、これが教科書として流布した。したがってわれわれに伝えられたテキストのほとんどがこの変型を蒙ったものであり、しかも生徒の書きまちがい、聞きちがい、記憶ちがいによる歪曲も加わって、かなりの部分が今日もなお理解しにくいものとなっている。形式に関しては「アニの教訓」は「宰相プタハヘテプの教訓」に代表される伝統的な教訓文学の形式をほぼ踏襲している。まず教訓の作者の名と教訓を実行することによりえられる効用とを述べた「まえがき」がある。ただ作者の名のみが記され、だれに対する教訓なのかについては記していない点は特異である。

付篇が示すように、この教訓もアニの子であるクヌムヘテプにあてて書かれたものであることは明らかであるが、省略の理由についてはよく分からない。本文は五十三（章）の教えからなる。おのおのの教えは長短さまざまで、ごく短いものも含まれるが、おおむね十—二十行からなり、「宰相プタハヘテプの教訓」同様決疑法の形をとり、生活において対処すべきさまざまな状況とそれに対する正しい振舞いとを記している。各章のはじまりは、他の教訓の場合と同じく赤インクで記されており、訳にあたっては便宜上から章番号を付しておいた。なお第一四章と第一五章とのあいだには、教訓の実行がもたらす効用を再び述べた短い文が挿入されている。五十三の教えを全体としてみると、きわめて雑多な教えのよせあつめの印象が強い。言葉を慎め（二、一〇、三四、三五）、適度の食事を（三、四二）、大酒を飲むな（一三）、娼婦に近づくな（九）、死んだ両親に対する供養を忘れるな（一二）、母親に孝行せよ（三八、三九）、うそをつくな（一五、三六）、貪欲であるな（一八、一九、二六、四〇、四一）、死を忘れるな（一四）、労働のすすめ（二二）、よき教育の効用（三〇、三三、四四）、正しい信仰心とは（七、一一、三七）、友人の選び方（一六、二三）、見知らぬ者に対する接し方（八、一七）、人を訪問した際の振舞い方（四六）、家族の長として、夫として、親としての家庭における正しい振舞い（六、二五、三二、四五、五〇）、上司に対し（四、二九、五二）、反対者に対し（三一、四七）、役人に対し（一、五三）、どういう態度でのぞむべきか、等々。しかし、このような統一性の欠如は、前に述べたような事情からくる写本の欠陥にもとづく点が少なくないであろう。この事情は「宰相プタハヘテプの教訓」の場合と同じである。

「アニの教訓」において最も特徴的であり、重要な部分は最後につけ加えられた「付篇」であろう。ここにはアニとその子（おそらく弟子）クヌムヘテプとの対話が記されている。三度にわたるやりとりの中で、クヌムヘテプは、父の教訓は自分の年齢にとってきわめて守り難いものであり、これを暗記することにあまり意味がないと婉曲に主張し、父はこれに対して、これは逃げ口上であるとはっきり退け、教訓の遵守を説いている。クヌムヘテプの立場はいわば「近代的」教育の立場からなされた反論ということができよう。対話は両者の主張を述べるだけで、決着をつけていないが、筆者の立場の正しさに対する確信には少しの揺ぎもない。この二つの見解を論争の形で提示する形式は、第一中間期に出現した文学形式であり、「生活に疲れた者の魂との対話」の前半の部分はその代表的なものである。「雄弁な農夫の物語」や「イプエルの訓戒」も間接的ではあるがこの形式によっている。中王国になるとこの形式は姿を消すのであるが、この「アニの教訓」で再び一時的に復活するのである。

再び本文の内容にもどると、雑多な教訓の集成の感を与えるとはいえ、全体を通じて主張されている「倫理観」ははっきりとよみとることができる。アニが理想とした人物、それは自己主張に徹し、尊大で、損得にのみもとづいて行動する、無分別で感情的な人物とは正反対の人物、すなわち、慎み深く、敬虔で、自己の分に満足した「正しい沈黙者」である。かれの備えている徳は、寛大な心、感謝心（とくに母親に対する感謝）、境遇に対する適応、敬虔な信仰などである。神に対する素朴な心からなる信仰は、ブレステッド（J. H. Breasted）が「個人的な敬虔さ（Personal piety）」と名づけたものと同じである（ブレステッドの場合はラーメス時代を念頭においたものであるが）。第十八王朝の石碑やこの「アニの教訓」などをみれば、当時からすでに、国家的な祭祀による、ともすれば形式的・表面的な神との接触と並んで、きわめて個人的な神との関係が成立していたのである。全体として「アニの教訓」の倫理は一種の「中産階級」の倫理であるといえよう。アニは神殿（葬祭殿）に勤務する下級の書記であり、実務の担当者として官僚制度の底辺を構成している人びとの一員である。かれの倫理はこの立場の反映であり、したがって教訓のどこにも部下（あるいは目下の者）に対する行動の指針は記されていない。注目すべきは、道徳的規範のよりどころがもはや前代のように神の定め給うた秩序にはなく、すべてが神の意志、神の御心に帰せられていることである。純一な神への帰依、そこにはすでに旧約聖書ヨブ記を思わせるものがある。

主要な写本は、カイロ博物館所蔵のブーラク・パピルス第四番（Pap. Boulaq IV）、パリのギメ博物館所蔵の一パピルス（Pap. Guimet 16959）、ベルリン博物館所蔵の一書板（Berlin 8934）の三つである。保存のよいブーラク・パピルスとベルリン書板は第二十一王朝または第二十二王朝のもので、これらよりやや古いギメ・パピルスはきわめて断片的である。本訳をこれら三写本にもとづいてE. Suysが聖刻文字に転写したテキストによった（E. Suys, *La sagesse d'Ani*, Rome, 1935）。テキストの断片はほかに大英博物館所蔵のチェスター・ビーティ・パピルス第五番の一部（Pap. Chester Beatty V. verso. II. 6–11）、カイロのフランス・オリエント考古学研究所所蔵オストラコン（デル・エル・マディーナ出土）などにも残されており、またポズネーによれば、フランス・オリエント考古学研究所には八欄からなる「アニの教訓」のテキストを記したパピルスが保存されているとのことで、新しいテキストの校訂が待たれる。

なお邦訳にあたっては、Suys の訳のほか、J. A. Wilson, The Instruction of Ani（J. B. Pritchard（ed.）, *Ancient Near Eastern Texts*, pp. 420–21）; A. Erman, *Literatur*, pp. 294–302 を参照した。

アメンエムオペトの教訓

この作品はヘブライ文学との関係において注目されてきた作品である。エジプト文学とヘブライ文学との傾向の類似は早くから指摘されていたことであるが、個々の具体的な作品において、直接の文学上の関係を確認できる例はきわめて稀である。それだけに一九二四年エルマンによって、この作品と旧約聖書「箴言」（とくに第二二章一七節から第二四章二二節まで）とのきわめて明白な対応関係が確認された（A. Erman, Das Weisheitsbuch des Amen-em-ope. *Orientalische Literaturzeitung*, 1924, pp. 241–52）ことによってこの教訓への関心は高まり、「箴言」との関係について、はたして両者のいずれが他者に影響を与えたのか、あるいは両者に共通する祖型の作品が存在したのか、等をめぐって議論が続けられている。問題の決着をさらに困難にしているのは「アメンエムオペトの教訓」の成立年代についての一致がえられていないことである。というのは、通説ではエジプトおよびエドムに発達していた「智慧（＝箴言）文学」をイスラエルに導入したのはソロモン王（在位前九八五—九二六年頃）とされているが、「アメンエムオペトの教訓」の成立年代については、前一三世紀とする説から前六〇〇年頃まで下らせる説までさまざまで、ソロモン王の前とするか後とするかで問題に対する答えも大きく変ってくるのである。したがってまず「アメンエムオペトの教訓」の成立年代について考えてみよう。

この作品の完全な写本は大英博物館所蔵パピルス（Papyrus B. M. 10474）のみで、ほかに一枚のパピルス、三枚の書板、一つのオストラコンにその一部が記されているにすぎない。大英博物館所蔵パピルス写本の年代についても、作品の成立年代と同じく一致がみられず、前一〇世紀以降、前六世紀以前のある時期とされ、書体の上から前七—六世紀とする説が有力である。この事情は三枚の書板のうちのトリノ博物館所蔵書板の場合も同じで、前一一世紀以降、前六世紀以前のいつかとされている。このような写本の年代がかなり下がるとみなされうること、「アニの教訓」と少なくとも形式の上で大きくちがうことなどから、作品の成立年代については、グリフィス（F. Ll. Griffith）のように第二十王朝（前一二世紀）とする説に対し、早くて前一〇〇〇年前後、むしろ前九—七世紀とする説の方が有力であった。しかし、後述するように教訓の内容からみる限り「アニの教訓」の主張にきわめて類似した内容であること、章数の列挙はラーメス時代（第十九—二十王朝、前一三—一二世紀）の一群のテキストにもみられること、作者アメンエムオペト（当時は語尾のｔが脱落してアメンエムオペと発音されたらしい）の名は新王国末から第二十一王朝にかけてしばしばみられる名前であること、さらにラーメス時代はとくに文学活動の活潑な時代であったこと、しかし外来語の正書法からみて前一二世紀以前には遡りえないことなどからみて、グリフィスの主張する第二十王朝（前一二世紀）説が作品の成立年代として最も妥当なものと考えられる。

教訓は耕地長官で穀物長官であるアメンエムオペトが末子ホルエムマーケルーに与えるという伝統的な形式を踏んでいる。「まえがき」の部分は三部からなり、まず教訓の目的が述べられる。これまた「プタハヘテプの教訓」以来の伝統的なきわめて実用的な目的が挙げられている。ついで作者の地位と職務内容、最後に教訓の受け取り手である作者の末子の地位と職務が記され、この部分の詳細である点が一つの特色となっている。「かれは言う」ではじまる本文の最大の特徴は、なんといっても章の数がテキスト中に列挙されていることである。「プタパヘテプの教訓」や「アニの教訓」に見られるように、くりかえし筆写される教訓は誤写によって位置の転倒その他の混乱が生じるため、作者は章数名をテキスト中に組みこむことによってこれを避けようとしたものであろう。しかも句毎に行を変えるというエジプト文学ではごく異例の（「センウセルト三世讃歌」などの例はあるが）の処置によって、われわれは章の構成を一層明確に知ることができるのである。全体は三十章からなる。この三十章が作者の意図した章数であることは、第三十章の冒頭に「汝、これらの三十章を見よ」とあることからも明らかである。個々の章は長短さまざまであるが、構成は厳密で、内容もまとまっており、一部で主張されたような複数の作者を想定するのは誤りで、一人の作者であることは確実である。

形式上の相違にもかかわらず、内容の上では「アニの教訓」との類似は明らかで、アニの主張する「心熱き者」に対する「正しき沈黙者」、すなわち神の前に謙虚な人物が、ここでも理想の人物とされている。個々人は孤立して神と向き合っており、行為の規範は神の定め給うた永遠の秩序にあるのではなく、神の絶対意志にあるとされる。この神の意志はもちろん正しい行為によっても左右できるが、むしろそれよりも敬虔な信仰、神への帰依という正しい精神のあり方が重視されている。このようなあり方は「『今日は明日の如し』と言うべからず。これらのことども、いかに終るであろうか」（第五章）と記されているような全体的な社会不安を背景としており、それが神に対する敬虔を生みだしたのである。たとえば「汝の攻撃している者に叫びたてず、みずからのためにかれに答えることをするな」（第二章）のように敵に正面きって反対するなという忠告は「神の御手（のま）に腰をおろしていよ。汝の沈黙がかれらをくつがえすのだ」（第二一章）のように正義の裁きを神に委ねた信仰者の態度をとるよう勧めるものであり、「神の御手の貧困は、倉庫にある富にまさる。心満ちたりたるときのパンは、悲しみを伴う富にまさる」と現世での富よりも心の充足を重んじることとなる。この「正しき沈黙者」と「心熱き者」とは

第四章において、庭園の樹と荒野の樹とにたとえられており、この比喩が教訓全体の主張を美しい文学的表現でいわば代表しているといえる。

なお全三十章の内容は次の通りである。息子（＝弟子）に対しこの教訓に耳を傾けよとの訓告（第一章）、弱者を虐げず、敵に言葉で対抗するな（第二章）、議論を慎しめ（第三章）、「心熱き者」と「沈黙者」とのたとえ（第四章）、神殿では正直で静かであれ（第五章）、他人の畑を侵すな（第六章）、富を追求するな（第七章）、悪しき言葉を吐くな（第八章）、「心熱き者」の仲間となるな（第九章）、常に誠実であれ（第一〇章）、自己の分に満足し、貧者から奪うな（第一一章）、書記として正直に勤めよ（第一二章、第一三章）、貧者への債務を軽減してやれ（第一三章）、むやみに卑屈となるな（第一四章）、書記はペンを悪用してはならぬ（第一五章）、正直に行動し、うわべだけを飾るな（第一六章）、穀物の計量は正しく行なえ（第一七章）、明日を思い煩うな、すべては神の御手のままである（第一八章）、法廷では真実をのみ語れ（第一九章、第二〇章）、寡黙であれ（第二一章）、口論するな、相手のしゃべるままにしておけ（第二二章）、貴族の前では飲食を慎しめ（第二三章）、貴族の秘密を洩らすな（第二四章）、不具者を尊敬せよ（第二五章）、ビール店での振舞いについて、同じ地位の者と交り、上品に振舞え（第二六章）、老人には従順であれ（第二七章）、貧者に対し慈悲深くあれ（第二八章）、渡し守にたとえた慈悲のすすめ（第二九章）、全体の結びとしての以上の教えを守ることのすすめ（第三〇章）、以上である。

さて以上の成立年代と内容とをふまえて、この作品と「箴言」との関係について簡単に考えてみよう。注に挙げた部分を比較してみれば明白なように、両者の間にはほとんど逐語的ともいえるような対応関係の存在する部分があり、かなり直接的な文学上の影響が介在していることは明白である。成立年代からみて直接の影響が存在したとすれば「アメンエムオペトの教訓」が「箴言」に影響を与えたことになるが、直接の影響関係を想定するには、両者の対応する部分の順序が「教訓」と「箴言」とでは全くちがっているため、無理があると思われる。むしろ両者に共通する祖型の存在を想定した方が自然である。この意味で注目されるのは、最近発表されたグルマッハの仮説である（I. Grumach, *Untersuchungen zur Lebenslehre des Amenope*, München, 1972）。ダルマッハは「アメンエムオペトの教訓」から「箴言」との対応関係の存在する部分をぬきだし、これを「箴言」の順序に従って並べかえることによって、第十八王朝末期にさかのぼる「教訓」「箴言」に共通する祖型の教訓を復原した。この方法論には疑問の点がない訳ではないが（とくに「箴言」での順序を重視するなど）参考のため復原された教訓を紹介しておこう。行末の丸括弧の数字は「アメンエムオペトの教訓」の行数、角括弧の数字は「箴言」の章節数である。

汝の耳を傾け、述べられること（ば）を聞け。（三・九―一〇）［二二・一七］
それらを理解するため、汝の心を与えよ。

汝の心にて〈鍵〉となるために、
それらを腹の小箱にしまっておけ。　(三・一三―一四)［二二・一八］
汝、これらの三十章を見よ。
教えを授け、無知なる者に（も）知識を与えるものだ。　(二七・七―八、一〇)［二二・二〇］
年長者との交際のためのあらゆる掟、
廷臣のための規則、
発言者にいかに答えを返すべきか、
（使者として）送りだした人に（いかに）報告すべきか（についての知識）である。　(一・三―六)［二二・二一］
それらを心にとどめおくのはよいことだ。
等閑にするものには禍があろう。　(三・一一―一二)(一)
（一）この二句だけは「箴言」に直接対応しない。

(1)
虐げられた者から奪うことのないよう心せよ。
腕折れたる者を抑圧すること（のないようにも）。　(四・四―五)［二二・二二］
(2)

心熱き者と仲間になるな。
会話しようとてかれを訪れるな。　(一一・一三―一四)〔二二・二四〕
このような者の仲間になろうと飛びつくな。
恐怖が汝を連れ去ることのないためだ。　(一三・八―九)〔二二・二五〕

(3)

耕地の境界標を取り去るな。
寡婦の境界《じざかい》を犯すな。　(七・一二、一五)〔二二・二八〕

(4)

その職務にて経験豊かな書記は、
みずからが廷臣に価する（人物である）ことを見いだそう。　(二七・一六―一七)〔二二・二九〕

(5)

貴族の前にてパンを食べるな。
汝の前にある盃を見よ。　(二三・一三、一七)〔二三・一〕
噛むふり（だけ）で満足せよ。　(二三・一五)〔二三・三〕

(6)

過剰を求めて働くな。 (九・一四)〔三・四〕

その場所はみつかっても、(そこには) もうない。

ガチョウのような翼をつくり、

天に飛び去ろう。 (九・一九、一〇・四―五)〔三・五〕

(7)

貧しき者の財産を貪るな。 (一四・五―六)〔三・六〕

かれのパンを欲しがるな。

それは咽喉《のど》を塞ぐものにして、

食道には嘔吐となろう。 (一四・七―八)〔三・七〕

口一杯の大き (すぎる) パンを呑みこんで吐きだすならば、

汝の善 (も) 空となろう。 (一四・一七―一八)〔三・八〕

(8)

汝の腹を誰に向かっても空《から》にするな。

(こうして) 汝への尊敬を傷うな。 (一一・一一―一三)〔三・九〕

(9)

耕地の境界を犯さぬよう心せよ。
恐怖が汝を運びさることのないように。　(八・九―一〇)［三・一〇］

グルマッハの復原はなお不充分であり（たとえば「箴言」第二四章との対応部分は無視されている）、今後の活潑な議論が期待される。

テキストは E. A. W. Budge (ed.), *Facsimiles of Egyptian Hieratic Papyri in the British Museum*, 2nd Series, London, 1924, pls. I–XIV に刊行されている。最良の校訂本は H. O. Lange, *Das Weisheitsbuch des Amenemope*, Copenhagen, 1925 であるが入手できず、前出の Grumach の音訳、および後述する訳を手がかりに Budge のテキストから訳出した。邦訳にあたっては J. A. Wilson, The Instruction of Amen-em-opet (J. B. Pritchard (ed.), *Ancient Near Eastern Texts*, pp. 421–25); W. K. Simpson (ed.), *The Literature of Ancient Egypt*, New Haven, 1972, pp. 241–65; F. Ll. Griffith, The Teaching of Amenophis the son of Kanakht. Papyrus B. M. 10474, *Journal of Egyptian Archaeology*, 12 (1926), pp. 191–231; I. Grumach 前掲書の欧訳を参照した。

オンク・シェションクイの教訓

エジプトのデモティク文学のうち教訓文学として有名なもので、いわゆるインシンガー・パピルス（Papyrus Insinger）やルーヴル・デモティク・パピルス（No. 2414）とともにエジプト後期の教訓文学の一つである。

古くからのエジプトの教訓を集めたもので、旧約聖書の「箴言《しんげん》」やギリシアのヘシオドスの「仕事と日々」とも対比さるべきものがある。

「アメンエムオペトの教訓」のような詩的精錬さも敬虔さもなく、一般実用的な教訓である点では「インシンガー・パピルス」に似ていて、道徳水準の低い農民などに対するものでである。

原文は *Catalogue of Demotic Papyri in the British Museum* Vol. II : The Instructions of Onchsheshonqy (British Museum Papyrus 10508), by S. R. K. Glanville, 2 parts, 1955 に発表された。

なお、固有名詞の呼び方は必ずしも、グレンヴィルに従わず、訳者の思う所によった。

ピラミッド・テキスト

ピラミッド・テキストは古王国末期のピラミッド内部の墓室（玄室・前室・羨道など）の壁面に刻まれたもので、現存するエジプト最古の宗教文学の作品であり、古王国時代の宗教、とくに葬祭信仰を伝える貴重な資料である。ピラミッドの墓室の壁面は、ギザの三大ピラミッドが示すように、もともと装飾もなく、無銘であり、すべてのピラミッドがそうであると長い間信じられていたのであるが、一八八一年、サッカラ南のペピ二世のピラミッドよりはじめてこのテキストが発見されてから、現在では第五王朝最後の王ウナス（前二三五〇年頃在位）のピラミッドを初出として、第六王朝の四人の王（テティ、ペピ一世、メルエンラー一世、ペピ二世）のピラミッドをへて、第八王朝のイビ（前二一五〇年頃在位）のピラミッドに至る六人の王のピラミッドと、ペピ二世の三人の王妃（ウジェブテン、ネイト、イプート）のピラミッドにその存在が知られている。なぜそれまで無銘であったピラミッド内部にテキストが刻まれるようになったかについては、次のように推定できよう。古代エジプト人は不死・永生の信仰から複雑な葬祭慣行を発達させ、とくに死者の復活のための埋葬儀礼は煩瑣な手続きに従って進行した。ところがこうした処置にもかかわらず、永生の獲得に対する確信を揺がせるような事態が生じたにちがいない。おそらくそれは治安の悪化による墓荒しの頻出とそれに伴うミイラの破壊であったのだろう。この新しい事態に対処するために、永生の獲得を助ける目的で埋葬儀礼中に唱えられた呪文を壁面に刻みこむことによって、その効果を永続させようとしたものであろう。ピラミッド・テキストとして伝えられている七百五十九の呪文の大部分が、蛇除けの呪文など、少数の例外を除いて、故王の復活のため埋葬儀礼中に誦せられた呪文とみることができるからである。その他の呪文も彫像・権標・供物の清祓と奉納に際し唱えられたものであり、少なくとも死者の供養に関連をもっている。いずれの呪文も祭儀において、典礼司祭によって誦されたものである。

テキストの大部分が関係をもつ埋葬儀礼の詳細についてはよく分からない。われわれの「神楽」と同じように、聖なる劇《ドラマ》の性格をもち、一つ一つの手順が神話によって意味を与えられつつ進行するものであったことは想像に難くないが、祭儀行為を記すことなく、これに伴って誦せられる呪文だけが残されているため儀礼の復原はきわめて困難である。ドイツのエジプト学者シュピーゲル（J. Spiegel）はウナス王のピラミッドのテキストから葬儀の次第とその神話上の事件との結びつきとを解明しようと試みているが、かれによれば、埋葬儀礼の根本思想は豊饒神話であり、死せる王の死と再生は、植物の枯死と発芽という自然の循環や月の満ち欠けと同一視され、したがって王の埋葬は、ナイルの増水が終って冠水した畑に新しい生命が芽ばえる季節に合わせて、増水季の第四月に挙行されたということである。この見解に従えば、オシリス信仰がピラミッド・テキストの背景をなす信仰ということになる。

しかし、ピラミッド・テキストの背景には、オシリス信仰と並んで、ラー信仰の存在も見逃がしえない。第四王朝から影響力を増したヘリオポリスの太陽神ラーは、「ウェストカー・パピルスの物語」が示すように第五王朝の出現とともに国家神の地位にのぼり、おそらくは民間信仰に根づいているオシリス信仰をおしのけて、とくに王の来世観を強く支配することになる。とはいえ、一つの思想の絶対性を主張することなく、いくつもの見方の並存によって真理に到達できるとみる古代エジプト人の思想観にしたがって、ピラミッド・テキストの中でも、時には同一呪文においてオシリス信仰とラー信仰とは共存している。両信仰のちがいは、故王が復活して送ることになる生活の場にみることができる。いずれの場合も故王は復活して神々の世界に達し、そこで至福の生活を送るのであるが、オシリス信仰ではそれは地下の冥界であり、ラー信仰では天上界である。復活を助けるための呪文とは、王をこの彼岸の神々の世界に到達させることを目的としているのである。ラー信仰の優越を反映して、ピラミッド・テキストにはいわゆる「昇天テキスト」の例が多く、また王の至福の生活の象徴として、太陽神ラーとともの日々の天空の航海を題材とするものも多い。王は呪文の力によって半ば強制的にみずからを神々の世界に迎え入れさせるのである。

この呪力はどのようにして働くのであろうか。それはここに訳出した第四七三章に最も典型的にみることができる。太陽神ラーは天の海を葦製の昼舟と夜舟とに乗り換えながら日々航海する。故王も同じ舟を所有することを要求し、これによって太陽神のもつ永生を象徴する航海に参加しようとする。一方、天上界に入るには、まず天地の交わるところであり、朝日の昇るところである地平線の主ホルアクティのもとに到達しなければならない。古代エジプト人の世界観によれば、この世界は海にとりかこまれており、したがってやはり舟で渡らねばならない。それはラーとホルアクティの行為を記す句（「天の葦舟、昼舟によりてラーがため整えらる。ラー（乗りて）、地平線のホルアクティがもとに渡らんがために。天の葦舟、夜舟によりてホルアクティがため整えらる。ホルアクティ（乗りて）、地平線のラーがもとに渡らんがために」）と王の行為を記す句（「天の葦舟、昼舟によりてわがもとにもたらさる。われ（乗りて）、地平線のラーがもとに上らんがために。天の葦舟、夜舟によりてわがもとにもたらさる。われ（乗りて）、地平線のホルアクティがもとに上らんがために」）とを対句として並置することにより、神の行為を王もまた行なうことができるのである。これは「メンフィスの神学」や旧約聖書の天地創造神話にみられるような「ことば」の創造力に対する信仰を示している。しかもあるものの名前を口にするだけでそのものを創造できるとかひきずりだすことができるとかいう単純なものではなく、文章の並置による影響力の拡大がなされているということができよう。テキストの呪力を高めるために、ことばのいいかえによる同じような文章を反復するだけでなく、短い単語を並べたできるだけ簡潔な文章を目指している（残念ながら本訳ではこの簡潔な感じがいささか犠牲にされてしまっている）。われわれがテキストを読むとき、反復句の多い冗長な詩を見いだすかもしれないが、この欠点はすべて、テキストが呪力の高揚を第一義として構成されているためである。たとえ本来は埋葬儀礼に際して典礼司祭の口からとなえられた呪文であるとしても、それは聴き手あるいは読み手を想定してはいない。呪文をかける対象は人間ではなく、神なのである。したがって、語句を少しずつ変えながら同じような文章を反復することによって呪力を高め、また神話上の事件への簡単な暗示によって同じ効果をうることができると信じられたのである。このことはまたわれわれがピラミッド・テキストを充分に理解することをきわめて難しくしている。

ピラミッド・テキストの言語は、エジプト語の最古の段階であるいわゆる「古エジプト語」である。もともとエジプト語の場合は、正書法・正字法が完全に確立しないままであるが、ピラミッド・テキストの場合はとくにこの揺れが激しい。後代の例とちがってすべて縦書きで、絵文字の原型をほぼ完全にとどめるいわゆる「聖刻書体」で刻まれている。ウナス王のピラミッドの例のように、石灰岩の白い壁地に刻んで青色の煉物をつめた美しい銘文はきわめて印象的である。銘文が呪力をもつだけでなく、一つ一つの文字が呪力によって生気をもちうるとの信仰から、人間やある動物を象った文字の使用が避けられたり、あるいは体の一部が削除されたりしている。これによって王の永生に害をもたらす可能性のあるものが排除されたのである。

テキストは主語の用法によって二形式に大別できる。二人称形式のものは、典礼司祭が誦するという本来の形によりよく合致している。一人称形式のものは、より新しい形式と推定され、王みずからが語るという形をとっている。後代では「われ」の代りに「このペピ」のように三人称で記すことが多くなるが、これは他者による悪用を防ぐためである。しかし、この形式の別はそれほど明確でなく、同一テキストで一人称、二人称の混用がしばしばみられる。

統一あるテキストが存在しない点は、後代の「棺柩文」、「死者の書」と同じで、使用されるテキストの数も構成もピラミッドごとに異なっており、とくにウナスのテキストは他のピラミッドにみえない多くの章を含んでいる。しかし神殿附属の文庫のようなところに全テキストの原本が保管されており、個々のピラミッドのためにその中から編集がなされたらしいことは、王朝末期に古典への関心が復活した時期に、ピラミッド・テキストにはみえぬが、明らかに同一出自とみることのできるテキストが存在することからよみとれる。ドイツのエジプト学者ゼーテ（K. Sethe）はすべてのピラミッド・テキストを集成して、これに章節の通し番号を付した（K. Sethe, *Die altägyptischen Pyramidentexte*, 4 Bde, Leipzig, 1908-1922. Neudruck : 1960）。われわれの今日用いるテキストである。ただし呪文（＝章）の数は、七百十四から、新発見のテキストを加えて、七百五十九になっている。現在われわれに残されているテキストは、前述のように前二三五〇年から二一五〇年にかけてのものであるが、テキストの成立時期がさらに遡ることは明白である。例えば第三七三章のようにまだミイラ製作がはじまらない時代（「汝が骨を集めよ」）を反映していたり、第四八二章のように先史時代の屈葬（「右脇（腹）を上にせよ」）を暗示していたりする呪文が含まれており、その思想的背景が古い時代に遡りうる呪文が存在することは明白であるが、ピラミッド・テキストとしての成立は、王墓と貴族の墓とが形式的にも分離し、神王権の確立した第三王朝初頭、すなわち階段ピラミッドの成立した時期より遡ることはないであろう。もちろん全体が一時に編集されたのではなく、時代と共に新しい呪文がつけ加えられていったことは確かである。古い時代を反映する呪文の存在は、エジプト思想の特徴である保守主義・折衷主義のあらわれとみることができる。

テキストは前述のゼーテの校訂本により、訳出にあたってはK. Sethe, *Übersetzung und*

Kommentar zu den altägyptischen, Pyramidentexten, 6 Bde, Leipzig, 1935–1962 ; R. O. Faulkner, *The Ancient Egyptian Pyramid Texts*, 2 vols, Oxford, 1969。とくにウナスのテキストについては J. Spiegel, *Das Auferstehungsritual der Unas-Pyramide*, Wiesbaden, 1971 ; A. Piankoff, *The Pyramid of Unas*, Princeton, 1968 を参照した。

アメン・ラー讃歌（一）

神に対する讃歌は古代エジプト宗教文学の重要な一分野を占めている。多神教の国エジプトにおいては、それぞれの州や都市は独自の守護神を祀るなど、敬虔な神官たちによってさまざまな神々に対する祭祀が毎日各地で執行され、また年に幾日かはそれぞれの神のために特別な祝祭が挙行されたが、現在残されている神の讃歌のほとんどは、この祝祭あるいは日常の祭祀に際して誦せられるものとして記録されたものである。祭祀は一種の聖なるドラマであった。祭祀における行為は神話上の行為の再現であり、神はこれによって再び国土に平安と繁栄をもたらし給うとされたのである。したがって祭祀において神官たちの誦する言葉はすべて、言葉によって神話の舞台を再現することを目的としているといっても過言ではない。この目的にとって讃歌はきわめて有効な手段であった。このため古代エジプトにおける神の讃歌は、われわれが讃歌について通常思いうかべるような宗教的感情の吐露というよりはむしろ、神話における神の役割（それはつまり神の本質を示すことになる）をできるだけ詳細にのべるという神学論に近いものといえよう。ただし、ものの本質はそのさまざまな側面をできるだけ詳細に列挙することによっておのずと認識されるとみる古代エジプト人の思惟方法からして、神学論といっても、われわれからみると決して系統的なものではなく、相矛盾するような内容がつぎつぎと開陳されるという形をとっている。しかも神話の内容は神官たちのよく知るところであるため、神話については簡単な言及や暗示だけで充分である。このため、讃歌の主要部分は神話の内容を暗示するような神の名前や形容辞の列挙が占めるのが通常である。こうして現在のわれわれにとっては、背景となる神話が不明であるため、讃歌の個々の部分の正確な意味内容を知ることができない場合にしばしば出会うことになる。このような伝統的な讃歌の典型としてこのアメン・ラー讃歌を挙げることができよう。

この讃歌はライデン博物館所蔵パピルス（Papyrus Leyden I 350）に記されているもので、パピルスは第十九王朝のラーメス二世五二年（前一二三八年頃）の日付けをもっている。第十八王朝（前一五五二―一三〇六年頃）に記されたカイロ博物館所蔵パピルス（Papyrus Boulaq 17）のアメン・ラー讃歌とともに国家神アメン・ラーの讃歌の双璧である。

アメンは「隠されたるもの」を意味し、他の大神より遅れて第十一王朝（前二一世紀頃）になってはじめて歴史の舞台に登場するが、すでに上エジプト第四州（テーベ）の守護神であり、テーベ王朝の国家再統一によって国家神の地位にのぼっている。とくに新王国時代（前一五五二―一〇七〇年頃）においては、シリア、パレスチナ、ヌビアを包含する大帝国の守護神としてその勢威は絶頂を極め、エジプトを代表する神となる。地方神から国家神への昇格とともに、他の大神の例と同じく、ヘリオポリスの太陽神ラーと習合してアメン・ラーとなり、創造神の地位をも獲得する。当時のオリエント世界の覇者としてのエジプト国家の地位は、神々の世界にも影響を及ぼし、エジプト宗教も統一と中央集権化の道をたどりはじめる。すなわち、一神教へと近づく普遍神・至高神信仰への傾向であり、国家神としてのアメン・ラーはその最短距離にあった。しかしそのあまりに急激な宗教的ばかりでなく政治的、経済的勢威の伸張は、王権側の反撃を招き、イクエンアテン(イクナートン)の「宗教改革」によって一時的な打撃を蒙ることになる。イクナートンのアテン信仰については現在もなお論議の余地は大きいが、少なくとも帝国の建設がもたらした宗教の普遍化を頂点にまでおしあげ、一神教に最も近づいたということはできよう。「アマルナ改革」の挫折によってエジプト宗教は再び伝統的な多神教の世界に戻るが、普遍神への指向は依然として保持され、アメン・ラーは他の大神たちとの習合をいっそう押し進めることによって、至高の創造神としての地位を維持強化しようと努力している。

この讃歌はこうした「アマルナ改革」の試練をくぐりぬけて、至高神としてのアメン・ラーの教義を確立しようと努力するアメン神官によってつくられた(あるいは編集された)もので、現存する形では二十二の讃歌が集められている。この讃歌の大きな特色は、おのおのの讃歌の初頭に、第一連から第八〇〇連まで番号がつけられていることにある。ただし番号のつけ方は第一〇連以降は第二〇連、第三〇連と十おきに、第一〇〇連以降は第二〇〇連、第三〇〇連と百おきにつけられており、おそらく第一〇〇〇連まで全部で二十八の讃歌をおさめる予定であったらしい。パピルスははじめが欠落しているため、第五連の途中からはじまり、第八〇〇連（おそらく途中まで）で終っている。番号に重きを置いたことを示すのは、おのおのの讃歌の最初と最後の語（あるいは句）がその讃歌の番号と語呂あわせになっていることである。讃歌の配列も内容の連関よりはむしろこの語呂あわせに合致するように編集されたものと思われる。現存する二十二連の讃歌のうち四連（第七連、第一〇連、第七〇〇連、第八〇〇連）は神そのものではなくアメンの都市《まち》であるテーベを讃美したものであり、また六連（第五連、第九連、第二〇連、第三〇連、第四〇連、第五〇連）はアメン・ラーの太陽神としての側面に重点がおかれている。とくに注目すべきは第三〇〇連で、当時の三大神アメン、ラー、プタハは同一の神にすぎず（名前はアメン、顔はラー、身体はプタハ）、すべての神はこの三神の顕現にすぎないことを主張しており、アマルナ以後の習合による至高神の教義の一つの極限を示している。

訳出のためのテキストとしてはA. H. Gardiner, Hymns to Amon from a Leiden Papyrus, *Zeitschrift für Ägyptische Sprache und Altertumskunde*, 42（1905）, pp. 12-42を用い、邦訳に際しては、この論文中のGardinerの訳のほか、A. Erman, *Die Literatur der Aegypter*, pp. 363-73 ; J. B. Pritchard (ed.), *Ancient Near Eastern Texts*, pp. 8, 368-69（J. A. Wilson の訳）; G. Roeder, *Die ägyptische Götterwelt*, Zürich, 1959, pp. 282-301を参照した。

アメン・ラー讃歌（二）

この讃歌は第二十二王朝（前九四五—七一五年頃）に筆写されたベルリン博物館所蔵パピルス（Papyrus Berlin 3055）のアメン・ラーのための毎日の祭祀の次第を記す典礼定式書中に含まれているものである。ほぼ同一の内容を示すテキストは、アビュドスのセティ一世葬祭殿（前一三〇〇年頃建立）のそれぞれオシリス、ホルス、イシス、アメン、ハルマキス、プタハに捧げられた六つの聖所の壁面にも刻まれており、古代エジプトの祭祀の次第は神がちがってもほとんど変りがないことを示しているが、この五つの讃歌だけはこのパピルスのみに記されている。アビュドスのアメンの聖所にも刻まれていないとはいえ、讃歌の原型は少なくとも新王国初頭（前一六世紀）までさかのぼるとみられる。しかし太陽神ラーの讃歌の影響は随所にみられ、新王国の普遍神への指向の影響をも受けていることを示している。

五つの讃歌はまとめて記されているため、祭祀のどの場面で唱えるものであるのかについての詳しいことは分からない。朝の祭祀において唱えられるものであることは、朝の祭祀の次第を記す部分に含まれていること、および讃歌の内容から明白である。神に対する祭祀は、神殿の最奥のほの暗い聖所において、少数の神官の手によって執行される。それは形の上では、貴人に対する召使いの奉仕と同じであり、貴人がここでは神祠に安置された神像になっているだけのちがいともいえる。夜明けに身を清めた神官は封印された神祠の扉を開き、神像をとりだし、香煙で清めながら、衣服を着かえさせ、化粧をし、香膏を塗り、供物を捧げ、再び神祠の中に安置する。最も長い第一の讃歌は、神厨の封印を破るときに誦せられたものであろう。まずみずからが神の前で祭祀を行なう唯一の正当な資格の所有者ファラオの代理であることを告げる「ファラオは汝のもとに来れり」ではじまり、前半は神に対して安らかな目ざめをくりかえし呼びかけている。同じような安らかな目ざめの呼びかけは、第四の讃歌を除く他の三つの讃歌にもみられる。第五の讃歌はさらに「夜明けにアメンを讃えるもう一つ（の讃歌）」の標題をもち、第四の讃歌も同じ祭祀上の役割をもつことを暗示している。前のライデン博物館所蔵パピルスのアメン・ラー讃歌（一）よりも、神話への暗示はいたるところに、より凝集した形でうたわれており、この五つの讃歌がより伝統的な古い讃歌の姿を示していることをみてとることができよう。

テキストはA. Moret, *Le rituel du culte divin journalier en Égypte*, Paris, 1902, pp. 121-37により、邦訳に際してはそのフランス語訳を参照した。

ラー・ホルアクティ讃歌

新王国時代の帝国の形成はエジプト宗教に大きな影響を与えている。従来の大神たちは、たとえ国家的信仰をえたとしても、あくまでエジプト人のための民族神であり、また多神教の神々の世界での首位を競い合うにとどまっていたのに対し、異民族をも包含する大帝国の出現は、民族をこえたより普遍的な神の観念を要求するようになり、エジプト宗教の一神教的傾向を強め、「アマルナ改革」への道を準備したのである。ところで帝国の守護神アメンはあまりに民族神としての性格が強烈であり、新しい時代が要求する普遍神としては不適当であった。したがってアジアにおいて古くから万物の創造者として信仰されてきた太陽神が、前の讃歌にみられるように習合によって時代に適合しようとするアメン信仰の努力にもかかわらず、みずから普遍神への道を歩みはじめるのは当然のことであった。

この讃歌はアメンヘテプ三世（在位前一四〇二―一三六四年頃）に仕えたアメンの建設長官スーティとホルの兄弟がその墓にたてた二つの石碑（カイロ博物館所蔵目録番号三四〇五一、および大英博物館所蔵目録番号八二六）に刻まれたものである。スーティもホルもアメン神殿に仕える建築師であるため、当時一般的な太陽神をアメンと習合させる傾向に従って、ラー・ホルアクティとして顕現したアメンへの讃歌と題しているが、この題の部分を除いては、讃歌の本文には本来のアメンの姿はほとんど現われず、また伝統的な神の讃歌の特徴である神話への暗示はきわめて限定されており、すべてが万物の創造主である恵み深き太陽の行為をたたえ、神への感謝をうたっている。具体的で平明な宗教的感情の吐露は、これにつづく「アテン讃歌」にかなり近づいており、「アマルナ宗教改革」前夜の普遍神信仰の昂揚をはっきりと示している。

カイロ博物館所蔵石碑は破損いちじるしいため、テキストは大英博物館所蔵の石碑（I. E. S. Edwards (ed.), *Hieroglyphic Texts from Egyptian Stelae, etc. in the British Museum*, Part VIII, London, 1939, pp. 24-25, pl. XXI）に従い、邦訳にはJ. B. Pritchard (ed.), *Ancient Near Eastern Texts*, pp. 367-68 (J. A. Wilson の訳) ; A. Varille, L'hymne au soleil des Architects d'Amenophis III Souti et Hor, *BIFAO*, 41 (1942), pp. 25-30 を参照した。

アテン讃歌

アメンヘテプ四世（在位前一三六四―一三四七年頃）は、帝国の守護神アメンの威光を背景に政治的にも経済的にも勢力を強大化してきたアメン神官団を抑え、王権による国家の一元的支配を再現しようとして「宗教改革」を行なった。その影響は宗教、政治、芸術、文学などさまざまな分野において伝統的なあり方を大きくゆさぶっている。アメンに代って国家神とされたのは、「ラー・ホルアクティ讃歌」に代表されるように帝国の建設が要求した普遍神への最短距離にあった太陽神である。それも古い太陽神ラーではなく（その祭祀は改革後も容認されたが）、新王国になって登場した、生命の源としての日輪そのものを神格化した太陽神アテンであった。王はアテンを唯一の神とする信仰を臣民に強制し、アメンをはじめ伝統的な神々の祭祀を禁止しようとした。王名はアメンヘテプ（「アメンは満足する」の意）からイクエンアテン（より正確にはアクエンアテン、「アテンに有用なるもの」あるいは「アテンの意に適うもの」の意）に改められ、王都もまたアメンの都《ま》市《ち》テーベからアテンに捧げられた新都アケトアテン（「アテンの地平線」の意、現在のアマルナ）へと移され、改革の徹底化がはかられた。改革の意図するところは多分に政治的なものであったとはいえ、現存する多数の王の肖像からもうかがわれるように、王は政治家としての資質にはまったくといってよいほど欠けており、狂信的なまでの宗教的熱情の所有者であった。ところがこの宗教心も、王の時代が新王国における専制君主観の絶頂期にあったため、イクエンアテンを宗教運動の真の指導者とすることはなかったのである。すなわち、「宗教改革」による急激な伝統との断絶は保守的な傾向を強くもっているエジプト人の不評をかったにもかかわらず、王はその信仰を臣民に分かち与えようとはせず、みずからと神との触れ合いのみに熱中し、臣民に対してはアテンの「預言者」である王を礼拝することを要求したにすぎなかった。したがって、西欧の学者たちによって宗教史上もっとも早く一神教に近づいたと高く評価されているアテン信仰も、民衆のあいだに定着することはなく、王が政治をかえりみないことから生じた国政の紊乱と植民地の喪失という政治的な理由から、王の死とともに急激に姿を消すのである。

しかしなにものをもかえりみず、ひたすら信仰に熱中しただけに、王個人の信仰は純粋で強烈であり、その信仰告白ともいうべきものがこの「アテン讃歌」である。「預言者」としての王みずからの筆になることはほぼ確実とみられ、万物の創造者である慈愛あまねきアテンの恵みをたたえ、その愛に対する熱烈な信仰を高らかにうたいあげている。「ラー・ホルアクティ讃歌」をはじめとする太陽神讃歌からの影響は明白であり、ほぼ同一の文句は各所にみられるが、神話への暗示は完全に姿を消し、具体的で平明な太陽の恵みの讃美にまとめあげられたこの作品はエジプト詩文学の傑作といえよう。そこには自然の描写を好んだアマルナ芸術と共通する精神の発露をみることができる。

この讃歌の一部と旧約聖書「詩篇」第一〇四篇との類似はしばしば指摘されており、アテン信仰を世界最古の純正な一神教とみる立場から旧約聖書のこの部分はアテン讃歌を祖型とするのではないかといわれたこともあったが、時代も隔りすぎており、またアテン信仰も完全な一神教とは認め難く、現在では両者には直接の関係はなく、共通する精神的基盤が類似の表現をうんだものとされている。

「アテン讃歌」は王が命じて新都アマルナ東縁の崖中に造営させ、高官たちに下賜した岩窟墓の壁面に刻まれて残っている。長い讃歌のほかに短い讃歌もあるが、ここに訳出したのは、王妃ネフェルトイティの乳母と結婚した「神父」アイ（のちトゥトアンクアメンを継いで王位につく）の墓に刻まれた長い讃歌である。テキストはN. de G. Davies, *The Rock Tombs of El Amarna*, Part IV, London, 1908, pl. XXVII によった。西欧諸語への訳は多数にのぼるが、邦訳に際して主に参照したのはJ. B. Pritchard (ed.), *Ancient Near Eastern Texts*, pp. 369–71 (J. A. Wilson の訳) である。なお邦訳には平凡社版『世界歴史事典』第二四巻（史料篇、西洋Ⅰ）昭和三〇年、一三―一四頁に杉勇の訳がある。

ナイル讃歌

これまでの讃歌が部分的には中王国時代までさかのぼるものを含んでいる可能性は大きいとしても、本質的には新王国時代の作品であるのに対して、このナイル讃歌は、現存するテキストはすべてラーメス時代（前一三〇六―一〇七〇年頃）のものであるとはいえ、つくられた年代が中王国時代（前二〇四〇―一七八六年頃）であることは確実である。

「エジプトはナイルの賜物」とはギリシアの史家ヘロドトスの名言であるが、事実ナイルこそはエジプト文明の生みの親である。降雨をほとんどみないこの国においては、幅数キロから二、三十キロにおよぶナイル両岸の平地と下流の三角洲地帯のみが、毎年の定期的増水の恵みによって農耕を可能とし、人間の生活のための環境を提供してくれたのである。ナイルの増水は毎年六月にはじまり、九月には最高水位に達し、十月に終る。この増水によって耕地は冠水して湖となり、アビシニア高原から運ばれてきた肥沃な土壌が沈澱して地力は回復し、年二、三回の収穫をも可能にしてくれる。しかし、もし増水量が多すぎれば洪水となって被害をもたらし、少なすぎれば、水不足から飢饉が生じることになる。したがって古代エジプト人は、ただナイルの存在によってのみ生存が可能であることをよく認識しており、ナイルをハピとよんで神々の列に加え、尊崇した。ただしハピは、他の神々とはちがって、独自の聖所や神殿をもたず、各地で増水の開始を祝って祝祭が奉納されるだけであった。そのような祝祭に際して、神の恵みに感謝する讃歌が唱えられた。この讃歌がそれである。もともとは上エジプトのテーベで挙行される祝祭のためにつくられたものと思われるが、簡潔な文体と均斉のとれた形式、および緻密な構成はこの讃歌をエジプト古典文学を代表する讃歌の一つとし、学習の模範文となるにいたっている。

したがってテキストについてであるが、前述のように原文は残っておらず、現存するテキストはすべてラーメス時代のものである。いずれも見習いの書記あるいは文字を習得中の学童が、練習のため書き写したり、あるいは教師の口述を書き取りしたりしたもので、多くの誤りを含んでおり、原文の復原はきわめて困難な作業である。ほぼ全文を含むものはサリエ・パピルス第二番（Papyrus Sallier II = British Museum 10182）およびアナスタシ・パピルス第七番（Papyrus Anastasi VII = British Museum 10222）で、ほかにチェスター・ビーティ・パピルス第五番（Papyrus Chester Beatty V = British Museum 10685）、トリノ博物館所蔵パピルス、ルーブル美術館所蔵書板（Louvre 693）、一三以上のオストラコンなどに部分的に書写されて残されている。ほぼ完全なサリエ・パピルスとアナスタシ・パピルスとのあいだでも大きくくいちがう箇所が少なからずあり、復原される原文も校閲者によってきわめて異なったものとなるが、現在のところフランスのエジプト学者ガストン・マスペロが校閲したテキストが唯一ともいえるものであり（G. Maspero, *Hymne au Nil*, Le Caire, 1912）、本訳もこれによった（なお行数はサリエ・パピルスによっている）(一)。

（一） 本稿の訳出後、ヘルクによる新しいテキストの校訂が刊行された（W. Helck, *Der Text des „Nilhymnus"*, Wiesbaden, 1972）。

この復原された原文によると、讃歌は赤インクで記された語句ではじまる十四の節で構成されており、各節は長短さまざまな八から十二行の詩句からなっている。各行の終りは右上につけられた赤点によって示されている。全体はナイルへの呼びかけにはじまり、以下ナイルの恵みがたたえられ、最後は、祝祭に際して観衆の唱和する「汝は緑なり（この文句の訳についてはなお確定的ではない）」で終っており、すぐれた構成を示している。

なお邦訳に際しては J. B. Pritchard (ed.), *Ancient Near Eastern Texts*, pp. 372-73 (J. A. Wilson の訳) : A. Erman, *Die Literatur der Aegypter*, pp. 193-96 を主として参照した。邦訳には杉勇の訳がある（平凡社版『世界歴史事典』第二四巻（史料篇、西洋Ⅰ）、一五一—一六頁）。

オシリス讃歌

オシリスは古代エジプトの神々の中でおそらく最もポピュラーな神といえるであろう。もともとは春毎に新生する穀物の霊を神格化した豊饒の神であったとみられるが、「死後の生活」を信じ、永遠の生命を希求した古代エジプト人にとって、弟神セトに殺害されたにもかかわらず復活して冥界の支配者となったオシリスの運命は、そのままみずからの復活の模範となり、確認ともなった。死者はオシリスになされた通りに正しい慣行に従ってミイラとされ、埋葬され、供養されるならば、オシリスとなって復活し、永遠の生命をうることができると信じられたのである。古王国時代（前二六五〇—二一五〇年頃）においてはオシリスとなるのは王のみの特権であったが、第一中間期（前二一五〇—二〇四〇年頃）以降、この特権は貴族にはじまって臣民にもひろげられていき、新王国時代（前一五五二—一〇七〇年頃）においては、すべての人がオシリスとなることを期待できるようになっている。

こうしてオシリスとなりうる層の拡大した中王国時代（前二〇四〇―一七八六年頃）になると、貴族の墓碑に「オシリス讃歌」が刻まれるようになる。石碑ごとに讃歌の字句に多少の異同があるとはいえ、大筋は同じで、ほとんどが神話を暗示する句や形容辞からなっており、時代的にも形式的にも伝統的な神への讃歌の姿を最も忠実にみせてくれるものといえよう。ここではルーヴル美術館所蔵の石碑（Louvre C 30）に刻まれた「オシリス讃歌」を訳出した。テキストは S. Hassan, *Hymnes religieux du Moyen Empire*, Le Caire, 1928, pp. 5-84 により、邦訳に際しては、Hassan のフランス語訳のほか、A. Erman, *Die Literatur der Aegypter*, pp. 192-93 を参照した。

なお「オシリス讃歌」にはほかに新王国時代の墓碑に刻まれた長大な讃歌もある（アメンの牧牛長官アメンメスの石碑＝Louvre C 286）。

単一神への讃歌

「アマルナ宗教改革」の挫折にもかかわらず、普遍神への指向は依然として続いている。ただそれは単一の神への強制的な統合によってではなく、改革以前と同じように、神々の習合によって、教義の折衷によってであった。前出の二つの「アメン・ラー讃歌」はこうした状況を反映してつくられたものであったが、この讃歌もおそらくテーベのアメン神官団の手になるものと推定されており、アメンを中心とする神々の習合をめざしたものである。宇宙神・創造神であるラーやホルアクティ、プタハなどがアメンと習合した二人称単数（汝）でよびかけられる単一の神として扱われており、その生きいきとした自然描写とともに「アテン讃歌」や太陽神讃歌の影響は明らかである。一方讃歌の作者がアメンの下絵工という比較的地位の低い人物であることを反映して、「寡婦はいう。『汝はわが夫』と。小さき者はいう。『わが父（にして）わが母』と」以下、貧しき者、弱き者に対する神の愛をたたえるなど、ラーメス時代の特色である神と一般庶民との私的な魂の触れ合う信仰の先駆をすでに示している。大神たちは神殿の奥深くで少数の神官のみに奉仕され、年に幾度かの祝祭の時にのみ一般人の前に姿を現わす遠い存在であることをやめる。イクエンアテンのアテン信仰にみられる神と王との魂の交流が、ラーメス時代には大神と臣民とのあいだにも成立するのである。このような地位の低い人物が、帝国の守護神アメンに讃歌を捧げるというのも大神と臣民との信仰の絆の強まったことを示している。

この讃歌はチェスター・ビーティ・パピルス第四番（Papyrus Cheter Beatty IV = British Museum 10684）の表側に記されており、パピルスに書かれた年代は第十九王朝初頭（前一三〇〇年頃）と推定されている。テキストはA. H. Gardiner (ed.), *Hieratic Papyri in the British Museum, Third Series, Chester Beatty Gift*, II, London, 1935, pls. 15-17にあり、邦訳にあたっては、J. B. Pritchard (ed.), *Ancient Near Eastern Texts*, pp. 371-72 (J. A. Wilson の訳) を参照した。

センウセルト三世讃歌

讃歌は神に捧げられたばかりでなく、「神王」であるファラオに対しても捧げられた。センウセルト三世（在位前一八七八―一八四〇年頃）は中王国最大の英主である。対外的には、ヌビアに親征して第二急湍地方まで版図におさめ、南パレスチナにも軍を進めるなど、後代のギリシアにはセソストリスの名で伝説的な大征服者としてしられるに至っている。しかも国内においては行政改革を断行し、中王国の成立以後最大の懸案であった地方貴族を政治的に無力化することに成功、中央集権的国家体制の回復に完全に成功した。カフン出土の中王国時代の一パピルスに記されたこの讃歌は、王のために特別につくられたのか、あるいは前代のあるファラオのためにつくられた讃歌を固有名詞を変えるだけでセンウセルト三世への讃歌としたものであるのかは、現在のわれわれの知識では断言できないが、強力な王権の確立に成功した王にふさわしい讃歌であることだけは確かである。いずれにせよ内容からみて、讃歌のつくられたのは第十二王朝（前一九九一―一七八六年頃）である。

パピルスにはセンウセルト三世をたたえる六つの讃歌が記されているが、第五と第六の讃歌はわずか五句のみからなるうえ、欠落がひどく、内容をうかがうのは困難であるためここでは訳出しなかった。この讃歌の最大の特色は、縦書きされた第一の讃歌を除いて、横書きされた第二以後の讃歌は、第五、第六の讃歌を含めて、讃歌の各句ごとに行が変えられており、句と行とが完全に一致する唯一の例であるため、古代エジプト詩文学の構成を教える最良の例となっている点である。第二、第三、第四の讃歌はさらに各句の最初に同一の詩句をくり返している。第二の讃歌では「……のなんと喜ばしげなことか」、第三の讃歌では「その都市《まち》の主のなんと偉大なることか」、第四の讃歌では「かれはわれらがもとに来りて」がそれである。くり返しの部分は実際には書かれていないが、二行以下ではくり返しの部分だけあけて各行（句）がはじまっており、省略したことを教えてくれている。同一詩句のくり返しが詩の韻律をととのえ、均斉の整った讃歌をつくりだしている。ただし第三の讃歌の場合、各行のくり返しに続く詩句が二行以降「見よ」で始まっているうえ、第二、第三の讃歌とちがってくり返し部分と次とのつながりが文法的にも弱いため、本訳ではくり返し部分を訳していない。

このように韻律の整った形式とともに、讃歌の内容もまた首尾一貫している。第一の讃歌では、戦いによって秩序を守る戦士としての王が、第二の讃歌ではエジプトの地とその神々のためによきことを行なう王がたたえられ、この二つの讃歌では王は二人称で呼びかけられている。以後王は三人称で呼ばれ、第三の讃歌は社会秩序の守護者としての王をさまざまのたとえによってたたえ、とくに弱き者に対する庇護を強調している。第四の讃歌では、王権のさまざまな働きがまとめられて讃美されている。形式・内容ともに古代エジプト詩文学を代表する傑作といえよう。

パピルスは F. Ll. Griffith, *Hieratic Papyri from Kahun and Gurob*, London, 1898, pls. I–IV に刊行されているが、訳出には G. Möller, *Hieratische Lesestücek*, Hft. 1, pp. 4–5 およ

び K. Sethe, *Ägyptische Lesestücke*, pp. 65-67（聖刻書体への転写）を用い、邦訳には H. Grapow, Der Liederkranz zu Ehren Königs Sesostris des Dritten aus Kahun, *Mitteilungen des Instituts für Orientforschung*, 1（1953）, pp. 189-209 を参照した。

トトメス三世讃歌

トトメス三世（在位前一四九〇―一四三六年頃）は新王国最大のファラオであるばかりでなく、古代エジプト史上最大の英主であるといっても過言ではなかろう。王は有能な将軍であり、前後十七回に及ぶアジア遠征によってミタンニ王国から西アジアの覇権を奪ってシリア・パレスチナを支配下におき、またヌビア地方をも征服して北はユーフラテス河から南はナイル第四急湍にいたる広大な帝国を建設した。しかも王は有能な行政家でもあり、アジア植民地に対しては世子を人質として貢納義務を課するほかは各都市国家の自治を認め、その上に宗主権を行使するにとどめ、またヌビア植民地は直轄領とし、恒久的な帝国の支配体制を確立している。

しかし古代エジプト人にとって王の偉大さは征服者としてのそれであった。宇宙の秩序を守ることを使命とするファラオが、みずからの使命を果していることを具体的に示す行為とみなされたのが戦いである。したがって、大征服者としてトトメス三世が前代未聞の偉大なファラオとみえたのは当然であろう。しかも王にこのような征服を可能とさせてくれたのは、国家の守護神である父神アメンの恩恵によるとされた。この恩恵への感謝として、王は遠征の戦利品の大部分をアメン信仰の総本山であるカルナク神殿に奉納し、神の住居を大規模に増改築している。こうしてのちの「アマルナ宗教改革」の遠因となったアメン神官団の急激な勢力増大がはじまるのである。

カルナク神殿に建立された石碑（現在カイロ博物館所蔵、目録番号三四〇一〇）に刻まれたこの「トトメス三世讃歌」も王のこうした父神アメンへの感謝の行為の一つであったといえよう。讃歌は王の征服をたたえてつくられたものであるが、王の行為がストレートにうたわれているのではなく、父神アメンが王に対してみずからが王のためになした行為を語り聞かせるという形をとっている。このようにアメンがみずからの行為を王に語り聞かせることによって王の征服行為を間接的にたたえるという王の戦勝歌のスタイルはのちの新王国時代のファラオたちの踏襲するところとなり、たとえばアメンヘテプ三世（在位前一四〇二―一三六四年頃）は自分の葬祭殿に建立した石碑（現在カイロ博物館所蔵、目録番号三四〇二五）に、セティ一世（在位前一三〇四―一二九〇年頃）はカルナク神殿の壁面に、ラーメス三世はメディネト・ハブの葬祭殿の壁面に、同じスタイルの讃歌を、しかも「トトメス三世讃歌」の詩句を自由に借用して刻ませている。

讃歌の中心をなす「勝利の歌」は「われは来れり。汝をして……せしめんがために」をくり返すことによって韻律を整え、格調ある詩をつくりだしている。ここには「センウセルト三世讃歌」、とくにその第四の讃歌の影響をみてとることができる。

テキストはK. Sethe, *Urkunden des ägyptische Altertums, IV* (*Urkunden der 18.*

Dynastie), II, Leipzig, 1906, pp. 610–19により、訳出にあたってはJ. H. Breasted, *Ancient Records of Egypt*, II（Chicago, 1906), §§655–62およびJ. B. Pritchard (ed.), *Ancient Near Eastern Texts*, pp. 373–75（J. A. Wilsonの訳）を参照した。

セド祭の碑文

この作品は厳密な意味での文学作品とはいい難い。アメンヘテプ三世（在位前一四〇二―一三六四年頃）の王妃ティイの家令頭ケルエフがその岩窟墓（テーベ私人墓第一九二号）の壁面に刻ませた「セド祭」の場面の説明としてつけ加えられた碑文であるからである。このような碑文の場合、描かれた場面に重点がおかれ、碑文は場面の説明や余白を埋めるための補助的なものであることが多いが、最近の研究によれば、古代エジプト人の文章はほとんどすべての場合、われわれにその詳細は不明であるとはいえ、一定の韻をふんでいるとみてよいとのことであり、その意味でいかなる碑文といえども文学作品の性格を備えているといえよう。

主題である「セド祭」の「セド」の意味についてはよく分かっていないが、その儀式の目的からみて「王位更新祭」と訳すことができよう。ロセッタ・ストーンのギリシア語碑文では「三十年祭」と訳されているように、原則として王の即位後三十年目に第一回目が祝われ、以後三年（あるいは四年）毎に繰り返される王位更新の祝祭である。ただしこの間隔はそれほど厳密に遵守されているわけではない。祝祭の起源は、広く各地にみられ、現在もなおナイル上流の部族にみられるといわれる原始的な王政にさかのぼるとされている。すなわち、王の活力と地の豊饒とは共感関係にあると信じられたのである。王は常に完全な健康状態になければならない。もし王の肉体が衰え、活力を失うならば、地の豊饒もまた衰えるであろう。ゆえに衰えた王は殺され、代りに活力にみちた王がたてられなければならない。だが文明の進歩と王権の確立はこの慣習の遵守を不可能とする。「セド祭」はこの新しい状況に対応するものである。王は儀式の上で殺害され、再び若返って活力を回復した王として即位するのである。

「セド祭」の式次第の詳細についてはまとまった記述はほとんどない。ここに訳出した碑文が最も詳しいものであるが、それにしてもきわめて断片的であり、浮彫などからの類推に多く頼る他はない。祝祭はメンフィスで挙行された。最初の統一王朝の都となったメンフィスで第一回のセド祭が挙行された伝統に基づくものであろう。しかしその他の大神の都市でも繰り返され、とくに中王国以後は必ずアメンの都テーベで祝われている。「セド祭」のためには特別な祭殿と中庭とが設けられた。サッカラのジェセル王の階段ピラミッド境内東南部の建物群はこの「セド祭」のための建造物群を模倣復原したものである。祝祭は冬季第一月の一日に始まる。すなわちナイルの増水が終って耕地が再び姿を現わし、播種が始まる季節、いいかえれば新たな生命の芽生える季節の始まりに行なわれたのである。式次第や個々の儀式のもつ意味については時代によってかなりの異同があるようである。最古の「セド祭」の式次第を復原してみると、まず祝祭の前夜には、王の殺害の代理行為として王像が埋葬され、祝祭当日になると、王は「疾走」の儀式によってみずからの活力を証明し、ついで上下エジプト各州の守護神たちの列席の下に、まず上エジプト王として、次に下エジプト王として戴冠するというものであったようである。しかし第五王朝（前二四九四―二三四五年頃）の資料によれば、「疾走」の儀式はすでに国土の主である太陽神ラーへの国土奉納の儀式とみなされている。さらに本来は「セド祭」と関係ない儀式、たとえば地の豊饒を祈願する祭から「聖牛アピス巡行」の儀式、収穫祭から「ジェド柱（穀物の生命力の象徴）建立」の儀式などが後からつけ加えられている。時代が進むにつれ、祝祭の中心課題はますます王権の讃美と誇示にむけられるようになり、戴冠式とそれに伴う臣侯たちの忠誠の誓いおよび献上品の奉納、王による下賜品の授与が中心を占めるようになる。

アメンヘテプ三世は三十八年の治世のあいだに三回の「セド祭」を祝っている。ここに訳出した碑文のうち一と二は治世第三十年の第一回セド祭、三は治世第三十六年の第三回セド祭に関するものである。ただし祝祭の式次第からみると、三がメンフィスで挙行された本来の祝祭、一、二は後に王都テーベで挙行された祝祭の順序となる。王は（正しい）「セド祭」を祝うため、「古き書き物に従いて」行なったと記されている。メンフィスにおける祝祭においては、王による「ジェド柱建立」の儀式が中心となっている。穀物の生命力を象徴するジェド柱は穀霊の神格化であるオシリスのシンボルである。ジェド柱の建立はしたがって死せる神の復活をあらわす。すなわち、儀式上殺された王（＝オシリス）は現王の化身であるホルス（オシリスの子）としてよみがえり、新たな活力にみちて戴冠する資格を獲得するのである。建立の儀式が「セド祭」の朝になされたと記されているのも、この儀式が戴冠式のための必須の予備行為であることを示している。テーベにおける祝祭は夏季第二月末および第三月に行なわれている。「セド祭」が古い掟に従って冬季第一月一日にはじまっているとすれば、テーベでの祝祭は七カ月目にあたることになる。この間に各地の大神の聖所で同じような祝祭が挙行されたものであろう。訳出の碑文はきわめて簡単であり、祝祭の全体をうかがうには不充分であるが、西岸マルカタの王宮より祝祭のために東岸にまします神を迎えにナイル河を渡航すること、高官たちに対する恩寵の下賜品の贈与、および農耕儀礼に属するものと思われるある儀式が行なわれたことをうかがうことができる。

テキストは W. Helck, *Urkunden der 18. Dynastie*, Heft 21 (Berlin, 1958), pp. 1860-71 によっている。

ミンの大祭の碑文

この碑文は西テーベのメディネト・ハブにあるラーメス三世（在位前一一八三―一一五二年頃）葬祭殿の壁面に刻まれた豊饒と生殖の神ミンの大祭を描く浮彫につけ加えられたものである。「セド祭の碑文」と同じく場面の説明であるため、厳密な意味での文学作品とはいい難い。同じような場面とテキストはラーメス二世（在位前一二九〇―一二二四年頃）の葬祭殿であるラメセウムに残されており、本テキストは実はこのラメセウムのテキストの模写なのである。ラーメス三世はすべての点で偉大なラーメス二世を手本とし、その業績を模倣しようと努めた。ラメセウムとメディネト・ハブの建築プランの類似はよく指摘されるところであるが、このミンの大祭の浮彫の場合、第二中庭東壁および南壁（第二塔門内壁）東半の上部という位置が全く同じであるばかりでなく、ラメセウムにおいては東壁は完全に失われているとはいえ、残された南壁とメディネト・ハブの南壁との比較は、両者が細部を除いて完全に一致することを示している。

ミンは上エジプトのコプトスおよびアクミムにおいて信仰された豊饒神で、性器を勃起させた男性の姿であらわされる。その生殖力のゆえに古くからコプトス、アクミム以外でも広く信仰され、国家神に準ずる地位にのぼっている。その大祭は初期王朝時代においては「ミンの誕生」祭、古王国以後は「ミンの出現」祭の名でよばれて国家的祝祭の一つに数えられ、古王国ではメンフィス、中王国ではアビュドス、新王国ではテーベなどでも盛大に祝われた。とくにエジプトの繁栄が頂点に達した新王国の都であり、その守護神アメンがミンと同一視され、しばしばミンの姿で描かれているテーベにおける大祭は盛んなものであったことは想像に難くない。この碑文はそのテーベで挙行された「ミンの出現」祭の次第を教えてくれるものである。神の祝祭の次第がこのようにまとまって記されている例は他にあまりみられず、宗教研究の上でも貴重な資料といえよう。

テキストに記された祝祭の順序は次の通りである。(1)王はミンの神像を迎えるため宮殿を出発して神殿へと赴き、(2)そこで供犠を行なう。(3)ミンの神像は神殿を出て祭儀の執行される遷置所へと行進し、(4)そこで一緒に運ばれた先王たちの像とともに供犠をうける。ついで祭儀の中心をなす(5)小麦の束の供犠と(6)鳥を四界に放つ儀式がなされる。祭儀を終えた神像は再び行列を従えて神殿へと戻るが、この部分の記述は省略されている。普段は神殿の奥深くに鎮座し、少数の高級神官の奉仕のみをうける神は、祝祭のときだけ、聖舟形の神輿にかつがれて、一般信者の前に姿を現わす。これが祝祭の名である「ミンの出現」祭の由来である。祭儀の中心をなす第五の儀式は明らかに、収穫した小麦の初穂をミンに奉納し、次年の豊作を祈願する農耕儀礼である。これに対して第六の儀式の四界に放たれる四羽の鳥はファラオの敵が征服されたことを告知するためのものであり、本来のミンの祝祭とは関係がなく、祝祭が王によって主宰される結果としてつけ加えられた王権の儀式であるとみることができる。

テキストは H. Gauthier, *Les fêtes du Dieu Min*, Le Caire, 1931 によっている。

「後期エジプト選文集」より

後期エジプトでは、学習のための模範的な文例が、パピルス紙やオストラコン(陶片)に記されたものが多数現存している。そこには教訓的な文例・処世術の書や書翰の模範文、官吏や軍人についての当時の人々の評価があるいは賞讃、あるいは批難などの形で表現されていて、当時の世相を知るに最も重要な資料となっている。また民謡や恋歌などにも、庶民のほんとうのこころがうかがえて、今日のわれわれの共感をよぶ興味のあるものが多い。そこには時代と距離を遠くへだたった現代の日本人の心をうつものが多い。このような重要な文学とも哲学ともいえる選文集は、神官文字《ヒエラティック》で書かれているが、イギリスのエジプト学者ガーディナー A. Gardiner, *Late Egyptian Miscellanies*, 1937, Brussels によって聖刻文字《ヒエログリフィック》に翻字され、のちにかれの門弟 R. A. Caminos によって同じ書名で詳細な注釈を添えてローマ字に翻字し英訳された（ロンドン、一九五四年刊）。ここではそのうちほんのわずかだけを紹介しておく。

索　引

ア　行

カ　行

サ 行

タ　行

ナ　行

ハ　行

マ　行

ヤ　行

ラ・ワ行

ちくま学芸文庫

エジプト神話集成《しんわしゅうせい》

二〇一六年九月十日　第一刷発行
二〇二五年一月十日　第四刷発行

訳者　杉　勇（すぎ・いさむ）
　　　屋形禎亮（やかた・ていすけ）

発行者　増田健史

発行所　株式会社　筑摩書房
東京都台東区蔵前二―五―三　〒一一一―八七五五
電話番号　〇三―五六八七―二六〇一（代表）

装幀者　安野光雅
印刷所　信毎書籍印刷株式会社
製本所　株式会社積信堂

ISBN978-4-480-09733-0 C0114